独行的缪斯

自传、性别研究及其他

〔美〕孙康宜 著

Collected Works of Kang-i Sun Chang

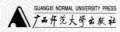
GUANGXI NORMAL UNIVERSITY PRESS
广西师范大学出版社
·桂林·

独行的缪斯：自传、性别研究及其他
DUXING DE MIUSI：ZIZHUNA、XINGBIE YANJIU JI QITA

著作权合同登记号桂图登字：20-2022-020 号

图书在版编目（CIP）数据

独行的缪斯：自传、性别研究及其他 ／（美）孙康宜
著 . --桂林：广西师范大学出版社，2022.7
（孙康宜作品系列）
ISBN 978-7-5598-4796-6

Ⅰ.①独… Ⅱ.①孙… Ⅲ.①孙康宜－自传②性别－
研究 Ⅳ.①K837.125.6②C913.14

中国版本图书馆 CIP 数据核字（2022）第 052947 号

广西师范大学出版社出版发行

广西桂林市五里店路 9 号　　邮政编码：541004
网址：http://www.bbtpress.com
出版人：黄轩庄
全国新华书店经销
湛江南华印务有限公司印刷
广东省湛江市霞山区绿塘路 61 号　　邮政编码：524002
开本：880 mm × 1 230 mm　　1/32
印张：22　　字数：450 千
2022 年 7 月第 1 版　　2022 年 7 月第 1 次印刷
印数：0 001~5 000 册　　定价：99.80 元

如发现印装质量问题，影响阅读，请与出版社发行部门联系调换。

孙康宜文集

简体增订版致谢词

孙康宜

拙著在繁体版《孙康宜文集》基础上，增订为《孙康宜作品系列》五卷本能在中国出版，首先要感谢《南方周末》的朱又可先生，因为是他把拙著介绍给多马先生的。听朱又可先生说，多马一直想出版我的作品，对我来说当然很高兴。

能认识多马先生乃是我个人的一大荣幸。最奇妙的是，虽然彼此没见过面，但发现双方的观点一拍即合，仿佛遇到了知心人。尤其当初在偶然间见到他和我的好友顾彬（Wolfgang Kubin）的合照，感到多马的面孔甚为熟悉，颇为震撼！后来发现多马办事敏捷，富判断力，凡事充满创意，令我十分钦佩。所以此次拙著《孙康宜作品系列》能顺利由广西师范大学出版社出版，完全靠多马先生的持续努力，在此我要特别向他献上感谢。

同时，我也要感谢好友徐文博士，为了这套简体版，她特别为新加的数篇文章重新打字，并为我完成作品系列的繁简转换。今年她在美国加州大学圣塔芭芭拉分校（University of California, Santa Barbara）当访问学者，在极其忙碌之中，还不断抽出时间协助我，让我无限感激。此外，我的耶鲁学生凌超博士［目前执教于缅因州的贝茨学院（Bates College）］多年来一直不断给我各方面的帮助，这次又为这套作品系列题签，令我终生难忘。住在费城附近的李保阳博士，帮我校阅全部作品系列五卷，原稿总字数近170万字，合计1914页，校改条目共1329处，并为简体版作品系列撰写"校读后记"，我对他的感激之情是言语所无法形容的。

对于台湾秀威资讯的发行人宋政坤先生的授权，以及郑伊庭、杜国维等人的帮忙，我要表达衷心的谢意。同时，我也要感谢从前繁体版文集的主编韩晗教授，他为整套书的初步构想做出了贡献。

这套作品系列五卷本将在我的出生地——北京编辑出版，令我感到特别兴奋。尤其在目前全球遭受巨大冲击、合力抵抗疫情的艰难期间，能得到出书的些微安慰和喜悦，也算是一种幸福了。

2020 年 5 月 12 日
写于美国康州木桥乡

初版作者致谢词

孙康宜

感谢蔡登山、宋政坤二位先生以及主编韩晗的热心和鼓励，是他们共同的构想促成了我这套《孙康宜文集》（以下简称《文集》）在台湾的出版。同时我也要向《文集》的统筹编辑郑伊庭和编辑卢羿珊女士及杜国维先生致谢。

感谢徐文花费很多时间和精力为我整理集内的大量篇章，乃至重新打字和反复校对。她的无私帮助令我衷心感激。

感谢诸位译者与合作者的大力协助。他们的姓名分别为：李奭学、钟振振、康正果、叶舒宪、张辉、张健、严志雄、黄红宇、谢树宽、马耀民、皮述平、王瑷玲、钱南秀、陈磊、金溪、凌超、卞东波。是他们的襄助充实和丰富了这部《文集》的内容。

感谢曾经为我出书的诸位主编——廖志峰、胡金伦、陈素芳、隐地、初安民、邵正宏、陈先法、杨柏伟、张凤珠、黄韬、申作宏、张吉人、曹凌志、冯金红等。是他们严谨的工作态度给了我继续出版的信心。

感谢耶鲁大学图书馆中文部主任孟振华先生，长期以来他在图书方面给我很大的帮助。

感谢王德威、黄进兴、陈淑平、石静远、苏源熙、吕立亭、范铭如等人的帮助。是他们的鼓励直接促成了我的写作灵感。

感谢丈夫张钦次（C. C. Chang），是他多年来对我的辛勤照顾以及所做的一切工作，最终促成这套《文集》的顺利完成。

2016 年 10 月

写于耶鲁大学

徜徉于古典与现代之间

——《孙康宜文集》导读

韩晗

今年 73 岁的孙康宜先生是国际汉学界具有代表性的学者，她在中国古典文学研究界深耕多年，著作等身。曾任普林斯顿大学葛思德东方图书馆^①（The Gest Oriental Library at Princeton University）馆长，后又两度出任耶鲁大学东亚系（The Council on East Asian Studies at Yale University）主任，2015 年当选为美国人文与科学院院士，2016 年又当选为台湾"中研院"院士，在国际中国古典文学研究界声誉卓著。而且，孙康宜还是一位驰名国际的华语散文家，其代表作《我看美国精神》《走出白色恐怖》不但在华语散文界影响颇大，而且还被翻译为韩文、捷克文，在其他国家和地区出版，形成了世界性的影响。

5 年间，《孙康宜文集》在大陆、台湾两地先后问世，受到了

---

① 葛思德东方图书馆旧译作"The Gest Oriental Library"，见屈万里《普林斯顿大学葛思德东方图书馆中文善本书志》成书时在任图书馆馆长威廉·狄克斯（William S. Dix）的英文序言。20 世纪 80 年代初期，孙康宜任该馆馆长之时，该馆的通用名称仍是 The Gest Oriental Library。目前已改为 The East Asian Library of the Princeton University Library。

许多同行学者的关注与好评，大家不约而同地认为，《孙康宜文集》的出版不但是国际汉学研究的大事，更是中国古典文学研究界众望所归的喜事，当然这也说明了孙康宜先生作为学术泰斗，其卓异成就得到了海峡两岸、海内外学界的高度认可。作为《孙康宜文集》的主编，我愿不揣浅陋，撰此导读，向孙康宜先生的学术思想与创作成就致敬。

一

总体来看，孙康宜先生的学术研究分为如下两个阶段。

与其他同时代许多海外华裔学者相似，孙康宜出生于中国大陆，20 世纪 40 年代末去台湾，在台湾完成了初等、高等教育，尔后赴美继续攻读硕士、博士学位，最后在美国执教。但与大多数人不同之处在于，孙康宜的人生轨迹乃是不断跌宕起伏的结果，并非一帆风顺。因此，孙康宜的学术研究分期，也与其人生经历、阅历有着密不可分的联系。

1944 年，孙康宜出生于北京，两岁那年，因为战乱而举家迁往台湾。其父孙裕光曾毕业于日本早稻田大学，并曾短期执教北京大学，而其母陈玉真则是台湾人。孙康宜举家迁台之后，旋即爆发二二八事件，孙康宜的舅舅陈本江因涉"台共党人"的"鹿窟基地案"而受到通缉，其父亦无辜受到牵连而入狱 10 年。[1]

可以这样说，幼年至少年时期的孙康宜，一直处于颠沛流离

---

[1] 孙康宜《走出白色恐怖》（增订版），北京：生活·读书·新知三联书店，2012 年版，第 222 页。

之中。在其父蒙冤入狱的岁月里，她与母亲在高雄林园乡下相依为命。这样独特且艰苦的生存环境，锻炼了孙康宜坚强、自主且从不依赖他人的独立性格，也为其精于钻研、刻苦求真的治学精神起到了奠基作用。

1962年，18岁的孙康宜被保送进入台湾东海大学外文系，这是一所与美国教育界有着广泛合作并受到基督教会支持的私立大学，首任校董事长为台湾前教育事务主管部门负责人杭立武先生，这是孙康宜学术生涯的起点。据孙康宜本人回忆，她之所以选择外文系，乃与其父当年蒙冤入狱有关。英文的学习可以让她产生一种逃避感，使其可以不必再因为接触中国文史而触景生情。

在这样的语境下，孙康宜自然对英语有着较大的好感，这也为她今后从事英语学术写作、比较文学研究打下了基础。她的学士学位论文 "The Importance of Herman Melville to Chinese Students with a Comparison between the Ideas of Melville and Prominent Chinese Thinkers"（《赫尔曼·麦尔维尔对中国学生的重要性——兼论麦尔维尔与中国著名思想家的思想比较》）以美国小说家赫尔曼·麦尔维尔（Herman Melville，1819—1891）的小说《白鲸》（*Moby Dick*）为研究对象。用孙康宜本人的话讲："他一生中命运的坎坷，以及他在海洋上长期奋斗的生涯，都使我联想到自己在白色恐怖期间所经历的种种困难。"[①]

从东海大学毕业后，孙康宜继续在台湾大学外文研究所攻读美国文学研究生。多年英语的学习，使得孙康宜有足够的能力赴

---

① 燕舞采写《孙康宜：借着书写和回忆，我已经超越了过去的苦难》，《经济观察报》，2012年9月3日第585期，第40版。

美留学、生活。值得一提的是，此时孙裕光已经出狱，但属于"有前科"的政治犯，当时台湾处于"戒严"状态下，有"政治犯"背景的孙康宜一家是被"打入另册"的，她几乎不可能在当时台湾的体制内获得任何上升空间（除了在受教育问题上还未受到歧视之外），甚至离台赴美留学，都几乎未能成行。[①] 在这样的处境下，定居海外几乎成为孙康宜唯一的出路。

在台大外文所读书期间，成绩优异的孙康宜就被得克萨斯州的 A & M 大学（Texas A & M University）英文系录取并获奖学金。但后来由于个人情况的考虑，她决定进新泽西州立罗格斯大学（Rutgers, the State University of New Jersey）图书馆学系的硕士班。历史地看，这是一个与孙康宜先前治学（英美文学）与其之后学术生涯（中国古典文学）并无任何直接联系的学科；但客观地说，这却是孙康宜在美国留学的一个重要的过渡，因为她想先学会如何在美国查考各种各样的学术资料，并对书籍的分类有更深入的掌握。1971 年，孙康宜获得该校图书馆学系的硕士学位之后，旋即进入南达科他州立大学（The South Dakota State University）英文硕士班学习，这是孙康宜获得的第二个硕士学位——她又重新进入了英美文学研究领域。

嗣后，孙康宜进入普林斯顿大学东亚研究系（The East Asian Studies Department at Princeton University）博士班，开始主修中

---

① 孙康宜在《走出白色恐怖》中回忆，她和两个弟弟孙康成、孙观圻离台赴美留学时，数次被台湾当局拒绝，最终时任保密局长的谷正文亲自出面，才使得孙康宜姐弟三人得以赴美。1978 年，其父孙裕光拟赴美治病、定居，但仍遭到当局阻挠，孙康宜无奈向蒋经国写信求助。后来又得到美国新泽西州的参议员克利福德·凯斯（Senator Clifford Case）的帮忙，其父母才得以成行。

国古典文学，副修英美文学与比较文学，师从于牟复礼（Frederick W. Mote，1922—2005）、高友工（Yu-kung Kao，1929—2016）等知名学者。此时孙康宜真正开启了她未来几十年的学术研究之门——比较文学视野下的中国古典文学研究。

1978年，34岁的孙康宜获得普林斯顿大学博士学位，并发表了她的第一篇英文论文，即关于加州大学伯克利分校东亚研究所（The Institute of East Asian Studies at University of California, Berkeley）教授西里尔·白之（Cyril Birch, 1925— ）的《中国文学文体研究》（Studies in Chinese Literary Genres）的书评，刊发于《亚洲研究》（*Journal of Asian Studies*）杂志上。这篇文章是她用英文进行学术写作的起点，也是她进入美国学界的里程碑。

1979年，是孙康宜学术生涯的重要转折点。她的第一份教职就是在人文研究颇有声誉的塔夫茨大学（Tufts University）担任助理教授，这为初出茅庐的孙康宜提供了一个较高的起点。同年，孙康宜回到中国大陆，并在南京大学进行了学术讲演，其间与唐圭璋、沈从文、赵瑞蕻等前辈学者和作家有过会面。作为新时期最早回到中国大陆的旅美学者之一，孙康宜显然比同时代的其他同行更有经历上的优势。

次年，在普林斯顿大学东亚研究系创系主任牟复礼教授的推荐下，孙康宜受聘普林斯顿大学葛思德东方图书馆担任馆长，这是一份相当有荣誉感的职位，比孙康宜年长53岁的中国学者兼诗人胡适曾担任过这一职务。当然，这与孙康宜先前曾获得过图书馆学专业的硕士学位密不可分。在任职期间她在普林斯顿大学出版社（Princeton University Press）出版了自己第一本英文专著

The Evolution of Chinese Tz'u Poetry: From Late T'ang to Northern Sung（《晚唐迄北宋词体演进与词人风格》）。这本书被认为是北美学界第一部完整地研究晚唐至北宋诗词的系统性著述，它奠定了孙康宜在北美学术界的地位。1982年，孙康宜开始执教耶鲁大学东亚系，并在两年后担任东亚语文研究所主任，1986年，她获得终身教职。

在《晚唐迄北宋词体演进与词人风格》一书中，孙康宜以温庭筠与韦庄两人为重要对象，以文体学为研究方法论，探索了花间词独特的结构原理。20世纪60至80年代，是文体学研究在北美突飞猛进的年代，孙康宜撰写这本书的时候，正是文体学研究在美国学界声势正隆的20世纪70年代末，甚至可以说，文体学代表了当时美国文学理论界最为前沿的研究方法。当时美国著名文艺理论家韦勒克（René Wellek，1903—1995）曾认为："文体学研究一切能够获得某种特别表达力的语言手段，因此，比文学甚至修辞学的研究范围更广大。"[①]从孙康宜第一本学术专著便可看出其对于欧美前沿文论的关注并努力将其借鉴于中国文学研究。

值得一提的是，"花间词"得名于五代后蜀诗人赵崇祚编辑的《花间集》，该词集中收了18位词家的500首词，共同主题便是描述女性以及异性之间的相思。在孙康宜的第一本学术专著里，她就选择用欧美文论界前沿的文体学理论来解读花间词，可以这样说，这本书在总体上奠定了孙康宜今后的学术风格。

如果将孙康宜的学术生涯形容为一张唱片的话，从东海大学

---

① 韦勒克、沃伦《文学理论》，刘象愚等译，北京：生活·读书·新知三联书店，1984年版，第191页。

到普林斯顿大学这段经历，视为这张唱片的 A 面，而其后数十年的"耶鲁时光"是这张唱片的 B 面。因此，《晚唐迄北宋词体演进与词人风格》既是 A 面的终曲，也是 B 面的序曲。此后孙康宜开始将目光聚集在中国古典文学之上，并完成了自己的第二本英文专著 *Six Dynasties Poetry*（《六朝诗研究》）[①]。

从严谨的学科设置来看，唐宋文学与六朝文学显然是两个不同的方向。但孙康宜并不是传统意义上的历史考据研究学者，她更注重于从现代性的视野下凝视中国古典文学的传统性变革，即作家如何在不同的时代下对政治、历史乃至自身的内心进行书写的流变过程。这与以"朴学"为传统的中国大陆主流古典文学研究不尽相同，而是更接近西方学界主流研究范式——将话语分析、心理分析、性别研究与文体研究理论引入古典文学研究范畴。

这就不难理解孙康宜的第三本英文专著 *The Late-Ming Poet Ch'en Tzu-lung: Crises of Love and Loyalism*（《情与忠：陈子龙、柳如是诗词因缘》，下文简称《情与忠》）缘何会成为该领域的代表作之缘由。陈子龙是一位被后世誉为"明诗殿军"的卓越诗人，而且他官至"兵科给事中"，属于位高权重之人。明亡后，他被清军所俘并坚决不肯剃发，最终投水自尽。孙康宜将这样一个诗人作为研究对象，细致地考察了他的文学活动、政治活动与个人日常生活之间的关系，认为其"忠"（家国大爱）与"情"（儿女私情）存在着情感相通的一面。

不言自明，《情与忠》的研究方式明显与先前两本专著不同，

[①] 英文原著由普林斯顿大学出版社于 1986 年出版，扉页题名为"六朝诗研究"，中译本名为《抒情与描写：六朝诗歌概论》。

前两者属于概论研究，而后者则属于个案研究。但这三者之间却有着内在的逻辑联系：以比较文学为核心，用一系列现代研究范式来解读中国古典文学。这是有别于传统学术的经典诠释研究。从这个角度上来讲，孙康宜别出心裁地将中国古典文学研究推向了一个新的高度。

在孙康宜的一系列著述与单篇论文中，"现代"与"古典"合奏而鸣的交响旋律可谓比比皆是。如《〈乐府补题〉中的象征与托喻》着重研究了"咏物词"中的象征与托喻；而《隐情与"面具"——吴梅村诗试说》独辟蹊径，将"面具（Mask）说"与"抒情主体"（lyric self）理论引入对吴梅村（即吴伟业）的诗歌研究当中，论述吴梅村如何以诗歌为工具，来阐释个人内心所想与家国寄托；《明清诗媛与女子才德观》则是从性别研究的角度论述女性诗人的创作动机与群体心态。凡此种种，不胜枚举。

二

从东海大学到普林斯顿大学，完整的学术训练，让孙康宜具备了"现代"的研究视野与研究方式，使其可以在北美汉学界独树一帜，成为中国古典文学研究在当代最重要的学者之一。

但公正地说，用"现代"的欧美文学理论来研究中国古典文学，绝非孙康宜一人之专利，在海外汉学领域内，可谓比比皆是。如艾朗诺（Ronald Egan, 1948— ）对北宋士大夫精神世界的探索，浦安迪（Andrew H. Plaks, 1945— ）的《红楼梦》研究，宇文所安（Stephen Owen, 1946— ）对唐诗文本的精妙解读，余国

藩（Anthony C. Yu, 1938—2015）的《西游记》再解读以及卜松山
（Karl-Heinz Pohl, 1945— ）在儒家美学理论中的新发现，等等，
无一不是将新方法、新理论、新观点乃至新视角与传统的"老文
本"相结合。甚至还有观点认为，海外中国古典文学研究其实就是
不同新方法的博弈，因为研究对象是相对稳定、明确的。

　　无疑，这是与中国现代文学研究截然不同的路数。发现一个
"被忽略"的现当代作家（特别是在世的作家）不难，但要以考古
学的研究范式，在中国古典文学史中找到一个从未研究过的个案，
之于海外学者而言可谓是难于上青天。

　　谈到这个问题，势必要谈到孙康宜学术思想的特殊之处。"传
统"与"现代"的相结合当然是大多数海外中国古典文学研究者的
"共性"，但孙康宜的"传统"与"现代"之间却有着自身的特色，
我认为，其特殊之处有二。

　　首先是从性别研究出发的视角。这是许多海外中国古典文学
学者并不具备的。在海外中国古典文学研究领域，如孙康宜这样
的女性学者本身不多见，孙康宜凭借着女性特有的敏感性与个人
经验对中国古典文学进行独特的研究与诠释，这是其特性而非共
性。因此，"女性"这个角色（或身份）构成了孙康宜学术研究中
一个重要的关键词。譬如她在研究陈子龙时，会考虑到对柳如是
进行平行考察，而对于明代"才女"们的审理，则构成了孙康宜极
具个性化的研究特色。

　　当然，很多人会同时想到另外两位华裔女性学者：田晓菲
（Xiaofei Tian, 1971— ）与叶嘉莹（Chia-ying Yeh, 1924— ）。前
者出生于1971年，曾为《剑桥中国文学史》(*The Cambridge*

History of Chinese Literature，该书的主编为孙康宜和宇文所安）撰写从东晋至初唐的内容，并在六朝文学研究中颇有建树，而出生于 1924 年的叶嘉莹则是一位在中国古典文学研究领域成果丰硕的女性学者，尤其在唐宋词研究领域，成就不凡。

虽都是女性学者，但她们两者与孙康宜的研究仍有着不可忽视的差异性。从年龄上讲，田晓菲应是孙康宜的下一代人，而叶嘉莹则是孙康宜的上一代人。孙康宜恰好在两代学人之间。因此，相对于叶嘉莹而言，孙康宜有着完整的西学教育，其研究更有"现代"的一面，即对于问题的认识与把握乃至个案研究，都更具备新理论与新方法。但之于田晓菲，孙康宜则显得更有文学批评性。毕竟田晓菲是从中国现代史转型而来，其研究风格仍带有历史研究的特征，而孙康宜则是相对更为纯粹的文学研究，其"现代"意识下从性别研究出发的视角，更有承上启下、革故鼎新的学术史价值。

广义地说，孙康宜将性别研究与中国古典文学糅合到了一起，打开了中国古典文学研究的一扇大门，提升了女性作家在中国古典文学史中的地位，为解读中国古典文学史中的女性文学提供了重要的理论工具。更重要的在于，长期以来中国古典文学史的研究与写作，基本上都是男权中心主义的主导，哪怕在面对女性作家的时候，仍然摆脱不了男权中心主义这一既成的意识形态。

譬如《情与忠》就很容易让人想到陈寅恪的《柳如是别传》，该著对于陈（子龙）柳之传奇故事也颇多叙述，但仍然难以超越男权中心主义的立场，即将柳如是作为"附属"的女性进行阐释。但是在《情与忠》中，柳如是却一度构成了陈子龙文学活动与个人立场变化的中心。从这个角度来看，孙康宜不但提供了解读中国古典文学史中女性作家的理论工具，而且还为中国古典文学研究提供一个相当珍贵的新视野。史景迁（Jonathan Spence，1936— ）[1]曾评价该著的创见："以生动的史料，深入考察了在 17 世纪这个中国历史上的重要时期，人们有关爱情和政治的观念，并给予了深刻的阐述。"[2]

其次是将现代欧美文论引入研究方法。之于传统意义上的中国古典文学研究而言，引入欧美文论是有一定争议的，与之相比，乾嘉以来中国传统学术（即"朴学"）中对古籍进行整理、校勘、注疏、辑佚，加上适度的点校、译释等研究方式相对更受认可，也在古典文学研究体系中占据着主流地位。

随着"世界文学"的逐步形成，作为重要组成的中国古典文学，对其研究已经不能局限于其自身内部的循环阐释，而是应将其纳入世界文学研究的体系、范畴与框架下。之于海外中国文学研究，尤其应承担这一历史责任。同样，从历史的角度来看，中国古典文学的形成绝非是在"一国一族"之内形成的，而是经历了一个漫长的民族融合、文化交流的过程。因此，中国古典文学的体制、内容与形态是在"变动"的过程中逐渐形成的。

在这样的前提下，研究中国古典文学，就必须要将当代欧美文论所涉及的新方法论纳入研究体系当中。在孙康宜的研究中，欧美文论已然被活学活用。譬如她对明清女性诗人的研究如《明

---

[1] 史景迁于 2021 年 12 月 26 日去世。——编者注
[2] 张宏生《经典的发现与重建——孙康宜教授访谈录》，任继愈主编《国际汉学·第 7 辑》，郑州：大象出版社，2002 年，第 30 页。

清文人的经典论与女性观》《寡妇诗人的文学"声音"》等篇什，所着眼的即是比较研究，即不同时代、政权、语境下不同的女性诗人如何进行写作这一问题；而对于中国古典文学经典文本、作家的传播与影响，也是孙康宜所关注的对象，譬如她对"典范作家"王士禛的研究，她敏锐地发掘了宋朝诗人苏轼对王士禛的影响，并提出"焦虑说"，这实际上是非常典型的比较文学研究了。此外，孙康宜还对陶潜（陶渊明）经典化的流变、影响过程进行了文学史的审理，并再度以"面具理论"（她曾用此来解读过吴梅村）进行研究。这些都反映出欧美文论研究法已构成了孙康宜进行中国古典文学研究中一个重要的内核。

孙康宜通过自己的学术实践有力地证明了：人类所创造出的人文理论具有跨民族、跨国家的共同性，欧美文论同样可以解读中国古典文学作品。譬如前文提到的《晚唐迄北宋词体演进与词人风格》一书（北大版将该书名改为《词与文类研究》），则明显受到克劳迪欧·吉伦（Claudio Guillen，1924—2007）的《作为系统的文学：文学理论史札记》(*Literature as System: Essays toward the Theory of Literary History*)、程抱一（François Cheng, 1929— ）的《中国诗歌写作》(*Chinese Poetic Writing*) 与埃里希·奥尔巴赫（Erich Auerbach，1892—1957）的《摹仿论：西方文学中现实的再现》(*Mimesis: The Representation of Reality in Western Literature*) 等西方知名著述的影响，除了文体学研究方法之外，还将话语分析与心理分析引入对柳永、韦庄等词人的作品研究，通读全书，宛然中西合璧。

性别研究的视角与欧美文论的研究方法，共同构成了孙康宜学术思想中的"新"，这也是她对丰富现代中国古典文学研究体系的重要贡献。但我们也必须看到，孙康宜的"新"，是她处于一个变革的时代所决定的，在孙康宜求学、治学的半个多世纪里，台湾从封闭走向民主，而大陆也从贫穷走向了复兴，整个亚洲特别是东亚地区作为世界目光所聚集的焦点而被再度写入人类历史中最重要的一页。在大时代下，中国文化也重新受到全世界的关注。孙康宜虽然面对的是古代经典，但从广义上来讲，她书写的却是一个现代化的时代。

三

哈佛大学东亚系教授、《剑桥中国文学史》的合作主编宇文所安曾如是评价："在她（孙康宜）所研究的每个领域，从六朝文学到词到明清诗歌和妇女文学，都糅合了她对于最优秀的中国学术的了解与她对西方理论问题的严肃思考，并取得了卓越的成绩。"而对孙康宜学术观点的研究，在中国大陆也渐成热潮，如陈颖《美籍学者孙康宜的中国古典诗词研究》、朱巧云《论孙康宜中国古代女性文学研究的多重意义》与涂慧的《挪用与质疑，同一与差异：孙康宜汉学实践的嬗变》等论稿，对于孙康宜学术思想中的"古典"与"现代"都做了自成一家的论述与诠释。

不难看出，孙康宜学术思想中的"古典"与"现代"已经被学界所公认。我认为，孙康宜不但在学术思想上追求"古典"与"现代"的统一性，而且在待人接物与个人生活中，也将古典与现代融合到了一起，形成了"丰姿优雅，诚恳谦和"①的风范。其中，颇具代表性的就是其与学术写作相呼应的散文创作。

散文，既是中国传统文人最热衷的写作形式，也是英美现代知识分子最擅长的创作体裁。学者散文是中国新文学史上的重要组成部分，从胡适、梁实秋、郭沫若、翦伯赞到陈之藩、余秋雨、刘再复，他们既是每个时代最杰出的学者，也是这个时代里最优秀的散文家。同样，作为一位学者型散文家，孙康宜将"古典"与"现代"进行了有机的结合，形成了自成一家的散文风格，在世界华人文学界拥有稳定的读者群与较高的声誉。与孙康宜的学术思想一样，其散文创作，亦是徜徉于古典与现代之间的生花妙笔。

从内容上看，孙康宜的散文创作一直以"非虚构"为题材，着重对于人文历史的审视与自身经验的阐释与表达，这是中国古代散文写作的一个重要传统。她所出版的《我看美国精神》《亲历耶鲁》与《走出白色恐怖》等散文作品，无一不是如此。

若是细读，我们可以发现，孙康宜的散文基本上分为两个主题：一个是青少年的台湾时期，对"白色恐怖"的回忆与叙述；另一个则是留学及其后定居美国的时期，对于美国民风民情以及海外华人学者的生存状态所做的记录与阐释。在孙康宜的散文作品中，我们可以明显地读到作为"作者"的孙康宜构成了其散文作品的中心。正是因为这样一个特殊的中心，使得其散文的整体风格也由"现代"与"古典"所构成。

---

① 王德威《从吞恨到感恩——见证白色恐怖》，详见孙康宜《走出白色恐怖》(增订版)，北京：生活·读书·新知三联书店，2012年版，第1页。

现代，是孙康宜的散文作品所反映的总体精神风貌。我认为，在孙康宜的散文中，对于"现代"的追求有两个层面。第一个层面是对民主自由的呼唤，特别是对台湾"白色恐怖"的揭露。1949年之后，撤退到台湾的蒋介石政权为了维护自身的统治，曾使台湾地区一度处于"白色恐怖"的专制高压之下，一批"台共党人"甚至国民党党内同情"台共党人"的人士都受到屠杀与迫害，孙康宜的父亲也牵连其中。孙康宜在《走出白色恐怖》中揭露了这一段几乎被当下遗忘的历史，尽管孙康宜以"吞恨感恩"的情怀来纾解自己家族在历史所遭遇的恩怨，但正是这种胸怀，恰反映了孙康宜用大爱来呼唤民主自由。

第二个层面则是孙康宜的世界性眼光。孙康宜出生于北京，在台湾长大，又去美国求学，在治学的生涯中，孙康宜先后到访过世界几十个国家，而这正是人类借助互联网技术，瓦解了人类不同政治阵营的冷战，积极推动全球化进程加剧的历史关键时期。在《我看美国精神》《亲历耶鲁》等散文集中，孙康宜敏锐地发现了全球化时代下，人类"环球同此凉热"的命运共同，譬如在《21世纪的"全球大学"》中就全球化语境下高等教育变革的探讨，在《疗伤》中结合自己先生张钦次的际遇来评述自己对于"九一一事件"的看法，以及在《人文教育还有希望吗？》中表现出对于当下人文教育的关切，等等，这些因世界性眼光而文学化的篇什，无一不是她在散文中重点关注的另一个现代性向度。

总而言之，上述孙康宜散文中所呈现出的两个现代性层面的特征，其实都是特定大时代的缩影，构成了孙康宜文学创作中独一无二的书写风格。海外华裔学者型散文家甚众，如张错、陈之藩、郑培凯、童元方与刘绍铭等等，但如孙康宜这般经历曲折的，仅她一人而已。或者换言之，孙康宜以自身独特的经历与细腻的感情，为当代学者型散文的"现代"特质注入了特定的内涵。

在《走出白色恐怖》中，孙康宜以"从吞恨到感恩"的气度，将家族史与时局、时代的变迁融合一体，以史家、散文家与学者的多重笔触，绘制了一幅从家族灾难到个人成功的个人史诗，成为当代学者散文中最具显著特色的一面。与另一位学者余秋雨的"记忆文学"《借我一生》相比，《走出白色恐怖》中富有女性特有的宽厚的孙康宜所拥有的大爱明显更为特殊，因此也更具备积极的现代性意识；若再与台湾前辈学者齐邦媛的"回忆史诗"《巨流河》对读，《走出白色恐怖》则更加释然——虽然同样遭遇悲剧时代的家庭灾难，但后者凭借着宗教精神的巨大力量，孙康宜走出了一条只属于自己的精神苦旅。因此，这本书在台湾出版后，迅速被引入中国大陆再版，而且韩文版、捷克文版等外文译本也陆续出版。

与此同时，我们也应注意到孙康宜散文中"古典"的一面。她虽然是外文系出身，又旅居海外多年，并且长期用英文进行写作。但其散文无论是修辞用典、写景状物还是记事怀人，若是初读，很难让人觉得这些散文出自一个旅居海外近半个世纪的华裔女作家之笔，其措辞之典雅温婉，透露出标准的古典美。

我认为，当代海外华裔文学受制于接受者与作者自身所处的语境，使得文本中存在着一种语言的"无归属感"，要么如汤婷婷（Maxine Hong Kingston，1940— ）、谭恩美（Amy Tan，1952— ）等以写作为生的华裔小说家，为了更好地融入美国干脆直接用英文写作，要么如一些业余专栏作家或随笔作家（当中包括学者、企业家），用一种介于中国风格（Chineseness）与西式风格（甚至包括英文文法、修辞方式）之间的话语进行文学书写，这种混合的中文表达形态，已经开始受到文学界尤其是海外华文研究界的关注。

读孙康宜的散文，很容易感受到她敬畏古典、坚守传统的一面，以及对于自己母语——中文的自信，这是她潜心苦研中国古典文学多年的结果，深切地反映了"古典"风格对孙康宜的影响，其散文明白晓畅、措辞优雅，文如其人，在海峡两岸暨香港，她拥有稳定、长期且优质的读者群。《走出白色恐怖》与《从北山楼到潜学斋》等散文、随笔与通信集等文学著述，都是海峡两岸暨香港地区知名读书报刊或畅销书排行榜所推荐的优质读物。文学研究界与出版界公认：孙康宜的散文在中文读者中的影响力与受欢迎程度远远大于其他许多海外学者的散文。

孙康宜曾认为："在耶鲁学习和任教，你往往会有很深的思旧情怀。"[①]从学术写作到文学创作，徜徉于古典与现代之间的孙康宜构成了当代中国知识分子的一种典范。孙康宜在以古典而闻名的耶鲁大学治学已有30余年，中西方的古典精神已经浸润到了她日常生活与个人思想的各个方面。我相信，随着中国文学研究的国际化程度日益加深，海内外学界会在纵深的层面来解读孙康宜学术观念、研究风格与创作思想中"现代"与"古典"的二重性，这或将是今后一个广受关注的课题，而目前对于孙康宜的研究，还

---

① 孙康宜《耶鲁：性别与文化》，上海：上海文艺出版社，2000年版，第2页。

只是一个开始。

2017 年 12 月

于深圳大学

　　这篇导读的完成，得益于 2014 年秋天在美国康州木桥乡（Woodbridge, Connecticut）孙康宜教授寓所中有幸与她长达 6 个小时的对话以及近年来上百封邮件的相互交流，这构成了本文的重要基础。此外，上海戏剧学院教授余秋雨先生对本文的修订提出了非常重要、中肯的意见，笔者铭感至深，特此致谢。本文原载 2018 年繁体版《孙康宜文集》卷首。

目录

辑一

走出白色恐怖

序言　从吞恨到感恩

——见证白色恐怖

王德威

孙康宜教授是美国耶鲁大学首任 Malcolm G. Chace '56 讲座教授，也是国际知名的汉学家。孙教授专攻古典文学，主要领域在六朝诗歌、唐宋词学、晚明遗民文学以及女性文学，除了个人专著多本外，并曾主持《中国女性诗歌诗论传统》，以及《剑桥中国文学史》等巨型出版计划。在英美汉学界论治学之严谨、任事之认真，孙教授是公认的模范。

孙教授丰姿优雅，诚恳谦和，永远给人如沐春风的感觉。然而，这样的学者风范下却藏着一个忧伤的故事：她曾经亲历台湾的白色恐怖，而且是受难者的家属。

白色恐怖是台湾政治史的一大污点，很多年来，一直是岛上的禁忌话题。20 世纪 80 年代末言禁大开，以往的斑斑血泪浮出地表，成为社会共同追记、反思的宿业。但在世纪末又一波政治风潮的影响下，白色恐怖真相未必大白，反而成为不同阵营叫嚣辩争的口实。

与此同时，孙康宜教授在海外默默写下《走出白色恐怖》。比起台面上涕泗交零或义愤填膺的控诉，这本回忆录乍看之下如此直白单纯，未必符合一般想象。但孙康宜要说的是，白色恐怖的曲折复杂何足为外人道！在泪水和怨怼的尽头，什么样的悼亡追忆方式才有持续的意义？"走出"白色恐怖，真是谈何容易！孙康宜教授的回忆录不厚，却是她蓄积多年的勇气才写出的见证。

走入白色恐怖

1949 年，国民党从大陆撤退至台湾。为了守住最后的弹丸之地，在岛上大举肃清异己。5 月 19 日，台湾省警备总司令部发布戒严令。6 月，《惩治叛乱条例》《动员戡乱时期检肃匪谍条例》开始实施。这段高压统治主要发生在 20 世纪 50—60 年代，日后被称为"白色恐怖高峰时期"。当时，被捕处死或遭受长期监禁者，保守的估计约有 8000 人之谱，军事法庭受理的案件将近 3 万件，而被罗织株连，或遭误审冤狱的例子，更不在少数。

白色恐怖的打击对象包括知识分子、文化人、军人、农民、工人，左翼和社会民主运动分子则首当其冲。在国民党退守台湾初期，这样雷厉风行的行动有其历史缘由，但因此所带来的巨大伤害却不是几句简单的政治解释所能涵盖。已经过世的考古人类学权威张光直先生（1931—2001）在 1949 年只是中学生，就曾因为思想问题被捕，甚至一度有生命危险。当代中国诗词研究的大佬叶嘉莹教授 20 世纪 50 年代初受到家人牵连，也曾入狱。日后，雷震（1897—1979）借《自由中国》杂志鼓吹民主自由遭到长期软禁，陈映真因为参与读书会而锒铛入狱，都是知识界耳熟能详的例子。

对历经"反右""文化大革命"风潮的大陆读者而言，孙康宜的白色恐怖经验可能有似曾相识之感。有多少年，历史对两岸的中国人都是残暴的。但我们关心的是，不论颜色、规模，恐怖一旦发生，对每一位受难者都是人格的违逆、人权的侵犯。更不堪的是，一代中国人所承受的政治暴虐和伤害，必须有好几代人来承担。时过境迁，后之来者要如何召唤亡灵，重新体会前人一言难尽的创伤？

1987年台湾解除"戒严"，为时38年的白色恐怖正式告一段落。但真正的挑战刚刚开始。各样的记录、回忆层出不穷，让我们想起20世纪80年代伤痕文学的狂潮。随之而来的则是一系列有关见证的问题：创伤能够由历史的后见之明来弥补吗？亡者已矣，幸存者有什么样的资格代理那些永远沉默者的发言权？还有，伤痕叙事也必须推陈出新吗？我们都还记得祥林嫂说故事的教训。归根结底，述说历史不难，述说历史的"难以述说性"才难，因为那是永远的心灵挑战和道义承担。

是在这样的前提下，《走出白色恐怖》提供我们又一次思考现代中国暴力与正义、创伤与救赎的例证。孙康宜的父亲孙裕光先生（1919—2007）是天津人，母亲陈玉真女士（1922—1997）出生于中国台湾高雄。20世纪30年代末，两人都是留日学生（孙裕光是早稻田大学的学生，陈玉真则就读东京一所女校），他们相识相恋，之后回到祖国完婚，孙裕光还曾在北大担任讲师。然而，这是乱世，再美丽的罗曼史也难逃命运的拨弄。解放战争开始，孙裕光有感时局不稳，决定带着孩子回到妻子的故乡——台湾。与他们同行的有孙在北大的前同事，也是台湾人在北京的精神领袖，张我军先生（1902—1955）。

1946年春天，年轻的夫妇和两岁的女儿康宜还有出生刚满3个月的长子康成来到台湾。孙裕光在基隆港务局谋得一职，原以为找到安身之处，殊不知厄运才刚刚开始。隔年，二二八事件爆发，时任行政长官的陈仪（1883—1950）施兵镇压，大开杀戒，一时风声鹤唳，本省人、外省人一同遭殃。这场事件也埋下日后台湾省籍纠纷的祸根。20世纪40年代末，解放战争局势逆转，台湾一夕数惊。就在此时，白色恐怖的阴影来到孙家。1950年春天，孙裕光突然遭到逮捕，因为莫须有的罪名被判刑10年，家产尽被查抄。如他日后所写道："大祸忽然临到我们全家，一个幸福快乐的家庭，一夕之间坠入忧伤痛楚的流泪之谷。"

这年，孙康宜6岁。她所记得的是半夜军警突然闯入家中，将父亲用手铐押走的混乱；是母亲走投无路，携带3个年幼的子女逃到高雄乡下避难的惊恐。我们不难想象，这样的经验会给一个刚懂事的孩子带来什么样的惶惑与屈辱。以后10年，孙康宜随着母亲还有两个弟弟避居台湾南部，有寄人篱下的日子，也有苦中作乐的日子。她的母亲坚此百忍，付出一切心力维持家庭。与此同时，孙裕光先被遣送绿岛（通称"火烧岛"），再移回台北监狱。探监成为这个家庭最重要的假日节目。1960年孙裕光刑满获释，此时孙康宜已经高中二年级了。

但这只是故事的一半。时间过了35年，20世纪90年代中期，孙康宜偶然发现她的大舅陈本江（1915—1967）与中国台湾20世纪 50 年代"鹿窟事件"的纠葛。鹿窟位于台湾北部山区，20 世纪 50 年代初期曾经号称为岛上最大"左翼"武装根据地，1952 年为国民党军警歼灭。而鹿窟的领袖之一正是陈本江。

陈本江留学日本时期与孙裕光成为同学好友，也促成了孙和其妹陈玉真的一段姻缘。抗战后期陈本江也来到北平，一直到 1948 年才回台湾。陈浪漫多才，留学期间显然已经倾心左翼理想，他的中国经验尤其让他体会革命之必要。20 世纪 50 年代初，他奉命进入鹿窟，伺机行动。就在此时，孙裕光被捕，原因无他，保密局希望从他身上套出陈本江的下落。

凭着迟来几十年的线索，我们终能拼凑出孙家悲剧的来龙去脉。一个中国天津来的青年和一个中国台湾高雄来的青年在日本结为好友，他们的友谊后来发展成姻亲关系。然而，造化弄人，他们各自见证了台湾白色恐怖的不同面向。孙裕光和台湾妻子在战乱中结为连理，他们没有政治企图心，但时代的纷乱却将他们卷入政治旋涡。另一方面，陈本江是典型的浪漫革命家，为了心目中的理想，牺牲一切上山打游击。何其反讽的是，"鹿窟事件"的严重性远远被夸大。而事件之后，陈本江只坐了 3 年牢就被释放，用以作为国民党宽大为怀的样板，反倒是孙裕光坚不合作，被判刑 10 年。无论如何，白色恐怖为两人的生命带来重挫。陈本江的后半生无限颓唐失意，英年早逝。孙裕光皈依基督教，1978 年辗转来美，成为大学教师和志愿传道人。

孙康宜笔下遭受白色恐怖经验的其实不只她的父亲和舅父。前文提到的张光直也出现在她的回忆录里，张光直的父亲就是当年一起和孙家渡海回台的张我军。张光直是张我军的次子，1946

年同家人回到台湾。1949年，还在念高三的他对左翼思想发生兴趣，结果被捕入狱，一年之后才得释放。这一年的牢狱之灾让张光直直面人性最坚强也最丑陋的两极，于是他竟对人类学发生兴趣。另外，孙康宜在探寻陈本江的鹿窟冒险时，发现他与"台湾第一才子"吕赫若（1914—1951）生死与共的情谊。吕赫若1935年崛起于台湾文坛，同时在声乐界一鸣惊人；尽管前程似锦，他却更钟情左翼运动，也因此结识陈本江。1949年，吕还曾举办过音乐演唱会，不久后神秘失踪。多年后证实，他追随陈本江进入鹿窟，1951年前后意外遭到毒蛇咬伤，竟因此而死。

在台湾解严以前，白色恐怖是不能闻问的禁忌，幸存者守口如瓶，罹难者则根本死无对证。张光直日后成为名满天下的哈佛教授，但一直到20世纪末才写出17岁那年的遭遇。吕赫若的名字和作品也是20世纪90年代才重新受到注意，他的死因到今天仍然众说纷纭。孙康宜的大舅早逝，她的父亲对自己的过往也多半保持缄默。

白色恐怖最后的恐怖是，哪怕客观环境改变，也永远让生者无言以对，逝者不能瞑目。缅怀往事，这是孙康宜最艰难的挑战。为她的至亲之人，为她自己，她要如何走出白色恐怖？

走出白色恐怖

孙康宜是白色恐怖间接的受害者。她6岁那年的遭遇要等到半个多世纪以后才得以述说，这漫长的等待可能包含了什么意义？如上所述，台湾1987年解严以前，官方对白色恐怖刻意掩盖，当事人也多半讳莫如深。何况孙康宜本人早在 1968 年就离开台湾，与事件发生的现场和关系人自然有了隔阂。更重要的原因应该是对她的父母辈而言，往事不堪回首，就算有话要说，也有不知从何说起的困难。失语的痛苦不只是因为来自外部的压力，也更是因为当事人内心驱之不去的创伤。

孙氏夫妇在 1978 年由子女协助来美定居。回首前半生的经历，他们必定有恍若隔世的感觉，孙裕光此时已是虔诚的基督徒，甚至改名孙保罗；他们宁愿以宽恕的心面对过去。但作为人子，岂能容父母和他们那个时代所曾经受的苦难就此湮没？往事不能如烟！

然而，一旦提起笔来，孙康宜才了解她自己又何尝不深陷失语的痛苦？走出白色恐怖的第一关就是说话问题。孙康宜生于北京，在说京片子的环境中长大，即使到了台湾，也依然随着父亲京腔京调。1950 年父亲入狱后，母亲带着 3 个孩子回到高雄乡下避难。"印象中，到了林园之后不久，或许是为了适应周围的环境，我很快就把北京话全忘了。此后一年间，我整天只说闽南语。"南台湾是闽南语系居民的大本营，孙康宜入境随俗，自然讲起了闽南语。但是，她的北京话这么快就"全忘了"，当然事出有因。失语的悲哀也是失父的悲哀，这是书中最令人揪心的部分。一年以后，孙康宜又开始学起"国语"，但因为老师生来就有本地口音，这次学得的"国语"是台湾腔的"台湾国语"。"严格地说来，它应当是我的第三母语。"

这一口"台湾国语"成为孙康宜成长过程中受伤害的印记。国民党政权推动文化正统性时期，全民说国语是首要目标，相对于此，台湾地区方言是粗鄙落后的语音象征。孙康宜的尴尬是，父亲是外省人，又生于北京，理应会说"标准国语"。她的台湾腔其实是后天环境使然，或者更吊诡的，是推行"标准国语"的国民党所强加于她的。但外人疑惑或轻视的眼光不会因此稍歇。有很长的时间，这使得孙康宜自卑甚至自闭。多少年后，她到了美国，得以尽情地说英语——她的第四母语，她才摆脱了台湾的"语言的牢笼"。

这语言的牢笼不也正是白色恐怖——或任何颜色的恐怖——的症结？在威权政治统治下的人是没有随心所欲的说话或不说话的自由的。孙康宜的大舅陈本江为了表达革命理想，不惜放弃大好前程。孙康宜的父亲因为没有说出保密局要听的话，落得10年监禁。他日后在基督信仰里找到与上帝对话的管道，即使如此，他始终不能从人间失语的症候群里复原。

但《走出白色恐怖》最值得注目的意义不仅在于挖掘、哀悼那曾经使人失语的原因或痛苦而已。透过这本回忆录，孙康宜更要探问，一旦理解了失语的前因后果，我们的下一步是什么？西方从事浩劫文学研究的学者已经一再告诉我们，任何想还原现场、控诉不义的努力都带有内在的悖反性。就算千言万语，我们又怎能够僭越受难者永远被剥夺的说话位置？暴力之所以罄竹难书，正是因为暴力所带来的恐怖已经超过了语言文字的表意范畴，直指文明的非理性黑洞。

但即使如此，伤痕见证者还是得勉力找寻述说的方式。这里的逻辑是，哪怕暴力带来的恐怖难以述说，我们也要说出这恐怖的"难以述说性"，以为抗衡。孙康宜教授的强项之一是六朝文学，可以指出 1500 年前写《芜城赋》的鲍照（414—466）就已经有了类似认知。《芜城赋》描述的是宋孝武帝因为内乱而在广陵肆行屠城，带来大毁灭。鲍照触目惊心之余，只有浩叹："天道如何？吞恨者多！"

在"失语"和"发声"不断搏斗的过程里，我们揣摩逝者的心声，也同时承认自己的局限。问题是，书写难道只能慨叹天道无亲，记录一次又一次"吞恨者"的憾恨？在这一点上，《走出白色恐怖》做出相对积极的回应。诚如孙康宜所言，她的回忆录不必只见证不义，诉说伤痕。她更希望写出一本感恩之书，感谢那些在孙家最苦难的时候，对他们施予救助的那些人。

换句话说，孙康宜不愿意只扮演"吞恨者"或为"吞恨者"发言的角色；她更要做感恩者。她要强调在暴力的彼端，更有强大的救赎力量——家族的、社会的，甚至宗教的——值得述说，而且同样是无论怎么说也说不尽。这，才是"走出"白色恐怖的关键。

阅读《走出白色恐怖》，我们于是理解在种种有关迫害、离散、监禁或死亡的叙事中，亲情的表述——尤其是夫妻的恩义之情、家族和手足的呵护之情、人子的孺慕之情——如何为冰冷的历史注入一股暖流。孙康宜的父亲入狱后，她的母亲却傲然独立，不畏旁人眼光，教养 3 个子女，等待丈夫归来。她在乡下开洋裁班，挣来辛苦钱养活一家；她不辞舟车劳顿，一次又一次带着孩子到北部探监。母亲一向被称作美人胚子，但对孙康宜而言，母亲的美来自她坚毅的性格，她对家、对生活本身的信念。

孙康宜的父亲在监狱中历尽痛苦，以致在绿岛服刑期间曾经企图自杀。但在偶然的机缘里，他竟在岛上发现一颗中国台湾少见的红豆——相思豆，并且珍而藏之。多少年以后，这颗红豆转到孙康宜手里，此中无限的情义传承，从夫妻到父女，不问可知。孙裕光逐渐从《圣经》里找到寄托。苦难开启了救赎的契机。一个被屈辱的灵魂在另一个天地里发现信仰与爱的真谛。当他出狱时，他已经是个虔诚的基督徒了。

特别值得注意的是，孙家是外省人和本省人共同组织的家庭。孙裕光落难后，全仗妻子方面的家人伸出援手。即使偶有龃龉，家族的力量依然是让孙家撑下去的原因。白色恐怖中，外省籍受难者有太多在台湾无亲无故，他们生前死后完全无人搭理。比起来孙裕光毕竟是幸运的。尤其台湾在经过二二八事件后，孙家的故事有了一层族群相互扶持的深意。孙康宜尤其感谢二姨一家的关爱，后来二姨的次子张钦次博士竟成为她的先生，这是另一段亲上加亲的佳话了。而张钦次营救孙裕光夫妇离开台湾，过程的曲折复杂同样令人感动。

孙康宜的有情之笔更及于家族以外的人。她的老师同学、教会长老、美国友人，甚至萍水相逢的三轮车夫，他们或是见义勇为，或是出于恻隐之心，都及时给予帮助，陡然使孙康宜的世界充满温暖。这是她书写的最终目的吧。往事不能如烟，不能忘记的不只有苦难和冤屈，还有仁爱与自尊。

比起许多白色恐怖受难者的遭遇，孙康宜父母的故事有个苦尽甘来的结局。而最让我们动容的不只是她的父亲与母亲相互信守的深情，也是他们各自在极度孤绝的情况里，所焕发的自尊力量以及超越苦难的决心。这一力量和决心也许来自传统的影响，也许来自宗教的信仰，无不显示一种对人与人间亲爱精诚的信念：

"以恩慈相待，存怜悯的心，彼此饶恕。"

　　走过白色恐怖正犹如走过死亡的幽谷，孙康宜以她父母亲的经历，记录了一个不义的时代，却也是一个有情的时代。但她何尝不也为自己所得自父母的言传身教，做出了殷殷回顾。他们的委屈和抗争俱往矣，但他们的子女终要以最素朴的方式来述说。政治的激情有时而尽，伦理亲情的曲折绵长，反而成为记忆现代中国历史的另一种资源。从吞恨到感恩，这是孙康宜给我们的启示。

作者自序

　　我父亲是天津人，母亲是台湾人。20世纪30年代，他们到日本留学，相遇于东京。于中日战争烽火连天的年代，两人经过千难万险，在天津结了婚。

　　1944年，我在北京出生；两岁时随父母从上海黄浦江登上轮船，越洋过海到了台湾；3岁时（1947年），二二八事件爆发；6岁不到（1950年），父亲蒙冤坐牢10年。那时，正是台湾白色恐怖的年代。

　　这几年我的父母亲相继去世，对我们一家人经历的风风雨雨，事过境迁后，我想起来有千言万语要说：其中有令人难忘的生死之交，有奇妙的两岸姻缘，有人性的软弱和刚强，亦有道德情操的升华。

　　我至今难忘，1965年（21岁那年），自己很自然就选了美国小说家赫尔曼·麦尔维尔（Herman Melville，1819—1891）的小说《白鲸》作为大学毕业的论文题目。今日回想起来，我当时之所以对《白鲸》那本小说如此感兴趣，而且坚持非写那篇论文不可，可能因为我在作者麦尔维尔的身上找到了某种认同——他一生中命运的坎坷，以及他在海洋上长期奋斗的生涯，都使我联想到自己在白色恐怖期间所经历的种种困难。一次，在与指导教授安妮·科克伦（Anne Cochran）见面时，我特别向她透露了家父不幸坐牢10年的遭遇。可惜，处于当时的政治环境，我还没有勇气写下自己的经验。

后来，1968年我越洋移民到了美国。多年后，我游历加州西海岸，登上轮船到了天使岛（Angel Island）上，抚今追昔，感慨万千。对许多移民美国的华人来说，在旧金山对岸的天使岛是个充满伤痛的历史印记。原来，在1910年至1942年极其漫长的30年间，美国法律是不准华人移民美国的。所以，在那段时间，所有入境美国的华人（30年间总共有17.5万位华人入境）全都被关在荒废的天使岛上，一律被当成犯人来看守着。可以想见，这些华人所遭遇的种族歧视和侮辱自是苦不堪言。他们在孤独无助时，唯有靠文字的媒介来宣泄内心的痛苦。所以，直至今日，天使岛上"移民站"的四周墙壁仍充满了无数中国诗歌的遗迹。那一行一行的题壁诗真实写出了早期华人的辛酸史，也是创伤心灵的文字见证。

天使岛上的文字见证深深地感动了我。在那以后不久，我决定要把我从前在台湾所遭遇的白色恐怖经验写成文字，让悲剧伤痕化为历史的见证。同时，我的朋友黄进兴先生也再三嘱咐我："你若不赶快写出来，那段记忆就丢失了。"于是，就有了《走出白色恐怖》这本书的写作。

写在这里的章节大都与白色恐怖有关，但这本书并非控诉文学，也不是伤痕文学。相反地，这是一本"感恩"的书——对于那些曾经给我们雪中送炭的朋友和亲人，我的感激是一言难尽的。那些善良的人大都是被世人遗忘的一群，他们也一直承载着复杂的历史政治纠葛，因此我要特别把他们的故事写出来。

这本书也叙述了自我追寻和自我反省的过程。当我站在今天的高度来回忆过去时，我发现我又学到了许多。我原来以为从前幼时所遭遇的患难是我生命中的缺陷，但现在发现，那才是我的心灵资产。我感谢早期那段艰苦的人生历程，是它让我在成长中提前成熟，也让我在缺憾中找到了完整的自我。诗人席慕蓉曾经说过：

> 那时候　你就会明白
> 生命中所有残缺的部分
> 原是一本完整的自传里
> 不可或缺的内容

（摘自《残缺的内容》）

感谢北京三联书店为我出版这本书的新版，让我有机会再做修订，也做了不少增补。这本书之所以能顺利出版，首先要感谢北京三联书店的编辑冯金红女士的帮助，是她的热心和执着才使其终于如愿地出版。同时，康正果、李纪祥、张辉、傅爽、黄宗斌、陈铭城、曹钦荣等几位朋友亲戚，都为了这个增订版做出了贡献，在此一并致谢。我的先生钦次不但帮助我"走出"白色恐怖，而且始终任劳任怨、不遗余力地为我担任起许多烦琐的工作，我要再次向他献上感谢。

孙康宜

2011 年 6 月修订

第一章　张我军、张光直和我们家

张光直的父亲张我军先生是我父亲的老朋友，也是我们家的老熟人。

常听我父母说，当年（1946 年春季）我们一家人如果不是通过张我军先生的帮忙，一定很难顺利地从上海黄浦江登上轮船，越洋安抵台湾。据说，当时的船票很难买到，要排很多天的队才能勉强拿到票。即使能买到票，由于所有的船舱都挤满了人，我们一家大小是否能安全地上船还真成问题。特别是，要上船之前，人人还必须冒着生命危险爬上一个又高又窄的梯子，一不小心就会掉到海里去。在这种情况下，若要抱着小孩上那梯子就更加危险了。但张我军先生却毫不犹豫地抱起我那个才 3 个月大的弟弟康成，奋勇走上了危险的阶梯。接着，我父亲抱着我跟上去。最后，我母亲也上了船。对于这件事，我父母一直牢记在心。

其实，和家人离开大陆的那年，我才刚满两岁。按理说，一个两岁的小孩不可能记清楚当时大家乘船渡过台湾海峡的惊险实况。但奇怪的是，那段渡海经验的某些片段至今仍深深地印在我的脑海里。其中印象最深刻的是，那位张伯伯在船上时时刻刻照顾我（我当时年纪太小，还不知道他就是台湾著名作家张我军先生），我记得他的头发梳得十分整齐，人长得并不很高，至少没有我爸高。另一个经常出现的镜头是：船上的甲板似乎到处都很破旧，连母亲正盖着的棉被也沾上了不少铁锈。我看见母亲在甲板上因晕船不断呕吐，父亲则整天忙着照顾她，还有那个仍在襁褓中的大弟康成。这时，张伯伯就和我在船上玩起了捉迷藏的游戏，还领着我和其他乘客说话。我还隐约地记得，抵达基隆港刚上岸时，张伯伯还买了一根冰棒给我吃。我看着那冰棒直冒气，以为那东西很热，一直想把它吹冷……

在记忆中，小时候我常想起船上的一幕；每当我回忆那位可亲的张伯伯时，还以为那人只是萍水相逢的乘客。直到许多年后，有一次母亲才告诉我：那位张我军先生在北京时早就是我们家的至亲好友了。

据母亲说，1943年她和我爸结婚后，一直就住在北京中南海附近的北新华街。当时，父亲24岁，刚从日本早稻田大学政经系毕业，才开始在北大当讲师。张我军教授则同时在北大教日本明治文学。由于两人对日本文学的共同兴趣，很快就成了忘年之交（张我军先生较我父亲年长17岁）。后来，他们发现，两家人有极其相似的语言和文化背景，因此他们自然就更加频繁地来往起来了。原来，张我军先生来自中国台湾，他的妻子罗文淑是在北京长大的大陆人。而我父母的情况正与他们相映成趣：我父亲是天津人，在天津英租界长大，但自日本回国后长期住北京；而我母亲则是一个早年在日本留学的"台湾"人。在感情上，两对夫妇都是一方来自"异国"而一见钟情的好例子（当时"台湾"处于日本殖民化统治下，故曰"异国"）。为了他们的婚姻，双方又都经过长久的挣扎奋斗才终于如愿。此外，他们的日语又都很流利，时常被错认为日本人。加上两家人都很迷外国电影，正巧我们家就在中央电影院（即现在的北京音乐厅）对面，所以每回张我军夫妇来看电影，就顺便先来我们家吃晚餐并聊天。当时，他们那种神仙似的生活确实令人欣羡。

然而，好景不长，1946年初北京人已渐渐感到了通货膨胀的压力。据说，北大也快要停发薪水了。父亲每天早晨出去上班，时常看到沿街到处都是又穷又饿的乞丐，他总是把口袋里仅有的零钱全都给了那些无家可归的可怜人。冬天的北京街头更是惨不忍睹，早晨常会看见冻死了的人的尸体。在这种情况之下，爸妈开始为了来日的经济问题发愁，可以说已到了十分严重的程度了。后来，他们只得找张我军先生商量，大家终于决定要一伙儿搬去台湾，希望能在海的另一边找到好的求生之路。他们想，以他们杰出的学历，至少能在台湾大学找个教书的工作吧！加上他们又都有亲戚在台湾，于是就更加充满信心了。因此，这就有了他们1946年春共同自黄浦江上船的台湾之旅。

从小我就把张我军先生当成了心目中的英雄人物。对我来说，他简直是"勇敢"之神的替身。后来，母亲还告诉我一个动人的故事：据说，孙中山刚去世后不久，张我军先生就写了一篇题为《孙中山先生吊词》的诗，是准备用在一个秘密的追悼会上的。当时，"台湾"人在日本的统治之下，只敢暗暗地悼念孙中山，不敢公开流泪。这时，日本警察发现了这首悼诗，十分愤怒，立刻严禁台湾人朗读该诗。幸而这首诗并无具名，否则当时还很年轻的张我军先生一定会惨遭迫害。

我很喜欢这个故事，一直到现在还经常讲给人听，所以，我的许多朋友只要发现与张我军先生有关的生平轶事，都会立刻与我分享。例如，我的耶鲁同事约翰·特里特（John Treat）教授在偶然的机会里找到了一个日本史料，颇富启发性。那条史料出自岩谷大四的《"非常时日本"文坛史》一书。据岩谷先生所述，1942年年底在东京举行了一次"大东亚文学者大会"。与会的作家刚抵东京火车站，他们就听说大家必须集体前往日本皇宫，以便向日本天皇致敬。当时，所有的韩国代表——包括著名的作家李光洙（朝鲜现代小说家，日文名为香山光郎）——都非常高兴，唯独代表中国的张我军先生拒绝参加这个典礼。为了表示抗议，他立即转身，把背对着皇宫（这里要说明一点：张我军虽是台湾人，但他因长期居住北京，故那次会议中，他代表中国，并不代表日据时期的台湾方面。台湾方面则由张文环等人代表）。当时岩谷大四先生正好在场，看见张我军先生的表现，很佩服他的骨气，所以多年后撰写那一段历史时，岩谷先生还念念不忘张我军，特别在书中记载此事。[①]

可惜，张我军先生早已于1955年逝世，而张光直教授也已过世，否则我一定会把岩谷书中的这段史料告诉他。

我是1974那年初识张光直先生的，地点是普林斯顿校园。记

---

① 见岩谷大四《"非常时日本"文坛史》，东京：中央公论社，1960年版，第31—32页。我要特别感谢约翰·特里特教授给我供给这一项宝贵的材料。同时，我也要谢谢龚文凯博士，他为我花费许多时间查考有关这一方面的信息。

得，才第一次见面，我就忍不住把两家交往的旧事告诉了他，同时也顺便把1946年春那段难忘的船上经历给他描述了一番。他对那船上的故事特别感兴趣，这是因为这段往事正是他从来所不知道的，而我的描述正好可以补足他资料上的空白。原来，当时张我军先生带我们去台湾，他并没带他自己的家人一道上船，因为他打算独自一人先去台湾找事，等有了着落之后，才要慢慢把妻子和孩子们从北京接到台湾。因此，当时正在北京上中学的张光直并没和我们一道在船上，否则他早就会与我认识了——虽然我当时才只是一个两岁大的女孩（张光直和他的母亲一直到该年12月底才到台湾，他们是从天津上船的，一共坐了3个月的船才终于抵达基隆码头）。

我经常想：我与张光直教授的生平境况有些像两条相近而平行的铁轨，尽管我们的家人曾经有过那般密切的交往，但由于各种时势的运转和政治的因素，我们从来不知道对方的存在，一直到许多年后各自都移民到了美国，都已在汉学界里做研究，这才开始互相认识。但终于才发现，那段无声无息的历史也暗暗地流逝了。

然而，在我们各自的心中，彼此都深切地体验到，那多年前乘船渡海的经验确是我们个人命运的转折点。首先，到了台湾之后不久，我父亲就受到亲戚朋友们的连累，于1950年1月底被冤枉成政治犯，坐牢10年。与此同时，张我军先生在台湾"始终处在半失业的状态"，[①]后来为了养家，只得在台北开一间茶叶店。还

---

① 见张我军遗著《张我军文集》，台北：纯文学出版社，1975年版，第121页。

听说，张光直以一个建国中学学生的身份，因涉及所谓的"四六事件"而于 1949 年被捕（有关此事的详情，直到读了张光直教授的回忆录《番薯人的故事》才完全清楚）。

据我父亲说，1949 年年底，在他被抓进监牢前的几个星期，曾有机会到那茶叶店里去拜访张我军先生。他记得张先生那天满面愁容，言谈中也较平日来得安静得多。当时，我父亲以为张我军的忧郁完全是出于一种"怀才不遇"的感伤——特别是，以张先生早年在北大教授日本文学的显赫地位，今日在中国台湾却如此潦倒，实在不怪他有这样的想法——所以，也没去推敲是否还有其他的原因。后来，过了许多年，我父亲出了监狱，再回头去想 1950 年 1 月初那次见面的情景，才突然悟到：原来，那段时间正是张光直被关在台北监狱的时候，当时还传说有不少学生在狱中遭枪毙。可想而知，张我军当时一定是为了儿子的事而感到焦虑不堪。

再过 5 年，张我军先生病逝，等我父亲于 1960 年 1 月出狱，当然也就见不到老朋友了。令人特别感伤的是，他们那一代的人似乎总是被迫在冷酷的政治面前永远保持沉默，所以即使和老朋友在一起交谈，也不敢私下讨论自己儿子所遭遇的政治苦难。

必须一提的是，一直到多年后我移民到了美国，才听说原来张光直并非张我军先生的长子。张光直的大哥张光正先生一直留在大陆，并没和家人于 1946 年迁往台湾。而当时在台湾的张我军一家人都不敢公开提及张光正的名字。所以，1955 年 11 月张我军先生去世时，讣告上并没列入这位真正长子的名字（按：张光正笔名何标，长期住北京）。① 由这件事可见，当年人们在台湾的白色恐怖期间，因为极度恐惧而养成了凡事沉默的习惯。

关于这种"沉默"，我自己后来也学会了，以至于在我父亲坐牢的 10 年间——从我 6 岁到 16 岁的十分漫长的成长期间——我一直不断地告诫自己，除非不得已，绝对不向人说有关父亲被捕的事。动乱时期的冷酷之一就是，连小小年纪的孩童也必须学习控制自己的舌头。但这样的"沉默"对我个人并非没有好处，它使我长期在沉默中培养观察周围的能力，使我较同龄的人来得早熟。问题是，对整个时代历史来说，许多重要而复杂的历史真相也都因为这种集体的"沉默"而随之被遗忘了。

记得，1979 年我在一次学术会议里再次碰见张光直教授。当时，我还特别和他讨论有关沉默与中国传统文化的问题。我告诉他，经过将近 30 年的"沉默"，我父亲终于得以离开中国台湾到了美国，而且已经开始在亚利桑那州教书了。可惜的是，我父亲已经习惯了"沉默"，从来不把他曾经在新店军人监狱和绿岛的 10 年经历透露给我们。可以说，只要是涉及中国大陆和台湾自 20 世纪 50 年代以来的政治问题，他全都闭口不言。幸而我母亲有时还会凭记忆给我透露一点儿信息，满足了我的好奇心。但我知道，父亲的沉默是由于长期受到心灵的伤害所致，所以我从来不强迫他说什么。我对张光直教授说，可惜张我军先生已经不在世了，否则我父亲可能会在老朋友的影响之下，再次恢复他年轻时代对当今现实的关切，或许也能学习从极端的沉默中走出来。一听到我

---

① 可参见何标的《我的乡情和台海两岸情》，北京：台海出版社，2010 年版。

提起他父亲的名字，张光直教授的一双大眼睛立刻亮了起来。他说："请把令尊在亚利桑那州的地址给我，我回哈佛校园后，一定立刻寄给他一本我父亲的遗著……"

几天之后，我父亲果然收到了那本宝贵的书：《张我军文集》。那些文字是张光直教授从各处失散的报章杂志里收集而来的，该文集于1975年由中国台北纯文学出版社出版。在他的《序》里，张光直教授写道："父亲逝世已快20年了。其间我自己一直在国外为生活奔波。父亲的文稿和书籍都留在台北的家，也随着母亲和幼弟一次次的搬家而散失殆尽。所以，这里所收的诗文篇幅虽少，却也费了很大的气力……读者如果看到我父亲历年的文章，值得重印而这里没有收入的，盼能告诉我。"这段序文我爸妈读了都非常伤感，突然间，记忆中的那些往事又再一次浮上了心头。他们都曾经是张我军先生的好友兼读者，尤其是我母亲，从10多岁开始就成了张先生的忠实读者，每读一篇张我军的散文，就必定剪下来收藏。但不幸的是，自从1950年初家中发生政治灾难以来，所有过去的书信、书籍、文稿，以及老朋友们的照片全都遗失了。所以，对于张光直教授寄来的这本张我军的遗著，他们都格外珍惜。我父亲还特别在该书的末页记载道：

A gift from Dr. K. C. Chang,

Dept. of Anthropology

Room 54A, Peabody Museum

Harvard University

Cambridge, MA 02138

（来自张光直教授的礼物

人类学系

哈佛大学皮博迪博物馆 54A 室

马萨诸塞州剑桥市，邮编：02138）

　　然而，时间过得真快，这样一晃，许多年又过去了。

　　记得，那是 2002 年 5 月，我又去旧金山探望当时年纪已达 82 岁高龄的父亲。自从我母亲于 1997 年 9 月去世之后，他就开始过着独居生活了。我父亲晚年的生活内容十分丰富，每天除了祷告、读经以外，就是广泛地阅读世界新闻和书籍。那次，我顺便带了一本张光直教授于 1998 年由联经出版社出版的《番薯人的故事》给他。父亲一看见书皮上登有张光直中学时代的相片，就显得十分激动，手直发抖。我说：

　　"幸亏张光直教授在过世之前有机会写这本早年的自传，给历史做了见证。但与其说它是给历史做见证，还不如说它是在给生命做见证。我最不喜欢看别人写控诉文学，我认为那是没有深度的作品。张光直这本书之所以感人，乃是因为它具有一种超越性。它不在控诉某个具体的对象，而是在写人。它一方面写人的懦弱、阴险，及其复杂性；另一方面也写人的善良、勇敢，以及人之所以为人的尊严性。所以，他真是名副其实的人类学家……"

　　想不到我滔滔不绝地说了这么多话，自己突然觉得不好意思，就不再说下去了。这时我在椅子上坐定了，便开始注视父亲的表情。

　　"嗯，我看这是一本很重要的书。"父亲突然开口说道，"你将来是否也考虑写一部类似的自传？……"父亲这句话令我感到非常意外。原来,他已不再像从前一般地沉默了。显然,他也不希望我继续再沉默下去了,他要我也能开始提起笔来,为生命做出有意义的见证。想到这里,我微笑地看看他,点点头。

我慢慢站起来,走到窗前,发现院子里有棵树叶极其浓密的大树,正悠闲地矗立在那儿。除了偶尔掠过枝头的鸟儿以外,四面一片空寂,好像这世界只剩下我和父亲两人。我觉得这个境界真是美极了。

那天,在离开父亲的公寓之前,我又一次在他的书架上找到了张光直教授于1979年所赠的那本《张我军文集》。我摸摸那书皮,再次感受到了一种友谊的温暖。

第二章 "二二八"的联想

在我们抵达中国台湾的第二年（1947年），二二八事件爆发了。那年我刚3岁，父亲28岁不到，当时任职基隆港务局总务科长。

那年2月27日，台北发生了一起缉烟冲突事件，政府缉烟人员因故打伤了一个"台湾"人烟贩，又打死一个路人。次日，台湾各地群众发起暴动，焚烧了烟酒公卖局又攻占了警察局，愤怒的台湾民众与政府军警对峙，事态蔓延，很快就演变成台湾人攻击"外省人"的局面了。因此，大陆人都不敢出门，也有四处逃难的（据1947年3月1日美国驻"台"大使馆信函文件记载，当时有不少大陆人逃到美领事馆避难）。① 其实，在二二八事件之前，人们就已经预感到"大灾难随时会爆发"，因为"早在1946年末，失望和不平已经在台湾，尤其在城市中十分普遍，紧张的局面不断

---

① 见王景弘编译《第三眼睛看二二八：美国外交档案揭密》，台北：玉山社，2002年版，第40—41页。

升温"。① 至于二二八事件的真相，当时美国的《纽约时报》(*The New York Times*，1947 年 3 月 29 日) 也有详细的报道。

我父亲身为大陆人，又是政府公务员，当时处境极其危险。因为有些台湾人为了要出气，只要看见外省人 (不会说闽南语的) 就出手打杀。那时，我们家住在基隆大沙湾港务局宿舍，职员上班必须乘港局小渡轮。事变发生后，这里的职员都不敢出去上班了，一因港内枪弹乱飞，二因渡轮上的工人全是台湾人。只有我父亲每天照常乘船上班，因他平素同情体恤属下的台湾员工，与他们交了朋友，这时就受了保护，来往平安无事。但到 3 月 8 日，不料国民党军增援部队由福建乘登陆艇蜂拥而至，一举控制了基隆高雄两大港及要塞。士兵一上岸立刻向台湾省民众不分青红皂白地开枪扫射。于是，忽然之间，局势一变而成了外省人屠杀台湾省民众的惨剧。军队遇到台湾人，凡不会说普通话的，马上就地处决，血染基隆港，遍地是血腥。②

没想到这么一来，我家又紧张了，因我母亲是台湾人。她曾住过北京，故学会了"普通话"；可是，万一有人听出她的台湾口音来，那怎么办? 一时全家忧心忡忡，如坐针毡。

部队登陆那天，枪林弹雨，父亲被困在港务局的大楼里，不能回家。傍晚，母亲开始紧急应变。那时，我和大弟还小 (小弟

---

① 参见 Lai Tse-Han、Ramon H. Myers 和 Wei Wou 的《一个悲剧性的开端：台湾 1947 年 2 月 28 日的起义》(*A Tragic Beginning: The Taiwan Uprising of February 28*, 1947)，斯坦福大学出版社，1991 年版，第 94 页。
② 据父亲当年的同事汤麟武先生 (后任职成功大学水利系教授，今定居美国) 回忆，二二八事件刚平息后，他回港务局工作，"看见制造防波堤沉箱的管道中，一具尸首已经发黑，不知是生前落海或被打死后抛弃的……"汤先生对那个情景，至今难忘。

尚未出生），完全帮不上忙。母亲一个人挪开榻榻米下面的垫板，弯着腰爬到水泥地上，清理地上的泥沙，然后把一床厚棉被铺在地上。那些日子里，只要一有枪声，或巷子里有嘈杂声，母亲就急忙掀开板子，带着我和大弟钻到地下去，日夜都如惊弓之鸟。

那时我虽然才3岁，然而在往后成长的岁月中，那可怕的情景还时而在脑海里浮现。

但今天许多人不明真相，对二二八事件有所误解。一般人总以为在暴乱中，只有中国台湾同胞受难，以为当时所有台湾人和外省人都是对立的。但事实上，就如王晓波所说，二二八事件也是外省人的"恐怖时期"。①在那段时间里，听到有许多台湾民众保护外省人的事。同样，国军登陆乱杀台湾民众的时候，也有不少大陆人以悲悯的心怀，同情保护台湾同胞。我父亲就是一例。

原来，我们宿舍附近有一家以打鱼为生的台湾人。国军登陆后不久，有一天渔夫的妻子来找我母亲，哭哭啼啼地说，她丈夫失踪好几天了，不知下落。父亲一听，立刻换上制服，带着证件，出门直朝基隆要塞司令部走去。到了那里，父亲被领进去，等候消息。半晌，才有一个军官过来，看看父亲，一面摆手，一面说："别想了，人早已丢进港里去了。"说着就转身而去。父亲呆了半天，在回家路上，心里一直盘算如何把这悲惨的消息告诉那个渔夫的家人。最后还是鼓起勇气，到了他们家里。可面对面看着那渔夫的妻子儿女时，父亲只是哽咽得说不出话来。我猜想，那时看父亲的表情，那渔妇已经知道凶多吉少了。待父亲吞吞吐吐说

---

① 见王晓波《台湾史与台湾人》，台北：东大图书公司，1988年版，第164—165页。

1947 年，二二八事件发生时，作者的父亲孙裕光先生任职基隆港务局总务科长

出实情，她一家大小相抱大哭，父亲只能站在那里陪他们掉眼泪。

那时，我父母想到的是那个渔妇所面临的现实问题：今后如何活下去？所以，有一段不短的时间，我们经常以物资及金钱帮助他们。

这件事，直到 2002 年 6 月父亲才告诉我。他说："快 60 年过去了，许多'二二八'的细节，我都记不得了，唯独这件事一生难忘。"

其实，我父母一向以助人为己任。早在北京时，他们就常做救济穷人的事了。

在我出生后的次年冬天，我们住在西单附近。有一天，北大刚发薪水，父亲高高兴兴地走在回家的路上。将近西单，忽见一群人围着一个小贩，走过来一看，原来是个卖粽子的盲人！听说因为他妻子那天生产，只好他自己出来挣钱。父亲一听，向着路上行人大声招呼："请大家都过来，帮忙多买几个粽子吧……"果然，一会儿工夫，粽子就快卖光了。众人渐渐散去，父亲就拿着所卖的钱，又伸手从裤袋里掏出那一整包厚厚的钞票（薪水），一起放在盲人手里，对他说："这足够你家里一两个月的生活了。你拿好了，放心回家吧……"

不用说，那个月我们家的生活就很艰难了。

想来，那真是个苦难的时代。无论在大陆还是台湾，当时有许多人都面临着生存的危机。然而，当善良的人遇到可怜的人，至少能给那悲剧的时代，加添一点人间的温暖。

第三章　6岁

6岁可是个可爱的年龄。

若提起"6岁"，我16岁的女儿Edie首先会想起她有过许多芭比娃娃。6岁还是她游戏的年龄。那时候，她整天都在抱着娃娃，玩《小熊维尼》（*Winnie the Pooh*）和《芝麻街》（*Big Bird*）剧情中的各个玩偶，一双小手常忙个不停。记得，她6岁那年的母亲节，老师要她们班上每人抄一首诗献给母亲，那诗的末尾还按上了自己的小手印。诗曰：

Sometimes you get discouraged

Because I am so small

And always leave my fingerprints

On furniture and walls

But everyday I'm growing —

I'll be grown someday

And all those tiny handprint

Will surely fade away

So here's a final handprint

Just so you can recall,

Exactly how my fingers looked

When I was very small

（我才这么小，

老是把手印

弄到家具和墙上，

常惹得你有些沮丧。

但我天天都在长大，

有一天就会长大，

而那些小小的手印

终归磨灭消失光，

现在我把这手印留在这儿，

正好使你想起，

我那么小的时候

十个指头的模样）

　　我把这首女儿的赠诗和手印当作图画挂在墙上，多年来时常欣赏，百看不厌。然而，每看到这"图画"中的小手，都会情不自禁地想起自己6岁时遭遇的事情……

　　记忆中，那是1950年初，我们才从台中搬到台北不久。有一天半夜，正在熟睡，突然有军警多人敲门闯入，他们铐了父亲的双手就把他押走，给母亲和我们几个孩子留下了一片惊惶。父亲出事那天，大弟康成不满 4 岁，我尚未到 6 岁，小弟观圻才 1 岁零8 个月大。记得父亲被捕后不久，警方又来家里拿走很多东西，包括现钞以及父亲全部的衣物、书籍等。母亲当时才 28 岁，在台北举目无亲，遭此突变，她唯有垂泪。幸好趁混乱之机，她把一些金子藏在小弟的尿布中。此后不久，她就带着 3 个小孩乘火车南下，一直逃到高雄县一个叫作港嘴的乡下，暂时投靠在我大姨家。其后好长一段时间，父亲几如失踪。家里没有收到他的任何消息，母亲开始以为他有遇害的可能，甚或像二二八事变时许多人被打死在南港桥下那样……

但 6 个月之后，母亲终于收到了父亲从台北新店军人监狱寄来的一封信，说已被判刑 10 年。信中并没说为何被判刑，仅说一切尚好，勿虑。母亲知道父亲受了别人的连累，但在 20 世纪 50 年代初台湾那种动乱的情况下，她也无可奈何。

得知父亲还在世，母亲不再像从前那么悲观，因此就鼓起了生存的勇气。这以后不久，母亲就开始在林园小镇开裁缝补习班，赖此以维生。可想而知，从我 6 岁这一年开始，直至往后的 10 年中，我们都过着十分艰难的生活。

那时，母亲常常鼓励我："你小小年纪就受这苦，我实在心疼……但一个人幼年受苦总比中年受苦好，你再苦也得努力用功啊……"后来我读到初中，很担心母亲累倒，曾多次想放弃保送高中的机会去读师范学校，好早些毕业帮母亲赚钱。但我的想法受到母亲严厉否决。尽管我为此和母亲争执过一番，但她一心一意要我努力求学，只望我求学上进，不许我因家庭的负担而受拖累。她说："我宁可牺牲儿子的教育，也要成全女儿。男孩子长大了在社会上出路很广，女孩只有好好上学才会更有出息……"

总之，母亲自己再苦也尽量不要她的儿女受苦。在那个年头，母亲等于是我们的"温室"，而我从6岁起就在这"温室"里成长，从来没有受寒冻的侵袭之苦。20世纪50年代初，台湾人的生活还很贫穷；一般乡村村民三餐多以甘薯果腹，以凤梨汁、咸萝卜干佐膳，在农历初一、十五拜拜时才能吃到纯白米干饭、鱼和猪肉。那时，多数学童赤脚上学，以买菜用的旧袋子当作书包，下雨天戴斗笠、穿蓑衣。而我们3人穿的却是台湾有钱也买不到的羊毛衣，那些毛线都是之前母亲从天津带来的。

母亲于困境中始终坚持自立，凡事都首先为她的儿女着想。为了养活我们，她成为一个裁缝师。她任劳任怨，每天都倾注全力要把每件事做好，于是几个月下来就培育了不少杰出的裁缝学生。可想而知，她很快就赢得了乡里人的信任。她的洋裁班自然变得愈来愈大，收入也逐渐稳定。

但由于精神紧张，压力过重，母亲在我8岁那年开始身患重病，不但有严重的肠疾，长期便血，而且逐渐发展到心脏衰弱，每次病发，连医生都感到束手无策。有位医生只好劝她随便爱吃什么就吃什么，意思是她活不久了。当时，母亲最担心的就是，怕自己活不到我爸爸出狱的时候，怕没人能照顾她的3个孩子。她原来不信宗教，但有一次在病中无助，只好跪地呼求祷告，从此以后，她就成了虔诚的基督教徒，一直到1997年过世。

我从小就从母亲那儿得到许多灵感。母亲刚开洋裁班时，我正好6岁，才上小学一年级。看到她每天专心地在一针一线中过日子，我也学会了努力工作的习惯，有时陪她"开夜车"到深夜。当时，家中没有书桌，我就在排列整齐的裁缝桌上放满了报纸，在上头练习书法，之后自己又用针线把写完的书法缝成册子，交给老师。7岁那年，我终于获得了高雄县书法比赛第一名。得奖的当天，我迫不及待地写信告诉爸爸，听说爸爸收到信之后整夜失眠。我想，对他来说，儿女的成就乃是他在监狱里继续坚持下去的理由了。

我最喜欢用手指来回地数算，看看还有几年爸爸就会回来。妈妈经常告诉我，我的手完全遗传了爸爸那双强韧的手，既粗大又有力气，不像她那生来细润修长的手。和父亲一样，我成天喜欢写字，6岁不到就能写50多个字了。从小我就不喜欢玩具，却喜欢各种各样的纸和铅笔。在遭家变以前，父亲每天下了班几乎都带我去逛文具店。

母亲说，我很小就很勇敢。当年保密局的谷正文先生来抓我父亲，本来连我妈妈也要一起抓去。但我一看情况不对，立刻拿起一根很长的棍子朝着他猛打过去。据说，谷先生因被我这么一个6岁孩子的孝心感动而作罢，否则我们姐弟3人可真要成了孤儿了。多年后，母亲还一再强调，是我的那双强壮的小手营救了大家。

在林园乡下上小学，从三年级起，我就当起学校里每天升旗典礼的乐队指挥，所以直到如今我仍记得小时候指挥时那种挥动手臂的感觉。

托尔斯泰曾说："幸福的家庭全都一样，不幸的家庭各有其不幸。"（《安娜·卡列尼娜》）但奇怪的是，当父亲不在家的那10年间，尽管政治迫害不断给我们带来许多生活上的困境，但自小我的心里却是乐观而平静的。我以为自己虽然活在不幸的时代里，

　　1950 年父亲被捕之后，母亲陈玉真在林园乡下开洋裁班，当时才 28 岁
（二排右二，穿旗袍者为母亲。身旁为小弟孙观圻）

却有一个幸福的家庭。我想这是因为母亲不断给我们一种爱的启蒙的缘故吧。

首先，母亲很爱父亲。她自己天天省吃省穿，全为了我们姐弟3人，但若遇到父亲喜欢的东西，哪怕再贵的价格也要把它买下来寄给远方的他——虽然母亲知道，东西一旦寄到监狱里，父亲自己不一定能全部享用到。此外，母亲也经常为父亲制作新的内衣和被褥，总是边缝边落泪。遇到这种时刻，我最深的感触就是爱，心想母亲虽然孤独寂寞，但她的内心十分充实，因为她对父亲的爱是无条件的。她是为了爱才生存下去的。

许多年后，我读到清代女诗人席佩兰的《寄衣曲》，仍忍不住要想起母亲来。席佩兰的诗中描写自己要给远离在外的丈夫做衣服，谁知却突然发现剪裁甚不容易："欲制寒衣下剪难。"这是因为丈夫已离家很久，人不在身边，无法量身体的尺寸，只有等夜里梦见郎君时再说了："去时宽窄难凭准，梦里寻君作样看。"母亲也和席佩兰一样，天天都想为自己的另一半剪裁衣服，但不同的是，母亲的爱充满了现实的焦虑——她担心父亲适应不了狱中的苦难生活，想象他被拘禁中一定被折磨得不成人形了，甚至还时常梦见他那面黄肌瘦的样子。可以说，父亲的健康情况就是母亲日夜萦绕心头的忧虑（后来不久，父亲果然在狱中染上了肺结核，真的变得消瘦无比，于是母亲便开始为他四处求医。有一段日子，母亲还临时请假，自己赶去台北，天天送药和营养品到狱中给父亲）。

母亲的热情与生命力常使我联想到那终日不断结网的蜘蛛。女诗人席佩兰另有一首《暮春》的诗，写的正是蜘蛛"宛转抽丝网落红"的执着情怀。诗中那蜘蛛正忙着专心结网，就像母亲努力做裁缝一样。唯其执着，所以能在艰难中体现出生命的顽强与美丽。从小我就常常想，母亲那种毅力还代表了一种持续努力的生命态度。我想起了亚里士多德的话："是那不断持续的习惯塑造了我们每个人。凡是杰出的表现都不是偶然一次做出来的，那是习惯成性的结果。"[①] 这也正是母亲给我的教训和鼓励。她常对我说，孔子所谓"学而时习之"的"习"字最重要；"习"就是不断学习的意思，是在持续的努力中培养出来的习惯。唯其"习"，所以才能"乐之"，才能体会到工作的趣味。她还说，一定要把学习训练成一种生活方式，才会在生命里得到丰收。我们不是为了生活的需要才学习，因为学习本身就是生活的目的。

后来，我就把母亲的"习"的家训教给了我的女儿，要她努力用功。但女儿对读书写字缺乏兴趣，起初令我有些失望。但后来发现她在音乐方面颇有天分，才渐渐地转忧为喜。从小女儿就喜欢学各种不同的乐器，不论是拉小提琴、中提琴，还是弹钢琴，她都有如鱼得水的乐趣。我从前对音乐毫无知识，现在却因为必须陪女儿到处参加演奏，才终于体会到美丽的音乐也是在不断持续的努力"练习"中产生出来的。

最让我感到庆幸的是，在母亲过世之前，她居然有机会欣赏到我女儿的音乐表演。每次看到 Edie 和她的同学们在台上演奏提琴，看到她们细腻美妙的手指居然能游动自如，且能拨动观众的心弦，她就会说："这些活动的小手指多么灵活可爱呀，她们使我

---

① 亚里士多德这一段话的英译是：We are what we repeatedly do. Excellence, then, is not an act, but a habit. 关于这一段引文与蜘蛛的关系，我得自一张海报的灵感。2002 年 3 月 18 日，我参观附近的一所中学奥兰治初中（Orange Junior High School），那天突然在学校的布告栏上看见亚里士多德这段话的英译，引文上头还画了一个正在忙着结网的蜘蛛。

想起了小时候的你……"

我永远忘不了自己 6 岁时的那段经历。朦胧之间，我似乎还记得这样一个情景：火车正在行驶着，好像在跑，好像在往前冲，但我却把报纸紧紧地搁在膝盖上，一直专心在上头学写字。突然间，母亲很快地抱起了大弟、小弟，又直拭眼泪，然后低声向我说道："小红，你写字的手指不累吗？我们就快到高雄站了。赶快把报纸收起来，别再写了，咱们就要下车了……"说着就紧紧地抓住了我的手。

那是 1950 年的春季。当时，我还不知道，那才是我童年患难生涯的开始呢。

第四章　雪中送炭恩难忘

父亲遭遇牢狱之灾的 10 年间，母亲反复给我们念《诗篇》第 23 篇：

> 耶和华是我的牧者，我必不致缺乏。他使我躺卧在青草地上，领我在可安歇的水边……我虽然行过死荫的幽谷，也不怕遭害……

我当时最喜欢"领我在可安歇的水边"那句话。长大成人之后，再回头去看那段走过的路，更觉得上帝一直都在领着我们走路。世路本来就难，所以中国古代最流行的乐府歌曲之一就是《行路难》。六朝诗人鲍照就在他的《拟行路难·十八首》中说道：

> 君不见河边草，冬时枯死春满道。君不见城上日，今暝没尽去，明朝复更出。
>
> 今我何时当得然，一去永灭入黄泉，人生苦多欢乐少……

我曾在幼年时期体验过"人生苦多欢乐少"的滋味。所以，每当忆起那个遭难的年代，就自然会想起《行路难》来。然而，就因为"行路难"，所以才更能珍惜那走过的路，也对曾经帮过我们的几个恩人难以忘怀。我时常想，上帝是借着这些人的手，持续地"领"着我们一家人走过"死荫幽谷"的。

其中一位难忘的恩人就是20世纪50年代执教于林园小学的蓝顺仕老师。他来自澎湖，幼时因家贫，穿着破烂，常被师长藐视甚至挨打，故发誓有一天若当老师，必定要爱护贫穷子弟和家有变故的学生。他到林园小学教书那年才24岁，但一年下来已做了不少好事，例如，将自己配给的米送给贫穷的学生，替他们交学费，背患过小儿麻痹症的学生上学和回家等。

那年，我的大弟康成才7岁，上二年级，他的导师就是蓝顺仕老师。当时，我上小学四年级，上课的地方正巧在康成他们教室的隔壁。我的级任导师是来自山东的女老师曹志维，她很喜欢我，推举我做班长。因为曹老师和蓝老师处得很好，总在一起聊天，所以两人时常提起我来。有一天课后，蓝老师突然看见一向与同学玩得很开心的我，却反常地做忧郁状，正独自靠着墙壁站着，好像有什么心事的样子。于是，他就立刻问曹老师，想了解一下我的情况。原来，前一天在上作文课时，曹老师定的作文题目是《我的爸爸》，我却边写边流泪。曹老师料想我家一定有了什么变故，就摸摸我的头，以示安慰。当天下午，曹老师就到我家专程拜访。她一走进我们家，就看见我妈妈流着满头的汗珠，正在教裁缝。妈妈一见老师来了，立刻把工作放下，请她到安静的后院交谈。母亲本来不愿提起父亲正在监牢里受害的事，但沉默片刻之后，就勉强流着泪告诉了曹老师。经过这次拜访，曹老师才知道我母亲是个"女中丈夫"，独自一人撑起了养育3个小孩的重任。因此，曹老师对蓝老师说，她很同情也很佩服我妈妈，认为她是一位十分了不起的女性。

这次以后，蓝老师更加了解到，我们一家确实已处在一种山穷水尽的境地了。当时，蓝老师是林园大信医院张简医师家的家庭教师，而张简医师又曾是我们家的老朋友，对我们家的遭遇十分清楚，故也时常向蓝老师提起我们。

据后来蓝老师说，在他班上，大弟康成几乎从来没有言笑（小孩反常的表现），又常被班上的其他学生"拳揍脚踢"，而康成既不反击，也不哭，十分坚强。在这种情况下，蓝老师总是非常同情康成，并且做了适当的公平处理。

但我们一家人有幸和蓝老师结缘，始于他的一次雪中送炭。大弟康成从开始就是个好学生，从来没迟到过，但学期中突然连续3天迟到。于是，蓝老师就详细查问。后来才听说，原来我母亲因重病，由当地教会的长老石贤美伯母陪同，已前往左营的二姨家，将要接受治疗。我被寄放在近处林园的表姐家，而大弟、小弟两人则寄住在远处港嘴的大姨家。这样一来，康成每天早晨就得独自走路到林园小学上学，每趟须费时一小时以上。蓝老师知道这事之后，就开始用自行车早晚载康成上学、回家。后来，他就干脆让康成跟他一起住在学校宿舍里，每天照顾康成吃住，还帮他洗澡。同时，每天也带他到张简医师家中补习（不久，我也加入了这个补习的阵营）。几个月后，母亲终于病愈回林园，才和我们团圆。但蓝老师还是每天下午到我们家接我和康成去补习。下了课,他总是带我们到前市场喝杏仁茶、吃油条。

有一次,康成哭着去上学,因为临时发现书包丢了,以为被贼偷走了。但蓝老师立刻安慰他,还答应要买新书和全新的书包给他。没想到下课时,康成愕然发现5岁的小弟观圻(当时还没上学)正背着那书包坐在校园里的一棵树下,左右翻看哥哥的书本。这事使得蓝老师甚为感动,以为小弟生来好学,因而也开始把小弟带到他家里去读书了。

可以说,在我们姐弟3人的成长期间,蓝老师一直是我们的良师益友。我曾为数学里的“鸡兔问题”和“植树问题”与蓝老师争执不休,但他总是很耐心地为我解答疑点。此外,在我10岁以前,他已经介绍我读过《孤女佩玲》《爱的教育》《复活》《悲惨世界》等世界名著,并鼓励我每看一本小说之后,就得写读后感。这对我青年时期的文学和道德教育起了很大的帮助作用。记得,有关《孤女佩玲》一书,我的读后感的大意是:我以为小女孩佩玲有如生长在深山峭壁、长年忍受强风冷霜之侵袭的花朵。即使那花受到了严冬的考验,最终还能开出美丽高雅的花朵。这足以证明,人生道路虽然坎坷难行,但只要有坚强的毅力和耐力,还是可以走出康庄大道的。蓝老师很欣赏这篇读后感,还特地拿给我母亲看。据说,我妈妈看了直落泪。

蓝老师为了鼓励我求上进,屡次讲有关古代一个名叫孙康的读书人的故事。他说,孙姓自周朝以来就是一个重要的姓氏,几世纪以来出了不少对中国文化有贡献的人,尤以晋朝孙康刻苦读书的故事最为著名。孙康祖籍太原,出自一个有名的仕宦大家,但到了他那一代，家境已逐渐中落。孙康自幼喜欢读书，常常读到深夜，然而因为家贫买不起油灯，所以在冬天下雪的季节，他就利用雪的反光来读书。后来，孙康长大成人，果然颇有成就，官至御史大夫，他那刻苦上进的形象因此也成了千年以来所有读书人的榜样了。我听了这个故事，十分感动，常常告诉大弟康成说："我们两人的名字和孙康的名字很像，让我们也来学孙康吧。"记得有一次，我在美术课上还画了一间小屋，名为"映雪堂"。下课后，蓝老师知道了此事，高兴得直摸我的头。

蓝老师一面鼓励我上进，但另一方面也教给我老子的道家哲学。他说，虽然我的年纪还小，但将来长大了一定会遇到为人处世的困难。他要我学习老子，不要与人争长短；他鼓励我永远要像"水"一样，虽自居卑下，却能不断流动，自由开辟新的空间。他经常朗诵老子《道德经》的第八章给我听：

> 上善若水。
> 水善利万物而不争，
> 处众人之所恶，
> 故几于道……①

当时，我对他的期待还不甚了解。后来长大了，发现自己之所以还能在某些情况里忍耐求全，乃由于蓝老师的鼓励之故。他

---

① 后来，我读到老子专家吴怡先生对该章的阐释，发现他的注释与50年前蓝老师给我解说的非常相似，甚喜。见吴怡的《新译老子解义》第3版，台北：三民书局，1998年版，第48—49页。

曾告诉我："有时为了人间的和平，这个世界需要有人做'垃圾桶'。"他说，"垃圾桶"极为低下，为人所厌恶，然而那些愿意处于低下的人，才是真正的智者。这些年来，每当我遇到人事间的困难时，总会想到蓝老师。

我最感激蓝老师的原因就是：他本来与我们互不相识，却因为同情我们一家人的遭遇，而把我们姐弟3人当成自己的孩子来教育。我们一直称他为"蓝舅舅"，我母亲则视他为亲弟弟，他喊我妈妈做"三姐"（因为我母亲在娘家四姐妹中排行第三），一时在林园里成为美谈。

但有一天，蓝老师突然收到一封用端正的楷书写成的匿名恐吓信，信中大概说道：你与孙家有来往，调查局正在调查中，你赶快去自首，以免皮肉之痛。蓝老师收到那信，感到非常奇怪。之后，每隔一两个星期，就有警察半夜来宿舍敲门，以查户口为名，鞋也不脱就擅自上床翻被，好像要抓人似的。那时正值白色恐怖期间，蓝老师只敢怒而不敢言。他因怕我妈妈知道了会担心，也不敢告诉我们。后来，有一个星期日下午，当地派出所警员通知蓝老师亲自到派出所去一趟。据说，到了所里，有一位刑警很严肃地问他口供，并以"坐飞机"刑求，苦不堪言，前后一共持续了几个钟头。临走前，他们还对蓝老师说，要他利用一星期的时间好好想一想。幸而那次没被押走。

多年后，时过境迁，蓝老师才把此事告诉我。我对他说，从写字的风格看来，我认为那封匿名的恐吓信不太可能来自安全防卫部门，或许是什么人作假的也说不定。至于警察找他去刑求，很可能是"作假"的那人随便去警察局打"小报告"才惹的祸吧。但其实到现在为止，我们仍旧不知那件事的真相为何。蓝老师常说，"九个君子斗不过一个小人"，他劝我不要再去想那件事了。

在我小学六年级的下半学期，我与弟弟们暂时寄居在左营高雄炼油厂的二姨家里。后来，我上高雄女中，15 岁那年，我们又从林园搬到草衙，母亲仍开洋裁班。以后，我们就较少见到蓝老师了。但他每个月都会从老远赶来看我们一次，我们只要有任何困难，他仍尽力为我们解决。后来，父亲回来后，蓝老师也把他当自己的"姐夫"看待。

我们全家移民到了美国以后，数十年来，蓝老师与我们家通信不断，越洋电话也不断。1997 年我母亲去世，葬在斯坦福大学附近的阿尔塔梅萨墓园（Alta Mesa Memorial Park）里。蓝老师给我父亲的信上写道：

> 三姐回到天上后，三姐夫为三姐安排她生平最美慕的旧金山幽美地区作为她的安息地，三姐夫又为三姐精心设计那么美的墓碑，我以"亲弟弟"的身份向三姐夫叩谢。

诚然，友谊可以胜过亲情，它真的令人难忘。与蓝老师的结缘为我揭示了一个人生的真理，那就是，生命是脆弱的，但人与人之间的挚爱却是强大而有力的。

第五章　探监途中

　　1953 年，我 9 岁，那一年父亲从台湾东岸的绿岛（俗称"火烧岛"）集中营转至台北新店军人监狱继续服刑。此后，每年寒暑假，母亲必带我们姐弟 3 人去监狱探望父亲。

　　我们家住在高雄乡下，每次去探监的往返行程都十分辛苦，特别是挤公共汽车和赶火车，一路上颠簸嘈杂，我们这弱小的妇幼 4 人，几乎总是在人堆里受尽拥挤推搡之苦。出发的当天，母亲一大早就带我们从林园乡下乘汽车到凤山，再由凤山搭"高雄客运"往高雄市；到了高雄之后，又得转乘市内汽车到高雄火车站；在挤满了旅客的火车站匆匆买了票，又得长时间地等车；而好容易上了车，每一次车厢内都是爆满。那些抢先上车的、急着占位子的，全都横冲直闯，母亲只得护住两个弟弟，一只手拉一个，边走还要边回顾落在后边的我，而我身背大书包，想赶上去却总是走不快。等赶上车，浑身无力地往车上一坐，火车摇晃中一歪头就靠在椅背上睡着了。直到几小时后抵达彰化或台中车站，停车的时间较长，母亲买了水果零食和便当，这才叫醒我。

我揉揉眼睛，掏出我那把小刀，把母亲递过来的香瓜切成片，与弟弟们分食。那火车也真慢，到达台北，总要拖到次日清晨。这时候，母亲又要招呼我们这些喊饿的孩子吃了早点，再搭汽车前往新店。

从新店往军人监狱，要乘三轮车，那段路最令我难忘。那是一条漫长的路，沿途十分荒凉。我们4人总是同坐一辆车，母亲和我坐在座位上，两个弟弟蹲在我们的脚边。听说我们去军人监狱探监，三轮车夫的脸上多流露出同情的表情，都不愿多收我们的钱。

记得有一回，一个三轮车夫边踩车边说道："孩子还这么小，爸爸就被抓去关了监狱，真可怜啊！你这位太太也真不容易呀，是远道来的吧？唉，我知道那里头关的不少人都是冤枉的……"他一边说着，一边向监狱的方向指了一下。

妈妈只是唉声叹气，答不上话来。一时间，我思绪起伏，悲从中来，就在一边抽泣起来。泪眼中只见三轮车的车轮在石子路上慢慢滚动，那一条荒凉的路显得愈走愈远。

我听见母亲慢慢地对那三轮车夫说："你真是好心人，我们是从高雄乡下赶来的，坐了一天的火车才到呢。我丈夫已在牢里关了3年，还有7年刑期才满。到时候，会不会出来，还说不定呢……"

"唉！你的命真苦……"车夫只顾叹气，口中不断在说，"命啊，命啊，这都是命啊。"

终于，我们抵达监狱墙外。远望阴森森的，到处有宪兵站岗。母亲向车夫说：

"多少钱？让我先付这一趟的钱给你。"

"不用，不用，我在门口等你们，等回去时再付钱吧。"

"也好，那就多谢你了。"母亲笑脸向他致谢，脸上却掩盖不住深重的忧虑。

我们进了监狱，母亲和管门的人说了几句话，就带着我们孩子站在会面室里等候。会面室中隔一道玻璃窗，把两边分成隔绝的空间，里外虽看得分明，伸手却不能互相触摸。家属在外，犯人在内，所谓"面会"就是徒然地面面相对，谁也不得逾越冷酷的界限。狱卒领着我爸爸从玻璃的那头走来了。他满脸憔悴，浑身消瘦，穿着没系腰带的囚服，我一下愣住了，不住望着母亲说："爸爸来了……"

面会开始了，母亲却一句话也说不出来，她只是把小弟、大弟高高抱起，好让爸爸看个清楚。我则努力踮起脚尖，在一旁观望。旁边一直有人站着监视，面无表情，一面在计时，一面似乎还在录音。最后，父亲先开口：

"我一切很好，你们不要担心……"

"你看，3个孩子都长大了。快叫爸爸……"

记得，那天的对话大约如此：

"我给你寄来的药都收到了吗？还需要我寄什么东西？"

"不需要了。你太忙，不必每封信都回。"

"这学期孩子的功课都很好，小红还是考第一，康成第二名，观圻明年就要上小学了，我会继续寄他们的相片给你。你要好好照顾自己呀……"

这时管门的人早已在催促了，因为每次面会时间不能超过10分钟。但听说那次狱卒特别同情我们，看见我们母子4人好不容易从老远的高雄跑来面会，破例给我们延长了 5 分钟。

走出监狱，我们都忍不住流泪了。在极短的时间之内，我仿佛长大了许多。远远地，我看见监狱的墙外空荡荡的，只有那个三轮车夫很耐心地在那儿等候我们。

在回程中，三轮车夫一直安慰我母亲，说："你们还算幸运的，这年头能保一条命已经不错了……"走了几十分钟，我们又回到了新店的汽车站。

三轮车刚要停下来，母亲已伸手掏出钱来。下了车，母亲一面向车夫道谢，一面要把钱递过去。谁料，车夫一下子竟跳上车去，向我们摆摆手，喊了一声："我不能要你们的钱哪……"母亲还没来得及开口，那车夫头也不回，飞奔而去。

在中午的太阳下，母亲站在那里，无奈地望着车夫的背影，半晌怅然无语。

几十年来，我一直忘不了那个好心的三轮车夫。我常常想，那个人现在还活着吗？还在新店踩车吗？但我知道，台湾地区的三轮车早已被出租汽车取代，可以说已全部自然淘汰掉了。

2000 年 8 月，在北京游圆明园，我赫然看见一辆辆人力车在路边候客。有一位身材特别矮小的青年，向我笑着走来，问我要不要乘他的车，说从圆明园的这一头拉到另一头，只要人民币 3 块钱。我说："我给你 30 块……"他睁大眼睛直说："不好，不好，怕我们老板知道了要处罚的。"但很快他就让我上了车。

那青年以一种缓慢的节奏拉着车子，脸上慢慢渗出了汗珠。圆明园内，一抹斜阳，凉风轻吹，望着那湖上的景色，我神思怅惘，了无观赏的心情。眼前这美丽的情景正与 50 年前坐三轮车探监形成了强烈的对比，思前想后，我都不敢仔细回顾我们是怎样一步步走过那段坎坷路途的。

最后，下了车，我还是把30块人民币塞给车夫，什么也没说转身就走了。

第六章　父亲的故事

有关父亲 1950 年在台北被捕的详细情况，我一直到半世纪之后（即 2002 年的夏天）才偶尔从父亲自己的口中得知片段。那个隐藏多年的政治迫害景象才慢慢在我的眼前又一次展开了。

原来，我父亲坐牢 10 年乃是受我大舅陈本江先生的连累（见本书第十一章《我的大舅陈本江与"台湾第一才子"吕赫若》）。因为保密局的人抓不到陈本江本人，故把目标转向陈的亲戚和朋友。由于我父亲当时的身份和地位较为显著，而且又是陈的妹夫，还是大舅留学日本时期的同学，所以就不幸成了代罪羔羊。

在我幼时的印象中，好像有一天夜里父亲突然被人强迫带走，以后就没回来了……

但后来我才知道，那记忆并不全对。事实上，保密局的人前后一共抓了父亲两次。1950 年 1 月 23 日深夜，父亲第一次被逮捕，当晚在强烈灯光下被连续不停地拷问，拂晓前被推入阴森森的囚房，该囚房仅 3 个榻榻米大，门一打开，父亲就看见一堆人早已摊在地板上，横七竖八。因灯光颇暗，父亲自己挣扎了老半天，才找到一个小空位，勉强坐了下来，不久即和衣（大衣）昏昏睡去。晚间在吉普车刹车声和人们凄惨的哭喊声中，不时惊醒。当时，父亲想到家里的妻儿，心乱如麻。据说，他心里最惦着我，还写了一首诗，其中一句是："昨日掌上珠，今朝成孤雏。"后来，他在日记中写道："1950年头，大祸忽然临到我们全家，一个幸福快乐的家庭，一夕之间坠入忧伤痛楚的流泪之谷……"

但父亲被捕一个月左右，突然被释放。那时，家中的东西已全遭没收，且被迫搬进另一间被没收的民宅中，整天一直有特务在家里监视。日间，则有保密局的人带父亲到各个城市，他们要他说出某某亲友现在躲在哪儿等等（当时有亲友参加了民主革命联盟），但父亲却丝毫说不出什么，态度也不合作，故5月5日那天又被抓。

父亲第二次被捕那天，大弟康成正在发高烧。故上了军车，父亲一直心如刀割。起初，他被关在保密局另一个临时看守所里，所内地板尚未干，整天不得盐吃，身体浮肿，几乎支撑不住，且时时活在黑暗中。每天早晨，倒马桶是唯一得见天日的机会，但后面总有刺刀和冲锋枪跟着，十分恐怖。当时，父亲天天被施加各种各样的体刑。

数月之后，父亲被移送至军法处看守所。在那儿很久都没判刑，只得到一个号码。刚进去时，半夜经常听见有人陆续叫喊某某号、某某人，接着只见一个个年轻人被推出去枪毙，他们大都是优秀的中国台湾青年，几乎全是台湾大学学生。

那年6月，朝鲜战争爆发，不久父亲就被判刑10年，随即关入军人监狱。这时监狱刚建成，连墙壁都还是湿淋淋的。每天那儿的政治犯等于睡在"水上",因为被褥底下都渗透着来自浴室和厕所的水。但这时总算终于准许犯人给家人写信了。此时,在妻儿下落不明的情况下,父亲只得写信给住在南部的大姨父。后来,信通了,母亲带着两岁的小弟观圻,飞快地赶往台北的监狱见父亲。那回,父亲隔着窗,只见母亲抱着观圻,观圻拿着半个香蕉在嘴上啃,夫妻两人,一时泪眼相对无言。

但母亲第二次去探监时,父亲已被送到绿岛劳动营去了……

原来,有一天半夜,上头突然命令牢里的政治犯立刻打好行李,然后大伙儿就上了大卡车。车在大路上行驶着,父亲却看不见外头,因为车上的窗帘全部拉下,四面一片黑暗。后来,才发现自己已被押到基隆港码头,又被逼上船,船上每两人一副手铐。一到绿岛,解下手铐,先走5公里路到营区,当时天已傍晚,但未开饭,立即又集合,当下给每人发下绳子和杠子,列队再走到码头,每人须抬运米粮回营。黄豆一包两百斤,压在肩头,人勉强才站得起来。因为打着赤脚,而路上又都是沙石,步步都是在极端的痛苦中走过的。据父亲回忆,在那段强迫劳役的日子里,他常常想起托尔斯泰小说《复活》中所描写的集中营的情景。有时他觉得苦不堪言,生不如死,加上早已在监牢里得了肺病,这一下就更严重了。父亲从来不会游泳,有一次看见绿岛有一个很深的池塘,他故意跳下去,心想一定会立刻就死了。没想到,他的身体竟浮在水上,沉不下去。那次父亲虽幸运地活了下来,但他的一些朋友却死在绿岛了。

大约两年后,父亲终于被押运回台北,关入新店军人监狱。在那里几年之间,父亲看见难友们死的死,疯的疯。同时,他仍照常受罚，每日戴着脚镣出去做工。后来，身体不支，就开始吐血，心想此生是绝对无法生还了。但最后还是写信通知了母亲，好让她寄药到监里。

坐牢的经验使得父亲渐渐看透了人性，从此勤读《圣经》。他发现，《圣经》乃是反映人性的一面镜子。在经历过诸种人生境遇之后，父亲终于找到了他的信仰。在坐牢的最后3年间，父亲似乎开始能静下心了。他不但自愿在牢里教英文，也从事各种翻译工作。例如，他译自日文的《论科学的思考》一文曾发表于《科学教育》第3卷第3期（原著者为汤川秀树）。文章结尾写道：

　　时间是什么？时间是怎么度量的？事件的先后，以及"同时"到底具有怎样的意义？……或许这世界的确有一个绝对的时间和空间存在，但是，作为人类的我们永远不会把握到它；人们所能知所能晓的只是那充满规约的，相对的，时间和空间。

我想这个"相对"的时间与空间，大概就是父亲在寻找人生意义的过程中，所领悟到的一种"绝对"的真理吧。

后来，父亲把他那篇译文从牢里寄来，献给我妈，作为他们结婚第14周年的纪念。母亲深受感动，因为没有什么礼物比那篇文章更珍贵的了。

第七章　母亲的固守

我的母亲有一种固守的性情，凡事都能心志坚定，不受外在的诱惑。这种性格也使她在患难中变得十分坚强，成为一个刚烈的女人。

父亲被保密局逮捕的那一年，母亲才 20 多岁，但她在受苦的 10 年间自始至终都很独立自强，即使遇到了经济上的困境，也从不接受亲友们的资助，只是自己昼夜不停地做工，勉强糊口。在那些日子里，她有喝不尽的苦杯，流不完的眼泪，泪水经常湿透枕边。同时，她还得了重病，但仍然不顾一切拼命做苦工。因此，在林园的小城中，她很早就赢得了"贤德妇女"的名声。后来，父亲出狱时，各处亲友纷纷来慰问，知道母亲所经历的事，无不称赞她的美德懿行。

记得，我们刚搬进炼油厂教员宿舍不久，有一天，一位父亲的老朋友远道来访，听了妈妈的故事，又感叹又赞美，临走向我父亲说："这是现代的王宝钏啊。"因为在那个白色恐怖的年代，许多人出狱之后，就会发现自己面临着两种困境——其一是就业问题；其二就是家庭破碎，自己的妻子早已离去。当然，那是残酷的政治现实所造成的悲剧，是人人都能体谅的。

当时，许多政治犯一旦被判刑，知道自己出狱无期（即使被判有期徒刑，也不一定能按期出狱），就劝他们的妻子再婚，主要怕她们耽误了青春，也怕她们和孩子们无法生存下去。我记得，妈妈刚开始在林园乡下开洋裁班时，有一天忽收到爸爸寄来的一封信，信中提到既然他已被判十年刑，生还无望，要妈妈赶快改嫁云云。

妈妈读完了信，气冲牛斗，嘟囔着说："胡说些什么呀……"说着，立刻买火车票，出发北上。那次妈妈一个人匆匆赶去台北，我完全不知道爸妈是如何进行对话的。只知道从此之后，爸爸再也不敢提这事了。

妈妈天生丽质，她的美貌在家乡是出名的。后来，她在东京读书的时候，有一次在开往京都的快车上，一位绅士模样的人上下打量她半天，过来打招呼，称赞她的美丽，弄得妈妈莫名其妙，还以为遇到了坏人，紧张万分，事后才知道原来那是个日本制片厂的导演，想罗致人才当电影明星。多年后，我们住在林园乡下，母亲偶尔会到学校来开家长会，学校里的同学们也都会问："那个穿旗袍的漂亮妈妈是谁？"她上街买菜，也经常引人注目，加上她待人诚恳谦和，所以那里的人都特别喜欢她。

每次有人在我面前称赞我妈妈，说她很美，我总是感到很骄傲。但我认为母亲的美是她的内在美的真情流露，她那种凡事固守的性情使她特别有魅力。对我来说，母亲的美是一种人格美，珍贵有如玉石。

我记得，爸爸不在家的那段时间，妈妈最发愁的就是我们的经济问题。每当我们快要交学费的时候，她就不得不想尽各种办法筹钱。有一天，一位与妈妈娘家有世交的朋友忽然来信，说他近来发了大财，想带妈妈到凤山去做一笔很好赚的投资生意，说只需几个钟头的时间就能把事情办好。母亲听了很高兴，于是就约好某一天早上一同去凤山。出发的当天，那位朋友还特地请了专车来接，也算彬彬有礼了。

　　谁知当车子驶到半途中时，妈妈开始起了疑心。似乎车愈来愈近郊外，不像去城里的样子，而且已快到海边了。这时，妈妈才猛然发觉自己受骗了，于是神色惊惶起来。那位朋友知道难以再隐瞒了，就温温和和地向妈妈一五一十据实说了：原来，那天不是出来谈生意，而是想找个机会向妈妈求婚，希望妈妈能嫁他做妾！妈妈一听，大吃一惊，又气又怕，立刻喝令司机停车，自己开了车门，飞快往海边跑去，好像要去投水自杀的样子。车里连司机带那个朋友吓得赶紧追上去，费了好大一番工夫才把我妈带回车里。一路上，那位老朋友面红耳赤，连连向妈妈赔罪不止。就这样，妈妈才得以脱险。

　　这件事是事后我们房东太太告诉我的。那年我虽然才11岁，但已开始懂得这种事的严重性。我后来问妈妈，但她说不要紧，"小孩子不要乱想"。但从那时起，我开始特别注意妈妈的安全，很怕有人随时会来害她。

　　自从那次的事以后，炼油厂宿舍里的人对母亲更加尊敬了，佩服她一个年轻女子有节有胆，很不平常。有人告诉我，我妈是个标准的"贞妇",她的行事风格很传统,也很"中国"。但其实对妈妈来说,贞洁是她人性尊严的一部分,也可以说,就是她对我爸无条件的爱的表现。

因妈妈自己守身如玉,她也自然不能容许别人中伤毁谤她。记得,曾有过这么一段事:有位长辈亲戚,素来品行不端,为乡里人所不齿,因暗中对我母亲有所企图,屡用诡计都不得逞,怀恨在心,于是设计破坏母亲的名誉,也想借此激怒她。有一天,那个亲戚在路上碰到我的大弟康成,就问他:"那个常去你家的蓝老师每天是不是在你家睡觉?"(蓝老师是我们多年的恩人兼恩师,我们上小学时,他时常到家里来接我们姐弟3人去补习。)当时大弟还很小,不懂那个问题的含义,回来后就告诉妈妈。妈妈一听之下,非常愤怒,立刻要与那个亲戚算账。于是,就叫了一辆三轮车,直奔他家而去,把对方狠狠地骂了一顿,然后坐原车回来,前后不过30分钟,就把事情解决了。

那位亲戚自从被我母亲"整"了一顿之后,再也不敢造谣生事了。

一般人看我母亲平日温柔体贴,待人很慷慨,以为她不会发脾气。但凡是真正认识她的朋友都知道,她是一个很有原则的人,她最不能容忍别人冤枉她。所以,任何有损她的人格的举动或言语,她都绝不放过。对她来说,那些不负责任的流言蜚语是最可怕的东西,她必须一一对付,即时消灭它们,就好像一个人的眼睛里有了灰尘,一刻钟也无法忍受。

然而,有些亲戚不太了解我妈,以为她太好强,因而对她有所批评。但我认为那是因为他们不了解母亲那种固守的情操的缘故。至于我，我最佩服我妈了，我佩服她凡事不顾一切、勇往直前的精神。若不是有她那种坚持的性情，我们一家人不知要如何度过那一段苦难的日子。

第八章　出狱

1960 年 1 月 23 日是父亲要出狱的日子。整个 1 月份我们都非常兴奋。我想：终于等到有一天，母亲不必急忙地撕日历了。

原来，父亲不在家的 10 年间，母亲养成了个习惯：每天等不到黄昏的时刻，就已先撕掉了当天的日历。既然日历是时间过渡的指标，它也是希望的象征。每次撕过日历，母亲总要说："你看，明天就快要到了，你爸爸又能早一天回来了。"

为了预备父亲出狱那天的到来，母亲早已于一个星期前到台北去了。那时，学校还正在上课，所以我们姐弟 3 人没跟着去。我们暂时住在左营高雄炼油厂的二姨家，以等待父亲的归来。

1 月 22 日，父亲将要出狱的前一晚，我竟终夜不眠。第二天下午，接到母亲从台北送来的电报，确定父亲已经出狱，我这才放了心。于是，那一整天我变得笑脸常开，走起路来十分轻松。下午，站在高雄女中的校门口等车，发现对面的天主教堂变得格外美丽堂皇，远处的那条爱河也呈现出特别温柔的光彩。

隔天，我们终于在二姨家见到了父亲。第一次能如此从容地仔细端详他，这个感觉有些新奇，也有些陌生：深蓝色的西装，配上深红色的领带，爸爸这种装束使我想起6岁以前所认识的他。站在他身旁的母亲也显得特别年轻，她穿了一身淡紫色的旗袍，一直很开心地和亲戚们说笑。那天晚上，二姨家为了庆祝我爸平安归来，特地开了一个家庭庆祝会。我感受到了一种从未有过的幸福感。

然而，好景不长，父亲才回来几天，我们又开始尝到"政治迫害"的滋味了。那时，我们暂时住在二姨父他们乡下的老家。有一天夜里，忽然听见外头有人在大声敲门。因敲得很急，大家都不约而同地从床上跳起。父亲马上开灯，穿上衣服，飞快地跑去开门。我因为临时太紧张，就抓住妈妈的手不放。看见墙上的挂钟，知道是半夜3点。心想，难道他们又来逮捕父亲不成？

接着，只见一个警察走了进来："怎么不快开门？你不是姓孙吗？快快快，我是来查户口的！"

一听是来查户口的，我突然放下心了。母亲这才爬到卧室里的榻榻米上，小心翼翼地把户口誊本从柜子里拿出来。

那警官故意提高声调说："家里怎么只剩3个人？还有两个男孩呢？"

我抢先说："两个弟弟在高雄炼油厂上课，现在寄宿在我二姨家。我二姨的地址是……"说着就要提笔写给他看。

"好啦，好啦，我知道就是啦。"他翻一翻户口誊本，又朝父亲仔细端详了一下，砰的一声关上门走了。

我们3人像泄了气的皮球，老半天都说不出话来。那天一直到天明，我们都没再合过眼。

此后，每隔两三天就有一次"查户口"。其实，我们并不怕这种干扰，怕的是邻居们的反应。因为每次那警员到我们家查户口，都大声嚷着说话，好像故意要让所有邻居左右都知道这事。于是，所有邻居全都看在眼里，渐渐不敢和我们说话了。还有人七嘴八舌，趁机制造谣言。记得，那段日子我真是苦不堪言。那时，我上高中一年级，功课开始繁重，每天都读书读至深夜，如果半夜又有刑警来查户口，那只得通夜不眠了——因为我从小就神经过敏，一旦醒了，就再也睡不着。

这段时间，父亲开始到处找工作，但我们发现附近没有任何人敢聘用他。当时，台湾地区仍在"戒严"时期，到处草木皆兵，而且每个学校和机关都有"安全组"或保防秘书，要按时把所有员工的情况向上级治安单位报告，凡有前科者，均不敢录用。后来，爸妈决定先到林园的好友石贤美长老的家中住一段日子，顺便由她帮忙找工作机会。但几个星期下来，走遍了高雄、台南，却处处碰壁。当时，林园附近有一家中学本来准备要聘用父亲，但后来校长知道了父亲的背景，就立刻送来通知："碍难聘用。"最后，父亲只得暂时在林园的一家补习班里教英文。然而，这时当地的警察不断到石贤美长老的家中查询，三两天就来一次吓人的"查户口"，弄得大家不得安宁。

后来，通过二姨父几个月来的努力，父亲终于得到消息，说高雄炼油厂国光中学校长要找他面谈。该校校长颇为同情我爸，也很欣赏他的英文造诣，故很想立刻聘用他，但苦于"安全组"那边难以通过。况且，高雄炼油厂又是安全防卫要地，眼看这一关是绝对过不去了。后来，有位亲戚找到从前逮捕父亲的那位谷先生，请他在此紧要关头为我父亲写信，证明我爸爸当年被捕实为无辜受累等情，这才勉强过了关。

（几年后，我和两个弟弟要赴美留学，再次因父亲的背景而无法通过警备总部一关，也通过同样的方法才得以顺利出境。此外，1977年谷先生曾当面告诉我，他一直知道我父亲是无辜受累的，只是我父亲"脾气太坏"，当年被捕后，曾当面顶撞他，才被判10年的，此为后话。）

总之，出狱后的17年间，父亲一直在国光中学里任教。父亲早年读书一向名列前茅，从前曾以第一名的优异成绩毕业于日本早稻田大学，但后来因其不幸的政治遭遇，无法施展其才华，殊为可惜。但他终于有机会教育炼油厂员工的子弟，可谓不幸中之大幸了。本来父亲兄妹3人自幼都得祖父亲自教授英文，已有了根基，后来父亲又在天津英租界从一位英国教师 E. R. Long 专修英文，故会说一口英式英语（British English）。到国光中学后，父亲在家夜以继日地用功，一面读语言学方面的著作，同时又得花时间矫正他从小习惯的英国腔，重学美国口音。因此，常常清晨四时就起身，一个人到后院走廊上改学生考卷（那时他的病尚未痊愈）。任教第二年，高雄市政府抽查全市初中英语，结果国光竟得了冠军，比亚军高出30多分。当时，高雄附近的报纸争先登出有关父亲教学优良的消息，还有记者专程来家里拜访。自此，父亲的工作博得学生和家长的信任，甚至后来炼油厂招考职员的英文命题也常由他一人担任了。

但令人感到奇怪的是，在这种情况下，当地的保警队员仍每周两三次到家里来"查户口"。经常是三更半夜就来敲门，手里还

我们终于有了一个家

拿着手电筒不断在照，又到处翻箱倒柜地搜查，有时还大喊大叫，自然也吵醒了左右邻居。在这种时候，我们面对那撞门进来查户口的刑警，心里虽然感到怨恨，也无可奈何。

在这种"查户口"的疲劳轰炸之下，母亲最担心父亲又会旧病复发。后来，父亲果然开始吐血，幸而得名医诊治，才渡过了难关。

至于我，每天早晚都在忙着赶交通车到高雄市区上学。在返途中，每次看见那座美丽的半屏山高高地耸立在那儿，我就知道快到家了。有好几次，我都想起了陶渊明的那首诗："采菊东篱下／悠然见南山……此中有真意／欲辩已忘言。"真的，尽管生活的情境仍未能如人意，但这些年来，我第一次拥有了一种"家"的感觉。

第九章　骨灰的救赎

在我 9 岁那年，大表姐的一句气话几乎残酷地摧毁了我的童年。从此以后我才知道，言语的伤害要比任何其他伤害都来得可怕。

故事发生在 1953 年，我父亲被抓去坐牢的第三年。那时，我们住在林园镇上一座二层楼的楼上，那是母亲白天教洋裁的地方，也是我们晚上休息睡觉的场所。楼下是一家西药房，那位药剂师是个大好人，待人忠厚诚恳，他只比我妈小一两岁，故我一直喊他"进昌叔叔"。每次我放学回家，走过他的药房，他总是对我很和善，有时还会给我好东西吃。那时，大姨的大女儿（才 20 岁出头，我称她为"大姐姐"）经常来楼上找我们，也与学洋裁的学生们混得很熟。大姐姐长得很美，而且聪明伶俐，人人都喜欢她。后来，她与进昌叔叔认识，两人不久就结婚了。自此，我改称进昌叔叔为"进昌姐夫"。

然而我发现，大姐姐结婚后不久，常常在我母亲面前发脾气，母亲也逐渐对她反感了起来。后来，听别人说，大姐姐的父亲（即我的大姨父）因风流成性，每天到隔壁的酒家花钱，就顺便来向母亲伸手要钱，母亲因无法让他如愿，于是互相之间就有了误会。这件事自然给了我妈妈很大的心理压力——尤其，因为大姨家曾经是我们的恩人，在父亲被抓之后，他们曾收留了我们。没想到，现在大姨父竟让我母亲陷入了麻烦。

但大姐姐显然是站在她爸爸的立场，而且渐渐和我妈妈对立了起来。一天下午，我放学回家，照常经过楼下的西药房。当我走到楼梯口时，突然听见大姐姐大哭大嚷，直朝着楼上大叫：

"你别得意，你以为你丈夫会活着回来？哼，我告诉你，他连骨灰都回不来……"

那句话显然是针对我妈妈说的。听见那句话，我立刻哭了起来，急忙跑上楼去。我发现母亲早已气得整个人倒在榻榻米上，她的学生正在用热毛巾给她擦脸。那时，妈妈的心脏已经有了毛病，只要一生气就会全身发冷、发抖。我看见妈妈好像不行了，就掉头跑下楼去，直奔附近的大信医院，不久张简医师就来给妈妈打针。这样，母亲才终于脱离了危险。

在那以后，我们很快就搬家了。母亲也因为无法应付大姨父那边的压力，从此决定和他们全家人一刀两断。

我很恨大姐姐，恨她说出父亲"连骨灰都回不来"那句狠心的话。为了那句话，我想了整夜，从此小小年纪的我开始有了失眠的毛病。

我之所以特别恨大姐姐，乃是因为她说出了我心中的恐惧。我很担心爸爸会真的死在监狱里。而且，周围的一切情况似乎也让我想到有那么一种可能。

忽然间，我变成熟了。一个9岁的小孩觉得自己已经告别了童年。

我开始保护妈妈，也随时随地想照顾我的两个弟弟。我知道，母亲绝对不可以倒下去；她一旦倒下去，我们就完了。而两个弟弟都还年幼无知，无论如何也不能让他们使母亲操心。幸而弟弟们都很懂事，一直很少给母亲添麻烦。

记得，有一天半夜，母亲的心脏病突然发作。我摸摸妈妈的心脏，好像跳动得很慢。我一时急了，立刻冲出门外，独自一人飞快地跑向大信医院的方向。那时，我们已搬去离医院较远的"过沟子"，每次要上城里去都得经过一座桥，桥下的水很深。正巧两天前有个女人因受不了婆婆的虐待就背着两个小孩投水自杀，我因而愈跑愈害怕。我一边跑步，一边往后看，跑着跑着就哭了起来。直到找到张简医师，把他带到家里来，我才终于静下心来。

第二天清早，我那善良的二姨父就从远处的左营高雄炼油厂赶来，用厂里的专车把母亲带走了。

从前，每回遇到母亲生病，若必须到外地去就医，我总是会到大姐姐家去住，而两位弟弟则被寄放在港嘴的大姨家；但这次不同了，我们姐弟3人突然变成无家可归的人了。

后来，两个弟弟只好暂时住到蓝老师家，而我就转到台中的梧栖小学就读，寄宿在梧栖港的四姨家。

梧栖港正巧是我3岁到5岁时住过的地方，这次又回到了旧地，令我伤感。原来，1947年至1949年间，我爸爸曾是台湾地区台中港工程处的副主任。父亲的老同学汤麟武先生（我称他"汤伯伯"）则是梧栖港的主任。在我童年的印象中，我们当时在梧栖住的房子很大，还有个美丽的花园，花园里树木很多。谁知9岁的我又重返梧栖，才发现我们的旧居就在汤伯伯家的对面——整个港务局区就以汤伯伯家的房子和我们的老家最讲究了。每天我到梧栖小学上学和放学回家，都要走过那个老家（那时已经是别人的家了），而每次走过那房子，就禁不住要流泪。有好几次汤伯伯汤伯母老远看见我，向我热情地招手，要我进去他们家坐，但我都很快地回避了（顺便一提，2002年12月，作者和大弟康成重访台中梧栖港，终于找到了半世纪前曾经住过的房子，抚今追昔，无限感慨）。

且说，我9岁那年，每天走到梧栖小学的途中，都必须经过一座小桥。每次走过那座桥，我就不知不觉会想到林园"过沟子"的那条河。我也经常会思念妈妈，不知她的身体怎样了。通常我总是一个人低着头，若有所思地走过那桥。有一回，一个住在桥边的算命女人突然跑过来，对我说："啊，我看见你有一双很整齐的柳眉，你整张脸上写着好命，来来来，让我给你算个命吧。"我本能地退缩了，但后来终于乖乖地把手伸开来给她看。几分钟之后，她就微笑地说道："好啊，你注定是要好命的呀，你将来长大了一定会去美国打天下……"我和她说了声"谢谢"，又继续低着头在桥上走过去了。

那天下午放学之后，我很兴奋地把那算命女人的话告诉了四姨。我说："我看我爸爸将来一定会活着回来，要不然我将来怎么去得了美国？"四姨点点头，直说："那个算命的人完全对，你爸爸一定会平安回来的，你不用再担心了。"我因此感到很放心。

此后，我经常想起梧栖桥上那个算命的女人。我很感激她，因为她无意中给了我一颗定心丸，让我相信父亲不会死在监牢里。

我在梧栖一共住了 4 个月，后来我从梧栖回到了林园，母亲也已经恢复了她的洋裁班。那时，我们早已和大姨父的一家人断绝了往来。但有一天夜里，大姨的次子（我称他为"二哥哥"，已于 2007 年去世）突然出现在我们家的门口，他面带忧郁，悄悄地走进门来。

"三姨，三姨，你看看今天的报纸……"他递给我妈一份报，右手指着一段新闻。

母亲立刻把手上的针线放下，开始看报纸。母亲边读边摇头叹气，看起来很难过的样子。原来，大姨父刚闹了个桃色新闻，有人要告他，在林园的小城里掀起了一阵风波。

"三姨，你知道我和我父亲完全不一样，这事让我很伤心。请你把我当成你家的人吧……"说着就流下泪来，眼泪直滴到缝纫机上。

其实，我妈妈一直最喜欢"二哥哥"这个青年了。二哥哥是亲戚里第一个考取台大的人，是当年林园乡有名的高才生。一年以来，二哥哥一直在台北上学，没回过南部的老家，所以并不知道我母亲已和他家绝交的事。那天他刚从台北回来，发现我们已搬了家，还听说两家闹得很不愉快，同时也看到报纸上登出有关他父亲的丑闻。对二哥哥来说，这真是一个多灾多难的日子。

在那以后，二哥哥每几个星期就从台北赶回来看我们一次。他每次回来都不忘为我补习数学，也买各种参考书给我。所以，在那段时间里，我们虽然视大姨父家为仇家，但二哥哥却是个例外，他简直成了我的亲哥哥了。

此外，还有另一个例外，那就是进昌姐夫。他经常骑摩托车从林园街上经过，每次总是很诚恳地和我打招呼，并问我妈妈好，问我需不需要什么药。我看得出来，进昌姐夫的关切完全是真心真意的。

现在回想起来，我们当时把大姨父一家人一律视为"仇人"，未免犯了迁怒之嫌。其实，真正得罪我们的也只是大姨父和大姐姐两人，其他的人都是无辜的。但我完全了解母亲当时的困难——在自家难保的境况中，若想要结束那种没完没了的亲戚纠缠，恐怕也不得不采取母亲那种"一刀两断"的对付方式了。后来，听说许多住在林园乡的人都很同情我母亲，也知道我们两家是势不两立的。

在我11岁那年，一个偶然的机会里，我在林园听到陈希信牧师的一次震撼人心的分享：《要爱你的敌人》。陈牧师以一种平实的口气把人性的共同弱点描述了一番，同时引用"要爱你们的仇敌"来鼓励大家，希望大家都能以爱心互相对待。陈牧师的分享给了我一个很强烈的震撼——突然间，好像那股尘封内心已久的怨恨又一次被轻轻触动，但接着又有一个更大的、更温柔的声音在呼唤着我。奇妙的是，从此我就不再恨大姐姐了。

不久，我的五年级导师刘添珍（后改名刘丁衡）和大姐姐的二妹结婚。[①] 在那以后，借着刘老师的关系，我自己又开始与大姐姐一家人来往了。刘老师是我最难忘的师长之一，他是天生的音乐家，他不但教我唱歌，而且推举我为林园小学乐队的总指挥。我

---

① 刘老师后来出版了一本回忆录，记载他的心路历程。见刘丁衡《窑匠之泥》，台北：宇宙光出版社，2000年版。

至今忘不了当年我所指挥的《玫瑰玫瑰我爱你》等歌曲。今天回忆起来，刘老师确是最早为我开启音乐想象之门的人。如果说，在往后的日子里我还有幸发展出某种领导才能的话，有很大部分则要归功于刘老师当时给我的鼓励，因为他教给我：一个优秀的乐队指挥就是好的领导人物。

16岁那年，爸爸刚从监狱出来时，我们暂时住在高雄县的草衙乡下。我记得，第一个来访的亲戚就是大姨父。后来，过了几天，大姐姐也赶来草衙，一进门就在我妈妈面前痛哭，表示忏悔。母亲很受感动，终于原谅了她。大姐姐后来一直对我们很好，经常来探望爸妈。

在那以后，我才知道大姐姐也有过一段极其坎坷崎岖的经历。原来，她在认识进昌姐夫之前，早已与一位姓林的台大学生谈恋爱并订婚，但1953年初她的未婚夫突然被捕，判刑十五年。后来，父亲告诉我，他在台北服刑期间，曾与那位姓林的年轻人同住过一个监房。

这时，我才想到，原来大姐姐从前脾气变坏、忽然开始与我妈妈闹别扭，或许多少与她未婚夫不幸被捕有关。

于是，我开始对大姐姐产生了同情。我想，她当时才不过20岁出头，就体验到了政治迫害的残酷，也真可怜。尤其是，她一直不敢轻易向别人述说自己内心的痛苦，必须长期压抑一个内心的秘密，那一定是十分难受的。幸而她和进昌姐夫有个很美满的家庭，也算是不幸中的大幸了。

然而，1963年元月前后，爸妈突然听说进昌得了末期肝癌，正住在高雄市区的一家医院里，而且人也已经奄奄一息了。听到这个消息，爸妈真不敢相信，因为进昌的身体一向比谁都还要壮，而且是柔道上段，怎么会突然倒下来？听说，当初进昌刚开始生病时，自己还以为只患了感冒，仍然喝酒不停，谁知原来是得了肝癌！

进昌去世前，我父亲天天都去医院看他。每次走进病房，都看见大姨的一家人围在床头哭泣，情景甚为凄凉。最后那几天，进昌经常大哭大嚷。有一天，他突然大声叫了起来："那边很暗，怕啊，怕啊……"爸爸就对大姐姐说："我为他祷告好吗？"大姐姐表示同意，于是爸爸就站在病床前面做了几分钟的祷告。接着，爸爸又问，是否愿意请牧师来给进昌受洗，大姐姐也点头同意。

当下，爸爸立刻赶回左营高雄炼油厂，并找到了后劲信义会的一位姓石的美国牧师。那牧师立刻答应要给进昌洗礼，他说："咱们今晚就去。"

当天晚上，两人一同走进医院时，进昌已进入半昏迷的状况。石牧师对着进昌大声问道："你愿不愿意信耶稣？"奇怪的是，一个昏迷的人居然也会点头。当时，在场的所有家人都看见了，甚为惊奇。接着，石牧师就为进昌行了施洗之礼。

施洗之后两三天，进昌姐夫就安然去世了。他留下了一个32岁的年轻妻子和3个幼小的孩子。从进昌进医院到去世那天，前后总共只有15天。

一接到进昌去世的消息，我父亲立刻赶去医院，开始进行追思礼拜的安排。首先，爸爸为他们找到了烧骨灰的地方。那烧骨灰处有几个炉子，平排在一面墙壁上，通常棺木则从外头的开口处一一送入。第二天，父亲等进昌身体火化后，就带着大姐姐和她的 3 个孩子去取骨灰。一进门，他们只见几根骨头放在一个充满骨灰的盘子上，情景十分凄凉……

不久，追悼会就在港嘴大姨家的院子里举行。那天，几乎所有亲戚——包括二姨父、二姨、舅舅们和我妈妈——都出席了。那天的追思礼拜从头到尾都由我爸主持。整个大院子里，到处都是花圈，也挤满了人。面对着桌上的骨灰盒，父亲一面做了祷告、分享，也领大家吟诗。后来，他看见村里的许多人也来了，忍不住热泪盈眶……

几天后，大姐姐就在教会里受洗了，孩子们也陆续都成了基督徒。他们全家信主后，时常到我们的炼油厂宿舍来拜访爸妈，经年不断。

这里必须提到的是：进昌姐夫死后 10 年，即 1973 那年，大姐姐从前的未婚夫林先生终于从监狱出来了（他原来判刑 15 年，但因服刑期间不甚合作，故刑期被延至 20 年）。林先生出狱后，听说大姐姐的丈夫早已去世，就立刻向她求婚。但大姐姐却拒绝了他的请求。

大姐姐拒绝的理由很简单——她说，虽然林先生曾经是她最爱的人，但进昌曾给了她 10 年幸福的婚姻，也留给了她 3 个很成器、很孝顺的孩子，她愿意永远纪念先夫的恩惠，为他守一辈子的寡。

听到有关大姐姐"拒绝求婚"的这件事时，我早已移民到美国许多年了。这个故事令我难忘。我发现，我终于在大姐姐的身上看到了一种人性的崇高——那是经过受苦之后，感情净化之后，所历练出来的崇高（按：大姐姐已于 2004 年去世）。

第十章　在语言的夹缝中

半个多世纪以前，我曾经是中国台湾"省籍矛盾"的受害者，当时我一直活在语言的夹缝中。在那个年代里，语言变成了族群的、政治的表现方式，而我那不寻常的背景（父亲是外省人、母亲是台湾人）又更加把我推向了两难的语言困境。

话说，我父亲是天津人，早年长住北京。身为老北京，父亲总是一口京腔。1944年我出生于北京，从小就跟着父亲和其他家人讲北京话。所以，北京话是我的第一母语（母亲是台湾人，曾在东京受日本教育，但她后来开始努力学习北京话，尽管她的口音不甚标准）。1946那年，我们搬到台湾以后，全家人还是继续讲北京话。按当时台湾的标准，我的口语是最纯正的北京话"国语"。

然而，我6岁那年（1950年）父亲被抓去坐牢，不久情况就大大地不同了。首先，家遭惨变之后，母亲就带我们姐弟3人逃到高雄县的林园乡下。印象中，到了林园之后不久，或许为了适应周围的环境，我很快就把北京话全忘了。此后一年间，我整天只说闽南语。一直到上小学二年级，学校强制推行"国语"，我的台湾老师才开始教给我们带有"台湾腔的国语"。所以，我现在说的"台湾国语"是我8岁那年在林园乡下学的；严格地说来，它应当是我的第三母语。

当年，在林园小学，我的老师经常是夹杂着"国语"、闽南语和日语来讲课的。在20世纪50年代初的中国台湾地区，这种混杂着3种语言的情况是极其自然的。因为从前台湾人在日本的殖民式统治之下50年，学校和机关所用的官方语言一直是日语，而我的台湾老师也大都是在日本的教育中长大的。后来，1945年台湾光复，国民政府来台接收，从此北京话变成了"国语"，台湾人为了求职，只好硬着头皮从头开始学中文，但一时仍无法把它学好。记得有一天，我的一位二年级老师在课上大声对我们说道："下课后，不要拿椅子的拐子打酸子，你们只要好好勉强。"我因为已经熟悉闽南语，晓得"拐子"是指椅子的腿，"酸子"就是杧果，所以立刻了解老师那一句话的大意。我知道他想说的大概就是："你们下课之后不要顽皮，不要拿椅子的腿来打树上的杧果。"然而，对于老师的话的下半句"你们只要好好勉强"，我却莫名其妙。后来，回家问了母亲，才知道那是日语的说法。原来，在日语中，"勉强"是努力用功的意思！它完全没有"不甘愿"或"勉强为之"的含义。

当时，林园的人都待我十分友善。在学校里，我和他们说"台湾国语"；在家里，我也和大家一样说闽南语。不久，来了几个新转来的大陆军人子弟，班上同学开始骂他们"山猪"，时常欺负他们，我这才知道原来台湾人很恨"外省人"。其实按理说，我父亲是大陆人，他们也可以喊我作"山猪"，但因为我说一口"台湾国语"，说起闽南语来又那么流利，所以他们也就把我看成台湾人了。然而，我从来不觉得自己属于任何一个特殊的族群，也没有把语言当成什么文化认同。我不但亲近台湾学生（当时我最要好的台湾同学叫张简满里，是当地一位有名的医师的女儿）也和外省同学做朋友。记得，我很喜欢一个来自山东的同学，我经常到她家去玩，也向她学了几句山东土话。我发现，她也不太会说北京话的"国语"，而她的"国语"也渐渐有了台湾腔。对我来说，语言的运用就如同呼吸空气一般。以我自己的情况来说，从忘了北京话到熟悉闽南语，再到学习"台湾国语"，乃至于后来到了美国成天说英语，这过程是再自然不过了。

然而，我11岁那年开始遇到了语言的困境。那是一个新的挑战，一个使我逐渐对自己的"母语"失去信心的挑战。

1956年，小学六年级的下学期，我转到左营的高雄炼油厂代用小学读书。那是一个人人羡慕的学校，每年考中学的录取率几乎是百分之百。还记得开学的第一天，我遇到了一个没想到的问题。在课堂中，老师很严肃地质问我："你是外省人，怎么说一口'台湾国语'？"口气带着嘲讽的味道。

"……"我一时答不上话来，只摇摇头，红着脸，接着眼泪就流了下来，一直滴到了书本上。

下了课，我的心情一直很坏，也不跟同学们玩。我独自一人走到防空洞的旁边，站在那儿发呆。我看看天空，到处还是一片灿烂的阳光。我开始怀念林园，想起自己一向在那儿被公认为标准的模范生，今天却在这里受到排斥，实在很不甘心。正想着，突然飞来一颗石子，差一点打在我头上。

"台湾人，乡下人，不要脸……"

我回头一看，是个外省籍的男生，他躲在防空洞的后头，手上拿着橡皮筋，正准备发射第二颗石子。我一声不响地跑开了，静静走回教室。我并没哭，我阿Q似的安慰自己："我的'台湾国语'关你何事？我要让你们看看，一个带有台湾腔的人也能考第一！"

后来，我日夜埋头苦读，不到一个月，已经成了班上数一数二的高才生。老师为了鼓励我，还时常让我到黑板前给同学们讲数学，俨然当起"小老师"来了。渐渐地，大家已习惯了我的台湾腔。3个月之后，我顺利地从炼油厂小学毕业。在离校之前，我还交了几个要好的外省朋友，连那个先前用石子打我的男同学也终于和我说话了。

然而，那段有关台湾口音的尴尬经验，对我一直是个可怕的阴影。它使我害怕自己的"母语"，也混淆了我的文化认同，一时令我无所适从。我发现，在那个充满了权力意识的社区中，即使是台湾人也会说一口标准的"国语"。以我的表兄妹为例，他们是地道的台湾人，但从小就在炼油厂的"国语"环境中长大，所以常常被认为是外省人。而我本来是个大陆人，却因口音的缘故被看成"番薯人"。事实上，我应当既是外省人，也是台湾人，我本来就具有双重文化背景。然而，当时在台湾的一般学校和机关里，正确的北京话"国语"代表着高位文化对低位文化的排斥。

后来，我考取了城里有名的高雄女中。那个中学的学生来自远近各个不同的社区，所以学生的语言背景也较为混杂。但那段时间，我尽量不说话，随时保持安静，以免出错。尽管我是班上最不爱出风头的学生，老师最后还是选我做班长，大概因为我的学业成绩优异的缘故。当时，我的沉默赢得了一个绰号：沉默的班长。每次我一开口说话，班上有些同学就会讥笑我。当时，在班上，我最喜欢和本省籍的同学们来往，其中最要好的朋友就是孙美惠（她后来进医学院读药剂系）；方瑜（现为台湾大学中文系教授）则算是比较同情我的外省籍同学之一。另外，还有几位不同班的外省籍同学，如钟玲（曾任香港浸会大学人文学院院长）和孙曼丽（多年后成为许倬云夫人）等人都待我不错，只是当时彼此尚未深交。但有一天，一个与我争分数的同学，一大清早就递给我一个纸条："希望你有一天能把那台湾口音改好。"为了那纸条，我哭了一下午。但有一位浙江籍的同学蒋玛丽好心安慰我："台湾腔没什么不好，你不要听她胡说。伟大的蒋'总统'不也有很重的浙江口音！"

蒋玛丽的话听来似乎十分有理，却与实际情况不甚相符。在那个充满语音霸权的时代，所有外省的口音——哪怕是带有浓重腔调的湖南口音或四川口音——都可以被接受，唯独不可以有台湾口音。一般说来，台湾口音被看成是土气的、落后的，甚至是殖民的。

因此，我变得愈来愈沉默了，我也渐渐对自己的说话能力失去了信心，我害怕再面对任何不愉快的场面。此后在学校里，除了课上老师发问时必须答话以外，我尽量不开口说话。用现代文化研究的术语来说，我当时简直得了"失语症"①。我发现自己在逃

---

① 有关"文化失语症"，请见叶舒宪《两种旅行的足迹》，上海文艺出版社，1999 年版，第 32 页中有："其实在'不会说'和'失语症'现象背后，都不单纯是话语选择的问题，而正是文化身份或文化认同的问题。"

避母语，而远离母语的方法之一就是开始日夜啃读英文。在读高雄女中的 6 年间，我几乎每天放学回家前，都往对面的天主教堂里跑，因为那儿有修女免费教我英语和法语。同时，在学校的所有课程中，我把大部分精力都放在英语课上。后来，我渐渐进入了英语的语境中，晚上甚至经常梦见自己和人进行英语对话。就这样，我的脑子里开始有了学语言的乐趣了。

后来，我高中毕业，保送东海大学，开始专攻英国文学。当时，东海大学英文系里的教师全是美国人，所以在班上一律讲英语。1968 年我移民到美国之后，更是整天都在说英语，这才完全摆脱了从前的语言焦虑，也才享受到随意表达思想的自由。在美国，我发现人人都说着不同腔调的英语。不论在东岸还是西岸，或是在中西部，我说的一直是带有特殊腔调的英语，但从来也没人责怪我。在这期间，我曾一度跟着我丈夫钦次搬去南达科他州，当地的大学居然聘我在英文系里教起美国学生英文文法来，完全对我的英语口音没有一点偏见。这使我想起美国国务卿基辛格（Henry Kissinger）说过的一句话，他说："美国人有一种基本的善良（There is some basic goodness in American people）。"这是因为基辛格以为，世界上除了美国以外，没有一个国家会聘请像他那样带有严重德国腔的人做国务卿。然而我以为，这其实与美国人的"善良"无关。更重要的是，美国本来就是一个移民的国家，所以人人喜欢强调语言背景的"不同"。"不同"并非什么可耻的事，它其实代表一种文化的魅力。

所以，虽然在许多年以前，在那个说"母语"的地方，我总觉得自己像个异乡人，但自从移民到了美国之后，由于长期生活在异乡世界的语言、民族多元的人群中，我终于逃脱了语言的压力。[①]
总之，这些年来，我如鱼得水，在英语世界里，我喜欢自由而口无遮拦地说话。我这才发现自己原来是个颇爱说话的人。有一次，一个从中国来耶鲁大学访问的学者很赞赏我的口才，他用英语对我说："You are very talkative（你很会说话）！"他用"talkative"那个词其实并不恰当，因为"talkative"在英语中带有贬义，是批评人喋喋不休的意思。但对于一向说话没有信心的我，这个大陆同胞的"赞语"却给了我莫大的鼓励。那天，我很高兴地打电话给住在马里兰州的妈妈，谈到自己居然"很会说话"这件事。妈妈说："你从小就很能说话，你小时候说一口漂亮的京片子。当年我们从上海坐船到台湾，你才两岁，你主动和船上每个人说话，还跟他们说起有关狗的故事，人人都喜欢你，争着要抱你……"

母亲的话突然振奋了我，从此我不再害怕用"台湾国语"和其他华人朋友讲话了（从前我总是尽可能跟华人说英语）。记得，1979年我去南京大学访问，做了5场有关比较文学的演讲，会后居然有人称赞我的"普通话"说得很地道，说我的中国话讲得比许多南京人要好，一时令我惊奇万分。我想这是因为一般中国人并不存在对方言歧视的缘故吧。后来，又有西安人对我说同样的话。我终于了解，语言本来只是传达思想感情的工具而已，什么语言在哪个时间、哪个场合对我最方便，我就说什么话。

这些不断的鼓励终于启发了我的寻根欲望，使我从1993年以来，一直努力练习汉语写作，不再以英文为唯一的书写语言了。

---

① 我要特别感谢《南方周末》报社副刊编辑朱又可先生的帮助。是他精明的读者反应，促使我对以上这句话的改写。（孙康宜补注，2017年3月20日）

这一来，我才真正体验到了自由运用双语的乐趣，从此也不再感到自己是语言的囚徒了。不过，进行双语写作也不是一件容易事。在十分忙碌的英语世界中，我总是在生活的夹缝里随时抓住机会写中文。我不断告诉自己，我必须努力坚持下去，尤其在书写中文的事上绝不可松懈，因为我知道，一种语言只要不常使用，很容易就会忘掉。然而，在这种双语的努力中，我有时也会产生某种焦虑感。最近我才发现，不少像我一样在美国教书多年的华裔朋友也有同样的感觉。例如，目前执教于哥伦比亚大学的刘禾教授就曾在她的《语际书写》一书中，提到她如何"在汉语和英语的两种写作模式和学术文体之间来回折腾"，因而感到特别"累人"。①据她说，她经常想要放弃中文写作。幸而她没有放弃，还是坚持下去了。

活在语言的夹缝中确实不容易。有时学好了一种语言，另一种语言就退步了。例如，这些年来由于一直在美国生活，一直处在不同的语境中，我却把从前好不容易在台湾学会的"闽南语"给忘了（这是我有生以来的第二次失语症）。没想到，这么一来，一些在美国的台湾亲戚就开始对我有意见了，甚至屡次责备我。他们认为，我之所以不说闽南语，乃是因为我在歧视台湾人。每次听到这样的评语，我都感到很伤心，但也无可奈何。事实已经证明，物极必反，当年台湾当局的语音霸权促使了今日台湾人普遍的怨恨，而这种怨恨居然还移植到了美国。以我的不少台湾亲戚为例，他们原来会说一口标准的"国语"，但到了美国之后，开始

---

① 见刘禾《语际书写》，上海：上海三联书店，1999年版，第251页。

拒绝说"国语"，借以抗议那个外省人的台湾当局。他们不仅自己不说，还不许别人说。其实，关于台湾人所经历过的语言压迫感，我比任何人都要了解得透彻，因为我自己也曾深受其害。然而我以为，语言的反抗也和语言的压制一样的非理性，两者同样是不自由的表现。而且，一来一往地继续斗下去，只有换来更多的不自由。套一句弗雷德里克·詹姆逊（Fredric Jameson）的话说，那种政治心态只会把语言变成人类的"牢笼"（prison-house）。[①]

有一天，我和我的耶鲁同事布鲁姆（Harold Bloom）聊天，我顺便提起有关从前自己活在语言夹缝中的问题。我本来想借此和这位文学批评大师讨论一下语言和文化的普遍问题，没想到他却笑着对我说："我也和你一样，我也有类似的语言经验。"原来，他6岁以前在家里一律只说犹太话（Yiddish），完全不懂英语。当时，他的英文阅读完全是自学的，是通过眼睛（而非通过耳朵）慢慢学会的。后来，上了小学，才正式学说英语。所以，英语说不上是他的真正母语。他说，一直到现在，他的英语发音还带有一点儿奇怪的犹太腔调。但他说这话时，脸上却带着略为自豪的表情。言下之意是，他那种"奇怪"的腔调就是他的"母语"，是值得骄傲的。

布鲁姆的话，使我想起19世纪英国诗人多贝尔（Sydney Thompson Dobell，1824—1874）曾经说过的一句话："孩童生来就是伟大母语（Mothertongue）的勇敢和自由的继承者。"[②]换言之，

---

① 见弗雷德里克·詹姆逊的《语言的牢笼》（*The Prison-House of Language*），北京：中国人民大学出版社，2018年版。
② 见多贝尔的 "Sonnets on America"。

多贝尔以为"母语"是孩童所拥有的最宝贵财产。真的,对于一个幼小的孩子来说,母语是不学就会的。"Mothertongue"本来就是"母亲的舌头"的意思,它代表着最真实的、最自然的文化特征。一个人活在什么环境中,就会说什么语言。这终于使我悟到,原来我的"台湾国语"已经成了我的一个宝贵的"母语"——因为它是我在幼时"不学就会"的环境中学来的。它代表我一路走来的心路历程,也同时不断提醒我:半个世纪以前,在一个很遥远的地方,它曾经是我拥有的"乡音"(林园是我小时候避难的地方,但很凑巧的是,我在美国的母校普林斯顿大学也被称为"林园")。[1]

后来,我发现布鲁姆把他前些时候对我说的那些话也写入他在《时代杂志》里的一篇短文中了。[2] 他的文章题目是"Magic Words(《神秘的文字》)。虽然这篇文字的主题偏重在阅读,而非说话,但我把他的文章当成了一个"神秘"的礼物,一个纪念我终于找回母语的礼物。

---

[1] 例如,著名的历史学家余英时教授在其《1986年4月赴普林斯顿道中》一诗中曾称普林斯顿为"林园"。见该诗的第一句:"招隐林园事偶然……"对余英时教授来说,普林斯顿是他被招去"隐居"之处,自与我幼时之以林园为"避难所"不同,但两者都能引申为一个走向遥远的自由空间之隐喻。

[2] 见布鲁姆的"Magic Words",发表于2002年7月22日出版的《时代杂志》。

第十一章　大舅陈本江与
"台湾第一才子"吕赫若

一、我所知道的大舅

最后一次"见到"大舅，是 1967 年的 6 月。地点是台北的殡仪馆。记得，那天中午我从台大校园赶到殡仪馆门口时，来自各处的亲戚早已全部在那儿会合了。几分钟后，爸妈领我进去见大舅最后"一面"，只见大舅很安详地躺在棺木中。妈妈在旁静静地流泪，爸爸低声对我说道："小红，你小时候在北京时，大舅很疼你，你要永远记得大舅……好了，现在他一切都很好了，他可以安息了。"

大舅去世时才 53 岁。那天是我有生以来第一次看见死去的亲人的面孔。看见大舅一动也不动在那儿"安息"，我暗自祷告上帝："让我的大舅平安地回去吧，神啊，你是公平的……"

心底深处，我对大舅一直怀着一份亏欠。幼时经常听说，大舅曾是我们家的大恩人，第二次世界大战期间，他住在北京，当时北京正闹着通货膨胀的恐慌，孙家一家人（包括我的姑姑和叔叔）一时都遇到了困境，即使有钱也买不到米。当时，全靠大舅一人冒险到外头奔波才终于拿到米，才保全了大家的性命。后来，大舅于1948年返回台湾地区，在那以后他都过着极其坎坷的生活，他曾因政治的缘故坐牢，出狱之后一直失业。但我们家多年来都在挣扎地活着，在自顾不暇的困境中，也无法给他任何经济上的协助。况且，我一直在为自己的学业前途奋斗，很少有时间关心大舅。

大舅去世之后几个月，我就移民到美国来了。我经常想起大舅，每次都有一种忍不住的冲动，想提笔写一篇纪念他的文章。直觉告诉我，大舅的一生代表着20世纪台湾知识分子所面对的政治悲剧。然而，我所知道的大舅，仅止于个人的几个主观印象，我对他的生平实在所知甚少，故每次提起笔来，都感到力不从心。加上亲戚中的长辈们一直不准我写大舅，因为大舅曾经是20世纪50年代的台湾政治犯，他们怕我会被牵连，所以不愿和我谈到大舅的任何往事。我对他们说，作为一个有历史使命感的人，我觉得我有责任写出有关上一代人的生平事迹。然而，亲戚们还是不许我动笔，有一位近亲甚至对我说："你若写大舅，有一天一定会后悔的。"

一直到1995年，我才偶然从别人那儿听说，原来大舅就是当年20世纪50年代初台湾鹿窟事件的领袖。在那以前，我从来没听过"鹿窟"那两个字，也不知道它代表什么。后来，我向一些研究台湾史的学者们请教，才知道鹿窟是个地名，位于台北附近，而鹿窟事件是台湾有史以来重大的政治案件之一。据说，鹿窟组织是由一群反对台湾当局的知识分子及乡民组成，1952 年冬国民党的保密局人员前往鹿窟逮捕该组织的成员，并当场逮捕和枪杀数百人，自此鹿窟基地才完全被消灭。有人说，大舅之所以没被枪毙（他手下的中层干部全被杀害），乃是因为政府要把该组织的"头子"留给人看，让人知道国民党政府是"不咎既往"的。在那以后，大舅坐了 3 年牢，于 1955 年出狱。

鹿窟事件一直成为台湾人的禁忌，没有人敢公然谈论它，因而年轻人都不知道台湾曾发生过此一事件。1996 年至 1997 年间台北的新公园里兴建了二二八纪念馆，于 1997 年 2 月 28 日（即二二八事件 50 周年）正式开馆，并于 1998 年 12 月正式展出白色恐怖单元，其中包括 1952 年鹿窟事件的资料，还公开从前军警监禁拷打村民的相片，人们才终于知道此事。[①] 然而，在二二八纪念馆里所展出有关鹿窟事件的解说，亦只寥寥几语而已：

  1952 年 12 月 29 日凌晨，军警包围石碇乡鹿窟乡、汐止镇一带山区，逮捕数百名村民，以组织"台湾人民武装基地保卫队"之名，枪决 36 名，已知判刑 1 至 15 年不等者共计 97 人，刑罚总计 871 年之长。涉案者中，从外地进入山区的主谋可能是社会主义者，但被牵连的村民大都是矿工、农人等寻常百姓。事件爆发后，在严刑逼供下，亲族相互牵连，一家数口同时被枪杀或入狱者不计其数，无辜悲情难于尽言。这是台湾

[①] 应当补充的是：从 1998 年 12 月到 2010 年 4 月，10 多年间，台北二二八纪念馆一直展出白色恐怖单元（当初由曹钦荣、张炎宪等人亲自参与筹划、主持）。但如今该单元已被拆除（该馆新貌于 2011 年 2 月 20 日开放）。所以，1952 年鹿窟事件的事迹已从该馆消失。

作者的丈夫张钦次于 2002 年 3 月摄于台北新公园的二二八纪念馆

20 世纪 50 年代重大的政治案件之一。

以上所述"从外地进入山区的主谋"显然就是我的大舅。大舅原名陈大川，后改名陈本江，据说在鹿窟山上，人人都喊他"刘上级"。当时，著名的"台湾第一才子"吕赫若（1914—1951）也和大舅一起逃到了鹿窟山。

当初听说大舅就是当年鹿窟事件的领袖，我真的惊讶万分。我特别感到不可思议的是，没想到大舅那样一个不切实际的读书人会有能力组织像鹿窟那般"庞大"的"武装基地"。我甚至怀疑大舅是否有兴趣从事这种工作。我一直在想，难道当初有什么难言的苦衷把他逼上了"梁山"？究竟大舅当时是处于一个什么样的困境呢？他到底是怎样一个人？

可惜，那个最有资格回答我这些问题的人——我的大舅——已不在人间了。

于是，我打电话给分散在世界各地的亲友们，企图向他们索取一些有关大舅当年在台湾时的资料——哪怕只是一些蛛丝马迹。但令我失望的是，我的亲戚们对"鹿窟"一事所知甚少，他们只知道大舅曾经逃到某处山中，后来又坐牢。只有一个舅舅给我的消息较为具体——他说，二二八事件之后，大舅发起了"民主革命联盟"的组织，会员大都是一些具有爱国情怀的知识分子，但官方把它与当时谢雪红的"台湾自治同盟"搞混了，其实两者并无关联（后来，柏杨组织的"中国民主同盟"又是另一个完全不同的团体）。总之，大舅听说政府正在逮捕他，就逃跑了。

我发现，亲友们的确不可能给我更多的资料了。所以，我就趁着打电话的机会，请他们随便说说自己对大舅这个人的看法。这样一来，他们才开始畅所欲言了。

一个姨父说："凭良心说，你大舅最爱国，因为他继承了你外公的爱国精神。日据时代期间，你外公偏不让大舅在日本人统治下的台湾上学，所以他年纪轻轻的就到了鼓浪屿的一个教会中学里读书，而你的大舅果然很争气，年年考第一，是个顶呱呱的青年……"

另一个姨父说："早在20世纪40年代，我在北京念书时，就认识你大舅了，他年轻有为，从日本早稻田大学毕业后就开始在北大教书。他当时在北京很有名，是台湾学生会的重要成员，又是个才子，会写诗填词，是当年首屈一指的知识分子。但遗憾的是，他后来一直没有机会施展天才。"

一个阿姨说："大舅最重感情，也最讲义气。"

另一个阿姨说："你大舅是世界上最善良的人，他总是慷慨解囊，帮助别人，可惜后来遇到了不幸。"

一个年纪较大的表兄说："大舅是个理想主义者，他整个头脑都充满了乌托邦思想。"

一个表姐说："一般说来，女人很喜欢大舅。但他最终却成了女人的牺牲品，真令人伤心……"

过了这么许多年，亲人终于愿意如此坦诚地谈论大舅，令我感到欣慰。我想，或许因为大舅那个时代早已过去，人们开始兴起了怀旧的情绪吧。而且，现在时代不同了，人人可以自由谈论各种话题了。

有趣的是，每个亲人所描写的大舅都十分不同，这是因为每个人都从不同角度来看大舅的缘故。苏东坡所谓的"横看成岭侧成峰，远近高低各不同"也。我终于明白，其实我也可以写出自己的"版本"。这些年来，我一直在寻找有关大舅的材料，没想到最好的材料其实是我脑子里所累积的记忆。

很早就听大人说，我小时候在北京，最喜欢和大舅玩捉迷藏。但那时我还太小，现在对那段时光完全没有印象了。但我一直记得11岁那年和大舅在左营炼油厂宿舍见面。那时，我寄宿在二姨家，在炼油厂小学上六年级。有一天，大舅突然来了，我看见他胖胖的，一头天然鬈发，不修边幅，但两眼炯炯有神，一副读书人的样子。他一看见我，就很热情地喊我"小红"，说："你小时候最喜欢吃大蜜桃，你现在最喜欢吃什么？……"接着就摸摸我的头。

不知怎的，我忽然流下泪来，之后他又摸了一下我的头。后来，他走了，我才听二姨说，大舅刚从"山上"①回来。我当时不解"山上"的意思，以为"山上"就是日本的富士山，因为大舅曾在日本留学，心想，或许他一直住在富士山？

从那之后，大舅有时还会出现在二姨家。他特别喜欢我，每回来访，都会花很多时间给我讲西洋小说。那段时间，我父亲还在台北新店的军人监狱里坐牢，我因而整天闷闷不乐；偶尔能听大舅讲故事，可谓一大安慰。大舅博学多闻，讲起故事来滔滔不绝，他想象力又丰富，说到精彩处还会指手画脚，把小说里的人物都说活了。其实，听他如此生动地转述这些故事，已不必去读那些小说了。但我恨不得赶快能读那些原著，可惜我当时还没正

---

① 其实，二姨所谓的"山上"是指"鹿窟山上"。

式学英语。于是，大舅就开始教起我 ABC 来，还送我一本《鲁滨孙漂流记》的英文本，鼓励我先自学英文，为将来上初中做准备。所以，大舅是我的第一位英文老师。

此后，每次大舅来，都会介绍一部世界名著给我。他总是坐在二姨家客厅旁边的那个大榻榻米上，一边讲故事一边抽烟。当时，最令我感到震撼的莫过于莎士比亚的《罗密欧与朱丽叶》了。记得，那天在开讲之前，大舅口中念念有词，原来他在背诵莎翁原著的开场诗："Two households, both alike indignity（有两个门当户对的家庭）……"接着，他就用一种充满戏剧性的口气把那一段生生死死的爱情故事很生动地叙述了出来。他说："这个爱情悲剧的教训很简单，它教人不要互相敌视。这里讲的是，两家父母的仇恨导致了一对无辜青年男女的死亡。"不用说，听到这样一个悲惨的血案故事，我感动极了。大舅问我最爱哪个角色，我说最喜欢那个叫劳伦斯的神父。但他听了很惊奇：

"我以为你最喜欢女主角朱丽叶呢……告诉我，你为什么喜欢那个神父？"大舅换了一根烟，低声问道。

"啊，我喜欢那神父，因为他是个好人，也是真正的英雄。他为了成全那一对青年男女，为他们秘密主持婚礼，还想出各种方法来帮助他们。但后来罗密欧和朱丽叶不幸都死了，那神父伤心欲绝，还当众宣布要把一切罪过都归到自己身上，所以我说那神父最伟大。"

"真好，你说得真好！"大舅微笑点头，表示同意。

多年之后，在高雄女中的戏剧演出，我终于扮演《罗密欧与朱丽叶》里的神父劳伦斯。那时我才发现，"神父"的那段话是剧中最长的一段。当我念到末尾的那句"让我这条老命牺牲在最严厉的法律制裁之下"（Let my old life be sacrificed...unto the rigour of severest law）的关键台词时，我很自然就想起了大舅。

除了莎士比亚的《罗密欧与朱丽叶》以外，大舅还给我讲《伊索寓言》里的许多故事，其中尤以《龟兔赛跑》那一段最为有趣——没想到健步如飞的兔子居然会败给那行动缓慢的乌龟，可见懒惰是个致命伤；同时，一个人只要坚持不懈，最终一定胜利。后来，大舅也讲赫胥黎的《美丽新世界》（*The Brave New World*）给我听。其中许多情节，我似懂非懂，只觉得来日的世界将变得很可怕也很堕落。我问大舅："那些事都是真的吗？"他说："当然是真的。"我听了根本不相信。

后来，我开始上高雄女中，大舅就不常到二姨家来了。我渐渐悟到，虽然大舅在给我讲故事时显得非常轻松愉快，他的实际生活是很艰苦的。听说他许久都找不到工作，一直在经济的困难中挣扎。

当时，他和大舅母住在高雄附近鼓山的一个亲戚家里。有时下课后，我会乘公共汽车到鼓山去探望大舅和大舅母。听说大舅母年轻时是凤山三大美人之一，我第一次见她时，就很羡慕她那种风姿绰约的美丽外表。有一回，大舅不在家，大舅母告诉我一段往事，让我很感动。原来，大舅与大舅母很早就开始谈恋爱了，两人一见倾心，不久即私订终身，后来还正式订了婚。但还来不及结婚，大舅就突然失踪了。在大舅生死不明的情况下，大舅母决定要等他一辈子。此外，大舅母还发誓，如果有一天她知道大舅已经不在人世，她就要自杀。为了履行自己的誓言，她在随行的皮箱里准备了一条很长的绳子。多年之后，大舅从"山上"回来，两人终于得以团圆。这时大舅母已年过四十，不久即产下一子，名为星甫。

但不久之后，大舅母听到一个犹如晴天霹雳的消息——原来，住在"山上"的那几年间，大舅还有另一个女人，而且两人还生了3个孩子。大舅母知道此事后，感到肝肠寸断，简直活不下去了。后来，大舅百般致歉赔罪，并答应从此不与山上的女人来往，才暂时缓和了局面。然而，人终究还是软弱的，从此大舅母整天活在忧郁中。

我终于恍然大悟，原来这就是为什么每回见到大舅，他的脸上总是带着深沉的焦虑之缘故。

关于这事，亲戚们大都不同情大舅母，认为她嫉妒心太强，也不够贤惠。他们认为，大舅之所以能在一连串的追捕和逃难中勉强活下来，主要归功于"山上"的那个女人。听说，那女人的父亲（也是鹿窟村的村长）特别同情大舅，也赏识他的抱负和才华，故甘愿冒生命之险包庇他（甚至最后自己被枪决）。于是，大舅对他们全家都产生了感恩知遇的心。在这种情况下，大舅实在很难对那女人说"不"。

我很同情大舅，但也同情大舅母。人生本来就充满了各种各样的缺憾，唯在乱世中，那些缺憾就变得更加残酷了，有时可以把人引向悲剧的结局。我想起了俄国小说《日瓦戈医生》，那部小说写的就是人在动乱局势中不幸被卷入悲剧洪流的始末。书中的主人翁在政治逃亡中度过了潦倒的后半生，也深感爱情的烦恼，最后弄得妻离子散，走上了穷途末路，有一天终于心脏病发作，倒毙在大街旁，死时默默无闻。

令我感到特别伤心的是，1967年6月10日那天，大舅也是一个人"倒毙"在大街上。原来，那天下午下班时，大舅就在公司门口的路上突然倒地。同事把他送到台大医院的急诊室，最终不治身亡。据医生的验尸报告显示，大舅死于脑出血。据说，第二天清早消息传开，朋友刘明立刻来太平间确认，直叹"一代英才早逝"。当时，有一位同事说："我从没看过英文、日文、中文信都写得这么好的人，学问又这么好，早逝真可惜！"另有人说："以他的学问和文笔的功力，要创作一些好作品，应该不是问题。问题在心情和环境。惜哉！"

的确，大舅的一生体现了人生的许多缺憾，连他离开世间的方式也令人感到遗憾。

最遗憾的是，进了大学以后，我一直很少有机会见到大舅。记得，最后一次碰见他，是在1966年的春季（即他去世的前一年），地点是台中市的汽车站。当时，我正在等开往东海大学的汽车，突然听见有人从背后喊我"小红"。回头一看，发现大舅正朝我走来，说："让我买两个粽子给你吃了再上车吧……"只见他一转身就走出了车站，朝街上那卖粽子的摊子匆匆走去。那一瞬间，我看到他疲惫的背影，感到心疼。但又从心里感激他，没想到他还记得我很爱吃粽子。

那天，我们就在台中车站的候车室里边吃粽子边聊天。他问我毕业之后打算做什么，我告诉他，准备先进台湾大学外文研究所进修，然后再到海外去念英美文学。他一听说我将来计划继续攻读文学，他的眼睛就亮了。他很高兴地说道："好，真好，你将来到美国去，可别忘了大舅啊……"

30分钟之后，我坐上了开往大度山的车。上了车才突然想到，怎么一直没问大舅那天要上哪儿去？怎么我只顾谈自己的事，却忘了关心大舅？

总之，那是我最后一次和大舅交谈。那是一次很短的偶遇，却让我终生难忘。

二、吕赫若与陈本江

小说家吕赫若（1914—1951），一向以"台湾第一才子"著称。他生逢的时代，是台湾历史上一个充满伤痛的过渡时期（作者按：目前所有关于吕赫若的文本资料都把他的生卒年代定为"1914—1951"。但据当时一位目击者的记忆，吕赫若去世那年当为1950年，而非1951年。现暂且仍沿用"1914—1951"，来日待考）。吕氏饱受战乱折磨，同时对自己的政治身份深感困惑，在诸多方面，他可谓当时痛苦挣扎中的台湾知识分子的代表。1947年二二八事件之后，他与我的大舅陈本江逃亡到鹿窟山区，并和其他10多位左翼知识分子会合。身为日本对"台湾"实行殖民式统治的"日本良民"，吕赫若深恶大和帝国——但直至1945年日本战败，他才敢公然在文学作品中表达自己的愤恨之情。这时，在长达半个世纪的日据时期结束后，中国收回台湾的主权，台湾人再次回归祖国（中国在战时曾属于"敌人"的阵营）——对于这一点，吕氏跟众多台湾人一样倍感振奋。因此，1945年吕赫若甚至加入过苏新和吴新荣发起的三民主义青年团。然而，他和友人们很快对国民党政府感到失望，随后弃青年团而去。此后，吕赫若投身于随二二八事件而至的地下政治运动的洪流中——然而作为一个思想家，吕氏的左翼思想背景应该追溯到 20 世纪 30 年代。

此处谈到的吕氏的简略生平，直到 1987 年台湾"戒严令"取消后，才为公众所知——直至那时，作家如蓝博洲等人才被允许公开发表作品来纪念二二八事件的牺牲者和那个暴力年代不计其数的受难者。[①]然而，遗憾的是，二二八事件的余波及相关的政治审查制度让这段重构的历史遗失了很多重要环节。[②]其中一个重要的"遗失环节"，就是吕赫若和我的大舅陈本江先生之间的联系。

然而，由于现存文献资料的缺乏，我不得不采用较为随意的回忆录和亲历者的追述，此外，某些观点也来自我自己"侦探"般的研究与合理之假设。

首先，在几乎所有关于吕赫若的传记性记述中，有关他和我大舅陈本江的关系以及逃亡鹿窟山那一部分都极其简略。这显然是因为当时蒋介石的台湾当局推行"宁可错杀一千不可错过一个"的恐怖政策，于是吕赫若和他的朋友们就尽力隐藏行踪。[③]尽管吕赫若在战前所写的日文日记簿至今被幸运地保存了来，但由于白

---

① 参见蓝博洲《吕赫若党人生涯》，收入陈映真等著《吕赫若作品研究——台湾第一才子》，台北：联合文学出版社，1997 年版，第 98—126 页。

② 正如柏右铭（Yomi Braester）所说，"1980 年代和 1990 年代，台湾民众力图展示属于他们自己的历史的叙事"，但是，"这些多重的叙事都未能创造出一个连贯的、能够解释现在的记忆"。参见 Yomi Braester《台湾人的身份和记忆的危机：后蒋时代的神秘》（*Taiwanese Identity and the Crisis of Memory: Post-Chiang Mystery*），收入王德成（David Der-Wei Wang）和罗鹏（Carlos Rojas）编的《书写台湾：一部新文学史》（*Writing Taiwan: A New Literary History*），杜克大学出版社，2007 年版，第 213 页。

③ 但即使如此，在二二八事件后投身左翼阵营的著名作家朱点人，于 1949 年被捕并于台北火车站前被杀害。

色恐怖，他的亲友们隐藏并毁掉了他的许多信件和手稿。[①] 因此，很多关于吕氏的宝贵资料也就在历史上销声匿迹了。

但我相信，是国民党政府造成了最关键的环节的遗失，他们不愿让鹿窟事件的历史真相大白于天下，唯恐青年一代追随早期左翼激进分子的行迹。因此，在几十年尘封的岁月中，鹿窟事件成了台湾的禁忌话题，从没有人敢于公开谈论，甚至时至今日，几乎很少年轻人了解这幕真实的迫害曾经在台湾发生过。

事实上，在1952年鹿窟事件爆发之前，吕赫若已于一年前去世。吕氏是那群进入鹿窟山区做初步调查的左翼分子中的一员，该调查是为寻找一个避难所做准备（带路的向导是本地人陈春庆，他的侄女陈银后来成为我舅父陈本江的"第一任妻子"）。1949年，台湾当局军警大力逮捕左翼分子，尤其在那年的四六事件之后（在该事件中，当时年仅17岁的张光直在被捕者之列）——我的大舅陈本江、吕赫若和其他几个左翼知识分子在得到警报之后，很快就流亡到了鹿窟山上。[②]

然而，由于现存资料的缺乏，吕赫若在1949年以前的地下经历对许多人来说依然是一个谜。如今，距吕赫若的身影消失在鹿窟山已经60年。不过，从可靠的第一手资料，我知道吕赫若与我的舅父陈本江曾建立了深厚的友谊。以下是一位曾经参与鹿窟事件的人亲自写给我的：

---

① 参见吕赫若之子吕芳雄的文章《追忆我的父亲吕赫若》，见吕赫若《吕赫若日记（1942—1944）》，钟瑞芳译，台北：台湾文学馆，2004年版，第492页。

② 见张炎宪、陈凤华《寒村的哭泣：鹿窟事件》，台北：台北县政府文化局，2000年版，第12页；参蓝博洲《吕赫若党人生涯》，收入陈映真等著《吕赫若作品研究——台湾第一才子》，台北：联合文学出版社，1997年版，第123页。

陈本江和吕先生有二三年的交往，包括学问的探讨，思想的辩论，互相佩服对方的学问，也建立了深厚的互信。陈请吕参加"民主联盟"时，吕先生就欣然接受了。

所以，我的大舅确实是二二八事件后吕氏加入左翼组织的主要原因。目前我们虽然缺乏吕赫若在二二八事件后的记录，有一件事情我们可以肯定，那就是在出版吕氏的最后一部小说《冬夜》后，他的政治观点发生了急剧的转变。很明显，在经历了国民党政府统治下的种种折磨后——如果我们读出了《冬夜》中寓言的意义，吕赫若最终在社会主义中找到了台湾未来崭新的"希望"，虽然那种"希望"在今天看来是过于理想化的（根据一些对《冬夜》的寓言式的解读，女主人翁彩凤的第一次婚姻象征了台湾作为日本殖民式统治的受害者的地位，而她与大陆人的第二次婚姻则象征了台湾人民在国民党统治下遭遇的无妄之灾）。[1] 总之，通过观察吕赫若和我大舅的左翼活动，我们至少能够更加接近他们所处的那个时代的真相。尤其是我们发现在二二八事件以后，左翼分子的数量急剧增加。在这次事件之前只有约 70 人加入了左翼组织，但在二二八事件之后左翼组织的成员激增到大约 900 人。[2]

---

[1] 参见陈建忠《被诅咒的文学：战后初期（1945—1949）台湾文学论集》，台北：五南图书出版公司，2007 年版，第 27—28 页。另参见王德威选编的《台湾：从文学看历史》，台北：麦田出版公司，2005 年版，第 162 页。

[2] 参《戴传季先生访问纪录》，文章见吕芳上策划并主持的《戒严时期台北地区政治案件相关人士口述历史 上·白色恐怖事件查访》，台北：台北市文献委员会，1999 年版，第 236 页。

重要的是，正是在这个时代的转折点，我的舅父陈本江出现在历史的舞台上。当时，他是一个在日本和中国大陆都受过教育的 32 岁的台湾人，战后由北京返回台湾。后来，我们发现，他成为一位重要的左翼人士。他是一个真正的知识分子，也是一位热切渴望西方书籍的读者，他所热爱的西方作家包括康德、黑格尔、卡莱尔和马克思。同时，他也有一个独特的教育背景。在日本占领期间，我的外祖父母不允许他在台湾上大学，所以他就到东京去留学了。1942 年底他读完日本早稻田大学的学位（专攻政经专业），之后又去明治大学读研究所，毕业后就到北京去了。他在北京大学法学院任助教和讲师，教经济史、经济学史以及日文等科目。在北京期间，陈本江亲眼看见了由通货膨胀带来的极大恐慌，在通货膨胀的时候，有钱人也买不到米。他经常在冬天的清晨看到横七竖八的尸体散布在北京的街道上（每天国民党军队例行公事地收走这些尸体，然后丢入城市的垃圾堆）。[1] 正是在那个时候，和许多那个时代的北京知识分子一样，他决定加入左翼组织，虽然早在东京的大学时代，陈本江就已经开始对马克思主义感兴趣了。所有这些都可以解释他对社会主义的热情，是由切实地对国人未来的忧患生发出来的。

　　作为一个热情的知识分子，吕赫若显然十分珍惜他和陈本江的友谊，因为我大舅满怀乌托邦式理想，是个不折不扣的理想主义者。而且，大舅非常了解马克思、黑格尔等人的哲学体系，这

---

[1]　显然上海也发生过类似的情况。可参见张超英口述、陈柔缙执笔的《官前町九十番地》，台北：时报文化出版公司，2006 年版，第 93—94 页。

也正是吕氏所一直热衷的。[1] 尤其，在看到陈本江对社会主义的革命热情并听到他在中国的亲身经历时，吕一定经历了一个内心世界的根本转变——以至于他决定加入左翼组织，而陈本江恰恰就是当时台湾左翼运动的领导人之一。当然，甚至在相识之前，我想吕氏早已对社会主义感兴趣了。[2] 不过，显然是吕在认识陈本江之后，才下定决心加入地下左翼组织的。毕竟，他们意气相投。他们同在台湾出生，年龄只差 1 岁（吕氏于 1914 年出生，陈本江则生于 1915 年）——且都对日本的殖民主义深怀不满。作为台湾人，吕、陈二人都感觉到他们命中注定生活在社会的边缘。那个时候的台湾，最好的学校是为日本人准备的，在日本殖民式统治时期，台湾人必须放弃自己的闽南语，被迫讲日语。总的说来，在那段历史时期成长起来的台湾人受尽创伤（或许这就是吕赫若之所以经常用女性受的压抑来象征那些处于受害者地位的台湾人的原因）。[3] 大体上说，吕赫若所讲述的台湾人民在日据时期所受的种种创伤，在他战后的中文小说中都一一体现出来了。[4] 这种创伤对于像陈本江这样的台湾读者来说，尤其显得感同身受。陈在青年时代选择离开台湾恰恰是为了躲避那个时候日本殖民者的虐待与歧视。奇

---

[1] 早在 1936 年，吕赫若已经开始引用马克思和黑格尔等人的著作，参见他的文章《旧有新的事务》，收入吕赫若《吕赫若小说全集：台湾第一才子》，林至洁译，台北：联合文学出版社，1995 年版，第 555—559 页。

[2] 参见钟美芳《吕赫若的创作历程再探》，淡水工商管理学院之会议论文，1995 年 11 月 4—5 日，第 5 页，转引自吕正惠《殖民地的伤痕：台湾文学问题》，台北：人间出版社，2002 年版，第 87 页。

[3] 参见陈芳明的文章《红色青年吕赫若——以战后四篇中文小说为中心》，收入他的《左翼台湾：殖民地文学运动史论》，台北：麦田出版公司，1998 年版，第 223 页。

[4] 参见吕赫若《吕赫若小说全集：台湾第一才子》，林至洁译，台北：联合文学出版社，1995 年版，第 515—545 页。

妙的是，与他们在台湾的屈辱经历相比，作为"外国"学生，多数在海外的台湾知识分子在日本却受到了尊重。[1]事实上，吕赫若本人也曾赴日学习音乐，并在那里度过了两年的幸福时光。正如日本学者藤井省三所指出的，作为一位杰出的歌唱家，吕赫若曾在某声名显赫的剧院里参加一个剧团的演唱。[2]吕赫若于1939年到达日本（同年陈本江也东渡求学），但不幸的是，我们终究无法知晓这两位台湾知识分子是否曾在这样早的时期邂逅对方。我们能够肯定的是：和那个时代其他的海外台湾人一样，尽管在日本生活得很好，这两个人依然把自己的文化身份定位于中国而非日本。

然而，必须说明的是，在1945年日本投降以前，吕赫若用日语创作了他所有的作品，因为他最初受到的是日本语言文学的培养。但随着年龄的增长，他逐渐生发出一种强烈的回归本土的渴望。比如，甚至早在"二战"结束之前（1943年）吕赫若已经产生了学习中文的热情，这促使他努力地钻研国学经典。在1943年6月7日的日记中，他写道：

> 今天买了《诗经》《楚辞》《支那史研究》三本书。研究中国非为学问而是我的义务，是要知道自己。想回归东洋、立足于东洋的自觉地作品。[3]

---

[1] 参见张超英口述、陈柔缙执笔的《宫前町九十番地》，台北：时报文化出版公司，2006年版，第93页。

[2] 文章《台湾作家与日剧"大东亚歌舞剧"：吕赫若的东宝国民剧》，见藤井省三《台湾文学这一百年》，张季林译，台北：麦田出版公司，2004年版，第147—181页。

[3] 见吕赫若《吕赫若日记（1942—1944）》，钟瑞芳译，台北：台湾文学馆，2004年版，第358页。

同样，在 1943 年完成的中短篇《清秋》中，吕赫若写到了主人翁耀勋如何享受研究唐代诗人李白和其他的古典中国诗人。[①] 同时，吕赫若也努力地让自己熟悉中国小说。据他的朋友巫永福所言，吕赫若尤其醉心于《金瓶梅》。[②] 他还有一本宝贵的注解版《红楼梦》，无疑他曾经研究过这部伟大的著作。[③] 所有的这些都显示出在台湾这个日据殖民地，在一个中国文学已经不再流行的时代，吕氏是如何向这类文学致敬的。除此以外，为了提高写作熟练的程度，吕赫若在战后很快就成了一名为《人民导报》和《自由报》工作的记者。[④] 因此，吕赫若能够在 1945 年完全转向中文写作，尽管他的中文还是显得有些僵硬和迟钝。吕赫若一共发表了 4 部中文小说，名为《故乡的故事：改姓名》（1946 年）、《故乡的故事：一个奖》（1946 年）、《月光光》（1946 年）和《冬夜》（1947 年）。

吕赫若对中国语言和文学的热爱与他那些中文出版界的左翼朋友的影响是密不可分的。正如台湾作家蓝博洲所示，吕所著 4 部中文小说中的 3 部，都是由他的左翼朋友苏新主编的杂志《政经报》和《台湾文化》发表的。[⑤] 此外，在吕为《人民导报》工作时，当时该报的主笔不是别人，正是陈文彬。苏新和陈文彬分别

---

① 吕赫若《吕赫若小说全集：台湾第一才子》，林至洁译，台北：联合文学出版社，1995 年版，第 414—469 页。《清秋》作于 1943 年，但到 1944 年 3 月才发表（由台北清水书店印行）。

② 参见蓝博洲《吕赫若的党人生涯》，收入陈映真等著《吕赫若作品研究——台湾第一才子》，台北：联合文学出版社，1997 年版，第 105—106 页。

③ 这个版本是三卷本的《增评全图石头记》，参见《吕赫若日记（1942—1944）》扉页的照片。

④ 同②，第 105 页。

⑤ 同②，第 106、176 页。

于 1947 年和 1949 年逃回中国大陆。[①] 吕赫若和我的舅父陈本江终于也在台北创办了大安印刷厂，从事中文音乐书籍的刊印，同时秘密印刷与社会主义有关的极具政治敏感性的手册和文件（据说，该出版社建立于 1949 年初，经理是吕赫若，陈本江则为幕后负责人）。然而，迄今为止，除了一些音乐读本外，我们没有发现任何由大安印刷的吕氏作品。因此，为什么吕赫若在二二八事件之后停止写作，抑或他确实写了某些东西，但之后由于政治审查的原因被毁掉了呢？总之，这个问题依然是一个悬案。同时，我听说大舅陈本江似乎曾经以表现左翼情绪的武侠小说的形式创作过一些作品，并署有"红豆公主"的笔名，但不幸的是，今天很难重获这些作品了。无论如何，他和吕赫若成立的印刷厂似乎起了一种掩护的作用——用来隐藏他们的地下活动。很显然，吕和陈都没有被那个时代的危险吓倒，两人都愿意为这份新的事业牺牲生命。

根据一篇报道，在 1949 年上半年，吕赫若在台中的家乡潭子变卖了全部家当，为了他在台湾的新"出版"（或者说是"政治"）事业，倾其所有。[②] 同时，陈本江也在过一种极端清苦的生活，因为他在坚持不懈地为筹资建造印刷厂而缩衣节食。陈本江最终从煤矿业的巨富刘明先生和富商李顺法等人那里得到了大笔捐赠。从一开始，大安印刷厂就被用作左翼知识分子的秘密聚会场所（主要成员都是日本各大学的毕业生），他们在这里见面并做思想交流。

---

① 结果，苏新在中国度过了最为悲惨的几十年，并于 1981 年去世。他悲剧性的一生后来成为陈若曦的小说《老人》的主题。另见陈芳明《苏新的生平与思想初论》，收入他的《左翼台湾：殖民地文学运动史论》，第 125—192 页。
② 蓝博洲《吕赫若的党人生涯》，收入陈映真等著《吕赫若作品研究》，第 111 页。

然而，噩梦忽然降临到这个左翼知识分子团体。1949 年秋，他们突然得到消息说政府要逮捕他们。就在那时，陈本江走进了鹿窟山，吕赫若紧随其后。许多左翼知识分子（包括不计其数被牵连的无辜者）相继被捕并入狱数年（如刘明先生），甚至被处死（如李顺法先生）。据说，李顺法原本被判 15 年，但因自首时未供出曾资助陈本江之事，此举触怒了蒋介石，蒋遂改批示为"应处极刑"，于是原本 15 年的判决就变成死刑，李顺法于 1954 年 8 月 24 日被绑赴刑场，执行枪决，同时李家在高雄的五楼洋房被没收。顺便一提，李顺法的弟弟李武昌（东京高等工业学校毕业）也自行发展左翼组织（与吕赫若和陈本江的鹿窟案无关联），被捕时曾勇敢地一人扛下所有的责任，并哀求特务放过其他无辜的人，但 16 人仍遭枪决，最终自己还是被判死刑，死前指甲全都被拔光，全身是血，体无完肤。再者，李顺法的二哥李修（即日据时代台中以南拥有规模最大的西药株式会社之人，亦为留日知识分子）也因连累而被判 15 年。这样一来，原本处于上流社会的李家，一瞬间变成破落的家庭！戒严时期的政治受难，由此可见一斑。

　　在台湾历史上，以上所述仅仅是白色恐怖时期的开始。最荒谬的是，鹿窟山的左翼人士住处被国民党宣布为"鹿窟武装基地"。[①] 但事实上，根据可靠的消息，鹿窟地区并没有配备任何武器；这个团体仅由十几个左翼知识分子和一些当地村民组成。但当国民党特务于 1952 年 12 月开进鹿窟山袭击鹿窟基地时，他们带

---

① 参见谷正文《白色恐怖秘密档案》，记录者为许俊荣、黄志明和公小颖，台北：独家文化，1995 年版，第 148—159 页。

来了军队，人数多达 1 万多人。①大举围攻之后，毫无疑问，鹿窟村完全被夷平。因此，在我看来，因为一些保密局人士企图为迫害左翼知识分子寻找借口，并以此来取悦蒋介石政府，所以他们很可能故意夸大了鹿窟"武装基地"的规模②。

然而，吕赫若未能反抗国民党 1952 年发动的袭击，因为他已经在 1951 年中蛇毒去世。据说，他是夜里在基地被毒蛇咬中的。如前所示，吕赫若亦有可能于 1950 年已经去世。以下是一个目击者给我的叙述：

> 我记得是 1950 年夏天半夜三四点，吕赫若先生被蛇咬。因为没有电话，陈春庆来通知此消息，已经是黄昏。我马上和陈春庆去看吕先生。我用点燃的香烟要烧焦伤口，他怕痛不肯。已经超过 10 小时，吕先生的左手臂和胸部都肿起来了。刚被咬时，吕先生就叫刘学坤在他的手臂皮下注射盘尼西林。在伤口涂上盘尼西林药膏包扎着。因疼痛未解，天未明，刘学坤就去拜托苏金英兄拔蛇咬草。我和陈春庆未到之前，吕先生已经喝了好几次药汤……但蛇是极毒的大尾龟壳花（后被刘学坤打死了），毒液已贯穿心脏，这是致命伤。

---

① 根据大多数记载，军队人数是 2500 人，但是目击者陈旬烟说，如果包括鹿窟的周边地区，真实人数应该有 3—4 万。陈旬烟的相关记述，引自《吕赫若文学座谈会》，收入陈映真等著《吕赫若作品研究》，第 334 页。然而，最近据另一位当年在鹿窟的左翼分子说，当时国民党派来的军队是 1 万多人。

② 根据张炎宪和高淑媛最近对政治犯廖德金的访谈，曾经跟鹿窟事件有牵连的廖德金说，他本来没想用"武装力量"这个说法来描述陈本江和他的追随者，后来他这么说是出于拔高他的一些同伴的目的。参见张炎宪、高淑媛《鹿窟事件调查研究》，台北：台北县立文化中心，1998 年版，第 91—94 页。

总之，吕赫若在3天后咽下了最后一口气。他死之后，他的朋友们（陈春庆是其中之一）把他葬在后山营的莽草林里。他的尸体被包在草席里，葬于一堆乱石之下——无意之中，一语成谶，他的原名吕石堆（字面的意思是石堆之下的吕姓之人）竟在这个时候得到了验证。去世时，吕赫若年仅37岁。

另一方面，我的大舅陈本江却一直活到1967年。如上所述，他在台北市的一条街上死于脑出血。[①] 不过，在他人生最后的15年中，他时时刻刻受到国民党秘密警察的监视，行为非常低调。可惜，他本想为自由而战，却一切成空，这可能是最终导致他53岁就过早去世的原因。

鹿窟事件依然是台湾历史上具悲剧性的篇章之一。不幸的是，吕赫若和陈本江都没有给我们留下有关他们的鹿窟岁月的日记或回忆录。在他们的心中，自由和公正是他们最为宝贵的理想。然而，在政治迫害的年代，没有什么曾经慰藉过他们的在天之灵，连纪念的文字也没有，有生之人难免为之神伤。唯一令人可喜的是，今天在台北街头的人行道上，有一块地砖刻有人们对吕赫若的怀念。可以说，历史终究还是公平的。

---

① 许多报道都错误地记录了陈本江的去世日期。比如蓝博洲就写到陈去世于1985年，参蓝博洲《吕赫若的党人生涯》，见《吕赫若作品研究》第119页。

第十二章　虎口余生记

如果有人问我，我这一生所完成的最艰难之事是什么，我一定会毫不迟疑地回答道："没有什么比接我父母到美国来更艰难的了。"

多年后每想到这事，还有一种心有余悸的感觉。

我是1968年移民到美国来的，后来两个弟弟也先后来美求学。那段时间我一直在修研究所的课，除了努力攻读学位以外，心中日夜系念的就是远在台湾的父母。我担心他们会相继病倒，尤其身旁又无儿女照顾，随时都可能出事。①

于是，1977年1月间，我在普林斯顿将要完成博士论文时，就请父母向台湾的侨务委员会申请出境探亲手续。申请后不久，母亲很顺利地获得了出境证，唯父亲却被出境管理局批驳。我们心里都明白，父亲之所以被批驳，当为坐牢10年的政治理由无疑。

---

① 这里必须提到的是，20世纪60—70年代，在我们姐弟3人相继出境之后，多亏邓庆顺老师对我父母的照顾。可以说，邓老师（我们称他为"邓大哥"）一家人的爱心成为支撑我父母活下去的支柱。在此特记此事，以为感念之意。

那年的 4 月初，我突然接到家里的电话，说父亲病重已住进台大医院，又说根据医生初诊，七成是肺癌。接消息后，我与小弟立刻排除万难，返台照料病中的父亲。后来，开刀之后，医生发现父亲患的原来是肺结核瘤，大家才放了心。但医生再三嘱咐，父亲须接受至少一年的治疗及休养，才能完全康复。这时母亲身体也不好，曾多次病倒，我们又都住在美国，无法在台长期帮忙侍奉，一时全家人忧心如焚。

我与两个弟弟商量之后，于 6 月返美之前再度为父母申请出境手续。但一回到美国，就听说爸妈已收到侨委会的复函称"在未满一年之内，不得再申请出境"，并退还所有申请文件。

那阵子，我们都变得思虑重重。7 月间大弟特别从威斯康星州开车到普林斯顿来，想和我商量出一个更有效的应对方法。突然间，我们想到了台湾地区行政管理机构负责人蒋经国。听说他对海外学人特别友善，或许愿意在这件事上破例帮助我们也说不定。

于是，我们合力起草了一封致蒋先生的信，由我签名，发出航空挂号快件，发信日期为 7 月 16 日。在信中，我说明"家父重病垂危，且家母几次病倒，凡知者无不下泪"的事实，并请他破例"垂念此为人子女之孝心，特准家父母出境疗养"。

但此信送出去之后，有好长一段时间毫无回应。我猜想，一定是蒋先生底下的人把信扣留了。于是，我开始想，是否有什么好方法能让蒋经国本人收到我的那封信？我想到了在芝加哥大学任教的余国藩教授，因为他很可能认识一些政府要人。在电话中，他建议我写信给文化大学的校长张其昀教授，因为张其昀就住在蒋经国他们家的对面，只要请张先生把信交给蒋先生，那事情就简单了。①

我立刻投书张其昀教授，恳请他将我那封致蒋经国的信之影印本亲交蒋先生手中。一个多星期后，我就收到张其昀先生的回函，谓"嘱交蒋'院长'一函已为转成，祈释远念"云云。

在那以后不久，父亲终于在 9 月 8 日那天收到出境管理局寄来的出境证及其他附件，足见蒋经国已暗中协助此事。可兴奋之余，父亲突然发现侨委会所核发的"出境许可证"（即出境管理局所寄来的附件之一）早已过期。问题是，这么一来，就无法向台湾地区对外关系事务主管部门申请办理相关旅行证件了。父亲筹思再三，于 9 月 22 日请示出境管理局，并附上所有证件，请他们更正出境许可证的日期，以便申请旅行证件。但 10 月 5 日收到侨委会函，称"……出境许可证逾期，应依规定重新申请"，并退还所有文件。

父亲乃于 10 月 5 日再上书出境管理局。不久，接出境管理局 10 月 17 日寄来的公函，中谓："台端前领核准出境文件（人民出境许可证）逾期，请检附照片三张，户籍誊本一份，连同逾期之人民出境许可证，径向本局服务中心第二号服务台（即侨务委员会服务处）申请换发。"

---

① 许多年后，余国藩（Anthony C. Yu）教授才发现他 1977 年在电话中给我的建议直接促成了我父母的顺利出境。原来，余教授因为一直在美国教书，本来并不认识张其昀先生，也不知道张其昀先生就住在蒋先生家的对面。但 1975 那年的夏天，余教授回台湾开会，在一个偶然的机会里，张其昀先生忽然拜访余教授的父母，当时余教授正好在他的父母家休息，因而与张其昀先生不期而遇。两人交谈之下，十分投契，从此就成了忘年之交。所以，1977 年我打电话给余教授，请他给我提建议时，他很自然就想到了张其昀先生。最近，我再向余国藩教授提起这段往事，他很感动，曾在信中写道："我想造物主真的特别引领和祝福你的父母亲，因为他们一直是无辜而善良的。（Providence indeed was bestowing guidance and blessing on your parents, innocent and virtuous as they have been all along.）"记在此，以为感恩之意。

接此公函，父亲立刻乘车北上，于 10 月 26 日上午到出境管理局，把带去的证件和上次的收据，全送进去查询。站了半个多小时，对方回答说："上边在为你办了，请稍等。"

这时，父亲心里充满了希望。又过了约半个小时，里面的人出来了，手里拿的还是刚才送进去的东西，他说："你再去二号服务台查问一下，你的这件公文好像还没有移过来。"于是，父亲又跑到二号台去，服务员说："你的文件还在中山北路的侨委会，我把电话抄给你，你自己去问问看吧。"

父亲马上打电话给侨委会，过了一会儿，对方回答说："你的申请已经批驳了，我们没有换领的规定，我们的批示早已发出了，21 日就批了。"父亲冷静了一下，拿着手里的公文再质问二号服务台，但服务员说："我们只管收文件，你自己要去问侨委会！"然后，父亲又找到一位职位较高的出境管理人员，那人说："我是凭你们的公文来办换领的……公文是我们给你的，是叫你去侨委会办，侨委会不准，我们有什么办法？"他的回答显然是决定性的。但父亲立刻又坐车赶往中山北路侨委会，直接找到主办人，经查询之后，他的回答和方才电话中说的完全一样。

那天，父亲只好到台北火车站排队买票，次日回高雄。他病后体力已十分衰弱，在途中几次都差一点昏过去。到家后收到侨委会的公文说："所请与规定不符，歉难照准。"可是这一次连那张逾期的人民出境许可证也给没收了。

至此，希望实已完全断绝。那天正是父亲 58 岁生日，他很感慨地写信劝我们，要我们从此死了这条心，他不许我们再为这件事操心了。

但接到父亲的信，我还是不死心。我一向是个完美主义者，此事没做成，心中很不情愿。我想立刻回台湾一趟，哪怕最后必须见蒋经国本人，我也愿意尝试所有的途径。

就在此时，我丈夫张钦次突然接到公司的紧急通知，说他必须前往泰国去解决一件有关海底隧道的问题。于是，我们决定由他顺便先去台湾看看情况，再做进一步的打算。

几天后的一个下午，钦次终于到达我们左营家的门口。母亲一眼瞥见他，以为是在梦中。后来，定睛一看，果然是钦次，心想他怎么突然回台湾来了？

"我告诉过你们，不要再为那申请出境的事操心了……"母亲边招呼他进门，边说道。

走进客厅，钦次看见父亲正坐在书桌旁静静地看书，面容憔悴。原先想说的一大堆话，这时却一句也说不出了。

最后，父亲抬头看见钦次，脸上闪过一丝惊愕。

"啊，你怎么赶回来了？关于出境的事，我们都不要再去想了。再搞下去，我们都会完蛋的。你也不要再去找什么人了，再说，所有申请证件都已经被收走了，没希望了……"父亲说这话时，语气坚决。

那天，钦次好不容易和我父母有个团聚的机会。离开左营家时，已是晚间 8 时。他决定当晚就要乘快车赶往台北，连他自己父母的家也只待了一个钟头不到。

第二天在台北，钦次一早就赶到博爱路 172 号找到侨务委员会服务中心的马行公主任。他一见马主任，就拿出自己的名片，开门见山地说明他冒昧拜访的理由，并说只能在台湾停留 72 小时，希望能在短短的这段时间把事情弄个清楚。没想到，马主任非常和气，还主动要帮忙。

"没问题，没问题，请你到出境管理局办个'申复'的手续。我这儿可以请底下的人调档，尽量配合……"

一时说得钦次心里充满了希望。于是，他立刻坐车到出境管理局去，为父亲临时写了"申复书"。但他还是在出境管理局和侨委会之间跑了无数趟，又找了他在台北的大哥小妹等人及时帮忙（如快速加洗相片、影印证件等），才终于为我父亲拿到了出境许可证。那几天马主任自然也帮了大忙。后来发现，几个月来出境许可证之所以出了问题，乃是因为侨委会的某一位办事人员把父亲的档案一直押在最底下的缘故。现在全部档案既已水落石出，手续也就很快办成了。

最后，在回美国之前，钦次还亲自到对外关系事务主管部门为父亲顺利办完了旅行证件。不用说，这个突来的好消息，给爸妈带来了无限的惊喜。

到此，逆境已完全扭转了过来。但由于几个月来的持续奋斗和焦虑，我终于病倒了。病中我除了写信给蒋经国、张其昀、余国藩、马行公等人，向他们致谢之外，还努力思考前后的种种经验，希望能从中吸取一些智慧心得。这次的经验告诉我：在中国人的制度里，上面的高官领导似乎都很仁慈而通人情，但底下的官僚却时常不合作，甚至狐假虎威，徒增老百姓的痛苦和重担，于是本来一件好事时常会变成坏事。我也想到，或许这就是现代的中国人至今还无法真正实现转型的原因吧。同时又想到，多年来那一连串施加在我们身上的"查户口"、监视、翻箱倒柜等行为，似乎不太可能全是得到上头领导的指示，事实上他们也不一定会知道这些详情。但可惜的是，许多中下层的官僚却习惯了威胁诈取，不以服务为己任，我想那一定是中国几千年来官僚制度所流传下来的恶习所致。何时才能使他们变得博爱而宽容呢？何时才能走出仇恨的情绪呢？

记得，在一个疲惫的傍晚，我独自一人走在普林斯顿的卡内基湖边，心里就在反复思考着这些文化与政治的问题。我想，也许要到离开故乡很久之后，一个人才会客观地想到这些问题吧。

那段时期，我有幸又通过好友钱伯林（Edith Chamberlin）的介绍，得以认识新泽西州的国会议员代表凯斯先生（Senator Clifford Philip Case）。凯斯先生是个资深的美国议员（他1955年就开始任职国会议员，一直到1979年退休为止），为人热心而有正义感。他很同情我父亲的不幸遭遇，故主动与美国在台协会取得联络，让我父母很快就拿到了美国的签证。

我永远不会忘记，那天是1978年1月12日，爸妈刚取得了签证，凯斯先生的秘书一早就从华府打电话来普林斯顿向我道喜。当时，我激动得流下泪来，心想一个国会议员居然会对一个普通公民付出如此真诚的关心，实在令人感动。

过了不久，1978年2月3日那天，爸妈终于飞抵美国大陆。在洛杉矶机场进关时，父亲给我打了一个电话，他说："这次真是虎口余生，感谢你和钦次拯救了我们。"

后来爸妈在美国开始了他们平静的后半生。1979年父亲病愈，进亚利桑那州凤凰城的美国国际商学研究院（American Graduate School of International Management）即有名的雷鸟学院（Thunderbird Campus）教书。1981年获得该校的"杰出教授"

1978 年 2 月，爸妈刚抵美国不久，真可谓"虎口余生"也

（Outstanding Professor）荣誉称号，于 1984 年 4 月 28 日加入美国籍。后又于同年自请退休，专心研读《圣经》。

1988 年 2 月 3 日，父亲从马里兰州寄来一张美丽的卡片，并附一封短信，信中写道：

> 今天是我们来美 10 周年纪念日。我们同心感谢主恩，也不能忘记你两人竭力奔走、历尽波折，终于绝处逢生，蒙主把我们带了出来！《诗篇》124 篇 7 节写道："……我们好像雀鸟从捕鸟人的网罗里逃脱……" Your thoughtfulness meant so much more than words can ever say！

同天，他还写了一首打油诗，其中有以下一段：

> 二月初三怎能忘
> 飞出天罗与地网
> 有女孝心感天地
> 免我葬身污泥塘
> 台岛屈辱成轶话
> 祖国河山梦飘香
> 一生际遇何足计
> 唯庆中华国运昌

多年来，我一直把父亲给我的信和诗好好地收着，把它当作我这一生中所获得的最高奖赏。

父亲的手写体打油诗

第十三章　红豆的启示

记得在台湾上初中时，我最喜欢背诵的一首唐诗就是王维写的那首《相思》绝句：

> 红豆生南国，
> 春来发几枝。
> 愿君多采撷，
> 此物最相思。

听老师说，红豆树原产于热带地区，在中国大都生长在台湾、广东、广西等地。它的子呈红色，扁圆形，有人把它称为"相思子"，因为它最能慰藉人的相思之情。[①] 那时我常想，有一天一定

[①] 其实，红豆也生长在江浙一带。有关红豆和红豆树的象征意义，可参见陈寅恪《柳如是别传》的《缘起》一章及所录的《咏红豆》诗并序。原来，陈寅恪在昆明时，偶遇一鬻书主人，主人说他从前曾旅居常熟钱谦益旧园，并"拾得园中红豆树所结子一粒"，愿以红豆奉赠。寅恪先生"闻之大喜，遂付重值"，买下了那颗红豆。没想到，那颗红豆竟成了寅恪先生撰写钱谦益和才女柳如是的故事之"缘起"。见《柳如是别传》，上海：上海古籍出版社，1980年版，第1册，第1—4页。

要摘一颗红豆寄给远在监狱里的父亲。

但不知怎的，在台湾时，我一直没见过红豆树，也没采过红豆，所以终究没实现那个心愿。后来，到了美国之后，随着时间的流逝，也就把那件事给忘了。

第一次见到红豆，是 1978 年的春季。那时，爸妈刚移民到美国来，我也即将从普林斯顿大学研究所毕业，所以他们就特地从马里兰州乘火车来看我，想顺便一游普大校园。那是爸妈抵美国之后我们的首次相会。

记得，爸爸一走进我的普大宿舍，就迫不及待地从口袋里掏出了一个袖珍型的小袋子，微笑着说道："小红，这里头装的是 26 年前我在绿岛被关时捡到的一颗红豆，这些年来我一直放在身边。现在就送给你做纪念吧……"

我把那个小袋子接到手中，从里头拿出一颗红豆来，一时不敢相信自己的眼睛。这么多年了，那颗红豆居然还发出很美很亮的光泽，在灯光的照射下尤其耀眼。那红豆呈暗红色，比我期待中的红豆要大得多。那个红白相间的小袋子也尤其珍贵，那显然是爸爸从前在绿岛时，自己花过很大一番工夫才缝制出来的，正面用蓝笔写着"1952，V23，孙裕光"，反面则有"绿岛纪念"四个字。"V23"是 5 月 23 日的简写，那天正是爸妈结婚 9 周年纪念日。据妈妈说，爸爸是那天在绿岛的一个水池边捡到那颗红豆的。爸爸当初很难适应牢狱生活，有一天想不开，曾跳到那水池里要自杀，幸而没淹死……

我一直注视那颗红豆，直想流泪，但我忍住了。我说："爸爸，你们现在已经到了美国，就是新生命的开始了，你们不要再去想过去那些不愉快的事了。我会好好收藏这颗红豆，从此它就是属于我的了。"我故意装作很轻松的样子。

"对了，小红，那红豆本来就是要给你的。红豆就是小红的豆的意思……"妈妈在一旁插嘴，说得我们都开心地笑起来。

那天，红豆就成了我们话题的中心了。我告诉爸妈，在台湾的时候我从未见过红豆树，也没捡到过红豆。但我知道，红豆树是代表思念的意思，所以来了美国之后，就干脆把一切和"思念"有关的树都泛称为"红豆树"或"相思树"。例如，在附近的普林斯顿高等研究院（Institute of Advanced Studies）里，就有两排纪念爱因斯坦的"相思树"，那也是我经常喜欢去的地方。

一提到爱因斯坦，爸妈的眼睛就亮了。尤其是，爸爸一直对相对论很感兴趣，从前还写了有关那一方面的文章。而且，听说再过一年就是爱氏诞辰一百周年纪念，人们将在普林斯顿的高等研究院（爱氏在此度过一生中的最后 22 年）召开纪念会。[①] 为了满足爸妈的好奇心，我立刻开车带他们前往默瑟（Mercer）街，经研究生学院（Graduate College）区，然后拐进那个风景幽美的高等研究院里。

一抵达停车场，爸妈老远就看到两排很整齐的树排列在那儿。妈妈一时兴奋，几乎是跑着过去的。她在树的前头站好了，就让爸爸给她拍了照。真的，他们已经很久没这么放松了。妈妈一边笑一边说："没想到我们这一辈子居然还能来到爱因斯坦待过的地方……"

---

① 后来，父亲把《时代》周刊（1979 年 2 月 19 日）纪念爱因斯坦的一篇文章译成中文，题为《爱因斯坦百年生辰——举世纪念一位重新描绘宇宙的巨人》。

"看，请看那座白房子！那就是当年爱因斯坦的家，"我突然打断了妈妈的话，"看，他的房子正好面对着研究院的正门。爱因斯坦每天唯一的运动就是，早晨从他家走到研究院，黄昏时再步行回去。后来，他去世了，人们为了纪念他，就种了这两排树……"我用手指向那远处的白房子。突然间，我有了一个灵感：那两排树的每棵树都与对面的树互相对应，无论大小高矮都相同。这情景颇令人想起中国人那种"成双""成对"的自然观，即刘勰在《文心雕龙》中所谓"造化赋形，支体必双"的情趣。我就对父亲说："爸爸，您看见了吗，这两排树好像是一副很长的对联，一边纪念爱因斯坦的生，一边哀悼他的死。"

　　"真好，这是名副其实的相思树了。只要看看树有多高，就知道爱因斯坦过世有多久了。"爸爸用手比了比树的高度。

　　我向他们解释，当初普林斯顿高等研究院之所以特别把爱因斯坦的房子建在研究院的正门对面，乃是因为怕他走丢了。因为爱氏成天都在专心构思，走路时经常漫不经心，从来不看路，也只有这样一条笔直的路最适合他来往行走了。我说："这就是为什么那两排相思树排得这么整齐的原因——人们一方面思念他，也纪念他那专心的本领。他有时太专心了，连袜子都没穿就从家里走了出来……"

　　〔作者按：一直到多年后，我才突然领会到一件事：原来那位有名的数学家约翰·纳什（John Forbes Nash, Jr.）之所以能在1970年至1990年那段漫长的20年间逐渐摆脱了他的精神分裂症，而终于在1994年荣获诺贝尔奖的荣誉，乃是因为他当时所在的普林斯顿校园和高等研究院给他提供了能自由沉思的理想环境。

纳什自己曾说："我在这里（指普林斯顿）受到了庇护，得以免于流落街头。"① 后来西尔维娅·纳萨（Sylvia Nasar）把她那本有关纳什的生平传记取名为 A Beautiful Mind（中文繁体版译为《美丽境界》，简体版译为《美丽心灵》）是很有道理的，因为是普林斯顿的幽静环境培养了纳什的美丽心灵。记得 20 世纪 70 年代我在普大攻读博士学位期间，经常看见纳什独自一人出入于费尔斯通（Firestone）大图书馆的阅览室，他的样子有些奇怪，经常会忽然站起来走动，忽然又坐在窗台边，但从来没有人打扰他。他的眼睛经常朝远处看，好像在思考什么超越现实的东西。]

其实，通过"思考"而培养出一种超越的心灵空间，就是美国常春藤大学所标举的通识教育（liberal education）的最终目标。通识教育的主旨是：不但要培养专业人才，而且更重要的是，必须造就一批能自由独立思考的青年人。也就是说，通识教育的贡献之一就是训练人的悟性及沉思的习惯，使人在心灵上得以超越现实环境的束缚。

我想，我爸爸的红豆也代表了一种"非实用价值"的省思。它意味着自省的情趣和想象。从现实的眼光看，父亲在绿岛捡到的那颗红豆似乎毫无实际的价值可言，然而那红豆却给了他很大的启示，使他在逆境中仍能体会到人间的温暖，因而有了活下去的勇气。因此，对爸爸来说，红豆实是无价的至宝。

我把这个想法告诉父亲，他说他真没想到那颗红豆会给我这

---

① 纳什的原话是："I have been sheltered here and thus avoided homelessness."。(Sylvia Nasar, *A Beautiful Mind: The Life of Mathematical Genius and Nobel Laureate John Nash* [New York: Simon & Schuster, 1998], p. 340.) 中译见《美丽境界》，谢良瑜、傅士哲、全映玉译，台北：时报文化出版公司，2002 年版，第 467 页。

么多的灵感。他还说，他很高兴知道，我所上的学校——普林斯顿大学，正好是以通识教育著称于世的。于是，那天下午我就趁机带爸妈到普林斯顿校园游了一下。可惜，那几天我丈夫钦次正巧在圣路易城上班，否则他最有资格带爸妈看校园了；钦次在普大念博士学位时，就已经常常当向导了。

次日下午 4 时，我们准时到达好友钱伯林（Edith Chamberlin）的家中。她的家就在有名的卡内基湖边，1968 年，钦次和我结婚时，就是在她家开婚礼招待会（wedding reception）的。对爸妈来说，终于能在普林斯顿城拜见钱伯林夫人，实为一生中的大事之一。况且，在爸妈移民到美国的过程中，钱柏林曾经帮了大忙。所以，那天我们都向她再次表达了衷心的感激之情。

其实，爸妈早在多年前就与钱伯林夫人见过面了。说来话长，首先 1966 那年，钦次刚从台湾来，他刚抵普大校园的第一天就认识了当时年已近 80 岁的钱伯林夫人。钱伯林是学校特别派来招待那年的新生的，钦次初次与她见面就十分佩服她。以她那个时代的妇女（她生于 1899 年）文化程度来看，能拥有两个大学的学位（其中之一得自有名的 Smith College），而且攻读哲学，可谓不寻常。钱伯林举止大方，初次见面就让钦次感到十分亲切。她显然很喜欢钦次，一直对他说："你就叫我 Gram 吧。"Gram 乃为Grandma（祖母）的昵称，所以她是把钦次当成自己的孙儿了。原来，她曾写过一首题为 "When Children Call you 'Gram'"（《当孩子喊你祖母时》）的诗，那首诗后来很有名，有一份报纸《华盛顿每日新闻》（*Longview Washington Daily News*）曾登出书评，由评论家理查德·斯皮罗（Richard Spiro）执笔。此外，Gram 那首诗正好写于我出生的那一年（1944 年），所以我到美国来之后，她经常提起这个巧合，她认为我们之间很有默契。真的，我们都对文学有相同的兴趣，而她也是第一个启迪我和钦次对美国民主自由有真正了解的人。其实，在普林斯顿的小镇上，Gram 早以赞助世界和平（World peace）的多种活动而著名，她每年为世界上苦难的人所捐出的钱财十分可观，其热心真诚的态度令我们感动。记得，她经常带我们到宾州的华盛顿中央（Washington Crossing）公园去野餐，也为我们讲解有关两百多年前华盛顿总统在那儿勇于抵抗英军的事迹。她还屡次为我们朗诵杰弗逊总统的话："I have sworn upon the altar of God eternal hostility against every form of tyranny over the mind of man（我向上帝宣誓：我憎恨和反对任何形式的对于人类心灵的专政）。"[1] 总之，我们和 Gram 无话不谈。不久，我的两个弟弟先后到美国来读书，Gram 也把他们当成自己的家人。后来，她知道我爸爸过去在台湾所遭遇的牢狱之灾，甚为同情，为了当面认识我爸爸，于 1970 年的春天（她 82 岁那年）动身前往台湾。那次游台湾的旅程虽短却意味深长，使她一直念念不忘。

自从 Gram 从台湾回来以后，就开始与我爸爸通起信来了。她经常对我说："How I enjoyed receiving your father's letters（我多么喜欢收到你父亲的信啊）！"在给 Gram 的信里，我爸爸也曾写道："It's always my greatest pleasure to read your handwriting（能看到您的字是我感到最高兴的事了）。"后来，Gram 告诉我，我

---

[1] 这句话的中译取自刘再复的《阅读美国》，香港：明报出版社，2002 年版，第 45 页。

爸爸的英文字和她的字体很像，令她不可思议。有一次，她收到一封信，初看信封，还以为她自己给自己写的，觉得很奇怪。但她立刻就发现，原来那是我爸爸的来信。她迫不及待地拆开信封，反复读了那信。之后，她就忍不住在信封上批道："I am told that Paul Sun copies my handwriting and he does such a good job it fools me（我听说孙保罗很喜欢模仿我的字体，但他模仿得太像了，连我都给骗过了）!"有趣的是，后来有一天，我偶然看到 Gram 在那信封上写的那段评语，觉得那字体简直和我爸的字体像极了!

那天下午，爸妈坐在 Gram 家的阳台上，一面喝茶，一面聊起有关我爸爸多年来和 Gram 通信的事。此外，面对美丽的卡内基湖，Gram 就讲了一个有关那湖的趣事。她说，从前并没有卡内基湖。但有一次普林斯顿大学的校长邀请有名的财主卡内基先生来参观普大，卡内基先生对普大校园印象不错，但他说："可惜你们学校少了一个湖。"所以，回去之后，他就立刻捐赠了一个"人工湖"给普大，后来学校就将那湖命名为"卡内基湖"（Lake Carnegie）。爸妈听了这故事很感兴趣，就一直注视着那平静而广阔的湖面。妈妈说，她很羡慕 Gram，因为她整天都能欣赏卡内基湖的景色。Gram 说，其实就是因为那个湖的缘故，她才把她的家取名为"Viewpoint"（瞭望点）——亦即可以整天从各个角度来瞭望那湖的意思。那天下午，爸妈就在湖边拍了不少相片。

那天，我也顺便告诉 Gram 有关父亲那颗红豆的故事，她听了非常感动。她说，其实爸妈也曾给过她一颗很美的"相思豆"。我们正感到奇怪，只见她立刻站起来，从客厅的书架上拿来了一张小卡片。我们一看，原来是爸妈从前送给她的一张圣诞卡，卡片上头只有一颗白珍珠，被金色的圣诞叶衬托着。接着，她就用手指着那颗又白又亮的珍珠，一边微笑地说："这不是相思豆吗？我最喜欢这张卡片了。"

Gram 是个天生的诗人，所以她的想象力也特别丰富。她说，她相信那颗绿岛的红豆代表上帝给我爸爸的一种感召，神为了以后要重用他，才在苦难中先以红豆相赠。她说，那个红豆的启示使她想起了女诗人路易丝·伊莫金·吉尼（Louise Imogen Guiney，1861—1920）的两句诗：

Use me in honor, cherish me
As Ivy from a sacred tree...
（神啊请用我，给我荣誉，请珍惜我，
像那神圣之树上的常春藤……）

这样的比喻让我感到惊叹不已。把红豆比成"常春藤"（ivy），真是一个很特殊的发明。但 Gram 解释道，红豆的意象不但使她忆起爸妈给她的那颗珍珠，也使她联想到普大的常春藤——因为常春藤上头经常长着绿色小果，和红豆的大小差不多。她说，她认为这些意象都象征着永恒的意思。

那天在 Gram 家中的谈话令我终生难忘。每次想到 Gram，就会忆起那张带有珍珠的圣诞卡。

1982 年秋季，我开始来耶鲁大学执教，那年我和钦次两人就离开了普林斯顿城。那时，爸妈也早已搬到亚利桑那州的凤凰城去住了。不久，过了 90 岁的 Gram 已渐渐衰老，最后几乎失明了。

1984 年 4 月间，我爸爸在凤凰城正式入美国籍，Gram 知道后很高兴，当时她已不能写信，在电话中对我说："Tell your dad that I am very proud of him, and that your parents' outpouring of love to me has always been very precious（请转告你父亲，我为他感到骄傲，同时我永远非常珍惜你父母对我那种出自心底的爱）。"

那年的圣诞节，我们都分别收到来自 Gram 的最后一张圣诞卡，上头印有她的一首短诗：

> My eyes cannot reach the opposite shore.
> But its reflection
> in the quiet lake
> tells me that it is there.
> （我的眼睛看不见湖的彼岸
> 但它的倒影
> 映在安静的湖面上
> 让我知道它的存在）

那首诗题为 "Assurance"（信心），是 Gram 生平的最后一首诗。那诗主要描写她从家中窗口望出去的卡内基湖景，也象征性地表达了她对永生的坚定信仰。那张圣诞卡上不但印有卡内基湖的风景照，也包括了 Gram 个人的独照。4 个月后，1985 年 2 月 22 日那天，Gram 终于走完了她丰富的一生，享年 96 岁。临终前，她嘱咐她的家人和我们把她的骨灰撒入她最心爱的卡内基湖中。在追思礼拜中，我当众朗诵了一首 Gram 于 1977 年所写的诗：

It is the Spirit that quickens,

It is the Heart that gives life,

That wakens the pulse of the feeble,

That heals the wounds of the knife...

（是那圣灵鼓舞了我们，

是那个神圣的心制造了生命，

它使弱者的脉搏苏醒，

它也医治了我们的刀伤……）

一年后，女儿在纽黑文诞生，我们就用 Gram 的正式名字 Edith（Edie）来给女儿命名，以表达我们一家人对 Gram 的思念。

我时常想起 Gram 的那首叫"信心（Assurance）"的诗，因为它表达了一种永恒的信仰。我把那首诗和父亲的红豆（包括那个装红豆的小袋子）存放在一个档案柜里，以为终身的纪念。

2002 年，有一次在整理档案时，那颗红豆和 Gram 的诗又赫然出现在眼前，一时令我感触万端。我立即打电话给父亲：

"爸爸，您还记得 24 年前，您和妈刚到美国来的时候，您送我的一颗红豆吗？您还记得我们在 Gram 家也谈到红豆的事吗？"

"怎么不记得？我经常在想，你几次搬家，或许已经把那颗红豆搞丢了……"爸爸边说，边笑出了声。

"不会的，那么宝贵的红豆，我怎么会把它丢掉。"我抢先答道。

我向爸爸解释，我很珍惜那颗红豆，也会永远把它收藏着。

但爸爸说，这些年来，他的信仰有了长进，因此他对那颗红豆又有新的想法。他认为那颗红豆也和《圣经》里所提到的一粒麦子一样，我们千万不要将它收藏起来，应当把它种在土里，这样它才能长大结果——因为《新约》说："一粒麦子不落在地里死了，仍旧是一粒，若是死了，就结出许多籽粒来。"意思是说，生命历程是一条死而复生的道路；一个人必定要像那粒种在土里的麦子一般，必须经过土里腐烂、破碎、挣扎的过程，才终究可以得到"重生"。

我突然恍然大悟，原来这就是为什么父亲把他那本纪念我妈妈的书取名为《一粒麦子》的缘故。同时，父亲到美国来之后改名为"孙保罗"，显然他把圣徒保罗当成了他的榜样，他愿意像保罗一样出生入死，完全奉献。在他给好友汤麟武教授的一封信里，父亲写道：

> 神救了我的后半生！把我从死亡坑里拉出来，又把我自己过去所糟蹋的光阴补还给我，把我的罪行、失败，以及顽梗的天性一笔勾销，把一切的"借方"都改记入"贷方"！神改变了我的生命，改变了我和我一家大小的命运……

退休以后（一直到他去世前几年），父亲都在美国各地华人中侍奉，而且经常上台分享，并帮年轻人解答信仰问题。1996 年 7 月，爸妈将要离开马里兰州，在搬去加州的前夕，那儿的盖城宣道会（Congregation of the Gaithersburg Chinese Alliance Church）的朋友们特别颁给父亲一个纪念金牌，上头刻有以下的话：

Presented in gratitude to PAUL SUN, our first Elder, for teaching us by example, in loving God with all your heart, with all your mind, and with all your strength.

（献给孙保罗长老——我们的首位长老，感谢您做我们的榜样，感谢您教给我们如何全心、全意、全力爱主。）

这就是父亲把红豆的生命真正活出来的见证。从此，我终于明白，为什么他要我把那颗红豆种在泥土里了。

然而，我仍是一个有"收藏癖"的人，而且我实在不忍心把那颗宝贵的红豆埋入土里。于是，我就买了一个很讲究的玻璃柜，把那颗红豆和父亲缝制的袖珍小袋放在里头，一起摆在书房里展示。现在我终于可以随时欣赏那颗红豆了。每回看到它那明亮的光泽，还有从玻璃反射出来的影子，我心里就感到异常平静，静得像那个永远忘不了的卡内基湖。

第十四章　两岸的受害者

1946 年春，爸妈、大弟和我将要离开大陆时，爷爷实在舍不得我们走。据说，我们上船之前，在天津塘沽港的码头岸边，爷爷一直紧紧抱着我不放。爸妈当时的计划是，由天津先乘船到上海，在上海与张我军先生等人集合，希望能设法买到船票，再从上海坐船到台湾去。爸妈之所以决定要去台湾，主要是为了找到好的工作机会。那时，爷爷还算年轻，才 53 岁，还在天津英租界里工作。爸妈一直在想，再过几年我们就会回天津和爷爷他们团圆了。谁知，那次的离别竟成了我们与爷爷的诀别。

在我们天津的家里，除了爷爷以外，还有"后奶奶"以及叔叔和姑姑两人。那年叔叔 20 岁，姑姑才 17 岁。几十年之后，当我们又找到姑姑和叔叔时，他们已是鬓发开始斑白的年纪了……

像这样的故事，听起来很熟悉，好像只是千万个例子之一；因为在半个世纪以前，几乎所有到台湾去的大陆人都经历到了与亲人两地隔绝的悲剧。

然而，我们家的悲剧却是双重的。正当我们的大陆亲人被打成"右派"、遭到无穷无尽的折磨时，我爸爸却同时在台湾被冤枉成政治犯，白白坐了 10 年牢。1949 年 12 月中旬，蒋介石政府撤退到台湾后，即开始实施"宁错杀一万，不错放一个"的政策，而我爸爸也不幸在一个月之后被捕入狱。当然，在这期间，我们的大陆亲人完全不知道我们在台湾所遭遇的一切。

这样的悲剧是时代的悲剧，它完全是由不幸的政治形势造成的。

当初我们刚去台湾时，爸妈与大陆的家人还有很频繁的信件来往。1948 年初，小弟观圻在台北出生，他的名字就是爷爷给取的（在信中，爷爷说明"观圻"二字乃取自枚乘的一首诗，意即站在边界上向远处观望的意思，足见他对彼岸的我们怀念至深）。但 1949 年底，蒋介石政府迁台后不久，两岸就失去联络了。

记忆中，爸妈经常给我讲有关爷爷他们的事。爸妈告诉我，爷爷最疼我。1944 年我在北京出生后，为了要抱我出去玩，爷爷经常在周末时从天津坐车来北京。他最喜欢带我到中南海的石狮旁边玩——我们当时就住在中南海对面的北新华街，所以离中南海很近（几年后，中南海的石狮被搬到天安门去了）。爷爷也喜欢陪我们游故宫。母亲从前——无论在中国台湾或日本——都没看过那么庞大雄伟的皇宫，她对于"正大光明"殿等处的皇帝座椅和屏风摆设印象最为深刻，数十年后仍记忆鲜明，百说不厌。她说，当初她在怀我和大弟康成时，几乎每天都去游故宫，因为她相信欣赏美丽的东西可以让她生下聪明伶俐的孩子。

在父亲坐牢的那段漫长的日子里，母亲特别想念大陆的亲人，包括那位贤惠的后奶奶。妈妈说，她这一辈子还没见过像后奶奶那样好的人。原来，我爸爸19岁时就失去了母亲，当时我的叔叔12岁，姑姑才9岁。次年，爷爷要我爸爸去考庚款，爸爸考取第一名，就留学日本去了。爷爷自己则在天津英租界的工部局（Municipal Council）里当电务处主管，工作十分繁重，每天下班回家还要照顾两个十来岁的小孩，实在辛苦。于是，有些亲戚就劝爷爷再娶，但他坚持不肯。后来，他实在忙不过来了，就说愿意考虑。有人向他介绍一位姓李的人家的女儿，人长得平平，但很温和善良，爷爷一见就决定娶她。她就是我们的后奶奶。后奶奶虽然来自一个极其富有的人家，却愿意与孙家的人共同受苦。她决定自己不生孩子，以便专心照顾爷爷的两个年幼的孩子。

后来，我爸爸从日本回来，不久爸妈在天津结婚，后奶奶也在生活上给他们许多帮助。就在那时，我妈妈听说她在台湾的父母病重，尽管十分挂虑，但由于大战尚未结束，她无法回娘家去探望病中的父母，没想到在短短的几个月之内，竟连续失去了双亲。她得知父母去世的消息之后，伤心欲绝，那时，后奶奶特别照顾她。所以每说起后奶奶，妈妈总禁不住要流泪。

妈妈也时常回忆起那段和我姑姑相处的岁月。爸妈刚结婚时，姑姑才14岁，她特别喜欢我妈妈，所以不久她就从天津转来北京读书，和我爸妈同住。姑姑最佩服我妈妈的勇气——因为在那种战争年代，妈妈（当时才21岁）居然冒着生命危险，独自一人从日本坐船到高丽，再由东北乘火车南下，一路上遇到重重难关，但终于顺利地抵达天津。姑姑称我妈妈为"现代女英雄"，也特别欣赏她的中西文学的知识（妈妈虽是台湾人，但小学是在厦门读的，后来又到鼓浪屿进教会学校，接着到日本留学，一向文学知识不错）。因此，每天下课后，姑姑都迫不及待地要我妈妈给她讲故事。有一次，妈妈讲莎士比亚的《李尔王》给她听，姑姑感动得痛哭流涕，一直说："我将来长大之后，一定不要像李尔王那两个大女儿一样，她们怎么能虐待她们年老的父亲？……"据妈妈说，姑姑自小很重感情，又聪明过人，总是考第一。在台湾时，每回想到她，妈妈都唉声叹气地说："哎，当时可惜她没跟我们出来，否则她一定能考上北一女的状元。"

当初我们离开天津时，我才两岁大，所以不可能对大陆的家人有什么深刻的印象。然而，多年来母亲不断述说的那些故事却在我心中留下了极其深刻的印象。我尤其对爷爷有一种特殊的感情——听妈妈说，在我出生前，爷爷为了给我取个好名字，许多天都没睡好觉。他盼望爸妈的头胎会是个女孩，因为孙家几代除了我的姑姑以外，都是男的。后来，我出生，果然是遂了他的愿，爷爷自然喜出望外，对我娇宠有加。我问妈妈，有爷爷的相片没有？但妈妈说，当年匆匆离开大陆，竟然连爷爷的一张相片也没带，真让人感到遗憾。幸而我们收有姑姑、叔叔和后奶奶的旧照片。妈妈经常指着相片中的叔叔说："你叔叔最像你爷爷了。你仔细看看，爷爷的轮廓大概就是这样……"

我虽然从来没看过爷爷的照片，却拥有爷爷的墨迹。那是爷爷在我的一张旧相片背后所写的毛笔字："康宜七个半月摄于北京中央公园。"那张照片很有纪念意义——那是爷爷带我到中央公园（即后来的中山公园）去玩的时候，特意请人为我拍的独照。然而，对我来说，爷爷的毛笔字比那照片本身还要珍贵，因此我从小就把那手迹视为至宝，也把它当成书法的帖子来临摹。几十年来，不管我们搬到何处，那张独照总是跟着我走，这都是为了爷爷的缘故。

我很小就告诉自己："有一天，我一定要找到爷爷。"

记得，爸爸刚从监牢回来时，我特别提醒他："爷爷今年应当是 66 岁了吧。"爸爸听了很难过，但也感到安慰，他知道我没有忘记他的大陆亲人。

但私底下，我开始担心起来——因为据报道，大陆正在闹饥荒，不知爷爷他们是否经得起那场灾难。

20 世纪 60 年代末期，当我移居到美国来的时候，大陆的"文革"已经开始了。随着时间的流转，我知道那个与爷爷见面的梦想已经不大可能实现了。

后来，1976 年"文革"结束。1978 年爸妈来到美国之后，我们立刻开始进行寻找大陆家人的计划。然而，当初有很长一段时间，我们一直得不到大陆亲人的音信。最后，小弟观圻通过香港中国银行的协助，终于在 10 月间得到了消息——据调查，叔叔正在南京第十六中学教书，姑姑在上海的"上医"工作，而爷爷则是"查无此人"。

得到消息之后，我们很快就与叔叔和姑姑联络上了。在感恩节之前，我们收到了叔叔寄来的第一封信，全家人欣喜若狂，于是多年来的思念之情一时涌上心头，一发而不可收。在短短几个星期之间，我们给叔叔和姑姑分别发了无数封信，同时他们也不断来信，每次来信，都是厚厚的一沓。显然大家都在企图弥补过去的缺憾，好像那淹没了 30 多年的历史一时间都出土了——虽然在那个阶段，我们都尽量报喜不报忧。但是从叔叔的信中，我们知道爷爷早已于 1953 年就去世了，我们都为此伤心了好多天。

后来，叔叔告诉我们，他已经有两个儿子——孙纲和孙永。姑姑也有一个儿子，名为志明。突然间，我发现自己不但多了一个婶婶和姑爹，也多出了几个堂弟和表弟。他们显然都很热情，不断地寄来相片。

突然，1979 年元旦那天，美国宣布与中华人民共和国正式建交。一听到这个消息，父亲马上决定要于该年的秋季回中国探亲。但我实在忍不住了，我很想立刻动身。所以，在短短几个月之间，我已办好了签证，打好行李，准备出发了。没想到，我居然成了父亲还乡之旅的"先行官"了。

1979 年 6 月 20 日，我由纽约登机，飞往香港，再由香港乘火车抵广州。在广州停留的那几天，我利用时间参观当地的旅游景点，也遇见了不少由世界各地赶回去探亲的华侨。记得，在华侨大厦里，有一位来自马来西亚的中年华侨流着泪告诉我，说她这次回中国是为了寻找祖坟而来的，她听说全家人——包括她的父母和兄弟——都不在了。

6 月 24 日傍晚，我终于到了上海的虹桥机场。当年那个机场很冷清，旅客寥寥无几，不像现在一般拥挤。下了飞机，我很容易就租到一部出租车，约半个小时后就到了和平饭店。一进房间，放好行李，就立刻打电话给姑姑。

半个钟头不到，姑姑和姑父就出现在饭店的会客室了。我们立刻叫了一部出租车，直奔姑姑的家。我看见那房子位于十分拥挤的小胡同中，但洗刷得很干净。姑父解释道："这次幸亏蒙你的福，因为有海外亲人来访，上级才临时批准我们搬进这房子的……"

一进门，姑姑忍不住抱着我大哭。几分钟之后，我们开始相对无言，默默地流泪。也不知过了多久，我们才交谈起来。我问姑姑，爷爷在1953年是怎么死的？姑姑摇摇头，不想告诉我，但最后还是说了。原来，20世纪50年代初，灾难接二连三地临到我们天津的家，首先有亲戚当众不认我们，接着爷爷就被迫辞去他做了几十年的工作。后来，有一天晚上，爷爷突然失踪了。姑姑一直等到深夜，但爷爷一直没回来。姑姑就向后奶奶交代了一声，自己跑了出去，走遍了城里每个角落，一直步行到天亮。次日清晨回家后，姑姑才在垃圾桶里捡到了爷爷亲手写的一张小纸条："我去天津火车站。"于是，姑姑又到火车站去，待了几个钟头仍不见爷爷的踪影。此后也再不见爷爷出来领粮票，所以家人断定，爷爷一定是自杀了，或许投入天津火车站对面的海河里了。

　　"啊，原来如此……所以爷爷连个坟墓也没有是吗？"我低声问道，一时对自己的冷静感到惊奇。

　　"其实，即使爷爷当年正常地死去，你也不可能看到他的坟墓，因为我们的祖坟早就没有了……"说着说着，姑姑又呜咽起来了。我突然想起在广州时遇到的那位回来寻找祖坟的华侨。

　　姑姑说，爷爷失踪后不久，祖坟就出事了，而且街坊邻居都逃不了干系。关于那事，她不想多说，只感到非常伤心——因为爷爷一向最看重祖坟。本来我们的祖坟在天津近郊，附近有好大一片地，没有树林，只有草地。在日军占领天津期间，坟地曾被汹涌的大水淹过，后来爷爷赶紧去培土才勉强把祖坟保留下来。"但现在一切都没有了……"姑姑又叹道。

　　据说，不久连家谱也被人烧了。至于为何被烧，是谁烧的，在哪儿烧的，姑姑也说不上来。

姑姑告诉我，她曾经有过一段极其痛苦的生活，甚至有两次被人强迫关进精神病院。后来，幸而遇到心肠好的姑父，结婚后两人同甘共苦，又生下可爱的儿子志明，才开始"起死回生"。说起她自己的过去，姑姑不觉全身发抖。

那是我平生第一次听到"裙带风""穿小鞋"等名词，那都是姑姑亲身经历过的遭遇。

"好了，如今一切都好了，'四人帮'已经被打倒了。现在国家的新政策是'安定团结'……"说这话时，姑姑好像在喊口号。

我说："姑姑，您可别再操心了，现在我们都已经移民到了美国，可以随时帮你们了。"我没有勇气告诉她有关我爸爸在台湾被抓的事。我不愿再给姑姑加添任何精神上的刺激。

第二天一早，表弟志明就带我游黄浦江公园，他特地指着公园的门口给我看，一面说道："你看，那儿就是当年挂着'中国人和狗不准进来'那牌子的地方。"我笑着告诉他，现在时代不同了，中国人已得到全世界人的尊重了——尤其是，今天全世界五个人当中就有一个中国人，谁能忽视中国人的存在呢？听到我这么说，志明睁大了眼睛，给了我一个会心的微笑。

那天中午，我带志明到和平饭店的最高层楼吃午餐。从高楼上往下看，黄浦江上的船只一览无余。我指着其中一条船说："看，看那边，听说从前我们去台湾时就乘的那种船。当时我才两岁呢……"志明听了，张大了嘴，久久说不出话来。我想，对于一个1963年才出生的小孩，很难想象那么多年前的事吧。

几天后，6月27日的下午，我按计划准时到达南京火车站。

一下火车，我就认出叔叔来了。我发现叔叔的全家人也都来了。婶婶和相片上的形象完全一样，两位堂弟却十分不同——老大纲有着颜色很淡的眼睛，初看像美国人，身材也比想象中的略小；老二永却身体特别健壮，像个运动健将。

坐在出租车里，叔叔一直回头看我，口里不断重复地说："我真不敢相信咱们这一辈子还能见面，这完全像梦一样。"我也一直望着他，频频说道："叔叔，您长得真像我爸爸呀！"说着说着目的地到了，我们很快就下车了。

叔叔他们正好住在秦淮河畔的一个巷子里，没想到从前在古典诗歌里常读到的秦淮河就在眼前了。当我们走过狭窄的小巷，快到家时，我突然听见有人在叫："孙老师，孙老师——"听到那声音颇为熟悉，我立刻停下脚步，一瞬间以为有人在喊我爸爸。这时我忽然悟到，原来叔叔在南京也被称为"孙老师"。

本来在往南京的途中，我心里早已拿定了主意，决定无论如何也不要让叔叔他们知道我们在台湾的那段不幸的遭遇——因为我害怕将来消息一旦传出去，我的姑姑会承受不了。

然而，不知怎的，那天下午我们一到叔叔的家，才坐下来不久，我就滔滔不绝地讲起爸爸在台湾坐牢10年的事来了。或许这是因为不断的自我压制反而会引向言语爆发的缘故吧。

叔叔听完我述说的往事，觉得有如晴天霹雳，一时不能相信那是真的。他站起来，一面踱方步，口中直说："不可能的……这些年来，我几次被批成'右派'分子，被定为'反革命修正主义分子'，我的名字屡次上了大字报，那都是因为我的台湾关系。啊，怎么会是这样呢？真没想到！"

叔叔告诉我，当时逼迫他的人不断对他说，他的大哥（即我爸爸）是台湾当局的高官，并且"曾为蒋介石开过飞机"。在最严重的几次批斗中，叔叔几乎要自杀。幸而他的大儿子纲（当时才十二三岁）努力劝他，向他分析道理，叔叔才终于忍耐下来了。

"哎，纲还那么小的年龄，就会替自己的父亲解决问题，真不简单啊。"我不觉惊叹道。

那天吃晚饭时，我们继续谈论过去那些不幸的遭遇。我发现叔叔是个很有头脑的人，他分析事情也十分富于理性。他说，他很高兴我爸爸当年没留在大陆，否则以他那种正直而不屈于权势的个性，他很可能很难度过历次社会运动。我听了一直点头，心里感到既伤感又庆幸。

我接着就向叔叔询问有关爷爷自杀的事。他没想到我居然也知道此事。我说："虽然知道，但不十分清楚他自杀的原因，希望叔叔能讲得仔细一些。"叔叔想了想，就立刻说道："好，咱们明天去外头看风景时，若有机会我再告诉你，可你千万不要让你爸妈知道噢……你爸妈受的苦也够多了，让他们有个平静的晚年吧。"

次日，叔叔带我参观莫愁湖、胜棋楼、中山陵、灵谷寺、明孝陵等名胜古迹，还有著名的廖仲恺、何香凝之墓。晚饭后，他建议一同去玄武湖散步。那天天气出奇地凉爽，我们在安静的湖边走过，看见柳树的树枝微微飘动，特别有一番诗意。后来，走累了，我们就坐在一个很长的石凳上。

叔叔开门见山地说，他想继续谈谈爷爷的事。他望一望湖上，微微咳嗽一声，就开始说了起来：

"据你后奶奶说，你爷爷自杀的原因很复杂，至少有十种理由。其中一个理由就是现实生活的问题：那年他突然失去工作，生活变得很难维持。当时，他想来南京和我一同住，但我当时的情况不许可，于是他觉得没有出路了。还有，他开始后悔自己生平脾气暴躁，以为那是我生母短命的原因，因而变得异常忧郁。但我认为，你们去了台湾，使他觉得今生已不再有与你们见面的希望，这确实是对爷爷的一大打击。他失踪以后，我们才发现他那天带走了你爸爸、你妈妈，还有康成和你的相片。据猜测，人是投河了。我知道那河是通大海的，他和你们的相片一起消失在大海中了……"

这时，我再也听不下去了，我发现自己已经泪流满面。在微暗的路灯下，我看见叔叔正摘下眼镜，在擦眼泪。

几分钟之后，叔叔换了一个话题。他说，他一直最感激我妈，他认为我妈妈是世界上最好的人。他还说，他永远不会忘记我妈妈和我大舅的恩惠，因为他们两人是他的救命恩人。他告诉我，当他10多岁时，有一天他的盲肠炎突然发作，我爸妈立刻把他送到医院里去检查。经过诊断，医生发现那盲肠炎已转为严重的腹膜炎，恐怕已经没希望了。妈妈一听就当场痛哭，请求医生马上为叔叔开刀。但医院里的人说，开刀费用十分昂贵，而且还要先交几千元的保险费，医生才愿意为病人开刀。妈妈于是立刻联络我的大舅（当时大舅在北大教书）。大舅接到消息之后，就赶来医院，当场把他大部分存款作为保证金交上，才终于救了叔叔一条命。但第一次开刀没有成功，又开了第二次。在那段艰难的日子里，我妈妈一直照顾他，可以说是无微不至，这使他终生难忘。

在南京和上海时，我除了在南京大学做了几场有关美国文学的演讲之外，还特地拜访了词学专家唐圭璋教授。

（后来，回到美国之后，我和上海的施蛰存先生成了笔友，才知道他不但长期研究词，而且还创立了《词学》杂志。但我一直迟至 1996 年才终于见到他。那次见面给我留下了很深的印象。记得，他一直对我说："可惜你 1979 年来上海时，我们还没机会相识。否则，我们还可以早一点儿合作。"）

我永远不会忘记，1979 年，我是 7 月 5 日那天抵达我的出生地北京的。我在和平宾馆安顿下来后，一个小时不到就已拿出地图，开始快步前往故宫的方向，企图找到母亲多年来所描绘给我的那个故居。离开美国之前，父亲百般叮咛，千万不要忘记去找当时的邻居好友周金科医生。我边走边念念有词，"北新华街，周医生；北新华街，周医生……"我一直问路问到了中南海，从那儿很容易就拐入了北新华街。我朝着街的里头走，在北京音乐厅前面停了下来，心想这大概就是爸妈当年常去的中央电影院吧。我看见这条街的行人不多，但似乎都在朝着我这个外地人注视。这时，我突然看见一个高高瘦瘦的老人从对面的屋子里走出来，也正朝着我看。

我赶快过街去，很礼貌地问道："老先生，请问这儿有个周金科医生吗？我是从美国回来的……"

没想到没等我说完，他就高兴地握住我的双手说："我就是，我就是……"

这样的巧遇令我惊奇。他一听说我是他当年好友孙某某的女儿，就兴奋得流下泪来。他告诉我，30 多年来他常常想起我们一家人，当时大家离别时的依恋仍历历在目。他记得我的小名叫小红，他很疼我，那时我离开北京时才刚过两岁生日，很外向，很喜欢滔滔不绝地说着京片子，现在听我口音完全不像从前，外貌也一点儿不像我母亲那娇小玲珑的样子……说着说着就哽咽了。几分钟后，他恢复过来了，就立刻要领我到我们的老家去。但他说，其实已经没有什么"老家"了，"文革"时许多人都受到了迫害，这一区所有的人早已搬走，唯独他一家人没搬。他说，我们老家的地址是北新华街 23 号乙，但那间宽敞的房子早已被分成了两半，一边是冰激凌店，一边是很多人合住的公寓。他最后还是带我去看了那个公寓，让我在小时候曾经睡过的一间屋里拍了许多照片。那天晚上，我请周医生的全家人到宾馆吃饭，也录了音，算是庆祝 30 年后大团圆，一直到深夜大家才依依不舍地告别离去。

　　第二天我早已约好要见沈从文先生夫妇，所以更加兴奋。最没想到的是，在出发到中国之前不久，我才从姑姑那儿听说，沈从文先生原来是我们家的亲戚（姑姑告诉我，我的姑爹是沈从文的远门亲戚。所以，我也算是从文先生的一个远亲了）[①]。那天见了从文先生夫妇之后，我还陆续拜访了萧乾夫妇、王力教授等人。

　　其中，与杨宪益和他的英国妻子戴乃迭（Gladys Yang）的见面最令人难忘。与杨宪益认识，乃是通过他在南京的妹妹杨苡教授的介绍（杨苡女士为南京大学外文系的教授，她的丈夫就是著

[①]　一直到最近，我才从我的表弟志明那儿获得正确的信息，原来姑爹的父亲李沛阶是沈从文的好朋友，所以两家并非"远亲"的关系。另外，有关我 1979 年与沈从文夫妇见面的情景，请见我的散文《沈从文的礼物》，收在《孙康宜作品系列·履痕处处》。（孙康宜补注，2015 年 7 月）

名的比较文学教授赵瑞蕤先生）。杨家人祖籍天津，他们一听说我原来也是天津人，就对我格外地亲切，也和我叔叔做起朋友来了。

在北京时，宪益和戴乃迭除了和我讨论美国的汉学之外，还告诉我他们一些过去的遭遇。原来，他们两人在"文革"期间同时被捕，都坐牢 4 年，两人互相不知道对方的下落。他们的一个儿子因为所受的刺激太大，结果得了精神病。后来，儿子去了英国，但不幸在我拜访他们的几个星期前，在英国自杀了。

宪益和戴乃迭向我叙述自己儿子自杀的悲剧时，他们的表情一直很冷静，给我留下了很深的印象。他们的冷静与当时一般中国大陆人的激动情绪很不相同。据我 1979 那年的观察，大部分人一提到"文革"都伤心得痛哭流涕；那情景使我想起杜甫的《春望》诗中的两句话："感时花溅泪，恨别鸟惊心。"杜甫的意思是：在饱经战乱之后，人人的感情都特别脆弱，所以连看到花儿灿烂，也会流泪；如果和家人离别太久，甚至听到鸟叫，也会感到心惊。

我认为宪益和他夫人的冷静，其实是伤心到了极点之后，所反映出来的一种理性上的彻底看破。唯其已经"看破"，已经泪尽，所以不再有泪。

至于我，我还是属于那种情感较为冲动的人。几天后，在从广州返回香港的火车途中，我一直在流泪，足足流了 3 个钟头。坐在我对面的那位男士，忍不住不停地朝我看，不知他心里在想什么。

回到美国后，我还是忍住了，我没有告诉爸妈有关爷爷自杀的事。直到将近 20 年后，母亲过世了，我才终于把那消息透露给父亲。

等是有家归不得，杜鹃休向耳边啼。[1]

---

① 录自《唐诗三百首·杂诗》一首（无名氏）。

第十五章　务实的拓荒者张绿水

　　2002 年，一个美丽的秋日下午，我的耶鲁办公室秘书递给我一个很大的包裹。打开一看，发现那是个非常亮眼的木制奖牌，上面刻有"杰出校友"四个镀金大字。底下注明："高雄炼油总厂，国光油校子弟学校校友总会敬赠。"从附上的信件中得知，这是高雄炼油厂校友会首次授予"杰出校友"的荣誉。不知怎的，这个 1992 年的奖牌一直拖了这么许多年才终于转到我的手中。

　　面对奖牌，我一直在想，这个奖牌应当是献给我的二姨父张绿水的；因为半个世纪以前，如果不是通过二姨父的帮忙，我是绝对不可能临时转到炼油厂小学的。

　　多年来，每次回顾自己大半生的经历时，我都不知不觉会想：当年能转学到炼油厂小学去就读，对我实在太重要了，因为它决定了我一生的命运。

　　然而，能与高雄炼油厂结缘，实出于偶然。我原来是在林园乡下上小学的。但我 12 岁那年，在小学毕业前 3 个月（即 1956 年 2 月），突然听到一则很坏的消息：据台湾教育事务主管部门的临时通知,初中升学考试,县与市必须分开——那就是,就读高雄县的小学生只能报考当地的县立初中,不准报考高雄市区的高雄中学(男校)和高雄女中。

对于其他的学生,这可能不算是一个多么了不起的问题,因为当年在林园乡下,大部分人都不把升学当回事,能读到小学毕业或勉强考进县立凤山中学就不错了。但对母亲来说,这却是一个晴天霹雳,因为她一直盼望我能上高雄女中(也盼望两个弟弟上高雄中学),以准备将来考大学甚至攻读更高的学位。她知道我父亲之所以还能在监牢里忍耐那么多年,其主要原因就是我们3姐弟的学习表现都还不错的缘故。

因此,自从听到教育事务主管部门的通知后,母亲一直着急万分,不知如何才好。幸亏在这紧要关头,左营高雄炼油厂的二姨父帮了大忙。他建议我立刻把户籍转到他们家,并答应要设法为我交涉转学的事。母亲是个凡事独立而不想依靠别人的人,但遇到这种不得已的情况,她也只好硬着头皮去麻烦自己的姐姐和姐夫了。

然而,按规定,炼油厂代用小学只收炼油厂员工的子女。我既然不是炼油厂子弟,校方自然很难批准。后来,二姨父一再恳请当时的王琇校长帮忙——加上老师们也都同情我们家的遭遇,学校也就破例准许我转到该校就读了(不久以后,大弟康成也跟着转来炼油厂小学了)。

我因为只剩下3个月就要毕业,所以几天之内就住进了炼油厂的二姨家。第一天考插班生考试,第二天就开始上课了。记得,二姨父从开始就对我特别照顾。他天天用自行车载我去学校上课,因担心我一个人走路上学不安全（他自己的孩子则一律步行去上课）。有一次，我得了膀胱炎，他请假带我到左营市区的医院看病，不但花了很多时间，也费了不少钱，我从心里感激他。

然而，当时由于临时转学的压力太大，而我生性又是个完美主义者，每当考试成绩不够自己心里的标准时，就在二姨家里大吵大闹。而且，我又神经过敏，在考试前经常睡不着觉。记得，在考初中的前夕，我居然整夜失眠，愈失眠就愈紧张，最后把别人也吵醒了，搞得他们全家人都睡不成觉了。我自己心里知道，在那次以后，大家一定都讨厌我了。但没想到，二姨父还是对我很好。每当我睡不着觉又要开始胡闹时，他总会端一盆温水来为我擦脸，一面还摸摸我的额头说："你闭上眼睛祷告，一定会睡着。来，我们一起祷告……"奇妙的是，每回和他祷告之后，我就很安静地睡着了。

几年后，15岁那年，我在小港教会受洗，也是二姨父领我去的。

后来，我顺利地从高雄女中毕业，接着上大学又赴美留学，如此一路走来，终于开始了自己向往的学术生涯。后来，我与他的二公子钦次结婚。由于钦次多年来的体贴和帮助，我终于拥有了今天的一切。然而我知道，当初若不是及时转去炼油厂小学就读，这一切都是不可能的。

回顾以往，最令我忘不了的，就是二姨父二姨母慷慨待人的宽宏大量。他们自己已有8个孩子，但除了"收容"我和大弟康成以外，还救助了不少其他亲戚朋友。有一阵子，我和大弟寄宿在他们炼油厂家的同时，还有几个亲戚的小孩也住在一块儿。例如，我的一个表哥蒋勇一当时考取了高雄中学，但因为无法天天从远处的冈山到高雄上学，二姨父就让他住进他们家里了（蒋勇一后来曾任职小学校长，又旅居加拿大，已于 2001 年 7 月 5 日病逝）。记得二姨父因为家里的"孩子"太多了，他每个周末都必须回老远的草衙扛回一袋袋的米。每次我想起二姨父，就会记起他每次扛着米回来，那个满身大汗又十分疲惫的样子。他经常对他的儿子们说："你们长大以后，一定要帮我扛米了……"

二姨父的慈善心肠是有目共睹的。初到炼油厂时，我就经常听到邻居左右对二姨父的啧啧称赞："那个张绿水啊……真是一个标准的好人，全世界找不到第二个了。"二姨父除了经常帮助亲戚朋友以外，还是教会里的一位资深的长老，他的为人得到会友们普遍的尊敬。

在 20 世纪 50 年代的南台湾，高雄炼油厂堪称数一数二的高级社区。那个炼油厂原是日据时代的日本海军第六燃料油厂，无论是办公的地方或是宿舍区，都以设备齐全著名。[1] 该厂区不但设有现代化的贩卖部（中有咖啡厅和冰激凌店等），还有一个新式的游泳池——二姨父的宿舍就在游泳池的正对面。所以，我们这些"寄人篱下"的孩子也一时都借着二姨父的关系，得以享受到许多厂外的人所无法享受到的东西。对我来说，高雄炼油厂像个乌托邦。

然而，即使我当时年纪还很小，却隐隐约约地感受到炼油厂社区里头存在的一种省籍矛盾。当时，外省人大都是地位较高的"职员"，住的宿舍也在较为高级的"宏毅里"；台湾人则大都是"工员"，居住的地方则属于"后劲区"。二姨父算是个少数的例

---

[1] 参见俞王琇《半屏山下》(Monterey Park)，加利福尼亚：常青文化公司，2002 年版，第 129 页。

外，他是职员里寥寥无几的台湾人之一。

在当时的台湾人当中，二姨父是个佼佼者。日据时代，他曾就读于有名的长荣中学，毕业后就在草衙的炼油厂担任要职。同时，他的家庭背景也十分特殊，主要因为他的养父张金梯先生是当地有名的大地主兼议员。听说，我的外祖父母很早就看上了二姨父，因此二姨才刚过 12 岁就与二姨父订婚了。可以说，作为日据时期的台湾人，二姨父算是一个数一数二的精英。

后来，1945 年大战结束，台湾光复后，当时的台湾人都很兴奋，因为他们就要回归祖国了。然而，台湾人突然从"日本人"变成"中国人"，要适应起来也不容易。首先，在很短的时间内，他们必须放弃日语，学习中文。同时，他们渐渐感到失望，因为他们发现，在台湾当局的统治下，台湾人已成了次等公民。当时，几乎所有机关的高职位都被那些会说国语的"外省人"所占据，而大多数台湾人只能用不够流利的中文勉强应付各种差事而已。在这期间，一般台湾人所遭受到的委屈和失望自不待言。可以说，在敢怒不敢言的情况下，台湾人开始培养了一种隐忍的功夫[1]。

对于二姨父和他的家人来说，那种挫折感不仅是文化的、语言的，而且也是经济的。他们家里原来有数百甲田地，但自从 20 世纪 50 年代台湾当局实施"三七五减租"和"耕者有其田"以后，他们的田地最后就只剩下三甲了。本来二姨父就缺乏周转钱财的本领，这一来他的经济损失也就更加严重了。有关这件事，他虽然很少提起，内心却是一直耿耿于怀的。

---

[1] 用历史学家徐宗懋的话来说，当时的台湾人"在统治者的高压下呈现台湾人生命的韧性"。见徐宗懋《务实的台湾人》，台北：天下文化，1995 年版，第 28 页。

但大家都说，二姨父能以一个台湾人的身份，长期在高雄炼油厂里做职员，已经很不错了。二姨父自己也承认他的运气很好。但我知道，每当那些实力不如他的"外省人"升职——而他自己总是被遗忘的时候，他的心里是很不好受的。一直到1979年，他和家人顺利地移民到了美国之后，二姨父才终于脱离了那种被歧视的环境。

从前，我一直不懂：像二姨父那样有钱的人家，完全可以在台湾过十分舒适的生活，他为何还要千方百计地设法把全家人移民到美国来呢？

后来，二姨父一家人搬到波士顿城来，我终于有机会看到他们宁可为了新的生活搏斗、受苦、牺牲，而不愿走回头路的情景。在那以后，我终于明白了。我想，与他那300年前的闽南祖宗渡海移民到台湾一样，二姨父（一旦对自己的现实生活开始不满）也同样甘心情愿地前往异域，以便开拓新的空间。他的努力精神使我想起了连横在《台湾通史》中所说的话："洪维我祖宗，渡大海，入荒陬，以拓殖斯土，为子孙万年之业者，其功伟矣。"很巧的是，二姨父所在的波士顿城也正是美国人当初"渡大海"最早登陆的移民站——在那里，我们可以看见300年前那些从英国来的拓荒者留下的许多遗迹。

我想，二姨父是一个"务实"的拓荒者（关于"务实"一词的含义，请见徐宗懋的近著《务实的台湾人》）。到现在为止，二姨父的20多位子孙都已在美国成功地建立了他们的生活和事业。所以，最终二姨父的愿望还是实现了。

但令我最感到遗憾的是，在二姨父他们刚移民来美国、生活最艰苦的阶段，我和钦次两人正在为自己的事业苦苦奋斗，以至于没有条件帮助他们。等后来条件有了，想开始孝顺他们，他们也已经不需要我们的协助了。

此外，还有一件伤心事：二姨父在世的最后 10 年间都是在病床上度过的。自从 1986 年他的四公子张道成（音乐家兼医学院学生）因病早逝之后，二姨父的身体就很明显地走下坡路了。到了后来，他那几近瘫痪的身体连翻身都很难——于是，一个平生最勤劳的人突然变成了残废。我最后一次看见他，是在 1994 年 10 月初的哥伦布日（Columbus Day），地点是哈佛大学附近的疗养院尤维尔健康中心（Youville Wellness Center）。几天之后，他就在疗养院里过世了。记得，2000 年 5 月，我与哈佛大学的张凤女士也是到同一个疗养院去探望张光直教授的（原来，张光直教授生前也与二姨父的波士顿家人有过密切的来往）。

我觉得我这一辈子欠二姨父太多，无论如何也无法偿还。我只有把炼油厂校友会颁给我的那个无价的奖牌献给他了。

第十六章　最后一张卡片

母亲生平最喜欢卡片，因为她说卡片可以一针见血地点出对方的需要，它代表一种无私的祝福和想念，也是爱的最佳表现。而且，每张卡片的样式都不同，它的"不同"也是其珍贵之处。

1994年3月25日，母亲加入美国籍的当天，我送给她一张带有美国国旗的卡片，上面写着几个大字："给母亲，一个最爱卡片的美国人。"

我给母亲的最后一张卡片是于1997年9月8日寄出的，但当卡片寄到时，母亲已经不在了。母亲于9月10日那天下午5时（加州时间）平安过世，坦然无惧地走到了生命的尽头。

那张最后的卡片印有5朵红玫瑰，玫瑰被一撮茂盛的绿叶环绕着，整个画面很美，栩栩如生。我用圆珠笔在卡片上写着："献给亲爱的妈妈，希望您喜欢这张卡片，它代表我对您无时无刻的惦念。"其实，在母亲去世之前一个星期，我还在加州费利蒙（Fremont）的医院里陪着妈妈，但因为学校已经开学了，我必须赶回东岸。没想到，回来只有几天，母亲就走了。

后来，在瞻仰遗容的典礼中，我小心翼翼地把那张最后的卡片放入棺木中。我把它放在母亲修长的 10 个指头旁边，心里一面暗暗地祷告着："神啊，感谢你赐给母亲丰富而荣耀的一生……"

诚然，母亲的一生充满了"荣耀"。在她离世的几个星期前，她已做好了回"天家"的准备。她说："天上的彩云真美，我正在飞翔之中，一切都令我感到很轻松……"那时，医生已为她定时注射止痛剂，但我知道她身上一定还是很痛。但奇怪的是，她从来不埋怨，也不显出愁眉苦脸的样子。母亲唯一放心不下的是：生怕儿女因为她的病情恶化而过分地操心。每次听说我和小弟观圻又要坐飞机来看她了，母亲就表现出十分不安的样子，她恐怕我们会因此耽误了各自的工作。

在病房里，母亲总是满面安详，尽量把自己的微笑带给她周围的人。她的孙女们最喜欢她的微笑了——在最后几天，我曾听到我的小侄女孙凯音（Vivian Sun，大弟康成的女儿）说："Grandma is an angel! She is God's gift to us（奶奶是个天使！她是上帝给我们的礼物）。"

我想起了美国 19 世纪作家爱默生（Ralph Waldo Emerson）的一首诗：

to appreciate beauty,

to find the best in others.

to give one's self...

this is to have succeeded.

（能欣赏美，

能发现别人身上的优点，

能把自己奉献出来……

这就算是成功了。)

　　我认为这就是我母亲"成功"的地方。在每个人心里，自己的母亲无疑都是伟大的。但像我母亲过去所受苦难之深，后来能对生命采取如此积极的态度的，实在罕见。虽然从世俗的标准看来，我的母亲不过是个平凡的妇女，但她自始至终有着不平凡的品格和心志。在我父亲坐牢的 10 年间，她处身乱世，在狂飙巨浪中，以一双纤手撑持了全家。她含辛茹苦地把我们姐弟 3 人抚育成人，她付出的代价就是牺牲自我。在那难以想象的 3650 个孤单又绝望的日子里，她默默地燃烧了自己的生命，为儿女留下了一个有血有泪、有光有热的人生榜样——一笔无价的生命遗产。

　　然而，母亲在她的一生中从不要求别人为她做什么。或许因为如此，她终究得到的更多。例如，她的两个媳妇都对她无条件的孝顺——大媳妇黄丽娜多年来主动牺牲自己，完全以照顾妈妈为重；二媳妇蔡真则经常乘夜班飞机从马里兰州赶来探望母亲。人人都说我的母亲是世界上最幸运的婆婆，但我以为，她的成功得自于真诚的爱——她既然把媳妇们当女儿来疼爱，媳妇也自然把她当成自己的母亲来孝顺。

　　母亲的爱不仅感动了她的亲友，连医院里为她服务的工作人员都特别喜欢她。母亲过世后，洗肾中心的护士特别给我父亲来信，说他们很珍惜和我母亲认识的那段时光。这是因为母亲在洗肾期间，总是不忘感谢那儿的工作人员，还随时送上表示感恩的小卡片（Thank-you notes）。

以母亲年轻时一直在死亡边缘挣扎的那种身体情况，最后居然能活到 75 岁的高龄，这实在是个奇迹。但母亲生前经常告诉我："能活着就是个奇迹了。"原来，她是把每天都当成奇迹来活的，她一生所经历的奇迹全是凭她对基督的信心。

这样一个伟大而令人难忘的母亲要如何纪念她呢？

为了纪念母亲，我把她生平最喜欢的一张相片——那张被父亲题为"母亲的喜悦"的相片做成了卡片，每天随时观赏。那张相片摄于 1983 年 5 月的耶鲁毕业典礼上，那天正巧是爸妈结婚 40 周年纪念日。记得，那天上午我和各系的同事们正穿着礼服、戴着礼帽游行走过校园。当我们走到达文波特学院（Davenport College）时，母亲突然在人群中瞥见了我，她高兴地笑了。就在那一刹那，她被拍进了相片。

母亲去世之后一个月，父亲被邀请来耶鲁大学附近的华人群体里分享。那次他从加州赶来，行程极为仓促，但我们都不忘再去重游母亲当年被"拍照"的地方。在那里，我们都想起了母亲那个永恒的微笑。

《箴言》书里曾说过："才德的女子很多，唯独你超过一切。"（《箴言》31 章 29 节）。但我要对我的母亲说："才德的母亲很多，唯独您超过一切。"

1997 年母亲去世一个月后，父亲来耶鲁附近的华人社群中分享

第十七章　台湾女子典范陈玉銮

　　我的婆婆名叫陈玉銮，我一直喊她"二姨"，因为她是我母亲的二姐。我没有因为亲上加亲的关系而改口称她为"婆婆"。对我来说，她永远是我的二姨，那个在台湾20世纪50年代白色恐怖期间不断往我们家雪中送炭的"二姨"。

　　二姨是个杰出的贤妻良母，也是令人敬佩的女子典范。在过去台湾那充满政治风险的年头，她勇敢地保全了所有家人的性命。她一共养了8个儿女，而且还长年照顾亲戚家的一些受苦受难的孩子，可以说一切都做得仁至义尽、无怨无悔。因为她无论遇到什么困难或灾难，都能处之泰然，而且总是言行合一，所以亲人就把她视为可靠的"磐石"（rock），凡事都依赖她。重要的是，她所处的时代正好是现代中国史上的非常时期，所以从她身上我们可以看见大时代的沧桑——她首先在日本殖民政府的统治下长大，战后不久就遇到了二二八事件。1949年后又因为白色恐怖的威胁，随时都有被连累的可能，其战战兢兢的心境，完全可以想象。但二姨似乎拥有特殊的生命力和一种生存的韧性，不管处在多么艰难的情况下，她好像都能继续以坚强的意志保住她的大家族。许多周围的人都称赞二姨这种不寻常的操守和能力。我想，从许多方面来看，二姨似乎也拥有美国学者李弘祺（H. C. Lee）所谓的"台湾人的韧性"。①

我最喜欢听二姨说故事，尤其是有关第二次世界大战期间台湾的故事。我想她的一手资料总比所谓"正史"的二手资料来得可靠。二姨经常感叹：台湾人最大的悲剧就是不断地被迫变换"国家"的认同。例如，从前台湾人已经饱受日本殖民者的压迫，但在大战期间还被迫把他们的儿子送到日军的前方，为日本人打仗——虽然他们心中多半暗暗地认同于祖国（中国）。她自己的三弟（即我的三舅陈通和）就曾向她埋怨道："我中学未毕业，日本人就强迫我们当'志愿兵'。我有民族意识，不愿当日本兵杀自己的同胞。我就离开学校，逃到东京郊区的铁工厂做苦工。"此外，最让人感到无可奈何的是，因为当时台湾受日本的殖民式统治，所以美军经常轰炸台湾。据二姨回忆，他们全家为了躲避美军的轰炸，确实经过了千难万险。有一回，美军轰炸高雄的草衙炼油厂，她的两个儿子（即长子正太和次子钦次，当时才5岁和3岁大）正在外头玩耍。幸亏他们逃得快，立刻躲到桥墩上，才不至于丧命。

1945年后，台湾归回中国。本来这是好事，但台湾人（他们曾被日本连续殖民式统治了50年！）的适应过程并不容易。他们从前被迫向日本天皇敬礼，现在突然必须向蒋介石的肖像致敬。最不幸的是，1947年的二二八事件使得当时多数的台湾人对台湾当

---

① Thomas H. C. Lee "The Nexus: From Taiwan to Queens, NY", in Luchia Meihua Lee, ed., *Nexus: Taiwan in Queens, A Catalogue* (New York: Queens Museum of Art), pp.10-12.

局失去了信任。据二姨回忆，还是此后蒋介石政府所造成的白色恐怖最为可怕。不必说，由于她的大哥（即陈本江）与鹿窟事件的关系（加上我父亲不幸被连累的前例），都让二姨和她的一家人长期活在恐怖中。事实上，1950年1月间，不仅我父亲被捕，许多亲戚也都被保密局的人抓去拷问数日，其中所受的折磨自不待言。所以，从此二姨和她的家人也学会了凡事保持沉默的习惯。

　　除了白色恐怖，二姨还喜欢告诉我她年轻时在日据时代的经验。其实，二姨和她的兄弟姐妹（包括我母亲，一共8个孩子）虽然都在台湾（高雄凤山）出生，但全家曾经一度搬去厦门，所以早年大半都在厦门上学。在厦门上学期间，二姨年年考第一（一直到1936年，她回台湾结婚）。二姨结婚后，我母亲和其他家人继续住在厦门；我母亲也是成绩优异，名列前茅。但1937年卢沟桥事变爆发，日本领事馆令他们立刻回台。他们搬回台湾后，问题就来了，因为当时只有少数台湾家庭有资格送孩子上台湾的学校。后来，我的外祖父母决定把男孩子送到东京读书，至于女孩儿（包括我的母亲和她的四妹）——由于家庭经济的问题——则只得被迫辍学。四姨总是逆来顺受，唯独我母亲站起来反抗父母的决定。先是1939年初我的大舅陈本江考取了日本早稻田大学的政治经济科，已经前去东京留学。不久，我的三舅也要出发去往东京，准备进日本的中学读书。于是，这时我妈就吵着无论如何要随她的弟弟（即我的三舅）到东京去，她说她宁愿放弃嫁妆也要到日本受教育。就这样，我母亲和她的弟弟陈通和从凤山火车站买了两张"往东京"的票（当时的票价每张30元），他们由凤山坐夜班车，到高雄火车站转乘"纵贯线"夜快车，数小时后抵基隆站，转往

　　这是纪念早稻田校歌的一面扇子。作者的父亲曾以第一名的优异成绩毕业于早稻田大学

码头，坐"高千穗轮"油轮（9000多吨的油轮）前往日本。第二天一早他们抵达九州的门司港，当夜就到了本州的神户港。那天，我的大舅特地从东京搭火车，到神户接他的弟妹两人。

我母亲当时17岁，先在"研数学馆"注册，恶补英语和数学，后考入东京一所女校。不久，通过我的大舅，她认识了我的父亲（父亲当时是从中国大陆到日本的公费生，进早稻田大学政经系读书，与我的大舅同班）。1942年底父亲毕业回国，1943年初我母亲到天津，与我爸结婚。

从此，母亲和她的姐妹们走向不同的人生旅程。例如，二姨早在12岁时即与草衖的富家子弟张绿水订婚，18岁时成婚。张家的房子很美，庭院又曲折有致，人称为"大观园"。听说二姨结婚时，她的嫁妆之盛可谓空前（相较之下，我母亲自己放弃嫁妆，但其实后来在天津和我父亲结婚时，她也不需要任何嫁妆）。在草衖村里，二姨很快就以美丽和贤惠著称，连日本人都知道她。这可能因为她的公公（即张绿水的养父张金梯）是当地很有名的人。一般来说，二姨对日本人对"台湾"现代化的作用有切身体会，她说："幸亏日本人为'台湾'建设良好的下水道、电力、公路和铁路，才有后来的台湾。"二姨本人也特别喜欢干净，所以她总是把家里装设得十分现代化，很早就装了抽水马桶，因此村里的人都对她另眼看待。

此外，二姨特别善于针线艺术。我经常想，她一生中所创作的许多精彩的针线作品也可说是一种"女书"。当然，我们通常所说的"女书"是指通行于湖南江永一带的妇女写作。但我以为，"女书"是妇女们的心声的体现。据有些学者的研究心得，凡喜欢用女书来创作的女性，一般都极富有童心，而且想象力特强，总是从早到晚写个不停——她们时常把自己的心声和创作体验写在纸扇上，缝在衣服上，绣在手帕上。所以，"女书"实是女性特有的生命见证。

一直到她多年后移民到了美国，二姨仍在她波士顿的家中，经常把她的生平体验缝入各种各样的衣服、布面，甚至人们的心中。即使已是儿孙满堂，还有几个曾孙，她仍不断用爱心来处理生活，其实生活本身就是她的女书。在她的女书中，章章句句都带有真实的关切，她用的是自己最拿手的"艺术语言"，最直接的抒情方式。她动作敏捷而聪慧，不喜欢闲着无事。例如，在病床上重病的时刻，她仍不停地工作，还特地为当地的教会制作了美丽而实用的窗帘。我永远不会忘记，二姨曾为我亲手缝制各色各样的衣裙，引来周围朋友们的啧啧称赞。她为我丈夫钦次所做的无数条领结，每一条都像艺术品一般珍贵，都让人联想到母爱的伟大。她还为我女儿（甚至为女儿的洋娃娃）织出许多配有各色花纹的毛线装，其创作和想象都是一流的。此外，她为其他亲戚和朋友们所做的一切，更是数不胜数了。听说有一回，一个过夜的客人忘记带睡衣来，二姨立刻在短短的一个钟头之内做好一件睡衣送给她。

其实，与二姨相同，我的母亲也是一个富有想象力的艺术家。母亲从前留学日本时，除了就读东京一所女校，也学服装设计，没想到后来父亲遇到牢狱之灾时，母亲就凭着教人裁缝的一技之长，养活了我们。所以，母亲也是一个名副其实的"女书"作者。

还记得，1997年9月在她临终之前，母亲曾一再向我强调：

"你要永远记得二姨的恩惠，如果不是她在你小时候照顾你，你绝对没有今天的一切。"

如今这两位上一代的多才多艺的台湾姐妹都已随着时光逝去（二姨也已于 2001 年 8 月去世），但她们留下来的"女书"却永远见证了女性特有的爱心和艺术精神。

第十八章 Moses、Charlotte 与我

许牧世（Moses Hsu）教授是我当年在台湾地区东海大学读书时的老师，但他和他的妻子谭天钧（英文名夏洛特，Charlotte）医师则早已是定居在美国的美籍华人。谭医师是举世闻名的癌症专家，她在纽约的斯隆—凯特琳（Sloan-Kettering）癌症中心医院工作多年，1950 年初她曾是老布什总统（当时老布什尚未当美国总统）女儿的医师。几年前他们夫妇相继于波士顿城去世。

许牧世夫妇不但是我的师长，也是我的恩人。过去在台湾地区时，他们曾经多方面照顾过我。后来，我移民到美国之后，他们为我所做的一切更令我无法忘怀。如果说，师母夏洛特很有红玫瑰的气质——她对人总是充满了热忱和爱心，那么我的老师许牧世教授的一生则正象征着白玫瑰的崇高与纯净。

我尤其难忘 1966 年自己从东海大学毕业的那一天。那个 6 月天的阳光特别明亮，毕业典礼就在刚建成不久的路义思教堂举行。那天，校园里到处都是穿着黑色礼服的毕业生，还记得我和母亲两人胸前都戴有一朵红色的玫瑰花。我的老师许牧世教授则是典

礼中的主讲人，他总是那么谦和而亲切，演讲之后还特别向我母亲问好。尤其令人难忘的是，当时所拍下的那张我与他们一家人的合影：相片中许教授面带微笑，身着带有白色垂布（hood）的礼服，头上的帽子还挂有纯白的缨缕，一束又白又亮的垂缨在风中飞扬着。他的夫人夏洛特及女儿许多雯（Alicia）则很开心地站在旁边。记忆中，那飘扬着的白色缨缕，有如扩散开的白云，越过白茫茫的天边，漫过了宁静的大度山。

然而，今日想来，许牧世教授身上所发出的"白色"素质其实更像一朵令人难忘的白玫瑰。诗人托马斯·坎皮恩（Thomas Campion，1575—1620）曾在一首诗中写道："在他的脸上有一座花园/玫瑰花和白色的百合在其中随风飘动/那是一座天上的乐园……"我认为这样的诗句很能用来描写许教授崇高的人格。在西方传统中，白玫瑰一直象征着许多美好的人性特质——如纯洁、谦卑，以及对神圣者的敬畏之心等。而这些人性特质也正是许教授这些年来所希望教给我们的。

我是 1966 年春季第一次选修许教授的课的。那年我已大四，正在赶写有关美国小说《白鲸》（*Moby Dick*）的毕业论文。因为那论文题目涉及许多《圣经》的典故，所以我一直在努力寻找那一方面的资料。正巧那段时间许牧世教授刚从美国来中国台湾担任客座教授，在东海大学开了一门"基督教文学"的课。我听说，许教授在基督教文学研究方面早已有了特殊的成就，他曾在美国新泽西州的杜尔大学（The Drew University）参与了《基督教历代名著集成》的翻译大工程，前后 10 年，与章文新（Francis Jones）和谢扶雅等人合作，一共完成了 32 部名著的翻译。所以，东海大学能聘到像许先生那样的专家，确为不易。那年，许教授在课上所用的教材——如《圣经》、弥尔顿的《失乐园》、托尔斯泰的《复活》等，虽然我大都读过，但我发现他用来探讨宗教和文学的方法很新颖，所以很快就被他的课迷住了。我当时的期中（Mid-term）论文写的是有关陀思妥耶夫斯基的《罪与罚》的问题。记得，许教授很喜欢我的那篇英文论文，还特别拿那篇文章在课堂上传观。

在这以后，我很快就和许教授成了好朋友。他要我干脆喊他作 Moses——因为他说，美国学生经常对他们的教授直呼其名，以示亲近（当时许多东海班上的学生也跟着我称许教授为 Moses）。有一天，Moses 偶然听人提起我父亲过去曾经坐牢的事，他因而开始关心我们的家人（作者按：多年后，我父亲在美国终于有机会帮 Moses 校对《启示录》一书的中文翻译）。其实，有关台湾当时的政治迫害，Moses 自己也曾见识过，只是因为身为美国籍，没有直接受害而已。原来，1965 年他在东海大学教书的同时，也在台南的神学院里兼课。有一天三更半夜，突然有人到他的神学院宿舍来敲门。开门之后，只见有两个人冲了进来，口中直问："这里有一个姓刘的人吗？……"说着就开始翻动桌上的书籍，并搜查房间。Moses 只感到莫名其妙，但他还是很和气地请那两人坐下来，一面说道："敝姓许，这里没有什么姓刘的人。你们看来是搞特务工作的，但我可以告诉你，你们找错了人。"接着他就告诉他们，说他只是一个从美国来东海大学客座、同时也顺便在神学院上课的教授，如此而已。那两个特务于是边听边记笔记，其中一人居然不知道"东海大学"的"东"怎么写。Moses 就开玩笑答道："那个'东'就是'冬瓜'的'冬'呀……"

那次有关特务"来访"的事，Moses 并没放在心上，因为他相信那纯粹是个误会。但后来又有一次令他难忘的经验。那是他回美国多年之后的事了。有一回，由于翻译新版《圣经》的计划工作，Moses 必须赶到台北去见周联华牧师，也想顺便办理一些有关《基督教论坛报》的事（Moses 是《基督教论坛报》的创始人）。但在台北机场下了飞机之后，居然被拒绝入境。这一次，Moses 真的摸不着头脑，想请工作人员给个理由，却得不到答案。但他心里很急，因为周联华先生正在机场外头等着他。于是，他就对管事的人说："我不知道为什么你们不欢迎我到台湾来……但我有重要事必须与周联华先生商量……"几分钟之后，周联华先生就被领到会客室来与 Moses 相见。但后来 Moses 还是没有入境，又乘飞机返回美国了。

从那以后，Moses 就很少再去台湾了。他自始至终不懂为什么自己会成为台湾当局怀疑的目标，也不知道有什么人在后头作怪。但他想，既然他一生只为了替上帝服务，凡事只求心安理得就可以了。

作为 Moses 的学生，我永远也不会忘记他过去在学问和灵性上给我的帮助。然而，从前在东海大学的时候，我还太年轻，对于 Moses 在课堂上所讲的还不能完全消化，顶多也只能在细读的技巧上和文学的分析上有些初步的了解而已。但这 30 多年来，由于人生的阅历较深，已渐渐能领会老师从前苦心教给我们的人生课题了。Moses 一贯的教学方法就是通过文学的解读来启示人生的意义。再者，他以为《圣经》是人类史上最重要的文本，因为那是上帝借着启示而让人写出的文学杰作，因此他鼓励我们熟读《圣经》

（后来，20世纪70年代 Moses 全力翻译新版《圣经》，终于编成现代中文译本《圣经》，该译本今日已十分畅销）。值得一提的是，在美国的学术界里，一直要到20世纪80年代后期大家才把《圣经》当作文学来研究——其中以罗伯特·奥尔特（Robert Alter）和弗兰克·克默德（Franke Kermode）的《圣经的文学导读》一书为代表作。然而，如上所述，早在20世纪60年代初 Moses 就已经把《圣经》当成文学作品来分析了。例如，在我们的课堂上，他曾把一篇篇的《诗篇》用抒情文学的角度来解读，还要我们专心寻找诗人的真正声音。每当他读到"我们的生命短暂如梦／我们像早晨发芽生长的草／晨间生长茂盛，夜里凋萎枯干"（《诗篇》90篇5—6节，现代中文译本）等章节时，我总是特别感动，连眼眶都湿了。

我最喜欢听 Moses 讲课——尤其是听他讲解《圣经》，等于在听故事。记忆中最深刻的，就是有关大卫王的"罪"与"罚"的故事。《圣经》中记载，英明的大卫王不但犯了奸淫，贪恋他人的妻子，而且还借刀杀人，得罪了上帝。我上中学时第一次读了这段《圣经》（《撒母耳记下》12章），心里就开始怀疑，怎么上帝会喜欢像大卫王这样一个"罪人"？但经过 Moses 的文本分析，我终于豁然开朗——原来这个《圣经》故事的重点不在于犯罪本身的大小，而在于个人忏悔的诚心如何。所以，大卫王最终之所以能得到救赎，乃是由于他内心至诚的忏悔。的确，在《诗篇》里我们曾听到大卫王连续不断向上帝祈求的声音。其中许多美丽动人的诗句，都是诗人发自心灵深处的祷词："你所要求的是真诚的心／求你用你的智慧充满我／求你除掉我的罪，使我洁净／求你洗涤我，使我比雪更白。"（《诗篇》51篇6—7节，现代中文译本）。

另外，在有关《约伯记》的讨论里，Moses 也屡次教我们学习思考苦难人生的积极意义。例如，约伯那个人可以说已受尽了所有可能的人间灾难了，但上帝却一再"以苦难教训人，以祸患开启人的眼睛"（《约伯记》36章15节，现代中文译本）。所以，即使像约伯那样一个清白的人，他在受尽千辛万苦之后，也终于后悔自己"祸从口出"的罪过。总之，借着这些故事，Moses 要我们明白一点——由衷的忏悔乃是获得救赎的先决条件。然而，最重要的还是必须具有谦顺的心。这就是奥古斯丁的《忏悔录》之所以成为西方少数经典的原因之一。

对于 Moses 的教训，我一直牢记在心，不敢忘记。每当我有过失时，都会自然而然地想起他的话。我发现那记忆竟是永久的。

我的一位老同学梁敏夫先生，他曾为 Moses 的《人世与天国之间》一书写过序。他曾在序里写道："许先生的一切作为都表现在他敦厚慈爱的心。"我认为这是一句极有见地的话。诚然，Moses 那颗敦厚而慈爱的心，乃是他毕生为教育和宗教付出了最大心血的动力。为了献身于东亚地区的宗教教育和出版事业，他曾不顾自己的健康情况，独自离家多年，默默耕耘，无怨无悔。在此期间，他几次曾因过分劳累而昏倒。后来，直到7岁的女儿许多雯埋怨了——而且自己发现身体已到了非做心脏手术不可的地步了，他才决定回到美国的家中退休。

但他一直没停过写作。据他的妻子夏洛特说，Moses 最后写的一篇稿件题为《我们的婚姻》，只写了三页，他就进医院去了，所以那是一篇最富有纪念意义的"未完稿"①。

Moses 生平最喜爱年轻人，年轻人也最喜爱他。他最后一次分享，讲的是浪子回头的故事。那天是 2002 年 1 月 27 日，即他逝世前两个星期。

在布鲁克林（Brooklyn）的追悼会中，我发现整个教堂里都挤满了人——大都是一些因仰慕 Moses 的人品而来的青年人。那些青年人，个个着黑装，眼里闪烁着纯洁而美丽的光芒。我很自然地忆起了多年前那个在东海大度山上与老师合影的年轻的"我"。想到这里，我忍不住伸手摸了摸自己身上的那朵白玫瑰……

---

① 后来，谭天钧终于为许牧世完成了这篇"未完稿"。见谭天钧《我们的婚姻——情牵四十二年》一文，载于《世界周刊》，2002 年 6 月 23 日。按：谭天钧医师已于 2008 年去世。

第十九章　女儿16岁

A daughter is

One of the most beautiful gifts

this world has to give.

（女儿是

这个世界所能给予的

美丽的礼物之一）

　　　　　　　　　　　　　　—Laurel Atherton

　　2002年5月，女儿Edie（中文名字咏慈）16岁。在她生日的前几天，我对她说："当年我和你一般大的时候，我父亲才从监狱回来。当时，我爸爸的安全归来就是我最好的16岁生日礼物。你现在也快16岁了，你要我们送给你什么礼物呢？"

　　"A Learner's Permit（驾车许可）！"她不假思索地说着，一面做出开车的姿势。

　　"噢，原来如此，那很简单。"我松了一口气。我怕她又要花钱买很昂贵的那种"不三不四"的衣服。

但出乎意料的是,一个"驾车许可"居然会给我在往后的几个星期中带来那么多麻烦;它几乎葬送了我暑期剩余的写作时间。

首先,"驾车许可"本身并不难拿。在康州,一个人只要过了 16 岁生日就可以到 Department of Motor Vehicle(简称 DMV,类似于中国的车辆管理局)报考笔试,考过了立刻就能拿到"许可"——虽然那个考试并不容易通过。女儿一过 16 岁,整天就吵着要去 DMV 考试,因为她说:"班上的肖娜(Shawna)早已拿到'许可',好朋友凯特(Kat)也已经会开车了。"我于是很快就带她到附近哈姆登镇(Hamden)的 DMV 中心去考笔试。但我心里估计,她大概考不过,因为从未看见她花时间准备,而且她一向最不会应付选择题的考试了。

然而,谁能料到,女儿一下子就考过了,而且还拿了满分,这令我十分吃惊,因为她一向很不用功,在学校里的成绩(除了音乐、艺术和其他特别喜欢的少数科目之外)也仅是平平。她说:"车管局的那些试题容易极了,我不到几分钟就做完了……"我看见她手里拿着车管局授给她的一张小小的"驾车许可",笑嘻嘻地走了出来。

但接着麻烦事就一连串地来了。首先,女儿想要以最快的速度拿到正式的执照。按康州的规定,一个人若已拿到驾车许可,至少要等 6 个月后才能正式考车并拿执照。但 6 个月后正好是北美东岸的严冬季节,谁能够放心让一个 16 岁的女孩在雪地上考车呢?我和丈夫钦次因而开始为此事忧虑。我们一直挖空心思地想:有什么办法能让女儿在下雪之前就参加实地考车?

经过几天的努力打听，我们终于得到一个可靠的消息：听说一个 16 岁的孩子若想要在取得"许可"之后 4 个月就拿到正式驾车执照，最好的办法是参加名为"司机助手"（Driver's Aid）的驾驶训练班。训练班的要求一般很严：学生除了必须完成 30 个小时的强化课程之外，还得考两个总共 4 小时的电脑笔试，以及 8 小时的"实地驾驶"练习。

我们都同意这是一个很好的解决方法，至少能让女儿在暑期间完成所有"司机助手"所要求的课程。再者，以我在耶鲁教书工作之繁重，在学期当中是绝对无法带女儿天天去上驾驶班的——虽然"司机助手"也会为青年学生开夜班。至于钦次，他当时每天要通勤到纽约上班，来回至少要花掉 4 小时，自然无法在女儿学开车的事上贡献任何周日的时间了。

后来，我们就决定让女儿到哈姆城镇的一个驾驶训练班去上课。听说第二天就要开课了，我们为能及时报名而感到庆幸。为了让女儿能在 8 月底完成所有的课程和"实地驾车"的训练，我们把每天的行程都排得满满的。同时，我一向胆小，最怕教人开车，所以又多花了 400 元请训练班里的老师加班指导女儿开车。心想，这样我就可以高枕无忧，好好地写我的文章了。

于是，每天早晨九点半我从木桥乡（Woodbridge）的家中出发，把女儿送到哈姆登镇的驾驶训练班后，就自己开车到附近一家叫作 Daily Grind 的咖啡馆里去看书了。一般说来，只要等到中午 12 点，女儿就下课了。然而，女儿虽然已经下课，我们还是不能立刻回家，因为她下午还必须参加两个钟头的"实地驾驶"训练。因此，我们总是到附近的餐馆吃个午饭，等时间到了，我才从餐馆开车送女儿到训练班去。然后再回那个咖啡馆里等两个小时。可以说，在这段日子里，我都在"等待"中过活了。

起初，我觉得这种悠闲的"咖啡馆生活"颇有情调。但渐渐地，我开始着急起来——学校马上就要开学了，而我的写作速度却因为女儿的驾车训练而耽搁了下来，心里着实恐慌。这是因为，每回写作时，我总要让自己先慢慢地进入状态，等完全"进入"了，才能开始动笔。所以，这种断断续续的喝咖啡时间，完全不利于我的写作。

最后，我决定要每天早起，心想这样或许还能在送女儿出去开车之前完成几页的书稿。

然而，女儿说"不行，不行"，驾驶的老师今天下午才告诉大家，说学生不可以完全依赖老师教他们练习开车。除了训练班那儿几个钟头的"实地驾车"之外，每天学生的父母还得找时间陪孩子开车，否则将来很难通过考车。于是，女儿要求，从即日起，每天早晨（在去哈姆登上课之前）我必须带她到附近学校的停车场学车。这一来，我真的慌了。当时，她才总共开过 4 小时的车，我真有勇气坐在她旁边，监督她开车吗？我本来就是因为怕教女儿开车，才处心积虑地让她上驾驶班，希望从此让别人为我担下这个担子，谁知还是行不通！

于是，我开始想：还是孩子小的时候比较好养，现在长大了，真麻烦！记得，女儿小时候总是跟着我们走，我们到哪儿她就跟到哪儿，而且她也没什么主见。现在不同了，我不但要为她学车的事操心，而且已成了她的全天候司机，经常要载她到处去参加各种各样的活动！

虽然如此，我还是认了，还是尽量做一个好母亲吧。这几天，为了让她早起练习开车，我每天清晨8点钟就准备就绪了。记得，第一次带女儿到友好高中（Amity High School）的停车场练车时，我非常紧张。从女儿发动车子的一刹那起，我就握紧拳头，开始坐立不安起来。我一直喊："不要开太快，小心，小心……"她却很镇定，还很轻松地说："Don't worry, Mommy. You always worry too much（妈妈，不要担心，你总是太过分操心了）。"她一面说，一面不慌不忙地把车向前开，又后退、倒车、停车，一切都没问题。接着，又开玩笑说道："I drive, therefore I am（我开车，故我在）！"没想到，她居然会模仿哲学家的口气，说出那种俏皮话！因此我心里也就放松了。

显然，我紧张是因为我想太多的缘故。美国女作家朱莉娅·卡梅伦（Julia Cameron）曾劝告我们，对付人生最好的方法是："不要问你能不能做什么，只说你正在做了，然后就只管系上安全带（Never to ask whether you can do something. Say, instead, that you are doing it. Then fasten your seat belt）……"她把一般的行事原则比成"系上安全带"的开车动作，给人印象特别深刻。我同时也想起了老子那个有关车轮的比喻——他说："三十辐共一毂，当其无，有车之用。"（《道德经》第11章）老子说的完全是另一个人生态度；他以为一个人要能游于"空间"之中（即"无"的空间，超越的空间）才能发挥潜在的能力，就像车轮轴中要有空隙（"无"）才能使车子转动。表面上看，老子的道家哲学与朱莉娅·卡梅伦的行动哲学正相反，但其教人不可患得患失之一点是相通的。

那天，在咖啡馆里等女儿时，我继续在想：Edie和从前16岁的我比起来，真是大不相同。首先，我们所处的文化背景就十分不同。打自出生的时候开始，她就活在无忧无虑的世界里；不管她要什么，我们都能为她买到。加上我一直到42岁那年才生下她来，所以我们也就特别宠她（我25岁时曾产下一男婴，名为David，但可惜没活下来）。女儿从来不知道受苦是怎么回事，也不会去想那个问题。此外，她的个性完全不是完美主义的那一种；有时她考试考坏了，她也丝毫不会忧虑，还会想办法来安慰我们。对她来说，生命中乃以朋友最为重要，只要她能和她的朋友经常在一起，或能每天互通电话就可以了。同时，她自幼就特别喜欢狗和猫，4岁那年她在托儿所里画了一幅"全家福"，其中就包括了一只猫和一条狗。她7岁那年写了一首题为《小狗》（The Puppy）的诗，得到老师的赞赏：

If I had a dream,

It would be to have a puppy.

And how I would make it come true,

I would beg and beg

For a puppy.

（如果要我说我有什么梦想，

我就说我想要一条小狗。

而如何使这梦想成真，

我能做的只有企求，企求

给我一条小狗。）

后来，经过她的"企求"再"企求"，我们终于在她10岁那年给她找来了一只小猫——我们没给她小狗，因为担心小狗会带来太多的麻烦。得到那只小猫之后，她非常开心，立刻给猫取名为Blackie（意即"黑猫"），并写了一首诗：

He likes the mat,

He acts like a bat,

He sits in my lap,

He plays with my cap,

He always takes a nap,

He is a witch's black cat.

ZAP! ZAP! ZAP! ZAP! ZAP!

（他像个垫子躺着，

他像个蝙蝠动着，

他坐在我膝上，

他玩我的小圆帽，

他总是白日睡大觉，

他真是个女巫的黑猫。

跳！跳！跳！喵！喵！喵！）

然而，此后不久，女儿却吵着再要一条狗。我们只好为她买了一条黄色的拉布拉多（yellow labrador）种的小狗，名叫Sunny。可惜，猫狗合不来，经常打架，最后两败俱伤，一起进了动物医院。在此情况之下，我们只得忍痛把Sunny送人了。

每天，女儿放学回家，一进门就会对她的黑猫说："Hi, I'm back!"如果那猫正好不在房子里，她就会跑到我们家后头的森林里喊道："Blackie, Blackie..."Blackie只要听到女儿的声音就会立刻跑回来，一切听她的指挥。当她说"Jump"时，它就很乖地跳一下。说"Sit"时，就马上坐下。那猫俨然像个人了。

后来，台湾的名作家隐地和妻子林贵真来访，他们都说很羡慕我"拥有一座森林"，殊不知那座森林实属女儿和猫的天下。那座森林又大又安静，只是偶尔会传来小鹿在林中穿行的声音，还有Blackie的回音。我觉得，我之所以渐渐学会了与森林对话，主要也是受了女儿的影响——因为她从小就喜欢和猫狗对话，也喜欢和大自然接近，所以我就不知不觉地受感染了。有一次，我在森林的边缘散步，惊见一群可爱的小火鸡（和一只很大的火鸡妈妈）走过，我居然情不自禁地和它们打招呼。但我想，那是一种纯真的对话，一种与大自然自由沟通的对话。记得，Edie还很小的时候，我们经常带她到一些特别幽静的地方度假，希望在极其忙碌的生活中还能享受一种大自然的宁静。所以，当别的孩子们还在大哭大闹的阶段，女儿已经跟我们学会了享受梭罗的瓦尔登湖（Walden Pond）那种湖滨境界了。此外，女儿小时候特别喜欢游耶鲁校园的各个幽静的角落——例如，位于老校园那个纪念耶鲁校长嘉马地的"永恒的座椅"（Giamatti Chair）也是她经常去的地方。每次带她去那种地方，我自己也会经验到一种宁静的沉思。所以，从某种意义来说，幼小的女儿填补了我当时某种心灵的空缺。

女儿自小就很富有感情。记得，7岁那年，她的一篇作文得奖，老师认为那是"不可多得的抒情之作"。那篇短文题为《我的哥哥》（My Brother），文章是这样开始的：

> 我哥哥出生时，我妈妈还没生下我。我哥出生后不久就死了。我不知道他长什么样子，我妈妈更不知道她能否再生一个。但我见过我哥的相片。哥哥的死曾使妈妈非常苦恼，但她后来还是生下了我……[①]

女儿虽然学业成绩一直不怎么出色，但在学校里，她很会过她自己喜欢的生活。她不但有很多要好的朋友，而且在乐队里一向很活跃，所以有一年5月美国阵亡将士纪念日（Memorial Day）的社区大游行中，就由她和另一位同学负责掌大旗，走在队伍的前头。游行的那一天，为了替她拍照，我在路边等了几个钟头。当她发现我在后头偷偷地拍照时，她立刻回过头来，做了个鬼脸——她一向最怕被拍照，她认为拍照会夺去"此时此刻"的愉悦经验。对她来说，最重要的是专心享受目前的快乐。

总之，女儿生性乐观，她每天都活得轻松愉快。从她幼时的"自画像"就可以看出，她本来就是个乐观型的人。她有时会批评我，嫌我终日都在努力工作，不懂得享受人生。

我想起了从前自己与母亲相处的情形。在我小时候，当我爸爸还在监牢时，母亲为了维持生活，天天都很辛苦。但我生性好强，在学校里若没有得到第一名，回到家里就向妈妈和弟弟们发

---

① Edie 那篇文章的原文是："I wasn't born when my brother was born. He died when he was a baby. I don't know what he looked like. He was sick. My mom didn't know if she would have another baby. But I saw his picture. My mom was very worried when he died. But she still had me..."

脾气，有时闹得天翻地覆，给了母亲很大的压力。有一次，我上初一时，考试没考好，回来就开始向妈妈要求说要转到台南女中去就读。那时候，"跨市"转学根本是不可能的，但我还是继续闹到晚上，最后妈妈受不了，生病倒下了。许多年之后，我长大成人，每次回忆从前和妈妈吵闹的场景，都感到十分亏欠。

我想，比起从前的自己，我那16岁的女儿给我的麻烦实在太少了。我觉得自己应当学她，要放松一点。

第二十章　大弟游绿岛

2004 年 4 月间，大弟康成为追踪父亲半世纪前在绿岛服刑的受难现场，特意前往观览。几天后，我收到了康成的一封英文电子邮件：

I knew I had to go to Green Island to trace the time back to when Dad was jailed there. Well, I finally did it recently. Standing on the beautiful seashore right in front of the jail compound, I felt as if time went back 50 years. My tears welled up, as the wind was blowing—no doubt just like they were decades ago. On the ferry, I saw high waves billowing through the sea, and I suddenly felt the same pain of injustice that Dad must have felt 50 years ago. I prayed to God, for He had kept Dad strong, through it all.

（我一直想去绿岛追寻父亲当年在那里坐牢的踪迹，最近终于了却了这个心愿。伫立在监狱大院濒临的海边，面对眼前美丽的景色，我恍然有时光倒流半个世纪的感觉。海风拂面，我泪如泉涌，身临此境，也就像回到了当年。在渡口处，我遥望海面上巨浪翻滚，忽然间才真正体会到父亲50年前蒙冤受屈的痛苦。我在心里向上帝祷告，感谢他赐给父亲熬过了那场劫难的坚毅。——孙康宜译）

大弟的信十分感人，未读完那信，我已热泪盈眶。绿岛不正也是我这些年来一直想去的地方吗？现在通过大弟，我多少也算了却了自己的心愿，觉得可以给《走出白色恐怖》这本书画上句点了。我于是把康成的信打印出来，快递寄给当时已是84岁高龄的父亲。

后来，康成又陆续寄来许多他在绿岛拍摄的照片。有关从前白色恐怖期间监禁犯人的集中营照片尤其令我伤感。好像每张相片上都留下了那些已经消逝年代的伤痕。其中，最令我感动的就是曾经被监禁于绿岛多年的作家柏杨所题的"人权纪念碑"：

在那个时代
有多少母亲
为她们
囚禁在这个岛上的孩子
长夜哭泣

此外，还有一段令人惊心动魂的壁上刻文：

2004年4月，作者的大弟孙康成前往绿岛，与柏杨的"人权纪念碑"合影

下列题名人士，是二次战后台湾长达四十年白色恐怖时期……被枪决或被囚禁的英雄……因名单无法一一收齐，以后当陆续增补。

这些纪念碑其实是在告诫我们：现在是吸取教训的时刻了，让我们不要再回到从前那个恐怖的时代。

我想起了美国的天使岛。几天后，我再次游历加州西海岸，又重新登上轮船，到了那个遍布华人移民屈辱印记的天使岛。在离移民站不远处，我终于找到了那个著名的"自由钟"，上头写着"Immigration 1910"。诚然，自由是需要代价的。那个面对太平洋的大钟好像一直在提醒人：是20世纪初"入境华人"的受难造就了今日美国华裔的成就与自由。

从台湾的绿岛到美国的天使岛，我一路走来，虽然无法冲洗掉过去那段伤痛的记忆，但我对未来还是充满希望的。

第二十一章　父亲的手

2007 年 5 月 9 日，我的父亲孙保罗在加州费利蒙（Fremont）的华盛顿医院（Washington Hospital）里以 88 岁高龄与世告辞。他走得十分安详，没有痛苦的挣扎，没有弥留之际的呓语，更没有任何焦虑的迹象。他那平静的离世经历正好印证了他多年前曾经写下的祷文诗句："主！抱着你的小羊，抱我直到天堂。"直到最后一刻，我一直紧握着父亲的手，企图在剩余的短暂时光里，再一次抓住他那双我所熟悉的"强韧"之手。

5 月 14 日那天，在父亲的"火葬礼"中，我遵从父亲遗愿，亲手为父亲按钮，进行火化。

想到父亲的手，我又回到了幼年的记忆中。

小时候就经常听母亲说，我的手不像一般女孩子那般细润秀气，因为我遗传了父亲那双强韧粗大的手。但母亲却很庆幸我有一双强壮的"男性"之手，因为据说当年父亲在白色恐怖期间被保密局人员抓走之后，次日他们又来到家中，准备要逮捕母亲，幸而当年才 6 岁不到的我及时警觉，立刻抓起一支长棍朝那保密局的人猛打过去，才使那人最终没有抓走母亲。因此，母亲相信，是那双拥有父亲的遗传基因的手保卫了我们一家人。

后来我发现，父亲那双"强韧"的手的确成为我终生效法的目标。首先，父亲喜欢忙碌，喜欢凡事自己动手。我也和父亲一样，喜欢不停地工作，尤其喜欢成天写字、练字，同时经常会在读过的书页上用不同颜色的笔写读后感。唯一遗憾的是，我没学到父亲的书法艺术。但他经常为我题字，他为我的书斋题写的"潜学斋"遗墨尤其珍贵。尤其是，他在"潜学斋"3个字下的附言"康宜敦品励学"将令我终生难忘。

然而，真正让我心里感到撼动的乃是父亲的信仰。父亲不但是我血缘上的父亲，同时也是我灵性上的父亲。在信仰的事上，他一直是领我走在人生旅途中的导师。父亲读经之勤实属罕见，多年来他把《圣经》从头到尾连续看过几遍，而且每次阅读《圣经》都有新的感想。因此，他所读过的许多《圣经》本子都充满了密密麻麻的评语心得。此外，父亲酷爱有关信仰方面的书籍，尤其是陶恕（A. W. Tozer）和倪柝声先生等人的作品，他总是百读不厌。父亲还有一颗渴慕神的心，他每天清晨4时就起来，一个人安静灵修，如此数十年如一日。移民美国之后，他尤其喜欢帮助别人。许多朋友们都告诉我，他们经常得到我父亲在信仰和生活方面的帮助和启发。在这一方面，我自己也不断受益于父亲的帮助。他屡次提醒我，外在的成功是次要的，个人的内在精神才是最重要的。记得，1982年我刚到耶鲁教书，生活突然忙碌万分，整个人变得外强中干，这时父亲觉察到我的信仰问题，立刻来信让我警惕。

信仰跟"忙"没有关系。愈"忙"才愈需要"信心的生活"……读经祷告，每日不过花十几分钟，得益无穷……你必须自己坚定地过信心生活。

为了督促我在信心方面的长进，父亲还特别寄来一幅他亲自画的《祷告的手》。我把那幅《祷告的手》镶在镜框里，随时鼓励自己。

母亲于1997年逝世之后，我再度陷入情绪与信心的低潮。当时，父亲自己强忍住悲哀，一直来信安慰我。其中一封信谈到人生受苦的意义，最让我难忘：

受苦是个奥秘。人谁乐意受苦？但必须用受苦为工具，才能叫一个人有价值。例如，《诗篇》66篇10至12节所说……没有尝过伤心流泪叹息挣扎的人，是无法明白的……

然而，可以想象，母亲过世之后10年间，父亲的独居生活是极其艰苦的（他再三坚持，决不与儿女们同住）。但父亲能在艰难之中化悲哀为力量，不但很快地写出纪念母亲的《一粒麦子》一书，而且继续努力帮助别人。他曾于母亲逝世一个月之后，到马里兰州的盖瑟斯堡（Gaithersburg）演讲；几年之后，又以82岁高龄，来到耶鲁附近的华人社群中分享。

从2001年起，父亲开始喜欢为圣歌作词。这是他在孤寂的老年生活中逐渐培养出来的一种文字创新活动。有关这一方面的作品，他留下了不少笔墨。在那段独居的生活里，他经常自吟自唱。

他曾为一首题为"Wherever He Leads I'll Go"（B. B. McKinney 制曲）的英文圣歌写过中文歌词。他最喜欢吟诵的一段歌词是：

> 与主同行，走血泪路，
>
> 除你以外无永生，
>
> 所有所爱
>
> 我全献上，
>
> 破釜沉舟跟从你……

另有一首，题为《保罗自作词：日落的那边》，乃为配合"Beyond the Sunset"一曲所作，特别令人感动：

> 地上工作毕，
>
> 主接我回家，
>
> 众圣天上迎，
>
> 喜乐何大，
>
> 罪人蒙救赎，
>
> 安然见恩主，
>
> 宝血我所靠，
>
> 亦我所夸。

然而，在那以后不久，父亲的身体突然急转直下，一下子变得衰弱无比，最后甚至到了行动完全不能自如的程度。一切都好像在见证着《日落的那边》那首词的含义。

我向来很少记得自己所做过的梦，却一直无法忘怀2004年夏天那个父亲节前夕所做的一个梦。记得那天我刚写完我的英文回忆录（题为 *Journey Through the White Terror: A Daughter's Memoir*)，并用快件把书稿寄给了父亲，作为赠他的父亲节礼物。但那天夜里，我做了一个颇富寓意的梦。在那个梦里，我很清楚地看见，我和父亲、母亲一同坐在一个拥挤而吵闹的会议室里，那房间又热又不通风，我们都被闷得很苦。最后，母亲建议我们赶快离开会场。于是，我立刻用右手牵着父亲的手，左手牵着母亲的手，从人群中很快地走了出去。走出门外，才发现外头十分清静，而且出奇地凉爽，远远望去，只见广阔的街道上有两排高高的椰子树，一路上除了我们3人之外，并无其他人。接着，我很高兴地说："我们慢慢走回家去吧……"

　　那是一个十分奇妙的梦。我一向不相信梦，但那个梦让我自觉地意识到：父亲在世的时间不多了，我要在他剩下的时光里，多多孝敬他，也要在他身体逐渐变得衰弱的时刻，继续握住他的手，陪伴他走完那最后的一程。

　　2007年5月9日那天，早晨11点30分整（美国西岸时间），父亲终于走完了他的生命旅程。值得庆幸的是，当父亲在医院的病床上咽下最后一口气时，他的3个孩子都在场。尤其，令我感到安慰的是，直到他走到人生旅程的尽头，我都紧紧握住了他的手。他那双手，仍然像以往一般地坚韧。那是一双祷告的手，也是为正义搏斗的手。

【附录】作者成长年表和有关事件

1944 年·诞生

2 月，生于北京市北新华街 23 号乙；籍贯天津（父亲孙裕光，母亲陈玉真；祖父孙励生，祖母杨氏，后奶奶李淑君；外祖父陈祥，外祖母刘锦）。

1945 年·1 岁

8 月，日本战败投降，台湾重回祖国怀抱。

1946 年·2 岁

1 月，大弟康成生于北京。

4 月，与父母和大弟离开天津，经由上海到台湾。

1947 年·3 岁

2 月，二二八事件爆发，当时父亲任基隆港务局总务科长。家住基隆港东侧。

3 月 8 日，国民党增援部队由福建乘登陆艇登陆台湾，士兵开枪扫射台湾民众。

1948 年·4 岁

3 月，小弟观圻生于台北。小弟出生后几天，父亲即调往梧栖港务局任副局长。

5 月 20 日，蒋介石成为中华民国总统（在南京）。

1949 年·5 岁

5 月 20 日，台湾开始实施"戒严法"（martial law）。

12 月，蒋介石政府撤退至台湾。

1950 年·6 岁

1 月 23 日深夜，父亲被保密局的人员逮捕，4 月底被释放。

5 月 5 日，父亲第二次被抓。母亲随即带我们姐弟三人南下，避难于高雄县的港嘴乡。

6 月，朝鲜战争爆发。

8 月，父亲被判刑 10 年，罪名为"叛乱罪"。母亲开始在林园乡开洋裁班。

9 月，进林园小学一年级，被选为班长。

10 月，父亲被送到绿岛（火烧岛）劳动营。

1951 年·7 岁

10 月，获全高雄书法比赛第一名。

1952 年·8 岁

4 月，被选为林园小学模范生。

10 月，父亲自绿岛回台，被继续关入台北新店军人监狱。

1953 年·9 岁

1 月，初次到新店军人监狱探视父亲。

7 月，朝鲜战争停止。

1954 年 · 10 岁

9 月，初识恩师蓝顺仕。

11 月，转往台中的梧栖小学就读，得四姨父、姨母照顾。4 个月后返回林园。

1955 年 · 11 岁

9 月，被五年级导师刘添珍（刘丁衡）推举为林园小学乐队总指挥。

12 月，大舅陈本江（鹿窟事件领袖之一）出狱。

1956 年 · 12 岁

2 月，通过二姨父、姨母的帮助，转到左营高雄炼油厂子弟代用小学就读。住二姨父、姨母家。

6 月，自炼油厂小学毕业。

7 月，考取高雄女中初中部。

1957 年 · 13 岁

3 月，父亲在狱中发表《论科学的思考》一文之中译（原文为日文）。

1959 年 · 15 岁

9 月，被保送至高雄女中高中部就读。

1960 年 · 16 岁

1 月 23 日，父亲出狱，结束了 10 年的牢狱生活。一家人暂住草衙（即二姨父的老家）。

9 月，父亲开始在高雄炼油厂国光中学教英文。全家人迁往炼油厂的教员宿舍。

1961 年·17 岁

10 月，在高雄女中的《罗密欧与朱丽叶》一剧中，扮演神父劳伦斯一角。

1962 年·18 岁

9 月，被保送至东海大学外文系就读。

1963 年·19 岁

9 月，获陈果夫奖学金。

1965 年·21 岁

9 月，开始在安·科克伦（Ann Cochran）教授的指导之下，撰写有关《白鲸》（*Moby Dick*）的毕业论文，并选修许牧世（Moses Hsu）教授所开的基督教文学课。

1966 年·22 岁

6 月，自东海大学毕业。与同学钟玲同时被选为该年的荣誉毕业生，并获美国斐陶斐荣誉学会（Phi Tau Phi Scholastic Honor Society）荣誉会员资格。考取第一届台大外文研究所。

8 月，张钦次离开台湾，开始在美国普林斯顿大学攻读博士学位。

9 月，进台大外文研究所就读，专攻美国文学。

1967 年·23 岁

1 月，获中山人文奖金。

6 月 10 日，大舅陈本江在台北去世。

1968 年·24 岁

7 月，移居美国。

8 月，与张钦次在普林斯顿大学教堂结婚。

1969 年 · 25 岁

9 月 20 日，产下一男婴，名张岱晗（David Chang）。

10 月 30 日，儿子张岱晗病逝于纽约医院（New York Hospital），仅活了 40 天。

1970 年 · 26 岁

7 月，丈夫张钦次在普林斯顿大学获土木及地质工程系博士学位，开始在南达科他州立大学教书。

1971 年 · 27 岁

3 月，好友钱伯林（Edith F. Chamberlin，专属称呼 Gram）到台湾拜访作者的父母和其他亲戚。

5 月，获新泽西州立罗格斯（Rutgers）大学图书馆学硕士学位。

6 月，大弟康成离开台湾，到纽约州立大学石溪分校（Stony Brook）读书。

10 月，联合国大会（General Assembly）恢复中华人民共和国在联合国组织中的权利。

1972 年 · 28 岁

2 月，美国总统尼克松访问华。

6 月，小弟到美国乔治敦（George town）大学读书。

12 月，获南达科他州立大学英文系硕士学位。

1973 年 · 29 岁

8 月，张钦次转往圣路易城的 Sverdrup 公司工作。

7 月，大弟康成与黄丽娜在台北结婚。

9 月，进普林斯顿大学东亚系攻读博士学位，兼修比较文学和英国文学。受教于高友工（Yu-kung Kao）、浦安迪（Andrew Plaks）、牟复礼（F. W. Mote）、厄尔·迈纳（Earl Miner）、拉尔夫·弗里德曼（Ralph Freedman）等师长。

1974 年·30 岁

8 月，大弟康成与妻子黄丽娜移居美国。

9 月，丈夫张钦次加入美国籍。

10 月，小弟观圻与蔡真在马里兰州结婚。

1976 年·32 岁

4 月，加入美国籍。

1977 年·33 岁

4 月，父亲重病，入台大医院开刀。作者和小弟观圻飞回台湾探望父亲。养病期间，父亲为她篆刻"康宜藏书"的印章，并题曰："丁巳仲春宜儿归省侍余病，因戏作留念。"

5 月，拜访前保密局局长谷正文先生。谷先生当面告诉作者，他一直知道父亲是无辜受累的，只是父亲"脾气太坏"，当年被捕后，又当面顶撞谷先生，才被判 10 年的。据说，许多年轻人都因为同样的原因而受害。

7 月，小弟观圻的大女儿 Esther 于马里兰州出生。

1978 年·34 岁

2 月，父母亲一同移民美国。父亲改名为孙保罗（Paul Sun）。

6 月，获普林斯顿大学文学博士学位。

11 月，与中国大陆亲人首次取得联络（通过香港中国银行的联系）。

1979 年·35 岁

1 月，美国政府与中华人民共和国正式建交。

2月，小弟观圻的小女儿Helen于马里兰州诞生。

4月，二姨父、二姨母（即公婆）离开台湾，移居美国。

6月，到中国大陆访问，长达两个月，与姑姑和叔叔的家人团聚，并与唐圭璋、赵瑞蕻、杨苡、沈从文、萧乾、文洁若、王力、杨宪益、Gladys Yang等学者作家们见面。

7月，父亲孙保罗开始在亚利桑那（Arizona）州凤凰城的美国国际商学院研究院（American Graduate School of International Management），即雷鸟学院（Thunderbird Campus）教书。

9月，开始在波士顿城附近的塔夫兹（Tufts）大学教书。曾邀请萧乾先生来校演讲。

10月，父亲回中国短期探亲，并代表他所在的美国国际商学院（American Graduate School of International Management）与天津商学院建立合作的关系。

1980年·36岁

1月，张钦次转到Sverdrup的纽约分公司，升职为土木工程（岩土）（Geotechnical）部门的经理。

7月，开始任职于普林斯顿大学葛思德东方图书馆馆长。

8月，小弟观圻加入美国籍。

1981年·37岁

6月，父亲获"杰出教授奖"（Outstanding Professor Award）。

7月，游日本东京等地，参观父亲的母校早稻田大学。

1982年·38岁

9月，转到耶鲁大学执教。

10月，大弟康成加入美国籍。

1984 年·40 岁

2 月，大弟康成的女儿 Vivian 于 2 月 8 日生于亚利桑那州的凤凰城。

4 月，父亲孙保罗加入美国籍。

6 月，父亲从亚利桑那州凤凰城的美国国际商学院（American Graduate School of International Management）退休。

1985 年·41 岁

2 月，好友钱伯林（Edith F. Chamberlin）于普林斯顿城去世，享年 96 岁。

4 月，二姨父加入美国籍。

1986 年·42 岁

5 月，女儿 Edie（Edith）出生（中文名咏慈），其英文名字为纪念 Edith F. Chamberlin 而取。

12 月，获耶鲁大学终身教职（tenure）。

1987 年·43 岁

5 月，父母亲迁往马里兰州。父亲任盖城宣道会（Congregation of the Gaithersburg Chinese Alliance Church）的第一任长老。

7 月 15 日，蒋经国取消"台湾戒严法"。

11 月，蒋经国政府准许台湾人民到中国大陆探亲（这是 1949 年以来首次的开放）。

1990 年·46 岁

7 月，升职为耶鲁大学文学正教授。

1991 年·47 岁

8 月，小弟观圻任职休斯网络系统（Hughes Network System）

公司的副总裁兼亚太地区总经理。

9月，张钦次当选为美国土木工程师学会（ASCE）高级会员。

1992年·48岁

10月，获高雄炼油总厂、国光油校子弟学校校友会授予的"杰出校友"之荣誉。

1993年·49岁

1月，张钦次升职为公司水力与土力工程学顾问（Corporate Hydrotechnical and Geotechnical Consultant）。

7月，张钦次当选为Sverdrup高级会员。

1994年·50岁

3月，母亲陈玉真女士加入美国籍。

10月，二姨父张绿水先生于10月12日病逝于波士顿城，享年79岁。

1996年·52岁

7月，父母亲迁往加州旧金山附近的费利蒙市（Fremont）。

1997年·53岁

5月，二姨加入美国籍。

9月，母亲陈玉真女士病逝于费利蒙市的华盛顿医院，享年75岁。葬于斯坦福大学附近的阿尔塔梅萨墓园（Alta Mesa Memorial Park）。

2001年·57岁

8月，二姨陈玉銮女士于8月21日病逝于波士顿城，享年83岁。

8月，大弟康成任职美国加州圣何塞（San Jose）的Etrend Technology公司总经理。

11 月，张钦次当选为 Jacobs 学会高级会员。

2002 年·58 岁

2 月，2 月 12 日恩师许牧世（Moses Hsu）教授于波士顿城去世，享年 88 岁。

2004 年·60 岁

4 月，大弟康成，为追踪父亲半世纪以前在绿岛服刑的受难现场，特意前往绿岛观览，并与柏杨题字的"人权纪念碑"合影。碑上写道："在那个时代／有多少母亲／为她们／囚禁在这个岛上的孩子／长夜哭泣。"

2006 年·62 岁

4 月，张钦次受聘为耶鲁大学达文波特学院（Davenport College）的副研究员（Associate Fellow），不久即从工程主管的岗位上正式退休。

2007 年·63 岁

5 月 9 日，父亲孙保罗在加州去世。

2009 年·65 岁

10 月，获耶鲁大学首任 Malcolm G. Chace'56 东亚语言文学讲座教授职位。

2010 年·66 岁

7 月，得到马大任先生（John T. Ma）的帮助，通过马先生所主持的"美国赠书中国"（Books for China）渠道，将潜学斋藏书 8200 册捐赠给北京大学国际汉学家研修基地（运书的轮船名为 Mother Vessel，从新泽西的伊丽莎白港出发，途经巴拿马运河、高雄港，最后于 7 月 9 日抵达厦门。两百多箱赠书抵厦门后，再用陆运送往北京）。

2011 年·67 岁

5月16日下午，由北大主办的"潜学斋文库捐赠仪式"在静园五院二楼会议室举行。该捐赠仪式由袁行霈教授主持，参加该会的人士有北京大学副校长刘伟教授，校长助理李强教授，北京大学中国古典文献研究中心安平秋教授、廖可斌教授，北京大学图书馆馆长朱强教授，首都师范大学中国诗歌研究中心赵敏俐教授，中国社会科学院文学研究所范子烨研究员，北京大学国际汉学家研修基地的程郁缀教授、荣新江教授、王博教授、刘玉才教授、齐东方教授以及文史哲、考古各系的研究生。小弟孙观圻也参加了该仪式。至此，作者珍藏了43年的潜学斋图书终于回到了她的出生地：北京。

2012 年·68 岁

2月，荣获耶鲁大学 De Vane 教学奖金牌（Medal）。

辑二　性别研究及其他

中国文化里的"情"观

中国人是最重"情"，也是最希望从"情"里摆脱出来的人。因此，"情"与"不情"一直都是中国文化里两个平行共存的动力。从《九歌》里的人神恋情到《高唐赋》里的楚王多情，我们一方面看见"情"所带给人的诱惑性，也看见它的极大威胁性——因为它既赋予喜，也赋予悲；它既带来欢笑，也带来哭泣。它给人一种满足感，又给人无限的惆怅失落感。因此，如何从"情"中醒悟过来（即英文中所谓的 disenchantment 或 detachment）乃为历代中国文人的一大关注。本文拟从"醒悟"这个角度来看中国人所谓"以色（情）悟空"的概念。

首先，让我们看看古代诗人如何在情的诱惑下，设法采取检束制约的方法。我们发现，古代有一系列文学作品都曾为这种"约束情欲"的策略做出过类似的解说——例如张衡的《定情赋》、蔡邕的《静情赋》、曹植的《静思赋》、阮瑀的《止欲赋》、王粲的《闲邪赋》、应玚的《正情赋》、阮籍的《清思赋》，以及陶潜的《闲情赋》都企图以"发乎情，止乎理"的弃绝淫邪的方式来对付情。然而，现代的读者在以"细读"的方式解构这些文学作品时，不难发现古人所谓的"约束"，实在掩饰不了他们为情所扰的心理情绪。

现在，且以陶潜的《闲情赋》为例进行论述。陶潜此赋可谓"意淫"的最佳范例。赋里描写一位女子弹出美妙的琴声，诗人听了音乐，动了爱慕之心，想直接求爱，又恐怕不合礼，于是内心踌躇，魂梦难安，整天若有所失，心神无主。诗人一味地想与美人接近，于是在失望中发出十种愿望以为自慰：他愿自己变成美人的衣领，或是裙带，或是发油，或是眉上的青黛，或是美人睡觉的席子，或是鞋子，或是她的影子，或是照耀美人的烛光，或是她手上拿的扇子，或是她膝上的鸣琴。总之，为情所迷惑的男人想尽办法接近所爱。不幸的是，十种愿望皆为虚幻的虚幻，即使终究成为事实，也只有使人乐极而生悲，因为一切皆是暂时而偶然的欢乐。于是，诗人怀着无可奈何的苦情，只好下决心恪守礼法，打算不再有非分之想，从此放弃求爱的念头，不再空寻情爱。

然而问题是，陶潜并没有提出一个令人信服的"解脱"之道。如何从复杂万端的情中超越出来，仍是一个尚未解答的问题。

陶潜等人的问题症结在于他们一味地企图"约束"自我欲望。他们信靠的是儒家的礼法以及老子的所谓"不见可欲，使心不乱"的禁欲主义原则。他们基本上认为男女之情是腐蚀人心的邪念，因此应当绝对地压制情欲。然而，愈是设法压制，情的欲念愈是暴露出来，这点可从陶潜的《闲情赋》中清楚地看出来。实际上，诗人在写作过程中又再一次沉溺于情的幻念中。因此，《闲情赋》的结论在很大程度上是把情的复杂性简单化了，也就难以令人信服。

与这种约束情欲的信念相对立，晚明以来的中国文人则塑造了一种新的"情观"——那是一种把情爱凌驾于生死之上的自觉。在汤显祖的《牡丹亭》里，我们看到女主角杜丽娘因真情感动天地而死里复生，这也就是晚明文人所谓的"至情"。汤显祖曾在《牡丹亭·序》中解释道：

> 天下女子有情，宁有如杜丽娘者乎！……如丽娘者，乃可谓之有情人耳。情不知所起，一往而深……生而不可与死，死而不可复生者，皆非情之至也。

因此，为情献身乃成为明清小说戏曲的中心课题。在冯梦龙的"三言"短篇小说集里，我们读到了陈多寿生死夫妻之爱，也看到了卖油郎为了美娘无条件地献出一切。情深若此，正反映当时大众对感情至上的推崇。更重要的是，情不但被视为一种感性的浪漫之情，也成了新的道德力量。例如，从前人以为"儿女情深，英雄气短"，晚明文人却认为"惟儿女情深，乃不为英雄气短"（见周铨《英雄气短说》），因为男女之情已成为促进志节的精神力量。

这种"至情"的观念一直左右着后来文人的写作与阅读方式。因此，有人把《红楼梦》里的贾宝玉看成情圣，因为他的"尽情"有如圣人之"尽性"：

宝玉之情，人情也。为天地古今男女共有之情，为天地古今男女所不能尽之情。天地古今男女所不能尽之情，而适宝玉为林黛玉心中、目中、意中、念中、谈笑中、哭泣中、幽思梦魂中、生生死死中悱恻缠绵固结莫解之情，此为天地古今男女之至情。惟圣人为能尽性，惟宝玉为能尽情。负情者多矣，微宝玉其谁与归！孟子曰："伯夷圣之清者也，伊尹圣之任者也，柳下惠圣之和者也。"我故曰："宝玉圣之情者也。"①

作为中国文化的百科全书（cultural encyclopedia），《红楼梦》的确是最能体现明清以来中国人的"情观"的一部书。自始至终，《红楼梦》扣紧"情"之一字做文章。重要的是，它表现了"情"的基本矛盾性——那就是"迷惑"（enchantment）与"醒悟"（disenchantment）的矛盾。换言之，所谓"醒悟"乃是来自"迷惑"的经验自省；也就是说，超越诱惑的唯一法则乃是向它让步，去彻底经验它。这种情观正与陶潜等人的"约束"概念相反。在很大程度上，《红楼梦》所体现的是一种"以色悟空"的概念。早在第一回作者就告诉我们，此书又名《情僧录》，其目的是在解说空空道人如何"因空见色，由色生情，传情入色，自色悟空"的经验。这也是一种通俗化的佛教信念。

如何以色悟空？曹雪芹采用的是一种"借幻说法"的策略，此书既要说情，又要说幻。因此，他开门见山地说："更于篇中用'梦''幻'等字，却是此书本旨，兼寓提醒阅者之意。"在第五

---

① 《读花人论赞》，见《红楼梦三家评本》，上海：上海古籍出版社，1988年版，第27页。

回宝玉神游（梦游）太虚幻境时，我们看见作者以幻说法的寓意：那位警幻仙子一方面以言词迷惑宝玉（"吾所爱汝者，乃天下第一淫人也"），一方面也作为对"情为幻境"的警告（即所谓"警幻"也）。在这个关键性的第五回中，宝玉既在梦中经历了"巫山之会，云雨之欢"，又屡次被点醒"宿孽总因情"的道理。然而，我们都知道，单凭警幻仙姑的口头教训，宝玉是无法醒悟的。一直要到小说结尾，当宝玉尝尽情爱的种种欢乐与痛苦的经验之后，才可能真正悟到生命的无常性与梦幻本质。正如《红楼梦》有正本批道："万种豪华原是幻，何尝造孽，何是风流。曲终人散有谁留……"后来，有读者也悟到："从前枉受情痴累，此后都归色相空。"

利用"情似梦幻"的比喻来达到"以色悟空"的了解，原是非常中国式的笔法。因为在传统诗词中，男女之情常被看成一种梦幻的经验。诗人在回忆过去恋情时，常常将之称为"梦游"，于是当读者把《红楼梦》里的"悟空"看成一种"梦醒"的经验时，自然十分合乎人情。读者可以清楚地看到，一个痴情的宝玉已变成一个"不情"的和尚，已完全从梦中醒来。

然而，作者曹雪芹是否也经验到了"以色悟空"呢？这也未必。一遍一遍地改写《红楼梦》使他更加生情，更觉旧梦难忘。[1]他既迷恋那一段痴情的生涯，又竭力用虚无梦幻的态度来否定自己的体验，可见宿命的情缘只要在有生之日总是难以超越的。中

---

[1] 关于曹雪芹改写《红楼梦》的经验，与西方作家从事"改写"的心理比较，请见《掩盖与揭示：克里斯蒂娃论普鲁斯特的心理问题》一文，收录于《孙康宜作品系列·西学东渐与东学西渐——跨越中西的文学研究》。

国人的情观也正好建立在"迷惑"与"醒悟"的矛盾上，他们很难超越情。

（原发表于纽约孙逸仙中学 1995 年 6 月 23 日举办的"华夏恩情文化对话会"）

关于女性的新阐释

对许多女性来说，我们的时代是有史以来最自由、最开放的时代。随着性别规范的分解与颠覆，今日的女人可以自由地选择做什么、说什么、爱什么、恨什么。她们也可以选择不做什么、不说什么、不爱什么、不恨什么。曾几何时，"女权主义"这名词已渐渐被改成"女性主义"，因为"权"已不再是争论的重点——既然平等之权已胜利取得，何必再去谈它？于是，我们发现，那些原来以颠覆父权为宗旨、提倡女性之间拥有单一文化认同的"激进女权主义者"（radical feminists）已失去早先的号召力。取而代之的是更符合当代潮流的"个人女性主义者"（individualist feminists）：她们认为女人自身的一切均属个人所有，包括女人的身体与性的欲望。从大众文化中的"麦当娜现象"①到新学院派所谓的"帕格利亚（Paglia）情结"，我们看见女人开始反客为主，把男人当成"被控制"的对象。与其说是控制，还不如说是"征服"：按照卡

①　见张小虹《后现代／女人：权力、欲望与性别表演》，台北：时报文化出版公司，1993年版，第10页。

米拉·帕格利亚的说法，女性是用其特有的性别特质来征服男人的，因此女人的"性就是权力"（Sex is power）。性的"权力"并不等同于男女平等的"权利"（right），因为它是内在于女性的东西，而不是向外争取而来的。因此，我们可以说，今日的女性主义已由"解构"男权演进到"重建"女性的内在自觉。而这种破除性别规范的广大意识正好迎合了后现代的文化趋势；它融合了"主流"与"边缘"，肯定了多元文化的"多样性"（diversity）。这个"多样性"无形中把女人从愤怒的、怨恨男人的、"被压迫"的心理逐渐解放出来。表面上它似乎削弱了女性主义基本的"性政治"（sexual politics）的原则，因它已把两性关系从政治与革命的上下文中抽离出来，但实际上它表现了女性自觉的全面胜利，因为它终于使女人能自由地去发展自我、能自信地选择对待自己与人生的态度。就如最近温迪·玛克爱尔洛伊（Wendy McElroy）在她的新著《XXX：女子对色情的权利》（*XXX: A Woman's Right to Pornography*, New York, St. Martin's Press, 1995）中所说："个人女性主义者基本上在颂扬（celebrate）女人的性选择的多样化。"如果说，20世纪60年代的女性主义者专注于女性的"意识提升"（consciousness-raising），那么我们可以说，20世纪90年代的女性已把重点转移到"自信心的提升"（confidence-raising）。现在她们是在"颂扬"女性的自觉与自由，而不是在提倡反抗男性的政治行动。之所以如此，乃是因为她们很自信地意识到，在经过三四十年的努力之后，女性已渐渐由边缘的位置走到稳定而居中的位置上。在这种情况下，原来所谓"女性权威"的激进女权主义者反而被大众女性推向边缘之边缘；原因是她们否认女性的"多样性"

选择，而且继续把自己看成是被男人压迫的受害者。相较之下，个人女性主义者大胆地提倡"女性主体性"（female subjectivity），强调个别女人主动的、自发的体验。然而，有别于"性革命"或"性解放"的狂放纵欲，20世纪90年代的女性观更注重自我阐释与自我分析，有时还进一步以自我解构的方式来处理日渐复杂的性别、性与欲望等活动。她们是"后性革命"的特殊产物，也是后现代文化的实践者。

但我们要问：对"后性革命"的女性来说，所谓"真正的爱情"还存在吗？讽刺的是，在普遍流行着的各种性与情欲的经验背后，却藏着有史以来从未有过的爱情饥渴。就如简捷在《后现代绝症：爱情瘾》一文所说："这是一个对爱情饥渴到极点的年代，因为缺乏，所以饥渴。"[①] 在后现代的开放空间里，不少男女在性方面的过度挥霍终于造成了"情感积蓄"的贫乏。他们渴望拥有真正的爱情。但在爱情缺乏逻辑定律的今日，许多人（尤其是女性）只得从媒体上或浪漫小说中得到想象中的满足。于是，在当代流行文化的推广中，以及心理分析学的发展中，爱情逐渐成为一个广泛的研究对象。在这种供与求互相呼应的上下文中，有关爱情的论述文字自然应运而生。著名的文学批评家罗兰·巴特（Roland Barthes）曾在他的《恋人絮语》中说道："我实在很想弄明白爱情究竟是怎么一回事。"其实，我们所处的正是这样一个时代：我们企图把爱情中特有的如同乱麻的纠缠因素加以分析阐释。这是一个爱上"爱情"的时代。

---

① 《世界日报·副刊》1996年7月10日。

探究爱情的真相，不能不从女性着眼

爱情是唯感性的。当爱情来时，每个人（无论是男是女）都成了痴情的"女人"——"她"会因为所爱而陷入如火煎熬的患得患失，"她"会变成一个情感脆弱而易受伤害的人。所以，一向以男子汉阳刚特质自负的美国小说家杰克·伦敦（Jack London）曾在恋爱中说："是我身上的女性使我不断祈求。"风流成性的亨利·米勒（Henry Miller）也把沉陷爱河中的自我比成"正来月经的女人"。在《爱之书》中，英国文学专家凯西·戴维森（Cathy Davidson）就因此总结道："如果我必须在男女性别上做出一个综合性的结论，那么我就要说：一个狂热地谈恋爱的人，不论他是谁，都会表现得像个女人——像我们平常印象中的女性一般。"① 这样说来，爱是分解性别意识的神秘动力。通过爱，我们可以重新诠释更深一层的性别问题。

然而，爱的模式并非一成不变的，它往往随着时代的变迁而不断调整，不断在主动／被动、主体／客体的欲望关系上产生变化。上面已经提到过女性主义如何导致女性主动与女性主体性的问题，但真正的爱情关系是极其复杂而千头万绪的，而且因人而异，不可一概而论。所以，更重要的是，让我们看看在后现代的今日，一般的女性渴望什么样的爱情。

先说媒体。从《廊桥遗梦》（*The Bridges of Madison County*，又译《麦迪逊之桥》）及电影的全球热卖风潮看来，现代社会一般

---

① *The Book of Love*, New York, Pocket Books, 1992, P15.

女性向往罗曼蒂克的爱情，但同时也希望保有婚姻。故事中的女主角弗朗西斯卡与情人罗伯特真诚相爱，但在紧要关头弗朗西斯卡放弃与罗伯特远走高飞的机会，宁愿成全自己的一个乏味而具有缺陷的婚姻生活。这样简单的故事怎么会引起女性读者及观众如此强大的震撼？从一些女性主义者的观点看来，弗朗西斯卡显然是个十分落伍且没有解放思想的女性：她应当毅然决然跟着情人罗伯特走，应当与丈夫离婚，而不应当迁就于原有的婚姻束缚中。但另有一些自我觉醒之后的女性对人性与人生的不圆满有了新的理解。在鱼与熊掌的选择之间，她们找出了一个极具创意的解决之法：她们既不愿意放弃原有的稳定的婚姻关系，也舍不得去掉婚外的恋情。也就是说，这些现代女性希望在"双重"感情上展现生活的智慧；在过去，这种展现复杂感情层面的能力一直被视为是男性专有的。但据桑亚·弗里德曼博士（Sonya Friedman）的新近考察，有不少美国妇女时常"借由秘密情人为她们带来新生的生命，她们视此为秘密的逃生口"①正是这个"秘密的逃生口"使《廊桥遗梦》的女主角得以度过平凡却有意义的一生：弗朗西斯卡曾在给儿女的遗书中说，如果不是罗伯特那份爱的永生承诺，她也不可能忍受爱荷华村中既乏味又孤寂的生活。这种"双重感情"无疑给人带来一种无可奈何的悲剧感，但它表现了一些女性在面对人生的矛盾时，所选择的一种勇敢而成熟的处理方式。她们希望表明对婚姻誓约的忠诚，但也不愿背弃自我的心灵需求。

　　《廊桥遗梦》之所以吸引女性读者与观众，主要原因还在于

---

① 《秘密恋情》（Secret Loves），詹荣金译，台北：展承文化，1995年版，第9页。

其中所表现的"女性主体性"：已过中年的农妇弗朗西斯卡一旦遇见真爱就不顾一切地全身心投入，企图抓住人生中黄昏到来之前的最后光亮。不论年龄有多大，一个女人永远可以通过主观的欲望来表现生命的活力：而这也就是克林特·伊斯特伍德（Clint Eastwood）在自导自演的影片中所加入的新女性面具。在电影的镜头诠释下，爱情已不再受年龄的限制。其实，那些早已成婚的中年男女谈起恋爱来甚至比年轻人更炽热、更投入。若在清教徒的殖民地时代，这样的婚外情肯定会被视为大逆不道的罪行。但在20世纪90年代的今日，弗朗西斯卡与罗伯特的迟暮爱情却赢得了许多观众的同情的眼泪——尤其是中老年妇女，她们很容易与痴情而忠诚的女主角取得认同。她们认为夕阳无限好，哪怕近黄昏。

另一方面，在《廊桥遗梦》的现代性背后却隐藏了一个根深蒂固的古典形象：那是一个多情女人拒绝与恋人结婚的形象。在这个性关系逐渐变得极其容易被"接受"的时代，我们常常会忘记那个自古以来曾让百世读者为之入迷的所谓"拒绝"式的爱情传统。在很大的程度上，拒绝比接受更感人、更勇敢、更令人震撼。说到"拒绝"，我们立刻会想到17世纪法国女作家拉法耶特夫人（Madame de Lafayette，1634—1693）的著名小说《克莱芙王妃》（*La Princesse de Clives*）。书中女主角婚后不久突然爱上一个"第三者"，与情人展开一段狂热的精神恋爱，自信这是注定的永生情缘。但在丈夫死后——当一切阻挡这对恋人结合的所有现实因素全都去除后——克莱芙王妃却做出了意外的决定：她拒绝了情人的求婚。她之所以做如此的选择，并非由于良心的自责（她的丈夫因妻子爱上别人而病倒，终于一病不起），而是由于对婚姻本身的不信任。她怕一旦结婚，他对她的爱会随着时光的流转而逐渐消失。她没有勇气面对失去他的爱的可能性。她解释道：

> （如果结婚）我没有法子保证你对我的热情会一直持续下去。我甚至认为，你之所以至今仍如此钟情于我，乃是因为在我身上你遇到了爱情的重重阻碍。

总之，克莱芙王妃宁可在眼前忍受与情人告别的痛苦，也不愿冒将来失恋的危险。著名文学批评家荣格·沙特克（Roger Shattuck）把这种女性心理特有的自我护卫称为"崇高的自私"（higher selfishness），因为女人一旦拥有爱就怕失去，通过高尚的拒绝方式，她们可以永远将纯洁不变的爱据为己有。[①] 其实，这样的情爱观一直是西方浪漫文学中的主流意识，不仅女作家全力支持，男作家更是极力推崇。例如，与拉法耶特夫人同时代的卢梭也在他的小说《新爱洛伊丝》（Julie ou La Nouvelle Héloïse）中开发相同的"拒绝"哲学。书中女主角朱莉写信安慰情人道："为了我们永远相爱，我们现在必须放弃对方。让我们忘记其他的一切；请做我心灵中的恋人……"

在《廊桥遗梦》中，弗朗西斯卡拒绝与情人罗伯特私奔，就为了永远拥有她"心灵中的恋人"。仅仅 4 天，她就得到了至死不渝的相知与相爱，她怕两人在同一屋檐下过着长久的一生反而会破坏那纯真的爱情。接受或拒绝，短暂的恋情或长久的承诺，长

---

① Roger Shattuck, "The pleasures of Abstinence", *The New York Review of Books,* June 6, 1996, pp.28—30.

相厮守或永远分离，这些充满了曲折的、不确定的因素都无疑给恋爱中的女性带来莫大的烦恼。弗朗西斯卡说："如果我跟你走了，我怕自己会开始埋怨你，埋怨你破坏了我的生活。"言下之意是，她怕自己与罗伯特结婚就不会再爱他。她担心的是，婚姻会成为爱情的坟墓。

但值得注意的是，即使多数女性在理想中喜欢认同于《廊桥遗梦》的爱情观，但在现实中后现代的女性却刻意在解构"婚姻即坟墓"的浪漫意识。她们知道婚姻有其基本的缺陷，知道婚姻不是幸福的保证，但许多女人还是一次又一次地进入婚姻。失败了，也还能一次又一次地活起来，还能像第一次那般痴情地把自己交出来。即使遇到很大的感情挫伤，她们还总是相信：真正的爱情还应当在婚姻中培养。因此，在不断的情爱与情欲的探索中，她们原则上采取"接受"的态度，而不是古典式的"拒绝"。她们喜欢冒险，不怕付出代价。在这一方面，有名的畅销书作者埃丽卡·容（Erica Jong，也译作埃里卡·琼）成为女性在婚姻道路上挣扎献身的最佳范例。她的自传小说《怕飞》（*Fear of Flying*）[1]已成为一般女性公认的女性自觉参考书。在书中，埃丽卡·容描写她如何以诚实、勇敢和智慧面对许多令人难以承受的感情波折。然而，在多次考验之后，她不但没有变成一个悲观的宿命角色，反而更加乐观地拥抱人生。她对现代女性的劝告是：争取去爱的机会，学会"飞出"传统，不断自问自答自省。[2]

这种对情爱与婚姻价值的再思使人对"承诺"（commitment）

---

[1] ［美］埃丽卡·容著《怕飞》，石雅芳译，上海：上海译文出版社，2013年版。
[2] 见倪誉董书评《能飞，就飞吧》，载于《世界日报·副刊》1996年8月9日。

有了新的认识。真正的爱应当是一种承诺——不但是感情的，也是理智的。因此，目前连同性恋者也在争取"结婚"的机会，如何让同性恋者的婚姻合法化已成为美国大众言论的主要议题。随着观念的逐渐改变，人们已不再把生育当成结婚的目的；结婚的目的是，相爱的两人把他们之间的亲密关系公开化、全面化。比如说，千百年以来同性恋者一直把他们的情爱与性爱经验当成个人生命中的秘密，但现在他们在多元文化的刺激下，终于有了公之于世的欲望，而结婚正是这种欲望最高度的表现与发挥。在女同性恋中，著名歌星梅利莎·埃瑟里奇（Melissa Etheridge）的例子最具代表性。她与她的女情人已同居8年，只要"同性婚姻"的法案通过，她们就要立刻结婚。她说："我喜欢公开（openness），不喜欢那种需要保密的感觉。"最近她还戏剧性地宣布：她的情人已怀孕4个月（据猜测乃得自人工授精），不久她们将负起当"父母"的责任。这可以说是对传统男女婚姻体制的最高度颠覆，所以消息一出立刻引起广泛的议论。保守派的人立刻起而攻之，以为这是今日"我们文化中性欲倒错（perversion）的另一迹象"。① 但许多人却认为，在这个观念分歧复杂的多元文化中，梅利莎·埃瑟里奇的形象只会更刺激个人女性主义的成长，使女人更勇于表达自己的"声音"，故无所谓对错。现代女性真正关注的是女性主体性，而非性倾向的特殊性。是异性恋还是同性恋，那不是一个关键问题，重要的是有机会去表达自己内心的爱的欲望。

女性主体性一直是女性主义者所从事的考古工作的重点，多

---

① *New York Post*, August 20, 1996.

年来她们不断企图从被埋没的文化"古迹"中找出女性表达自我的声音。在这一方面，没有比目前流行的"萨福热"更富有文化意义了。从公元前 7 世纪希腊女诗人萨福（Sappho）的情诗中，我们看见了现代女性的影子，那是一种肯定自我欲望的立场：诗中的"我"敢于向荷马的男性中心观挑战，敢于宣称一种女性主动的爱情哲学。因此，萨福的同性恋已不再是人们的讨论焦点；重要的是，学术界想借着萨福文本的研究找出那个比柏拉图传统更早的女性文化。"萨福热"使我们看见，西方的女性主义早已深埋在古代文化的性别意识中。在讨论现代西方的各种文化思潮时，我们绝对不能忽视历史的演进过程。

　　与西方古代的女作家相比，中国传统的才女形象更耐人寻味。目前在谈论现代中国女性或性别的问题时，人们往往把眼光局限在西方潮流的影响上，完全忽略了中国"传统"与"现代"的联系。事实上，任何一种文化现象都不会全是"外来"的，它必有其"内在"于传统本身的发展因素。例如，当前中国女性的情爱观不可能不受晚明以来情爱观的影响，自晚明以来，痴情不但被视为一种感性的浪漫之情，而且也成了新的道德力量。于是，痴情的才女被描绘成文人最钟情的女性，也成为许多妇女模仿的对象。一直到后现代的今日，不少患"爱情瘾"的女性仍渴望通过一次又一次的痴情来实现自我。即使受到很大的挫折，她们仍不绝望。从古典中国的文本中，我们早已听见类似的女性声音，无论是思妇的、弃妇的，或是寡妇的声音。

　　如果说女性文化常以钟情为主，那么男性则常是反复阐释那源远流长的钟情文化的主力。诺贝尔奖得主谢默斯·希尼

（Seamus Heaney）曾把挖掘文化记忆的工具（打水机、锄头、笔杆）比成男性的精力，另一方面却把女性看成是文化记忆中的宝藏。他把代表女性的水看成爱的象征，因为它是神秘的、富冲击性的，是从地下深处涌出的生命火花。这与《红楼梦》作者曹雪芹把女人比成水的概念十分相似，因为二者都标榜古今女性的纯情。无论在东方还是西方，女人一直具有她的特殊性和主要性。

另一方面，在痴情的表现上男性并不亚于女性。在《红男绿女》一文中，张小虹对后现代的男性新情爱观有极敏锐的观察与剖析。[①] 她从现代的情歌中看见性别与欲望的主／客颠覆：那原本男阳刚／女阴柔的传统已受到目前多元多面的彻底解构。于是，情歌中充满了多情男子的声音，"可以肆无忌惮洒下情人眼泪"。结果是，"屋内深情守候的不再只有情妇"，男人变成了不折不扣的思妇或弃妇。

值得一提的是，男／女性别的主／客颠覆早已在中国古典文学中，有其久远的美学根源。尤其在词的传统中，我们常常听见患相思病的男子的声音。例如，迷恋妓女的宋代词人柳永（987—1053）曾伤心地叹道："此际寸肠万绪，惨愁颜，断魂无语。"明末才子陈子龙（1608—1647）也因相思而病倒在床："一帘病枕五更钟，晓云空，卷残红。无情春色，去矣几时逢？添我千行清泪也……"（《江城子·病起春尽》）这些男作家都因对情的痴恋，一反文士以诗托喻的传统，敢于在文字间公开其情思与欲望。

其实，传统中国男性是最迷恋情，也是最渴望从情中超脱出

---

① 张小虹《后现代／女人：权力、欲望与性别表演》，台北：时报文化出版公司，1993年版，第24—32页。

来的人。在迷惑与醒悟之间，我们看见了情的基本矛盾性，也看到了男性诗人在文学中的特殊贡献：与女诗人相比，男性作家更加注重"超越"的价值。他们体验到情带给人的诱惑，但也同时认识到情的极大威胁性，因此他们时常在"意淫"与压抑的心境下踌躇难安。"如何摆脱情的迷惑"因此就成了千年以来的中国文学的主题——从《高唐赋》到《红楼梦》，在在都表现了男性在这一方面的经验自省。中国人的超越方法常常是因情悟空，相信摆脱诱惑的最佳良药是向情让步，去彻底经验它，然后再从中解脱出来。

西方的文人也有同样的苦恼，但他们更重艺术过程的心理治疗。无论在异性恋、同性恋或双性恋的上下文中，写作已成了超越情爱苦痛的不二法门。他们相信在作者的创作过程中，一个为情所苦的人（或沉溺于爱情瘾的人）可以透过心灵的净化（catharsis）而获得解脱。对现代女作家来说，这种写作的净化作用俨然成了她们撰写小说的目的。

（本文摘自拙著：孙康宜《古典与现代的女性阐释·自序》，台北：联合文学，1998年版）

独行的缪斯——自传、性别研究及其他

— 224 —

20世纪90年代的美国女权主义

如果说20世纪70年代至80年代的美国女权主义专注于对父权制的颠覆及解构，那么我们可以说，20世纪90年代的女权主义已转为不同派别的妇女之间的互相排斥与争论。最近在美国文化评论中流行的所谓"大血战"（internecine war）一词指的正是这种女人与女人之间的抗衡与挑战。

首先，"女权主义"一词成为女人想要消解的对象。由于多年来许多激进的女权主义者采取许多极端的抗拒方式，无形中使得"女权主义"被误解为一种"怨恨男人"（man-hating）的主义。有人甚至认为"女权主义"已变成一种"女性纳粹主义"（feminazi），既恐怖又危险，因此不愿再与之认同。例如，最近耶鲁大学举行了一次意见调查，结果发现许多教授及学生都怕被视为"女权主义者"，主要是因为"女权主义"一词所具有的负面意义。据他们说：

> 所谓女权主义者就是故意捣蛋、找麻烦的那一种人。

女权主义者不但不去争取两性之间的平等，反而设法造成女男之间的不平等。

　　女权主义者指的是极其偏激、胡乱好强的那一种女人。

　　女权运动将会受到挫折，因为人们已经对那个名词有了一定的成见。①

　　值得注意的是，许多自认为是"女权主义者"的人对今日"女权主义"所展现的恶劣形象，感到异常地不安。在《谁偷走了女权主义？》一书中，克里斯蒂娜·霍夫·萨默斯（Christina Hoff Sommers）以女权主义者的身份，对目前控制女权主义的学院派女权威大大地批评了一番，认为她们是破坏女权主义形象的罪魁。她说：

　　　　美国女权主义目前被一群特定的女人所控制——她们企图说服大众，让大家以为我们美国妇女不像我们自己所想象的那般自由。这些女权运动的领导者和理论家认为……我们还在"性别的战争"中，她们渴望宣传自己受压迫的故事，为了随时提醒其他妇女也被压迫……②

　　克里斯蒂娜·霍夫·萨默斯以为，这些所谓"女性权威"的问题在于她们永远把压迫者和被压迫者对立起来，永远把自己看成被男人压迫的对象。她们漠视现实，活在自己编造的"受害者"

---

① 《耶鲁日报》1994 年 11 月 8 日。
② 《谁偷走了女权主义？》（*Who Stole Feminism?*），1994, p.16.

的神话中，于是埋怨和控诉成为她们的惯常语言——尽管她们在文化、政治、经济上已拥有和男人同等的权威和力量。克里斯蒂娜·霍夫·萨默斯把这些愤怒的女性权威称为"以性别为主的女权主义者"（gender feminists），因为她们把凡事都看成是性别的战争（gender war）。从萨默斯的观点看来，这些女人永远活在性别的牢狱中，她们企图把女人联合起来，把世界上一切大大小小的坏事都归罪于父权制。最显明的例子就是畅销书作者娜奥米·沃尔夫（Naomi Wolf）在她的《美貌的神话》（*The Beauty Myth*, 1992）一书中，把女性爱美的风尚解释为父权制的压迫。这些女权主义者称自己为"新女权主义者"，以别于 1970 年以前所谓的"传统女权主义者"——因为她们已不只要求自由、平等，更重要的是，以激进的方式来强调两性差异，以全盘颠覆父权制。换言之，她们基本上仍沿袭凯特·米利特（Kate Millett）在 1970 年出版的《性政治》（*Sexual Politics*）一书中所提出的观念——把性角色的划分本身一律看成是一种性政治的策略。[1] 唯一不同的是，在 20 年后的 20 世纪 90 年代中，这些激进的女权主义者在多面发展她们被压抑的潜能后，变得更加激进而愤怒，而且反过来企图压迫男人——虽然她们口口声声张扬自己是个"被压迫者"。

正是这些激进女权主义者的愤怒引起其他"女权主义者"的不满，也使广大民众误解了"女权主义"的真谛。据克里斯蒂娜·霍夫·萨默斯的考察，现在大部分（非学院派）的妇女都向往 20 世纪 70 年代以前的"传统女权主义"，以争取自由、平等及

---

[1] 参阅康正果《女权主义与文学》，北京：中国社会科学出版社，1994 年版。

"增强意识"（consciousness-raising）为主——换言之，她们普遍对贝蒂·弗里丹（Betty Friedan）在《女性的奥秘》一书中所提出的女性自我探寻产生了一种怀旧的心态。这些"传统女权主义者"把重点放在人文主义的个人觉醒上，认为强分性别差异是一种错误，因此她们纷纷向学院派的女性权威挑战，并与她们划分界线。例如，著名散文女作家苏珊·桑塔格（Susan Sontag）在《纽约书评》中批评时下的激进女权主义者为"反知识分子"，而且声明要与那种"腐败而危险"的主义断绝关系，因为它推销一种不健康的心灵/感情二分法。不久前，著名女作家多丽丝·莱辛（Doris Lessing）在纽约市演讲时，也用同样的语气批评了当前那些"愤怒而喧嚣的女权主义者"。她特别警告道："很多妇女听到她们那种愤怒的声音后，一定会说：'啊，我的上帝，我绝对不和这种人打交道。'"

20世纪90年代以来，攻击学院派女权主义最为激烈而彻底的人，要算是最近轰动欧美文坛及大众文化界的卡米拉·帕格利亚（Camille Paglia）。她从1990年出版《性面具》（*Sexual Personae*）① 以来，在短短的三四年间已成为出版界、广播界、艺术界，甚至于电影界的讨论焦点（已有不少有关她的生平及论点的影片）。最近，她又出版了《尤物与淫妇》（*Vamps & Tramps,* 1994）一书，以一种更加挑衅式的文字，企图推翻学院派女权主义多年以来所建立的理论架构。卡米拉·帕格利亚在美国文化界影响之巨、涉及之远，可谓空前。

---

① 卡米拉·帕格利亚《性面具 艺术与颓废：从奈费尔提蒂到艾米莉·狄金森》，呼和浩特：内蒙古大学出版社，2003年版。

为什么卡米拉·帕格利亚的言论引起这样热烈的反应呢？我以为最主要的原因是因为她从文化的最基本层面来着手。首先，她的经典之作《性面具》书中涉及内容之广可谓罕见。该书不但讨论西方文明三千年历史的特质，而且还牵涉到文学、艺术、人类学、心理学、哲学诸方面。此外，无论赞成或反对，所有撰写书评的人都佩服帕氏的学问及字汇有如百科全书一般丰富。帕氏无疑地具有超人的写作天才及分析的本领。

在《性面具》中，帕氏开门见山地点出女权主义的致命症结——其实也是 19 世纪以来西洋文化的根本问题。那个症结就是对文化（culture）与自然（nature）的价值判断之倒置。她认为西洋文明基本上是文化与自然的对立——文化代表男性社会，自然则是女性的代表。自从 19 世纪以来，由于受到卢梭的影响，一般学者都误以为"自然"是完美无缺的，而把"社会"看成是人类一切堕落腐败的源头。帕氏认为女权主义的问题乃在于盲目地继承卢梭的"自然学说"，借其抵抗那代表"社会堕落"的男性。她认为女权主义者在攻击父权制时，忽略了一件事实：所谓的"父权制"其实是人类文明的共同产物。一味地攻击父权等于放弃了文明，从而把自己放逐到草原茅屋中。

再者，帕氏认为女权主义者忽略了"性"的本质，她们过分简单地把"性"的问题看成是社会的成规——她们以为重新强调两性性别的规范，重新组合社会，就会引向世界大同。实际上，"性"的问题是极其复杂的，不可强分。例如，帕氏认为西洋艺术文明的最高体现是一种两性综合之阴性美——那种美感不是原始的"女人本质"，因为从古代女人塑像可见，原始庞大的母体没有丝毫曲线的美感。而所谓的"阴性美"则是受到男人理性美感之影响综合下产生的。这种特殊美感实是阴阳合并的优美质量，已与原始"女性"大相径庭。因此，帕氏之书，封面展现了古埃及女王纳芙蒂蒂的半边脸面，借以表达这种从男性文化塑造而成的"阴性美"。该书的书名《性面具》就是指书中所讨论的无数种"两性综合"的阴性美之形象——例如女人之中的蒙娜丽莎的微笑，以及男人之中的歌星猫王。帕氏以为所有这一切"性"的复杂性都被女权主义者忽略了，难怪她们的观念变得偏激，而终于走入绝境。

在她的近著《尤物与淫妇》中，帕氏从另一个新的角度来批评女权主义者对女人的"性"之误解——由于她们把男女性关系看成是一种"压迫者／被压迫者"的关系，所以今日美国少女发展了一种"性"的错误观。就是那种"被压迫者的心态"（victim ideology）使得许多美国年轻女子在与男人约会之后，公然控告男人强奸，而社会上也就普遍出现了所谓"约会强奸"（date rape）的一种新的罪名。帕氏认为这种"约会强奸"的说法反映了女权主义者对下一代女子身心的严重破坏：

> 首先，美国危害了自己国家的年轻女子；使她们变成幼稚，在感情上及知识上普遍不成熟。再者，问题并不在她们对"强奸"本身的害怕及恐惧——她们所谓的"强奸"只是象征着她们对自己身体神秘性的恐惧，而她们所接受的教育也从来没教过她们如何对付或面对这种经验……这都是因为女权主义为这些女子建造了一座可怕的性的地狱，使她们永住其中；而现在它已扩大成为她们的整个文化世界，一种充满愤怒及盲目

狂热的邪恶之宗教。[①]

　　帕氏认为，问题的真正症结乃是激进的女权主义者不了解女人之"性"为何物。其实，她认为女人的"性"是一种强大的权力——在性及情感的范畴里，女人永远是操纵者，在男人为她们神魂颠倒之际，也正是女"性"权力最高涨的时刻。可惜，女权主义者所鼓吹的"被压迫者的心态"使女人无法了解她们的真正权力所在，以及那种最深刻、最实在的魄力。所以，帕氏呼吁女人重新建造她们自己的"性面具"，要以自己的身体为傲，而且充分发挥女性生来的魅力。

　　不用说，帕氏新书一出，读者纷纷购买，数星期即成第一畅销书，而且撰写书评的人立刻把它作为讨论的焦点。就如《纽约时报书评》的撰稿人温迪·斯坦纳（Wendy Steiner）所说："卡米拉·帕格利亚的《尤物与淫妇》一书正代表了美国对激进女权主义的霸道之全面反叛。"[②]总之，无论赞成或反对，女权主义者不得不深受帕氏的影响，也不得不反省自己对性观念的成见。

　　凭良心说，学院派的激进女权主义者也并非全无贡献。就因为她们多年努力的成果，才使女性在学院中形成了与男性权威抗衡的力量，而终究使妇女在知识及政治上达到了真正的平等与自由。我们只要检验一下学院里的"终身职"制度，就不难看出激进女权主义者在这一方面的贡献——是她们不断的努力争取及对抗，才使学院在这 10 年来普遍地增多女教授"终身职"的人数。像哈

[①]　*Vamps & Tramps*, 1994, p.30.
[②]　*New York Book Review*, 1994.11.20, p.14.

佛的著名女权权威海伦·文德勒（Helen Vendler）教授、耶鲁的激进女权派教授南希·柯特（Nancy Cott）以及普林斯顿的著名女性批评家伊莱恩·肖瓦尔特（Elaine Showalter）等人都在女教授"终身职"上尽了许多努力。就因为"终身职"上的胜利，才使许多学院派的女强人成为女人群中的权威，终于从边缘走入了中心。

相较之下，卡米拉·帕格利亚一直处于边缘之边缘。由于她所持理论与学院派的文学批评方向相反，她在寻找教书工作过程中处处碰壁。她说："大学校及研究院没有一个部门愿意用我，虽然我拥有耶鲁博士学位也是无济于事。"帕氏的老师哈罗德·布鲁姆（Harold Bloom）教授（也是我目前在耶鲁的同事）曾亲自对我说过："虽然我不完全同意她的思想，但我不否认她的过人之智慧，我会永远站在她这一边——不管别人如何反对她。"不久前，《纽约杂志》的记者也访问了哈罗德·布鲁姆教授，请他说几句有关帕氏的话。他说："帕格利亚仅凭《性面具》一书的成就即够资格受聘于耶鲁、哈佛、普林斯顿、芝加哥、伯克利诸名校。但这些学校绝不会聘请她……帕格利亚总是走错误的'政治'路线，而那些学院派的人也一定反对她到底。然而，她还是终究会胜利，但须全靠她写作上的成就……"

卡米拉·帕格利亚的"终究胜利"是由于她从学院的边缘走向大众文化的中心。她的成功也反映出"后现代"社会的文化趋势——一种破除文化界限、综合艺术与大众媒体的趋势。当学院派普遍专注于"文字"的今天，卡米拉·帕格利亚却标出西洋传统中的"视觉文明"之形象。她的"视觉观"不但迫使普遍学院派的再思①，也使许多激进女权主义者纷纷调整自己的理论成见。例如，罗西·布拉伊多蒂（Rosi Braidotti）在她的《超越平等与差异》（*Beyond Equality and Difference*，1992）一书中，就声明女人的"性"形象乃是她最重要的"表达权力"。

另一方面，许多女权主义者已渐渐体验到，过分地强调两性抗争会使自己沦为性别的囚徒，因此已经刻意消解那一贯的男性／女性二分法。——此外，她们也渐渐觉悟到"性"的复杂性：所谓"后天的性别"（gender）是绝不能与"生理上的性别"（sex）分开的，因为"文化"与"自然"是息息相关的。尤可注意者，最近自称为"唯物女权主义者"的珍尼弗·威克（Jennifer Wicke）也修正了她对"父权制"的定义：她现在认为"父权制"是由男人和女人共同建立而成的。在这股修正及再思的风潮影响之下，大家自然对桑德拉·吉尔伯特（Sandra Gilbert）和苏珊·古芭（Susan Gubar）提出的"男人禁区"（No Man's Land）观念不再感兴趣了。

总之，卡米拉·帕格利亚和许多女权批评者的挑战，迫使20世纪90年代的女权主义者去积极地修正她们的理论架构。就如康正果在他的《女权主义与文学》中所说："每一个居于边缘的群体或文化总是在边缘上异军突起，显示了它的重要性之后，才会与中心分庭抗礼，迫使中心接受它。"②当边缘势力与中心权威形成抗衡的局面时，就会无可避免地产生"多元化"——这就是目前美国人开始用英文的复数形式 Feminisms 来指"女权主义"的原因。如

---

① 见1993年3月号 *Harper's* 杂志中的讨论。
② 康正果《女权主义与文学》，北京：中国社会科学出版社，1994年版，第112页。

果说，20世纪70年代及80年代的美国女权主义偏于抗拒父权的"单元化"，那么我们可以说，20世纪90年代是容纳各种各样女权主义的"多元化"时代。

（原载于《环球青年》，1995年3月号）

《花花公子》的常春藤盟校风波

这个春季，常春藤盟校（Ivy League）校园中最热门的话题不外是《花花公子》杂志派专业摄影师到各校甄选模特儿，并将出版《花花公子》常春藤女性专辑的消息。这种事当然不是第一次发生——远在 1986 年即有同样性质的《花花公子》画册出版，当时在常春藤盟校校园中曾引起一系列的学生抗议。9 年后的今日，虽然仍是众议纷纭，但人们的观念显然已有重大的改变，其基本原因乃是 20 世纪 90 年代以来女性主义的戏剧性转变。

首先，由那些跃跃欲试的年轻女学生说起。上回常春藤学生普遍抗议，乃因认为那些有兴趣做模特儿的女生自甘堕落，自愿为满足男性欲望而脱。但这次纷纷前去拍照的女生却以自我肯定、自我呈现的高姿态出现——换言之，她们已从过去的"女为悦己者脱"转为"女为自悦而脱"。关键在于，这次为《花花公子》而脱的女生自视为真正解放的女性主义者，因为她们把裸露自身看成对女性美的肯定，不再是男性注视（male gaze）的玩物。这种新观念与何春蕤在《豪爽女人》中所谓的"打破性的赚赔逻辑"相映成趣。对那些前往《花花公子》面试的"豪爽"女学生来说，展现自己身体是女性自觉的权力，并非让男人"赚"了什么，女人自己也未曾"赔"了什么。

讽刺的是，正当这些"新女性主义者"已打破"性的赚赔逻辑"之际，一些固守成规的"激进女权派"，却仍按照旧的"赚赔逻辑"来制造对策。以耶鲁大学为例，正当女生以"反传统"的方式纷纷加入自我呈现的《花花公子》写真行列时，另一些代表"耶鲁女权中心"的女生们就立刻想出了一个"反《花花公子》"的经济统战策略——这个策略就是，凡是悬崖勒马、取消面试的女生都能得到一笔奖金，数目与《花花公子》给予的酬劳一致（其实所谓"酬劳"也只是 500 美元而已）。这些激烈的女权派成员特别发出一个传单，上面写道："你已在大学教育上花了 8 万元，怎么为了赚 500 元而出卖了你的身体？"

与预料中的相同，这样的"赚赔逻辑"并不能说服那些勇于解放自己身体的女学生。这些活在 20 世纪 90 年代的女大学生代表一种新的女性面具，一种把女人的"性"视为绝对权力所在的形象。至于一个女人愿不愿意发挥"性"的权力，完全要看个人的抉择。

把是否做《花花公子》的模特儿视为纯粹是个人的抉择，而不赋予道德判断，乃是今年与过去的"常春藤风波"的最根本差异。因此，无论是男学生还是女学生，大多数人认为激烈女权派设计的"经济统战策略"仅为徒劳，因为其基本命题是违反潮流的。然而，一般常春藤女生仍属于思想开放、行为保守的一类，在《花花公子》所选出的 4 名耶鲁美女中，只有一位已签合同，愿意将全裸相片公开。其中两名仍迟疑不决，一名则当机立断，自动取消资格。总之，一切都看个人的抉择。每个人为了自我所做出的决定，也要由自己来负责。

（原载于《明报月刊》，1995年6月号，本版略为修改）

何谓男性"自我认同"的危机？

当初法国女作家西蒙娜·德·波伏娃（Simone de Beauvoir）出版她的成名之作《第二性》时，曾如此埋怨道：

> 一个男人永远不必为了阐释男性而去写一本书。但我如果想要为自己下一定义，我就必须首先解释"我是一个女人"。[1]

然而，波伏娃显然把男人估计错了——因为近年来有关男性如何肯定自我，如何检视男性本体价值的问题一直是男作家（至少是美国男作家）最关注的主题。就如哈佛大学的心理学家威廉姆·贝彻（William Betcher）及威廉姆·波拉克（William Pollack）所说："现在轮到我们男人来为自己下定义了。"[2]于是，我们猛然发现，大大小小的书店里充满了有关男性认同／批判的新书籍，而聪

---

[1] Simone de Beauvior, *The Second Sex*, ed. and trans. H. M. Parshley（New York: Vintage, 1989）, x.

[2] William Betcher and William Pollack, *In a Time of Fallen Heroes: The Recreation of Masculinity*（New York：Atheneum, 1993）, p.266.

明的书商也以耸动的宣传方式不断地刺激读者的购买行为。而且，只要打开评论杂志，总是可以看到令人眼花缭乱的"男性认同危机""男性主体焦虑"等广告。换句话说，一向以"女性自觉""女权意识"为中心的发言位置已渐渐转为男性为主的意识写作——好像是一经男人的普遍反省及解读，所有女性主义提出的控诉及抗拒都一一得到了具体的回应。有趣的是，这种"男性认同危机"的新文体所用的写作及阐释策略竟与女性主义所采用的方式一一吻合。例如，著名女性主义作家肖莎娜·费尔曼（Shoshana Felman）刚出版一本热门书，题为《女人想要什么》①，接着，芝加哥大学的理查德·施韦德（Richard Shweder）教授就在《纽约时报书评》发表一篇极具争议性的长文，题为《男人想要什么》②——这样一来，好像男女自觉意识的探讨都采用了同一个"文本"，而他们阐释自我的方式及所接受的挑战也可以回溯到同一种历史文化的集体意识。

原来，那个"女人想要什么"的问题首先出于 13 世纪英国作家杰弗里·乔叟（Geoffrey Chaucer）的《坎特伯雷故事集》（*Canterbury Tales*）中，那是书中一荡妇巴兹（Wife of Bath）偶然为了助兴而发出的问题。几百年来，许多男性作家——包括弗洛伊德——都尝试着对那问题做了不同的解答。很长一段时间，女人始终保持沉默，一直到 20 世纪初才有像弗吉尼亚·伍尔夫（Virginia Woolf）那样的女作家，开始针对那个被再三重述的问题，并公然

---

① Shoshana Felman, *What Does a Woman Want? Reading and Sexual Difference* (Johns Hopkins Univ. Press, 1993).

② Richard A. Shweder, "What Do Men Want? A Reading List For the Male Identity Crisis", *New York Times Book Review* (January 9, 1994), pp.3, 24.

声明"女人所想要的"就是"自己的空间"。数十年来，这个女性的愿望始终是女权运动抗争的据点，也是女性自我发掘、自我关怀的一大资源中心。至于一般同情女性的男士也仅以一种"客观"的态度来引发一些有限的反应而已。

现在突然间，男人觉悟到女人的问题也是他们的问题。他们不但问"男人想要什么"，也问"女人要他们做什么"。

女人要男人做什么呢？——许多男性作家异口同声地答道："女人要男人政变。"① 这种积极的、自发的"自我改变"策略显然是对女权运动的直接反应——因为 30 年来女人一直在控诉男人那种父权意识的负面特质，认为男人是"不敏感的""不完整的"。于是，哈佛的威廉姆·贝彻（William Betcher）及威廉姆·波拉克（William Pollack）在他们的《今日的失落英雄》（In a Time of Fallen Heroes: The Re-creation of Masculinity，1993）一书中特地以回归古典神话为前提，积极鼓吹男性自我的"再创造"，以为今日的男人应当像希腊英雄奥德赛（Odysseus）一般，心甘情愿地从战场中走回家去。这同时，威廉·多蒂（William Doty）也在他的新书《男性的神话传统》（Myth of Masculinity，1993）中回溯古希腊的叙事文本，以一种怀旧的心态，大大表彰原本刚柔并济的"完整男性"（male wholeness）。他认为，男人应当借着女权运动的诸种控诉抨击来做一个彻底的"自我检视"及"自我批评"——换言之，男人应当来个全面的"文化修正"，去除传统男性体系的价值观，而且毫不避讳地表现情感脆弱的一面。的确，这种男性"自

---

① Betcher and Pollack, *In A Time of Fallen Heroes*, p.2.

我改变"的论述已成为近一两年来的写作关切焦点，而对于"过去古典"的再现也正是许多男性作家所采用的策略关键。至于以心理学来阐释古典神话的方式，则更不失为一个强有力的论述法则。可以说，以这种发言方式写成的书尤能引发读者的强烈反应及共鸣。在这一方面，尤以罗伯特·穆尔（Robert Moore）及道格拉斯·吉勒特（Douglas Gillette）的《情人本质》（*The Lover Within:Accessing the Lover in the Male Psyche*，1993）一书为代表。两位作者一再强调，此书不但写给男人看，也是给女人看的，其主旨是帮助男人如何寻求"失落的自我"（lost self），如何善用心理学家荣格所谓的男性生命中的"女性灵魂"（Female anima），进而重建一个温柔的、善良的、滋养的、情感的男性心理建构。总而言之，这些以重新创造、重新诠释男性为宗旨的新书（巧合的是，以上所列诸书均于最近几个月先后出版）全为了表彰阴柔与阳刚的交融，以促进男女之间更加和睦的相处。

然而，并非所有男性作家都对这种反复述说的论调表示赞同，因为他们更愿强调"大男人意识"。其实早在1990年，罗伯特·布莱（Robert Bly）就在他的畅销书《铁人约翰》（*Iron John: A Book About Men*）中呼吁男人应当独立自主，不要受女人的牵制。他认为，女权主义千篇一律的控诉，正好把男人引入真正的大男人境界——要做一个真正的男人，就必须退到森林去寻回原始的"铁人约翰"（Iron John）原型，要彻底寻求男性祖先的精神资源。而所谓"新男性"的重建，绝不是要去否认大男人的基本特质——相反地，现代男人应当在远离女人的自省范畴内，勇敢地重新拾回大男人的阳刚本质。最近理查德·霍利（Richard A. Hawley）在他的新书《从男儿到男人》(*Boys Will Be: Masculinity in Troubled Times*，1993）中也特别鼓励男人重新为自己的"大男人特质"而感到骄傲。他主张男女在"本质"上有别（即理查德·施韦德所谓的"essentialism"），而非"偶然地"形成异性（即理查德·施韦德所谓的"accidentalism"）。既然男女生来有别，"男人就不必去另创一个性别，因为我们自己具有明确的男性性别"。但他认为，问题是现代男人忘记所谓"完整的男性"原是无所不包的——它既包括强有力的斗志，也包括柔和的情感。可惜的是，一般所谓"经典文学"(canon literature）只标榜年轻而多情的罗密欧、哈姆雷特一类人物。所以，他主张所谓"大男人特质"是指"成熟的男人"，一种像大卫王(King David）那样集勇士、受难者、罪人、国王、忏悔者、诗人、情人于一身的完整的男性。

　　然而，著名作家约翰·斯托尔滕伯格(John Stoltenberg）则认为"大男人"(manhood）这个名词应当彻底取消，因为男女之别其实只是社会、政治、道德偏见的假象包装；今日男人需要的不再是"大男人"那种令人眩目的名词，他们真正需要的乃是对"自我"的寻求。他以为一个"新男人"就是"无愧于心的个人"，是康德所谓"超越自我"的重新建构之产物，也是马丁·布伯(Martin Buber）所谓的那种永持"你 / 我"的相互体验的个人，为了实现这种崇高的理想，首先"大男人"的旧思想必须被消解，"铁人约翰"的意象也必须完全摒除。因此，约翰·斯托尔滕伯格把他的新书命名为《大男人的终止》(*The End of Manhood*，1993）以使读者顾名思义。可想而知，女性主义的作家一致拥护这种"大男人终止"的观念。因此，书一出来，约翰·斯托尔滕伯格就成为女性读者的最爱。例如，有名的女权运动者格洛丽亚·斯泰纳姆（Gloria Steinem）评道：“斯托尔滕伯格的《大男人的终止》是本最实用、最有人情味的每日导读——它使人从桎梏中逃往自由。我希望罗伯特·布莱也能读读这本书，也会发现真正的‘男性运动’是远离传统男性的，是走向全人道的。”

没想到，以“男性自我认同”危机为出发点的论述居然成为妇女真正的解放契机。因为读了约翰·斯托尔滕伯格的书，一个女人可以体会到，真正的自由与解放不是去企图强调男女对立的紧张对峙，而是对“自我”的至情至性的追求。所以，著名的 *Ms.* 杂志主编玛西亚·吉莱斯皮（Marcia Ann Gillespie）就说：“读斯托尔滕伯格的书，使我觉得自己一直在窃听（与自己有关的事），因为它是如此诚实而富启示性的裸露表白。”

（原载于《当代》，1994 年 3 月号，本版稍做补正）

我看江青自传

记得，首次面识江青是在 1973 年秋季，地点是普林斯顿大学校园。那时，我还正在攻读东亚文学学位，有一天我的指导教授高友工先生告诉我，江青要来本校表演民族舞蹈。我一时大觉惊奇，因为我在台湾求学时虽曾是江青的影迷（特别迷那《西施》及《几度夕阳红》），但从未听说过她也是舞蹈家！

江青舞蹈晚会的当天，我特别兴奋，但也触及自己对台湾往事的回忆。于是，整天我都坐立不安，从葛思德图书馆走到系办公室，来来去去不知走过几回，适逢日本文学约翰·内森教授（John Nathan）正在走廊闲荡，两人就聊了起来。我们正在大谈江青的时候，突然有位美国学生走过来，很惊奇地问道：

"什么？您说今天晚上毛主席太太要来？"

我们两人不觉大笑起来，约翰·内森抢先回答道：

"不要那么紧张，是生活在美国的江青，不是中国大陆的江青。"

当天晚上，我发现这位与毛泽东妻子同名的著名影星原来真是个杰出的舞蹈家。我记得她表演了《东北秧歌》及蒙古族的《在草原上》等民族舞，并用中国传统音乐来配乐。当晚，礼堂座位全都坐满，而且掌声不断。事后才知道江青才只 27 岁，如此年轻就已在表演舞台上成名，真不简单。难怪当时《舞蹈新闻》(Dance News) 评论道："江青虽然只有二十年华，但是她运用身体的能力以及艺术上的才华，都是绝无仅有的。"而《纽约时报》也说："她是一位优美、风趣而又有力度的舞蹈演员。"

将近 20 年来，通过我的老师高友工教授（高先生一直是江青的挚友）的关系，我常常有机会看见江青。但由于"隔行如隔山"的原因，我从未认识真正的江青。一直到去年 5 月间我去纽约拜访高先生时，正逢江青有空，大家一起在江青的客厅聊天吃西瓜时，我才开始了解江青的身世。那天，江青告诉我，她才写完一本自传，其中有一节是有关童年时代的（部分文章曾经发表过），于是就拿出一张极宝贵的相片给我看——那是 1957 年 9 月 27 日，江青（才 11 岁）在北京机场献花，与周恩来、刘少奇、匈牙利总理及阿尔巴尼亚国家主席的合照。那是江青开始在北京舞蹈学校学习的第二年，显然是由于表现良好，才被挑选来向国际领导人献花。那天，江青被分配去随着周恩来总理给匈牙利的卡达尔总理献花，另一位同学则随着刘少奇委员长给阿尔巴尼亚的霍查主席献花。看完相片，我立刻说："这样宝贵的相片，你怎么到现在才拿出来给人看？要是别人的话，早已拿去给《纽约时报》刊登，借此出一番风头了。"江青只眯着眼笑，并没答话。最近，江青的自传《往时·往事·往思》[①]终于出版了，我迫不及待地开夜车赶看完毕。看到第 118 页有关《北京机场献花》的一段，就感到特别亲切而生动。

在自传的《序幕》中，江青写道：

> 笔尖能记事的现象就像身体能记住舞蹈动作一样。自己曾熟习的舞蹈片段，多年之后光想不动时，以为一个动作也记不起了，不料随着音乐试着舞动时，大部分的段落居然能自然而然地重现……[①]

江青的《往时·往事·往思》不是一本寻常的自传，因为它表达的是一位忠诚艺术家的心路历程，是一种心灵的自剥。其中所描写的喜、怒、哀、乐、甜、酸、苦、辣使我感动万千，因而忍不住在百忙中提笔写了这篇"读后感"，把自己最感兴趣的诸点提出来与读者分享。

在追求艺术的阶段中，江青特别标举"真我"的重要性，这一点对于从事文字工作的我有很大的启发。当然，我曾看过许多有关"真我"的作品，但那些都由文学理论着手（如传统之诗话、词话等），不像江青把自己各种不同艺术形式之创作经验与"人生之旅"密切联系起来。1970 年，江青刚来美国不久，历尽沧桑后（包括婚变悲剧），她衷心悟到艺术中真我的价值。她发现自己真正喜爱的创作形式是舞蹈，而非电影。她说："对影坛生涯我并无眷恋

---

① 江青《往时·往事·往思》，台北：时报文化出版公司，1991 年版，第 6 页。

之感，偶尔在路上，有人指指点点或让我签名时，才会忽然又意识到自己曾经有过那段所谓'星光闪烁的岁月'，至于舞蹈创作则虽然很多时候也掺杂着难耐的痛苦，但是伴随着更多的是发自内心的无比富足感和激情带来的喜悦。"①

1974年，编完《阳关》现代舞之后，她终于悟到"在艺术创作上强调'我'——个性、独立性、主观"②，这才是最基本的原则。也就是这种追求真我的情操，使江青多年来保持的创作风格突飞猛进。以往她只在自己原构思上编舞，但近年来她经常替歌剧及话剧做舞蹈场面的编排设计——例如有名的《图兰朵公主》（Turandot，又译杜兰朵）一剧曾在纽约大都会歌剧院及瑞典人民歌剧院成功地演出，其中舞蹈设计乃出自江青之手。总之，自从1987年开始，她常被国际名导演请去为他们编舞——例如，有名的留比莫夫（Yuri Lyublmov）请她去英国排练《哈姆雷特》剧中的舞蹈，而克莱斯·费尔博姆（Claes Fellbom）也请她去瑞典剧院帮忙设计《达·芬奇》及《霍夫曼的故事》诸剧。可见她愈来愈喜欢把各种不同艺术形式综合演出，也无形中把"往时"累积的舞台、电影、黄梅调的表演经验都融会贯通了。而现在又借着写"往事"的机会，终于用文字艺术来表达她的"往思"。

对于人生的际遇，她也用这种综合性艺术来做比喻。她说："从这个连带关系中，我察觉到任何一件事情，都错综复杂地和无数件别的事情相关联在一起的，这绝不是一个偶然的巧合。"③她

---

① 《往时·往事·往思》，第216页。
② 同①，第298页。
③ 同①，第257页。

曾把编舞比作怀孕，把作品完成比作生产，把发表公演后比作堕胎——我想多少与个人实际经验及想象有些关系：

> 头一次我开始逐渐地认识到：编舞构思酝酿期是怀孕——充满了期盼、兴奋、满足、自信；到排演时是临盆——痛苦的挣扎与搏斗，夹带着勇气和希望；而作品完成后应该是诞生——无可言喻的自豪、喜悦、舒畅；可是作品发表公演后是堕胎——充塞着毁灭、沮丧、恐惧、虚空……①

她又说，舞台表演有如军队的"养兵千日，用兵一时"，因为"舞蹈演员在基训中、排练时，花费了如此久的时间，消耗了大量的精力，而相比之下，在舞台上'用兵'仅是'一时'而已。也正由于如此，所以演员上台如上战场……"。②这些都是她的亲身体验。也就因为如此，她才说得出底下这句充满人生真谛的话语：

> 总之，人生中所有的七情六欲、酸甜苦辣，演员都在台上台下，演出前后享尽了。

这种分析自省的能力使江青在屡次痛苦灾难中能超然地走向艺术及光明。例如，20世纪60年代后期在台湾受尽婚姻的痛苦时，她就常"想到了练舞的大镜"，因为她"需要在舞蹈教室的大镜中

---

① 《往时·往事·往思》，第257页。
② 同①，第264页。

找回失去的自己"。①这个勇气使她毅然决定"逃"往美国（忍住抛家离子的悲痛），也终于从"银幕之上，观众的眼皮之下"完全"出镜"（出境）了。所以，在江青心目中，舞蹈是一面永远提醒她的大镜，"它像一座领航的灯塔在那里闪动着"。②它象征生命力。

江青善用象征隐喻的手法，实与她编舞的精神相当（关于江青的艺术精神，请见拙文《一个艺术家的心路历程》）。③她喜欢借着舞蹈，用抽象的意念把生命意义之内涵表达出来。例如，1974年演的《阳关》一剧乃代表她新拓展的创作生涯，其节目单写道：

> 王维《渭城曲》的结句"劝君（我当）更尽一杯酒，西出（越过）阳关无故人"。古时（今日）出了阳关，便是塞外（大道），旅客（我已）过关而去，每每有一去难返之意。④

又如，1977年创作的《深》更是把人生挣扎、恐惧的诸面目表现无遗。其节目说明书写道："'深'指深致、深入、深妙、深沉、深奥、深刻、深不可测……多个舞者戴着不同面具，代表个人内心深处千变万化的多重面。"还有1983年舞剧《负、复、缚》（由香港舞蹈团演出）也同样以抽象意念来象征人心诸面；其节目单上有这么一段（由钟玲执笔）：

> ……出卖自己的人虽然爬上宝座，尝到权势和成功的滋

---

① 《往时·往事·往思》，第178页。
② 同①，第187页。
③ 《时报周刊》，1992年6月28日，第86—87页。
④ 《往时·往事·往思》，第260页。

味，但因为负疚在心，受害者的恨意，却鬼影一般地缠绕他，令他作茧自缚，成为他终生的负荷。①

我自己最欣赏江青的《恒》（1988 年编）——其 5 段舞章题为《寒》《雪梅》《竹节》《松与石》《岁寒三友》。其意义是对人的价值之肯定，全舞终结时，舞台上出现的意象是：松、竹、梅于岁寒之间结为永恒之友，全然无惧地屹立在冰雪之中。这个象征画面给予那一直在舞台上沉思着的"人"一种勇气，使他勇敢地脱去温暖的冬衣，冒着风雪向前迈进。

对江青来说，人间最不朽的"恒"乃是持久不变的友谊——如松、竹、梅结为永恒之友一般。她那珍视友谊的热情（或痴情）令我无限感动。看过她的自传使我发现，她的人生之旅有许多关键性的"阳关"，而每回出"关"，都与挚友的鼓励与情谊息息相关。书中提到的几段情谊中，有两段特别令我难忘。其一是江青与琼瑶之间的友谊，在《入镜……出镜》一章有详细的记载：大意是，20世纪 70 年代初期，在江青陷入极端痛苦的深渊中时，琼瑶曾不顾一切赐予雪中送炭的情谊。另一段则与她二舅有关。在《上海童年旧事》一章中，江青花了很大的篇幅记载她与较她大 5 岁的"二舅"之间的友谊。由于年龄相当，两人在"整风运动"的恐怖期间成为挚友。由于家庭背景的关系，"二舅"不能报考大学，故高中毕业后，即到江苏某工厂当学徒。江青回忆道："那一阶段他对自己的前途很灰心，心情十分沮丧，所以亲情和祝愿对他的内心是

---

① 《往时·往事·往思》，第 182 页。

一种莫大的安慰和补偿。"在江青上北京舞蹈学校的6年之中（即10岁至16岁），两人一直保持了一个不成文的"约会"——就是江青每次要回上海之前，总是先通知他，到时"二舅"也向工厂请假，到附近戚墅堰小车站接江青，两人再同搭一班车回家（有一回，"二舅"上车时满身油渍，而且手臂青紫，指甲满是淤血，江青忍不住啜泣起来，因不忍见他做粗工而受伤）。后来，江青经常乘京沪线直快车南下——因此车在戚墅堰站不停，"二舅"总是预先说好，他会站在戚墅堰车站月台上等候，当直快车过站时，江青就会趴在车厢那边的窗口上，两人互相挥手。有时，江青事前会请所有的同车同学帮她瞪大眼睛，一起往车站月台那方向"找"她二舅。但往往"当火车飞驰而过时，谁也无法辨认出他的面孔来，眼前掠过的仅是一条细长的身影"。这是多么美丽而真实的亲情、友谊，又是多么感人的故事。多年后，江青仍回味这段不寻常的经历：

> "文革"之后，二舅举家由上海迁居到纽约。我旅行、演出、出入纽约频繁，如果时间允许，他总会开车送我去机场，偶尔间在登机处，互相挥手说再见的那一刹那，我仍然会蓦地忆起那遥远的、极美的、近乎荒唐的"约会"来。那毕竟是属于少年时光的一段最为清纯而又最令人神往的经历。[1]

永远念旧又忠于朋友的江青曾在她首创的第一个舞剧《乐》

---

[1] 《往时·往事·往思》，第97页。

中，以象征手法来表现友谊的真谛。剧中舞台上不断出现四季的变迁与延续，那延续性正象征着人间那持久不渝的友谊。我相信，江青在生活里亲身体验的种种友谊实在给她的艺术创作提供了许多丰富的构思材料。

江青不是一个直线型的人，因为她是曲线型的艺术家，具有曲折多面的人生经验及想象力。她在舞蹈上自然也选择了现代舞这条曲折而富象征的路。

（原载于香港《二十一世纪》，1993 年 2 月号，本版略为修订）

周蕾论中国现代性

  在美国汉学界，像周蕾（Rey Chow）^①如此多产的年轻评论家比较少见。她于 1991 年出版《妇女与中国现代性》（*Women and Chinese Modernity*）一书，接着陆续出版《多元写作》（*Writing Diaspora*，1993）及《原始的欲望》（*Primitive Passions*，1995），都是极具争议性、理论性的著作。从分析文学的策略和方法看来，周蕾代表 20 世纪 90 年代新兴的美国比较文学理论方向：既要批评主流文化的霸权地位，又要反省边缘文化的自我局限。周蕾的一贯研究方法是使用西方的理论来阐述中国现代文学中的边缘性问题（如女性问题、种族现象等），她既不对"传统"中国认同，也不对西方文化盲目拥戴，而是把学术立场建立在"中国的"与"西方的"辩证基础上，从而表现出一种特有的挑战性。这种立场颇具争议性，因而导致来自四面八方的激烈反应。

  最近，台湾终于隆重推出周蕾第一本专著的中译本《妇女与

---

① 周蕾于 2016 年荣膺美国艺术与科学学院院士。（孙康宜补注，2016 年 4 月 20 日）

中国现代性：东西方之间阅读记》，或可引起更多的争议及讨论。该书的四章表现了四种批评的途径：可见的形象、文学的历史、叙事的结构、感情的接受。它们都一致牵涉到中国"现代性"的几个重要层面："种族"观众的意识形态；通俗文学中"传统"的断裂；一种表现新的"内在"现实的复杂写作方式；以及性别、感伤主义与阅读之间的关系。环绕这四章的具体"行为"（actions）是观看、分离、描述（分割）与哭泣。书中引用的现代文学文本包括鸳鸯蝴蝶派的代表作《玉梨魂》，以及巴金、茅盾、鲁迅、郁达夫、张爱玲、冰心、丁玲等人的作品。

首先，周蕾对于文化多元中的"看"的问题做出颇为尖锐的分析。"看"不但指谁在"看"谁，还涉及如何看的问题，以及"看"的主体与客体之间的权力关系。她以贝纳尔多·贝托鲁奇所导演的《末代皇帝》为例，说明西方人是把中国当成"他者"以及"女性化"的空间来"看"的，所以贝纳尔多·贝托鲁奇"注视"之下的中国并非真正的中国，只是西方人自己创造的神话故事。同理，周蕾认为法国女评论家朱丽娅·克莉斯特娃在《关于中国妇女》一书中对中国和女性的阅读是乌托邦式的，因为克氏把研究目标"看"成绝对的"他者"。值得注意的是，周蕾把这种"文化相对主义"归咎于一般汉学家对"传统"中国文化所持的理想主义式的执迷——他们大都以"情感物恋"的崇拜来研究古代中国（因为那是尚未西化的中国），却以蔑视的态度来对待现代中国。周蕾以为这就是为什么现代中国文学一直被推至边缘，而中国文学研究至今仍处于"传统"与"现代"对立之中的原因。

作为现代中国文学的研究者，周蕾是以女性主义为出发点的。

例如，在有关鸳鸯蝴蝶派的探讨上，她对夏志清和林培瑞（Perry Link）的研究都有所批评，而其中一个原因是他们"对妇女问题的忽视"。因此，周蕾要把阐释的焦点转向女性，希望借此把女性主义式的阅读作为在形式分析上能动摇"传统"本身的工具。作为批评阅读的策略，"女性"涉及的不仅是性别问题，而且还是如何表现"权力"关系的问题。对周蕾来说，这种分析方法才是正确的，因为她认为在中国现代文学中，妇女一直是个叙述枢纽，而她所谓"细节描述"也正是女性特质的体现。

读罢此书，还有一点值得探讨：书中对"女性特质"（femininity）和"妇女"（women）的处理偶尔含混不清。"女性特质"是指美学及文化上的某种被玩味的气质，因此它不必是"女性"的（例如，《末代皇帝》的溥仪被"看成"具有"女性特质"的角色）；然而，"妇女"一定指"女性"，但不一定指"女性特质"。周蕾把书名称为"妇女与中国现代性"，确有以偏概全之嫌，其偏在于忽略了一个贯穿全书的重要语码，即"女性特质"。

（原载于《明报月刊》，1996 年 5 月号）

"末恋"的风行意义

李清照说："此情无计可消除，才下眉头，却上心头。"胡适说："山风吹乱了窗纸上的松痕，吹不散我心头的人影。"这些话都用来说明，无论爱情有多么不同的面貌——或大喜大悲、如痴若狂，或扑朔迷离、情丝煎熬——它总是让人无法忘怀。于是，古今中外许多男女用生命来诠释爱情，而爱情也成为历来文学艺术的灵魂。

但历来文学作品是如何诠释爱情的呢？从莎士比亚的《罗密欧与朱丽叶》到曹雪芹的《红楼梦》，以至于紫式部的《源氏物语》——在这些公认的经典巨著中，爱情始终是"青春之恋"，或是"初恋"。爱情是年少的痴情男女日夜憧憬的美梦——因此，在这些作品的上下文中，我们看见的只是少男少女花前月下的痴恋，或因不能结合而共赴黄泉的爱情悲剧。总之，文学里的"初恋"始终是触动心弦的主题，就如诗人约翰·克莱尔（John Clare，1793—1864）在其《初恋》（First Love）一诗中所说：

I ne'er was struck before that hour

With love so sudden and so sweet,

Her face it bloomed like a sweet flower

And stole my heart away complete.

（平生第一次陷入这样

又突然又甜蜜的爱，

她的脸美如温馨的花朵

完全地抢走了我的一颗心。）

可想而知，一向与文学有了无尽缘分的电影，更以如诗如画的动人镜头把文学里的初恋转为银幕上诠释爱情的关键。

然而，这二三年来电影界突然流行"末恋"（Last Love）及其相关的主题。而以演技精湛出名的影星安东尼·霍普金斯（Anthony Hopkins）俨然成为此一新主题的代言人。在最近的两部影片中——《长日将尽》（*Remains of the Day*）与《影子大地》（*Shadowlands*），安氏均饰演年过中旬的男子如何"压抑"与"接纳"爱情的苦难历程。在《长日将尽》中，他演一个英国贵族家中的男总管，他爱上了女管家，但刻意自我否定，企图把情感压抑心中，成为爱恋的隐形人，然而他的脸部线条却彻底反映出那既投入又真实的无限柔情。

若说《长日将尽》是部描写压抑的末恋悲剧史诗，《影子大地》则是一首接纳《末恋》的感人情诗。在《影子大地》中，安东尼·霍普金斯饰演有名的英国作家C. S. 路易斯（C. S. Lewis，1898—1963）。据说，电影剧情是根据真实的故事而编成的。安氏演的 C. S. 路易斯是牛津大学的教授，他本来的生活既清静又自由，但在进入中年以后，深深地爱上一个离过婚的癌症患者［即美国女作家乔伊·格雷沙姆（Joy Gresham）］，从此引发了一段让人泫然欲泣的故事。在这一对特殊的情人身上，我们看见面临死神的"末恋"无时不令人感到惊奇与更新——谁会想到，迟暮的爱情会放出如此异彩异香？但成熟的爱情却正是这部电影的主题：在死亡面前，这对情人更加放眼世间，更加珍重内在的生命，更加拥有彼此相依的契合。但带来的痛苦又是如此真实而深刻。当女主角乔伊［由德布拉·温格（Debra Winger 饰演）］终于死于癌症时，那历尽坎坷的情人 C. S. 路易斯说了一句令人难忘的话：

The boy chooses security, the man chooses suffering.
And that's the deal.

（一个男孩总是选择安全的保障，但一个大男人却选择受苦。

这是生命的公平处理方式。）

或许正是这种糅合伟大恋情与人间苦难的感受，使得 19 世纪俄国诗人费奥多尔·伊万诺维奇·秋切夫（Fyodor Ivanovich Tyutchev，1803—1873）在他的那首题为《末恋》的诗中用落日余晖的意象来象征这种令人感动却又无奈的恋情：

Last Love

Love at the closing of our days
Is apprehensive and very tender.
Grow brighter, brighter, farewell rays
Of one last love in its evening spendour.

Blue shade takes half the world away;
Through western clouds alone some light is slanted.
O tarry, O tarry, declining day,
enchantment, let me stay enchanted.

The blood runs thinner, yet the heart
Remains as ever deep and tender.
O last belated love, thou art
A blend of joy and of hopeless surrender.[1]

末恋

在我们垂暮的日子，
我们爱得又焦虑又温柔，
那是晚晴灿烂的末恋，

---

① 英译采自 Love Poems. Everyman's Library Pocket Poets (New York: Knopf, 1993), p. 212。

那是分外明亮的余晖。

阴影已遮住半个世界，
只有西边的云层透出了一线斜阳。
呵，稍停，稍停，颓落的白日，
欢情，欢情，让我再钟情下去。

脉搏已日益变弱，
此心依然深怀柔情。
呵，迟暮的末恋哟，
你半含欣悦，半含无奈。

也就是这种"夕阳无限好，只是近黄昏"的末恋意象使得电影导演把两部感人的电影分别取名为《长日将尽》与《影子大地》——二者均取落日余晖、人生将尽之意。

但我们不禁要问：为何"末恋"的主题突然在电影界有此翻身的命运？为何代表"末恋"心态的安东尼·霍普金斯突然这样走红？他不但得到奥斯卡影帝的头衔，而且片约不断，备受好评。是什么因素令观众沉迷于这样的角色？

当然，这其中有极复杂的因素，而观众的喜好也有诸多面貌，不能随便给予简单的答案。但我认为，其中最显明的一个原因或许是，所谓战后"婴儿潮"出生的一代现在均迅速走向 50 岁大关，他们在饱尝事业成功之余，不免感到生命有限，想利用余生开拓完整稳固的爱情，俾使人生无憾事。而这同时，人们的爱情观也已因目前的"女性自觉"及"男性自觉"变得更加成熟而肯定了。一个具有女性自觉的女子既具备了传统男性特质范畴的自主性及行动力，也自然有胆量确认自己的感情，而且愈近中年就愈能了解真正爱情的面貌，不再停留于少女情怀的盲目憧憬心态了。而在"男性自觉"的影响下，许多男人也体会到，所谓成熟的爱情是一种相知相属的承诺，是一种毫无代价的付出，而非仅是"初恋"带来的那种心驰神摇。有趣的是，远在21世纪初，德国著名诗人赖内·马利亚·里尔克（Rainer Maria Rilke，1875—1926）早就预测了这种成熟的爱情观与女性自觉的密切关系：

> 有一天女人将不致只是男性的反面，而是有自我意识的人……是真正的女性人……这种进步会导致连根拔起的彻底改变，会使爱情的关系成为两个独立个体的关系，而非只是男性为主的单向关系，将来这种较富于人类理想的爱情将会是我们今日痛苦学习挣扎的结果……[①]

这样说来，电影《影子大地》正是对这种变化中的爱情观之诠释，它让我们对男女意识形态及情感潮流的面貌有了一种更加深刻的玩味与了解。而这也就是我所谓的"末恋风行"的真正意义。

（原载于《当代》，1994年4月号，本版稍做补正）

[①] 英译请见 Rainer Maria Rilke, *Letters to a Young Poet,* translated by Stephen Mitchell（Boston: Shambhala, 1984），pp.88-89。

贝多芬的"永远的爱人"

对于那"永远的爱人",贝多芬只能在心中默默地暗恋着——也唯有通过"隔绝",才能拥有真正的爱情火花。

大约1812年的7月间,贝多芬曾写下一封震撼人心的情书——那是一封未寄的情书,没有日期,没有收信人的名字,只是标明写给"永远的爱人"(immortal beloved)。100多年来,研究贝多芬传记的学者一直企图解开这个神秘的谜,想查出那个"永远的爱人"是谁。

最近,伯纳德·罗斯(Bernard Rose)所导演的《永远的爱人》便以这封神秘的情书作为电影的起点;好像那封情书已转为一个个音符,一段段线谱。整部电影就是一首撼天动地、紧扣心弦的大交响乐,从头到尾不知演出了多少乐章!贝多芬的9首交响乐中,就用了5首的片段。还有第5钢琴协奏曲《皇帝》《D大调庄严弥撒》及钢琴三重奏等,全部成为营造感情境界的重要因素。为了饰演贝多芬,男主角加里·奥德曼(Gary Oldman)特别到伦敦交响乐团实地演习,而整个电影的配乐全由举世闻名的音乐家搭档而成——例如，华裔大提琴家马友友、拉脱维亚籍的小提琴家吉东·克雷默（Gidon Kremer），以及著名钢琴家伊曼纽尔·艾克斯等。这是一部具有浓厚音乐气氛及戏剧性的电影，好像每一瞬间都在变化，每一变化都显示出音乐与生命的神奇。而贝多芬的暴风雨式的性格更在此片中表现无遗，无怪乎影评家欧文·格列伯曼（Owen Gleiberman）要说："这是西方艺术史上第一次，也是最伟大的对现代暴风心灵的戏剧性演出。"[①]

贝多芬的爱情也以戏剧性的手法演出——虽然专家们一向以考古的精神罗列出 10 多位"永远的爱人"候选人名单，这个影片只勾勒出 3 位可能人选（剧中演"爱人"之一的女星伊莎贝拉·罗塞里尼现在正与饰演贝多芬的加里·奥德曼热恋中，一时传为佳话）。为了制造戏剧性的效果——在这位伟大的音乐家的生命中，他只经历过一次"真正的爱"（尽管他的爱情韵事不断，好似一站接一站的行程）。如果说那位"永远的爱人"是他的生命引擎，那么他的音乐就是海洋——是爱情促使平凡的海洋变成奇幻的海景。在音乐的海洋中，我们看见波涛起伏，洞视了人间爱与恨的秘密。在贝多芬的身上，我们体验到人生戏剧性的矛盾——热情与忧郁、崇高与乖张、强壮与脆弱。

最大的讽刺是，当贝多芬开始谱写一生中最美妙神奇的音乐时，也正是他开始耳聋的时候。一个最伟大的音乐家命定要与"音乐"隔绝，而他的爱情也同样如此不幸。对于那"永远的爱人"，贝多芬只能在心中默默地暗恋着——也唯有通过"隔绝"，才能拥

---

① *Entertainment Weekly*, 1995.1.20, p.35.

有真正的爱情火花。无论是音乐还是爱情,一切总似梦之迷离与矛盾。因为生命就是这样:我们不能完全将它占有,在人生的舞台上,我们永远扮演耳聋的音乐家。

　　谁是贝多芬的真正"爱人"?片中以侦探小说的手法"证明"贝多芬爱的是他的弟媳妇——一位被认为是声名狼藉的女人。这种结论触怒了许多研究贝多芬传记的专家,例如斯蒂文·怀特(Steven White)就说:"整部电影是个谎言。"事实上,从心理学的观点看来,电影中的革命性阐释也并非完全不可能(据说为了演出此片,许多学者也曾为之重新考证贝多芬生平)。然而,不管"永远的爱人"是谁,她的真正存在已不重要。重要的是,在贝多芬的生命旅程中,她永远代表一种形象与比喻。她是一个永远的秘密,因为真正的爱情永远是一种秘密。

　　　　(原载于《联合报·副刊》,1995年2月28日)

今夏，你看过"冬天"没？

《冬日之心》（*Un Coeur En Hiver*）是 1993 年暑假中，在炎炎夏日的新港区最为卖座的一部电影。由于该片英译名为 *A Heart in Winter*（又译《今生情未了》），许多人就开玩笑道："这个夏天你看过'冬天'没有？"报刊上也纷纷介绍这部"冬天"的影片，使有些读者误以为这是预告今年冬天将要演出的片子。

《冬日之心》是部法国片。其实，该片并非以冬季为背景。所谓的"冬天"乃是指内心所感触的一种忧郁、哀伤、不安、沉重与暧昧的恋情。电影中的剧情初看之下，显得十分平常。就像其他许多法国片一样，《冬日之心》亦以三角恋爱的关系为主题。故事大略是这样的：多年来马克西姆（Maxime）与斯蒂芬（Stephane）合伙开了一家小提琴店，由于对音乐有真诚的挚爱，他们的公司在几年间已成为全欧首屈一指的小提琴供应处。加上马克西姆一表人才、善于待人接物，许多有名的小提琴家顾客络绎不绝。斯蒂芬则扮演一个较为专业的"审音"，一而再、再而三地"调音"，直到他的顾客百分之百满意为止。此外，马克西姆与斯蒂芬还参加顾客的预演及公演，所以他们已不是寻常的"提琴商人"，而是与音乐打成一片的艺术家。

有一天，马克西姆告诉斯蒂芬，说他爱上了有名的女提琴家卡米尔（Camille），两人已同居两月余，而且不久就要迁入新居。斯蒂芬很关心马克西姆的一切，也感激好朋友把秘密告诉他。

然而，当卡米尔首次到提琴店请斯蒂芬"审音"时，两人不自觉地一见钟情，突然间两人在音乐境界中的交感、沟通成为难忘的双重奏，内心深处那种无法克制的恋情有如火山爆发一般，两人像着魔似的为情所困。两人从头到尾说了不到十句话，但观众可以深深感受到此情之深广与庄严。随着剧情的发展，我们发现为情所困的斯蒂芬开始回避卡米尔，然而热情的卡米尔却无法忘记那"相看无言"的恋情，为此日夜彷徨不安，连预演时也因为心中之狂乱无法专心。最后，在大演奏结束当晚，卡米尔再也无法忍受内心的挣扎，鼓起勇气向斯蒂芬表明一往情深的爱情，而且自动以身相许，要与斯蒂芬立刻结合（这对卡米尔来说，乃是空前之举，因为既美丽又多才多艺的她，总是惹来许多男人的追求，她从不会如此主动地追求对方）。没想到，斯蒂芬竟拒绝了她的要求，并说出违背自己内心的话。这使卡米尔伤心欲绝，无法接受，终于忍无可忍，在大庭广众中大骂斯蒂芬。与此同时，那个内心十分痛楚的马克西姆也当众给了斯蒂芬一个大耳光，最后斯蒂芬只好离开提琴店，到巴黎另一个地区自己重立门户。一直到数月以后，又由于某种机缘，斯蒂芬才有机会再见到马、卡二人，重逢时大家仍是相对无言。由于感情的蕴含太丰富，观众也就不知不觉地投入其中的"冬日"之感，而电影就在这暧昧的情境和音乐的伴奏下，慢慢地结束了。

这样一部有音乐气氛及诗意的电影［开头就提出俄国浪漫诗人莱蒙托夫（Lermontov）的名字，就像诗意的随兴灵感一般］，自然会启发许多影评家的关注。有趣的是，有关《冬日之心》的影评几乎千篇一律在攻击斯蒂芬这个角色，认为他是标准的懦夫，代表一种愚昧的"沉默"，一种"没有勇气去活、去爱"的蠢人。主要是大家认为（至少美国的观众认为），斯蒂芬之所以在那紧要关头拒绝了卡米尔，主要是因为内心的"惧怕"——怕坠入爱河太深而受到伤害。有一篇影评甚至说他是"情感的绝缘体"，是个"残忍"的人，劝大家"不必去管那种人的结局"。[①] 总之，一般美国人不同情斯蒂芬的最主要原因，乃是由于该角色所代表的一种"反浪漫"之情绪。就因为斯蒂芬具有所有的浪漫"条件"，却不能适时而浪漫行之，才令观众更感到失望、气愤。

使我颇感意外的是，美国的影评家没有一人注意到"友谊"在《冬日之心》中所占的地位。原来，马克西姆与斯蒂芬两人是多年的挚友，在现实与理想的生活中，两人曾经苦乐与共。现在突然陷入"三角关系"的斯蒂芬，是否因为害怕伤害挚友的心，才在重要关头悬崖勒马，拒绝卡米尔的性爱呢？或是在一番冷静思考后，于"占有他人所爱"和"牺牲自我"的抉择之间，他终于决定选择后者呢？还是一种突然的顿悟，使他无法继续往爱欲途中前进，而终于摆脱肉体的诱惑？总之，诸如此类的问题始终没有成为《冬日之心》影评的关注中心。我认为，"牺牲自我"的觉醒至

---

① *The New Haven Advocate*, 1993.8.12.

少是《冬日之心》的主题之一（虽然我不敢说这是最重要的主题，因为该片自始至终有如一首情诗，特具隐晦深意，其感人处也正在这个朦胧不明的意义上）。但我的想法是有根据的，因为快到电影的结尾处有这么一段简短而耐人寻味的对话：

> 卡米尔："你很爱马克西姆，是吗？"
>
> 斯蒂芬："我过去以为，在这世界上我只爱马克西姆这样一位朋友。"

斯蒂芬的言下之意是，他过去只爱马克西姆，现在才知道自己更爱卡米尔。这是一个人在深深爱过，又经过情感控制后所发出的自白。这种自白不像是弱者之言，而是一个具有道德勇气的人，在梦幻般的人生里所领悟到的真实。

我认为美国影评界之所以忽略了"牺牲"与"控制"的意义层面，乃是由于美国文化及教育只重个人主义的发挥，一切皆以"占有"为主，完全不顾第三者的幸福，甚至常常可以把自己的快乐建立在别人的痛苦上。而这"占有"的个人主义又恰恰与热恋中男女的心境相似，例如法国著名小说家司汤达（Stendhal，1783—1842）在他的《爱情》（De L'amour）一书中说，在男女进入爱恋的最深境界时，整个宇宙只存在着"我"与"你"，所有世界上的其他人都不再有任何重要性了。

但是，小说家司汤达曾经说过："即使爱欲的产生并非当事人所能控制，但男女本身却能在某种程度上选择如何表现感情经验的方式。"也许因为这个缘故，在《冬日之心》里，斯蒂芬才选择了他那种"表现感情经验的方式"。借用李商隐的诗句来说，斯蒂芬虽然"深知身在情常在，怅望江头江水声"，但是宁可自己活在永远"冬日"的伤感中，也不忍去伤害好友马克西姆的心。

　　牺牲自我乃是一种爱，能真正欣赏生命的人都知道，唯有那种爱才能化解人间的怨仇与阴暗。我不知道《冬日之心》的导演克劳德·索泰（Claude Sautet）是不是同意我的解说，不过至少我的论点可以代表一种新的看法。

　　（原载于《世界周刊》，1993年11月14日，本版略为修正）

《霸王别姬》里的情痴

　　《霸王别姬》(*Farewell My Concubine*)是第一部在法国戛纳国际电影节（坎城影展）赢得首奖的中国片。自从 10 月 8 日在美国放映以来，观众反应良好，大牌影评家不断捧场支持——例如文森特·坎比（Vincent Canby）在《纽约时报》中说该片富有特殊的"异国情趣"，《芝加哥太阳时报》赞美它具有"令人眩晕的美"，《洛杉矶时报》说它是"一部辉煌的、令人迷醉的史诗"。此外，大卫·金（David Kim）、朱迪·斯通（Judy Stone）等影评家亦以同样的令人耸动的字眼来赞美这部佳片。

　　据我所知，这部电影对美国观众的魅力，在很大程度上是出于目前大众文化对"男扮女装"的兴趣，以及对"阴阳双性观"的问题之专注。最近，有一系列的影片［例如《蝴蝶君》(*M. Butterfly*)、《窈窕奶爸》(*Mrs. Doubtfire*)、《奥兰多》(*Orlando*，又译作《美丽佳人欧兰朵》)等］都以深刻细腻的手法来点出这个"大众化""耸动""煽情"的主题。这是因为现在人们所关心、重复讨论的问题总是逃不出"性别本质论"。

这种大众文化的迷信心态很容易使人误解《霸王别姬》的主要意义。《霸王别姬》是一部复杂多面的影片，所以它的意义也是复杂多面的。在我看来，该片中所突显的"角色诠释"与社会、艺术、人生之关系，要远比 cross-dressing（男扮女装或女扮男装）的质疑来得重要得多。影片中扮演虞姬的程蝶衣自幼被迫男扮女装（由"我本是男儿郎，又不是女娇娥"的心态，被迫转为"我本是女娇娥，又不是男儿郎"的自白），在不断抗拒与不断让步的过程中，他终于变成一个美丽的面具，也因此消灭了与现实的联系。而这种性别的混乱以及艺术与人生之混同乃是影片《霸王别姬》的最重要隐喻，即对整个中国"本体危机"的隐喻。当影片中的故事从 20 世纪 20 年代进入"文革"的年代时，我们不得不为人的残忍悲剧而感到震撼。在"文革"期间，人人被迫否认自己的主体意识，被迫戴上混同的"面具"，进而吞噬了个人的欲望与情感。对于从未经历过"文革"的人，这种面具的扭曲心态简直成了一种虚构。

　　另一方面，程蝶衣的角色也象征着艺术与人生的关键联系。他所扮演的角色，也就是西方文学家，例如叶芝（W. B. Yeats）、庞德（Ezra Pound）、艾略特（T. S. Eliot）等人所谓的"面具"或"代言人"。而柏拉图与亚里士多德所提出的"戏剧角色"似乎更近于《霸王别姬》影片的手法。有趣的是，几个世纪以来，西方文学批评不断争议的主要问题就是，"面具"究竟代表不代表作者的本意？换言之，艺术是否代表真实的人生？到底艺术较为真实，还是人生更为真实？

　　19 世纪著名英国作家王尔德曾说："给他一个面具，他便会对你说实话。"——显然在西方高层文化中，确是有一种把艺术视为更真实的倾向。落实到中国文化中，这种辩证就成了"真假"的问题——使我们不得不想到曹雪芹在《红楼梦》中所说的"假作真时真亦假，无为有处有还无"。太虚幻境究竟是真还是假？宝玉的大观园，到底是真还是假？诸如此类的问题都直接或间接与艺术面具的意义有关。

宝玉之所以被视为情痴，乃是因为他拒绝与世俗的真实认同，且宁愿沉溺于自身投影的大观园（即面具背后所提供的艺术纯美）。与宝玉相同，影片《霸王别姬》中的程蝶衣在一旦认同于面具的审美观之后，就一意执着于他的纯艺术世界——用弗洛伊德的话来说，他选择固守那"乐趣原则"而否定"现实原则"。换言之，他也是一个不折不扣的情痴——或如影片中的段小楼（扮演霸王项羽）所说，他是一个"戏痴"。

程蝶衣对段小楼的痴情，乃是出于他在纯美境界的沉溺，实与一般观众所谓的"同性恋本质"大异其趣。由于程蝶衣的"意淫"出于知心，那种感情才更加动人，也进而使人领悟到艺术影响人心之巨。关于这点，我们有必要提起《红楼梦》里梨园戏班女子藕官与药官之间的类似情况。第五十八回，芳官说道：

> 那都是傻想头：他（藕官）是小生，药官是小旦，往常时，他们扮作两口儿，每日唱戏的时候，都装着那么亲热，一来一去，两个人就装糊涂了，倒像真的一样儿。后来，两个竟是你疼我，我爱你。药官儿一死，他就哭得死去活来的，到如今不忘，所以每节烧纸。

重要的是，宝玉对这种痴情有所认同。《红楼梦》作者告诉我们："宝玉听了这呆话，独合了他的呆性，不觉又喜又悲，又称奇道绝。"这是因为宝玉了解痴情的价值及意义，知道艺术想象之终极"真实性"。

然而，痴情至极总是无法避免悲剧的结局——宝玉的大观园注定是个"失乐园"，而程蝶衣的面具也因现实的残酷而终究粉碎。情痴所追求的是个永恒不变的状态，然而现实总是毫不留情地将它引向变化的世界。以有情的梦境来对付无情的世界自然会面临危机。所以，《霸王别姬》结尾处，当程蝶衣唱"我本是男儿郎，又不是女娇娥"时（即将回归男儿本质的真实状况时），也就是他死亡的时刻。

（原载于《世界周刊》，1993 年 11 月 21 日）

爱在何处?

台上正在演出《天上人间》的舞蹈。看见瑶池仙境，莲花仙子翩翩起舞，柔美婀娜的情景，一切宛似神奇的梦幻。很难想象这些"仙女"就是台湾大专院校的学生。她们与在舞台上表演追求者的男士们，都是经由考试招来的一群青年艺术工作者。在扎实的训练及高度合作的精神下，他们扮演着文化大使的角色，把中国古典文化和台湾地方风俗的美感精神，借由舞蹈传到了美国及世界各地。

我与我的耶鲁学生坐在台下。台上精彩的演出令我们目不转睛地注视着，所有舞姿的错综变化表现出强烈的抒情气息与传奇意味。在明暗得宜的灯光下，我们深深体验到艺术的感染力。我的目光不能自已地随着灯光的流转频频往舞台的尽头望去，似乎在捕捉那神秘而不可知的黑暗。那是难以预测的远方，也是让人看不清的彼岸……

我想起几天前在"诗学"课里给学生讲"爱在何处"的主题。有史以来，世界上各个古文明（如古希腊与古代中国）无不把"爱在何处"作为诗歌里人们追求的共同目标。无论是古今中外，最动人的恋歌大都以思慕"不在场的情人"为主要情节。在诗人的笔下，最令人感到无奈的莫过于情人"近在眼前，远在天边"的距离感。古代希腊女诗人萨福把这种追求者的企慕之情比成一个站在树下，却无能为力的"采果者"，中国古代诗歌则常用河水阻隔的意象来象征这种可望而不可即的恋情意识。

我看见台上的舞者正在演出另一则"爱在何处"的故事。一个个手捧莲花的仙女，以十分轻盈的脚步忽隐忽现地到来，她们皓齿修眉，柔情万端，如彩云一般下降到人间。原来，她们不知不觉中竟为曹植《洛神赋》塑造了具体的形象。与洛神一般，她们也是"髣髴兮若轻云之蔽月，飘飘兮若流风之回雪"，她们"远而望之，皎若太阳升朝霞；迫而察之，灼若芙蕖出渌波"。与洛神一般，她们也是来自另一个世界的神女。她们象征着爱的不可捉摸，当世上之人企图接近她们时，她们则愈走愈远，悄悄地消逝于水边。此情此景令人"悼良会之永绝兮，哀一逝而异乡"。

所以，爱的本身，那个绝美的一刻，最终只成了人们的记忆与期待。它告诉我们，人类最渴望的爱情，总是在那遥远的彼岸。

关于这样的故事，中国古代充满了各色各样的传说。我想起那个站在水边的郑交甫，当微微的秋风吹皱了河水和落叶之时，他突然遇见了神女。他要求神女解玉佩给他，神女就给了他，可是顷刻之间，玉佩与神女都不见了。只留下他心神恍惚地举目远望。爱，自始至终其实只是一种想象，一种不可能实现的幻梦。爱，对传统文人来说，不可能长期地被拥有。

但我发现，青访团的演出主旨却是对这种古典爱情观的解构。

而这个解构尤其在《海天一色》的节目中表现无遗——故事开始时，我们看见，在海的一方，海浪怒号：但在这一方，有个打拼的渔夫和织网妇人，两人通过对神秘海洋的共同兴趣，开始编织出一段美丽的爱情。渔夫与女子的舞步进退，回环往复、眉目传情的神态使我们在平庸的生活中目睹了爱的真实存在。那是一种淡泊的感觉、温馨的合拍、深情的支持。这样的爱，看起来不如神人之恋的激情与浪漫，也不像那"不在场的情人"所带给人的幻想和魅力。他们的相遇极其简单而朴实，两人都戴着斗笠，是在忙着做活儿的时候，偶尔碰到对方而产生的爱意。这样的爱，不在迷离恍惚的梦中发生，而是在现实中成长起来的。

我想起 20 世纪五六十年代的高雄海岸。我曾看过捕鱼人冒着海浪之险在海岸求生的情景，我曾在海滩上捡起贝壳，掏出螃蟹，一个个地拾起小小的生命。我曾伸出双手，像捧着初升的太阳，与友人同声歌唱，唱起了我们的童年之歌。当时的我，一切都在似有非有之间，在似懂非懂的幼稚之中。

30 年前，我移居到美国东岸。每忆及远方的高雄海岸，心中总会浮起一种秘密的幻想、朦胧的意境。许久以来，台湾已经成了那个激发想象的"彼岸"，一个充满距离感的另一个遥远的世界。然而今晚，借着"阅读"青访团的演出，我再一次回到那个曾经熟悉的海湾，一切虚构又变成现实。

我喜欢那个捕鱼人的恋爱故事，因为它是朴实生命的现代诠释，代表一个新的声音。这让我想起了简捷的一首诗《贝壳，爱情如潮演奏》：

你带给我一枚螺纹贝壳

拾自险恶人生的海洋

上面铭刻着梦想的风霜

我用爱情慢慢把它拭亮

日光下反射晶莹光芒

…………

爱在何处？爱在此时此地，在眼前的"如潮演奏"之中。

（原载于《青年日报》，1998 年 10 月 15 日）

"道"在何处？

"道"在何处？这是我的耶鲁学生最感兴趣的问题。因此，每当我让他们读《庄子·知北游》的那段有关泛道论的言论时，都会得到十分热烈的反响。那段话的原文是：

> 东郭子问于庄子曰："所谓道，恶乎在？"庄子曰："无所不在。"东郭子曰："期而后可。"庄子曰："在蝼蚁。"曰："何其下邪？"曰："在稊稗。"曰："何其愈下邪？"曰："在瓦甓。"曰："何其愈甚邪？"曰："在屎溺。"

这种把道日常生活化、世俗化的倾向乃是中国文化的一大特质。对于一向习惯于西方"形而上"哲学的美国人，这种"无所不在"的道具有无限的吸引力。与西方的二元对立哲学相比，这种物我合一、主客一体的道家思想显得格外新鲜。因此，他们特别欣赏陶潜诗中的"结庐在人境，而无车马喧"的意境。那是一种道的审美境界，一种在日常生活中就能体现道的自得修养。用英文来说，这是一种"intuitive living"（直觉的生活）方式，是自发的，也是自然而然的。就因为这种自然之道是无法用明确的分析语言来证实的，陶潜才说："此中有真意，欲辩已忘言。"基本上，这种物我合一之道乃是一种主观的个体经验，所以它与西方的二元分立之客观结构是截然不同的。

这种世俗化的"无所不在"的道也在儒家的"内在超越性"中找到了呼应。孟子说："万物皆备于我矣，反身而诚，乐莫大焉。"（《孟子·尽心上》）《中庸》第十九章也说："诚者，天之道也；诚之者，人之道也。""诚"既是"天道"的本质，也是企图超越者的"人道"。在这个超越性结构中，天道是人的自然追求对象。天道早已先验性的具有"诚"的特质，而人又用自己的"诚"附会天态。在这种以诚求诚、以诚会诚的不断循环中，人一方面自我定位，另一方面自我超越。在实际修养心性的过程中，"诚"是沟通天与人的枢纽。但"诚"毕竟是人的主体心态，所谓"超越"也是极其主观的内在经验。所以关键是，企图超越者必须有非常真诚的省察意识。

这种以"自我省察意识"为中心的"道"观对海德格尔等西方思想家有很大的吸引力。这是因为二元分立的西方哲学给西方人带来了某种程度的心灵危机，而极度的文明化与客观物化尤其造成了其精神的饥渴。当西方人反省批判自己的思维方式时，他们自然对中国文化里偏重"人心"一方的修身哲学产生了羡慕的态度。这种态度是经过诚实的自省所造成的立场。

反观中国，当代思想家很少像海德格尔等人那样对自己的哲学观做出深刻的反省与批判。

事实上，中国哲学的世俗主义，尤其在近代以来，给中国的社会心态带来许多不良的影响。就如尤西林所说，问题就出在"内在超越"的非绝对性与非客观性：

> 质言之，内在超越因缺乏一个绝对异在于超越者（"人"）的客观尺度而有可能出现失去超越目标，乃至丧失超越性的危机……之所以说它脆弱，是因为天道过于遥远，特别是，在缺乏宗教传统的中国，天道缺乏客观化的保证形式。[①]

作为一个文化评论者，尤西林的论点是极其深刻而发人深省的。因为如果多数人已因极度的世俗化而失去"省察意识"，那么儒家所谓的"人皆可以为尧舜"的命题自然就不攻自破了。这也正是《易经·系辞上》给人的警告——"百姓日用而不知，故君子之道鲜矣。"在当前日趋形成的商品化时代，如果人人用自然欲望代替"省察意识"，还以为道是无所不在的，则其后果是不堪设想的。

最近，《联合文学》的初安民曾为当今"整个社会的转型期所挟带而来的价值混淆和迷失"表示遗憾。当然，那是针对目前"衰靡不振的艺文界"所发出的感想，而不是指"人道"的迷失。但其基本发言的立场就是呼吁世纪末的中国人努力培养真诚的省察意识，因为我们已"失去了尊重传统的感恩之心，徒然一味地打倒或颠覆奠定现今基础的过去"，以至于"踵继而来的，必然是失焦

---

① 尤西林《百姓日用是否即道？——关于中国哲学世俗主义传统的检讨》，刊载于《哲学与文化》21卷9期，1994年9月，第841页。

慌乱的当前，现今的我们"。再者，"顺/逆的复杂更递，善恶的多元呈现，是非的终极浮显，必然是亘古不易的物理铁律……关键点在未来岁月里会愈来愈以不明显的方式出现，而那一刹那，净明的心智拥有者，才可能是世界的拥有者……"[1]

如何在逐渐世俗化、商业化的后现代社会中，努力培养"净明的心智"，将是我们今日最重要的课题。此外，在进行中西文化沟通的过程中，我们是否也应当努力超越个体文化的主观性，从而互相达到真实心灵经验的客观借镜？然而问题是，所谓"主观"与"客观"都不是的。就如海德格尔所说："任何一种评价，即使是积极的评价，也是一种主观化。"

道在何处？那就看我们怎么看。我的耶鲁学生们很同意这一点，所以每次讨论时都特别踊跃。

（原发表于纽约孙逸仙中学1995年6月23日举办的"华夏恩情文化对话会"，本版略为改写补正）

---

[1] 《迎向，文学的山海》，刊载于《联合文学》1996年8月号，第1页。

在"爱"字交会

中国人总是认为"道不同，不相为谋"。尤其是从道理上及教条方面来看，基督教与中国文化的传统价值观（指由儒家、道家、佛教综合孕育而成的智慧）确是格格不入，而甚至于"道不同，不相为谋"的。

然而，信仰是一种极其"个人"的内心体验，它与个人的自我认知息息相关，因此常会因人而异。关于"基督教与中国文化有何会通处"这个问题，我愿意仅就个人的信仰领会来谈一谈。

我所信仰的基督教是略带超越色彩的，因此特重个人的直观经验与作用。在我寻找自我及生命的奥秘过程中，我曾经感受到多次与上帝复和的经验，因而觉悟到个人生命素质的净化与提升。信仰的奥秘只能意会，不能言传——就如创作与爱情一般，当一个人沉浸于其中时，那种心灵的提升与自由只有尝到"个中滋味"的人才能领会。

我多次经历到信心的跳跃，而且多次自觉地发现，自己的信仰曾经受到道家思想及禅宗美学的影响——就是说，我从中国文化所吸取的智慧灵光使我的基督教信仰更加丰盛。我热爱自然，每见花之一开、电之一闪、水之一瞬，就自然会感受到"刹那即永恒""一沙一世界"的禅意，进而思考上帝的创造奇工。而在心灵禁锢、身心为俗事所累的时刻，我也自然会想到庄子的"逍遥游"，渴望自己能有"五石之瓠"而"浮乎江湖"。这种瞬间的感悟令我更加体会《诗篇》中的话语："它让我憩息在翠绿的草地上，领我到幽静的溪水边。"也就是这种即物兴感的体会及触景生幽的美感使我自己把基督教信仰及中国文化的精髓紧紧地结合起来。

然而，另一方面，基督教与道家思想、禅宗及儒家精神都有许多基本的不同。在我寻找信心意义的过程中，我总是不自觉地在采用一种"选择淘汰的策略"——那就是说，我只选择自己愿意相信的那些成分来塑造自己的信仰。这种"综合"的态度是极其"中国"的，极富创造意义的；它使个人的信仰更加诚实而丰富。例如，在"爱"的观念上，儒家、佛家及基督教均教人爱生命、爱别人、爱穷人。但我却信仰基督教的爱——尤其是"爱敌人"的旨趣。孔子说"以直报怨"，老子说"以德报怨"；二者虽皆言之有理，但却不如基督教的"爱观"来得感人而伟大。基督教所谓"爱敌人"是含有赦免别人的意思。这种爱观是自我对人生人性认知的起点——就因为人性是脆弱的、有罪的，人才需要上帝的赦免，我们既得到上帝的赦免，更应当设身处地去赦免别人，去爱别人，真正的基督徒是把怨化为爱的那种人。

我认为必须在"爱"的观念上有彻底的会通时，中国文化才能真正与基督教融合。爱是宗教的起点，也是21世纪人的救星。有了爱，我们才能完全忘记过去的怨恨与伤痕，才能乐于接纳异己的心灵智慧。唯有爱，我们才能达到"道虽不尽相同，却能互相为谋"的境界。

后记：此篇短文原为哈佛大学 1994 年 11 月 14 日举行的"佛与中国基督教的对话"研讨会所写。

（原载于《宇宙光》，1995 年 1 月号）

新的选择

——我看今日美国女权主义

今日美国女权主义阵营的最显著特征就是女权领袖的自我解构。解构的结果是，几乎所有既定的女权性政治策略都可以打破，所有激进的愤怒声音都可以一笔勾销。以今年来说，在众多"女权解构"的现象里，最引人注目的莫过于"堕胎领袖"诺玛·麦考维（Norma McCovey）的戏剧性改变：20世纪70年代时，她为了争取女人堕胎的选择权利，不惜以激进的挑战方式来对抗传统；但20年后的今天，她走向了另一个极端，毅然加入"选择生育"的阵营里，最不可思议的是，她还以"洗礼"的正式仪式来宣告这种180度的彻底转变——为她施行洗礼的人正是反对堕胎的"手术救护"集团主任弗利普·贝纳姆（Flip Benham）先生。最近，《新闻周刊》（Newsweek）特别以"Roe对抗Roe"的标题来说明这种震荡人心的自我解构——20年前诺玛·麦考维为表彰堕胎意识及行动，不惜使用假名（Jane Roe），以虚构的欺骗方式（编造自己被强奸而需要堕胎的故事）来企图对抗父权中心，但今日的她却以从前的自我（Roe）的姿态来重新做个人界定。从女权主义的观点来看，这一切改变意味着什么呢？

一、女权主义的追求目标：如何实现自我

诺玛·麦考维的新观点正式代表着今日女权主义的新方向。她现在之所以反对堕胎，并不表示她放弃了女人自由选择的权利；相反地，她更强调女人有选择生育的权利，要在生育的经验上取得自治与自信，而非一味地想逃脱女性的天职。表面看来，她的生育观似乎代表一种观念上的倒退，与妇女解放的原本信念背道而驰。然而，事实上并非如此，因为她的"维护生育"的哲学乃是对自己过去"争取堕胎"论点的反省与修正，是一种螺旋式的进展，一种充满了自觉的心理调整。正因为女权主义者太过分强调堕胎的合理性，太忽略女人生育的重要性，才给许多女人造成了心理压力（例如，让喜欢生育的妇众觉得自己没出息）。于是，诺玛·麦考维就借着"反堕胎"的新信念来号召女人，企图让她们从"激进女权主义"的压抑中解放出来。因此，她很中肯地说道："其实，我关心的不是堕胎的选择权利，也不是生育的选择权利。我关心的是，如何找到诺玛——我自己。"

如何实现自我乃今日女权主义者追求的目标。在追求自我肯定的过程中，女人发现她们既可以拥有事业，也可以保有婚姻，既能发展人性的潜力，也能发挥女性的魅力。而且她们不再是男性的一种"修辞譬喻"，而是拥有社会主体的"思想女人"。总之，她们所宣扬的是："尊重自我的选择意愿，用于在生活中尝试。"尤其重要的是，与过去的激进态度不同，现在的"新生女性"不以

颠覆父权为宗旨，因为她们已经超越了性别的二元对立界限。最近，雷妮·登费尔德（Rene Denfeld）出版的《新维多利亚人：年轻女性对老一代女权主义者的挑战》（*The New Victorians: Young Woman's Challenge to the Old Feminist Order*）就是公开清算激进的旧女权主义者的一本书。雷妮·登费尔德称20世纪70年代以来以反抗父权自居的愤怒女权者为"新维多利亚人"，因为她们思想封闭而充满禁忌，又无端地编造了受害者的神话，企图以特别政治来指导女性的道德观。她并不认为相同的性别就必须有相同的意识形态，所以在这个变化多端的世界中，我们非常需要多元化的"平等女权主义"（Equality Feminism）——所谓"平等女权主义"是指女人之间是平等的，个别女人有权选择自己的政治立场和生活方式。从堕胎、性关系（异地恋、同性恋或双性恋）、职业取向到宗教信仰，每个女人都应当有自己的选择，不应当一切都按照老一代女权主义者的标准。

二、女人真正需要的，是常识而非理论

这种从"男女平等"转化为"女人之间平等"的立场很受女读者们的欢迎。因为今日美国女人都要自由支配自己的身心，不再讲求观念上的革命了。正因为如此，许多从前的偏激女权言论都失去了耸人听闻的作用。尤其是，女权主义者对抗男性霸权的论战早已变得重复而乏味，多半是千篇一律，只换汤而不换药，少有超越窠臼的论点。在此情况下，多数女人发现自己真正需要的是"常识"（common sense）而非理论。因此，有人干脆称新一代

的女性主义为"常识女权主义"（the feminism of common sense）。

面对这种新的女性观，男人的反应又是如何呢？不用说，美国男人很高兴看到自己已从"压迫者"的父权阶级慢慢解脱出来。在过去20年间，他们受到了女权主义者的挑战，已渐渐由自省的经验转向本质的改变。时至今日，几乎没有男人不赞成"男女平等"的前提了。更重要的是，许多男人开始尊重女人自己的选择，就如《耶鲁日报》中所说，"我们必须尊重她们的选择，即使我们不完全同意她们"，因为"自由选择是人人平等的前提，任何企图压迫或左右女人决定的企图都是极其荒谬的"。①

另一方面，新一代女权主义者也普遍给男人带来了莫大的威胁。在要求与激进派女权主义者划分界限的同时，这些年轻的自由女性却不知不觉地沿袭了不少"激进派"的遗毒。讽刺的是，她们一直批评老一代女权主义者制造无中生有的"受害者"神话，而她们自己却又创造了另一种有关"性"的"被压迫者"心态——于是，一波一波的"性骚扰"浪潮把整个社会搅动得震荡不已。她们太看重自己的选择，却忽略了人"性"的基本暧昧性；她们太敏感于自己的身体感觉，却漠视了男性的自然感受。实际上，在"只要性高潮，不要性骚扰"的口号背后，我们看见了观念上的基本矛盾以及女性心理的普遍不成熟。"性骚扰"的恐惧在观念上是一种倒退，因为它暗示着男性霸权的操纵，以及女性身为"被害者"的自卑感。就女性主义本身而言，把性行为与性别政治混为一谈，更会落入传统意识形态的圈套。

---

① 《耶鲁日报》1995年4月10日。

不幸的是,"性女人"与"政治女人"的纠缠不清使许多男女对女权运动产生了反感。例如,一位耶鲁大学的男教授说:"女权运动碰到了挫折,因为'女权'一词意义不明,谁都可以随意选择一个新的命题。"[①] 由此可见,太多的新的选择、太多的新的诉求有时会带来更多的困扰。这是因为,妇女解放(包括性解放)总是针对旧问题的一种解放,然而,旧的成规一旦被打破,就自然使我们面临新的问题。重要的是,新问题的产生并不意味着以前的"解放"是错的;相反地,它正促使我们积极地做出必要的自我调整。我认为今日的女权主义者并不需要什么革命性的理论,她们需要的是时时刻刻对个人面临的生活方式的自觉性调整。就如歌德在《浮士德》中所说:"理论是灰色的,生命之树长青。"唯有在生命中执着地摸索前进,女人才能得到真正的解放。

(原载于《联合报·副刊》,1995 年 12 月 6 日)

---

① 《耶鲁日报》1994 年 11 月 8 日。

一个女导演的杰作:《钢琴课》

由女导演来拍电影并借之诉说女性特有的感情理念,似乎是近年来女性运动的方向之一。这一阵女导演风也把观众吹进了一种新的诠释之风——使人跃跃欲试地对约定俗成的女性形象做出新诠释。

影片《钢琴课》(*The Piano*,又译《钢琴别恋》《钢琴师和她的情人》)的女导演简·坎皮恩(Jane Campion)完全懂得普通观众的心理。在电影中,她用一种反传统的艺术方式,毫不避讳地呈现出女性的刚强、脆弱与需求——看她的电影时,人们仿佛走在神奇的山谷中,跳过一段一段险栈飞桥。《钢琴课》有如一支撼天动地的大交响乐,其中境界浓得化不开,却也淡得可以化为山光水色。这样一部贯注情与艺术的电影轻而易举地赢得了本年戛纳国际电影节的首奖——金棕榈奖(与陈凯歌导演的《霸王别姬》平分秋色)。

自始至终,《钢琴课》所关注的是一种"女性的"(female)问题,而非"女权的"(feminist)问题。换句话说,它要回答的问题是"什么是女人至情至性的表现",而非"女人如何抵制父权意识"的问题。对于电影中的女主角埃达（Ada）来说，她的钢琴就是她生命之源的泉水，也是她的灵魂。所以，她是个彻头彻尾的艺术家，也只有经由艺术她才能表现自我的"至情至性"。也就是说，艺术就是她的语言。

但最富有戏剧性的关键是：埃达是个哑巴，她并没有常人的语言，所以长期以来把自己关闭在自我限定的园地中——换言之，她像"监牢中的一朵花"，有天才与热情，又不愿与外在世界妥协。电影开始时，19 世纪末一个美丽而倔强的苏格兰女子，年轻守寡，已育有一女，在某种巧妙的安排下，她必须改嫁一位从未谋面的新西兰殖民者斯图尔特（Stewart）。她与女儿远渡重洋，途中所载之物除去日用品外，就是那个又大又重的钢琴——那钢琴是生命的引擎，也是险恶多变的海洋中的唯一希望。然而，令人感到失望的是，当她们平安抵达新西兰海岸时，那位势利的准新郎斯图尔特却拒绝搬运那笨重的钢琴，完全无视埃达的需要，只把那钢琴抛弃在荒凉的海滩上。

可以说，从一开始埃达就活在愁云惨雾的婚姻生活中，她食不下咽，寝不安枕，日夜想着她的钢琴。而她的丈夫也在无动于衷（或是全然无知）的每日生活中对他那"古怪而冷淡"的妻子有所苛责。就在这充满愤恨、煎熬的情况下，埃达得到了生命的救星。富有讽刺意味的是，这位救星并不是什么富有雅兴的文化人，而是一个沦落为土著、脸上刺有花纹的文盲。这文盲名为贝恩斯（Baines），他本是一个白人移民，但因自愿认同于当地居民的原始生活，遂与土著无异。然而，生命的律动，召唤着性灵。有一天，在那焦渴的日子里，埃达忍不住去敲贝恩斯的门，恳求他用车把她载回海边去……

接着，我们看见埃达伸出一双灵巧的手，开始弹起那钢琴来，脸上出现了第一次笑容。于是，蓝天与白浪、云彩和风声全都沉浸在那浑然忘我的音乐浪潮中。神奇的琴声从山谷发出回音，像云气在流转，仿佛贯穿了山的心脏，在这里，埃达终于找回了她的心灵之声，而贝恩斯也第一次尝到了艺术的魅力。贝恩斯毅然决然以80亩的田地买下了那钢琴，并就教于埃达，答应在学完80多次钢琴课后，就可让埃达赎回那钢琴。

在音乐的醉人浪潮中，埃达与贝恩斯彼此发现了爱的需求。也不知从何时开始，默默传神，默默沟通，使平凡的关切变成奇幻的爱情，又使奇幻的爱情转为波浪排空的狂恋。于是，爱情变成一种艺术创作，也成了心灵的救赎（当然，这种爱情使两人都付出许多代价与牺牲，此是后话）。重要的是，爱情的催化剂始终是音乐——由于那钢琴，才使两人缩短心与心的距离，进而体验到人性的基本愿望，得以沉醉于那数不清究竟有多少乐章的大交响乐中。

看了这样的电影，我们忍不住要问：在女导演简·坎皮恩的意识中，是否女性的本质即是艺术家的本质？其实，这位女导演早已在《天使与我同桌》（*An Angel at My Table*，又名《我桌旁的天使》）一片中肯定并确认了这一女性特质——该片女主角一向被视为精神异常，而最后拯救她心灵的东西就是写作，因为只有通过写作她才能表达自我的性情。所以，不论是弹琴或是写作，它都透露出女性创作意识的重要性——女人不仅有温柔善感的本性，更有创作的幻想。生育是一种创作，但更重要的创作却是艺术的——因为只有在艺术的创作中，才能使她把一块一块、一段一段的人生经验化为奇景，自一个境界走入另一个境界，从而发现山外之山、水外之水。

但女性艺术家不仅是艺术家，更是女人。多情敏感原是女性的特质——无论就亲情、友情、爱情方面来说大都如此。她们既是脆弱的也是刚强的，既是逆来顺受的也是震天动地的——换言之，她们具有艺术家的原始素质（至于发挥与否，又是另一个问题）。由于这种基本认识，近年来"文学中的女性精神"突然成为文学批评家的关切焦点。例如，女性"文本"的真相如何？男作家为何常有"自我女性化"的倾向？女人的情与男人的情有何不同？何谓"女性的声音"？何谓"女性的气质"？——诸如此类的问题都无非是在引导我们去做一种新的诠释。而在这种诠释的新潮流中，有些女批评家干脆夸大其词道："凡善于撰写情书的作家基本上是个'女人'。"[①]

然而，影片《钢琴课》的最大贡献就是，它既是关于女人的，也是关于男人的。从这个角度来看，女导演简·坎皮恩能选上男性气质十足的男演员哈维·凯特尔（Harvey Keitel）来扮演"土著"情人的角色，可谓慧眼识英雄。哈维·凯特尔一向以演坏人出名——在他所演的 45 部影片中，他的角色不外乎强盗歹徒、犯法的军官，以及皮条客一类人，甚至还演过出卖耶稣的犹大（Judas）。由于演坏人成了他的招牌，一般女观众都害怕他，还

---

① Cathy Davidson, *The Book of Love*, 1992.

有人说:"绝不敢跟那样的男人在晚间一道坐地铁。"现在他忽然在《钢琴课》中扮演一个好人、一个有浪漫潜力的男人、一个刻骨铭心的恋人。于是,女观众一窝蜂地开始喜欢他,还特别在女性杂志《VOGUE 服饰与美容》中特设一个访问记录专栏①。

　　哈维·凯特尔本人也为自己形象的改变感到高兴。他尤其庆幸有机会与女导演简·坎皮恩合作,还口口声声称她为"女中之神"。他认为演戏是一种寻求自我、面对自我的艺术媒介,而非仅是角色的扮演。他自己承认演《钢琴课》的最大收获就是用一种新的角度去看人生。他说:"我一直在设想如何在女人的世界中做一个真正的男人。"

　　也许是他这种敢于面对自己的勇气,才使女导演简·坎皮恩一眼看上了他。(她说:"我一向佩服他……喜欢他那古怪的工作态度,不寻常的选择角色的方式,还有那有趣的情感强度。")果然,这一次女观众们最欣赏哈维·凯特尔的一点,就是他那毫无保留的"心理裸露"。

　　所以,从某一角度看来,与其说《钢琴课》彰显的是女性的创作欲,还不如说它是对男性在重新阐释自我上的肯定与确认。

　　(完稿于 1993 年 12 月 12 日,原载于《世界周刊》,1994 年 2 月 6 日,本版稍做补正)

---

① *Vogue*, 1993.12.

关于老妇少夫的"杜拉斯"现象

记得有一天，当我已经不再年轻时，突然有一位男士从一个公共场所的门口向我走来。他先自我介绍，接着就说："我认得你已经许多年了，人人都说你年轻时很漂亮，但我要告诉你：我认为你现在比从前的你更美。比起你年轻时的面孔，我还更喜欢你现在的脸孔——一副被蹂躏过的脸孔。"

——杜拉斯《情人》开场白

《易经·大过》说："枯杨生华，何可久也？老妇士夫，亦可丑也。"又说："枯杨生稚，老夫得其女妻，无不利。"意思是说，老妇配少夫，不能维持长久的关系；反之，老夫娶少女，则无往不利。这个古代中国的"至理名言"说中了人类婚恋观念的传统特质——年龄与婚恋息息相关。对选择配偶的传统男人来说，女人的价值主要同她的生育功能联系在一起，因而总是认为年轻貌美的女人最好。而年老色衰意味的不仅只是变丑而已，主要还意味着在生育的功能方面变得无用。基于这种原因，几千年来人们在评价女人时，大多数更认可年轻的、富有青春活力的女人。有趣的是，这种女性年轻至上的价值观，居然引发了一种畸形的"浪漫观"——那就是古今中外所存在的"老夫少妻"浪漫观。例如，宋代诗人张先80岁犹纳妾，苏东坡有诗曰："诗人老去莺莺在，公子归来燕燕忙。"杨森90岁还在台湾结婚，娶了一个大学生，于右任给他的新婚贺联云："海誓鱼龙舞，山盟草木亲。"阿根廷著名诗人兼评论家博尔赫斯（Jorge Luis Borges）在80岁时与一个30岁的女人结婚，论者以为如此人生，可谓无憾。而德国诗人歌德也同在文坛上创造了相似的佳话：他在80岁时追求其前情人的女儿，并发狂地向她求婚。反过来说，若是老妇也如此做，则会被指责为"情欲倒置"。

然而，最近文坛上、影界中开始流行"老妇少夫"的现象。在影界中这种现象已成为一种文化时髦，已不再令人感到惊奇，尤以伊丽莎白·泰勒的事例为代表——一个早就过了"徐娘"年龄的女人嫁给比她小30岁左右的年轻男子，曾被报章杂志以"女财男貌"的字眼来诠释这种婚恋形态。在文学中，这种"老妇少夫"的观念得到更多宣扬，尤以举世闻名的法国女作家杜拉斯（Marguerite Duras）作为这种意识形态的代言人。杜拉斯以出版《情人》（*The Lover*）一书而轰动文坛，接着并因电影改编而得到广泛的关注。在《情人》中，杜拉斯为少女的情欲心态找到了新的注解，曾毫不避讳地呈现出一位年幼少女初尝性爱经验的自觉经过——根据的乃是作者数十年前的亲身经历（杜拉斯生于1914年，写《情人》法文版 *L'amant* 时刚刚70岁）。后来，杜拉斯出版了另一部极具震撼性的自传小说，题为《扬·安德烈亚·斯泰奈》（*Yann Andréa*

Steiner；英译本：*Yann Andrea Steiner: A Memoir*，1993）。[①] 但此回写的却是年近八旬的她与较她年轻 30 岁的男子扬·安德烈亚的恋爱过程。[②] 原来，杜拉斯与年轻的扬·安德烈亚·斯泰奈从 1980 年起就开始同居，两人的爱情有如春阳照拂，无微不至，无所不在，终于使那百病缠身、深受酒精中毒之苦的女作家死里复生，开始享受伴侣相依的晚年，盖他们彼此爱情的着力点乃在于灵魂深处的契合——两人均体验过纳粹集权的迫害，均有一种犹太人怀旧的历史意识，而且都看重文字论述的优越性。他们之间的爱情有如海洋那种不受框限的自由，也是一种敞开自我，接纳另一个体并与其生命灵魂合而为一的过程。故事的剧情始于一封封来自忠实读者扬·安德烈亚的情书。当寂寞的名作家杜拉斯几乎天天收到一封神秘的书信时，她的态度由漠不关心渐渐转为好奇，而终于使这位年轻人有机会进入她的家门，进而牵引住女作家的心门。杜拉斯在《扬·安德烈亚·斯泰奈》的开头几段就开门见山地写道：

> 那天晚上（指杜拉斯的电影作品《印度之歌》上演）以
> 后，你开始给我写信。你写了许多许多，有时每日一封。它们
> 都是极短的信，像随笔一般，也有些像哀求的声音——像是来
> 自充满痛苦、死亡的荒漠的哭泣声。但它们确实美极了。[③]

---

① Marguerite Duras, *Yann Andrea Steiner: A Memoir*, translated from the French by Barbray (New York, Charles Scribner's Sons, 1993). Originally published as *Yann Andrea Steiner* By P. O. L., Paris in 1992.

② 杜拉斯于 1996 年 3 月去世，享年 82 岁。（孙康宜补注，2015 年 6 月）

③ Marguerite Duras, *Yann Andrea Steiner: A Memoir*, p.2.

你的信很美，是我一生中所接到最美的。对我来说，它们美得让我受伤。①

如果说，《情人》写的是炽烫如烈焰的纯粹情欲，《扬·安德烈亚·斯泰奈》写的却是始于心灵沟通的恋情——一种透过写信、读信的激动而产生爱之需求的恋情。我们发现，在写信的事上，杜拉斯与她的年轻情人体验到一种在彼此的信上约会的经验：有等待的焦急，有预期的欣喜，有一种完全被接纳的爱的幸福感。事实上，早在1987年杜拉斯已在她的谈话录《现实录》（原名 *La Vie Materielle*，英译为 *Practicalities*）② 中承认写信对这段爱情的关键性。她说：

> 我自己曾经不断写信——像扬一样，我一共写了两年，写给一个我从来不认识的人，后来，扬来了，他的人代替了他的信。不论是什么方式，总是少不了爱。即使最后只剩下情书，那爱仍是真真实实的……③

杜拉斯与扬·安德烈亚的故事早在20世纪80年代初期就已经得到文坛圈内人物的注意。首先，扬·安德烈亚于1980年出版《M. D.》（取自 Marguerite Duras 的简称）一书，公开了他们之间的关系（据说杜拉斯《情人》一书的写作也得自《M. D.》一

---

① Marguerite Duras, *Yann Andrea Steiner: A Memoir*, p.4.
② Marguerite Duras, *Practicalities: Marguerite Duras Speaks to Jerome Beaujour*, translated from the French by Barbara Bray (London:Collins, 1990).
③ Marguerite Duras, *Practicalities*, p.134.

书的启发）。接着，杜拉斯写了一系列的小说，都是有关扬·安德烈亚的，或是写给他的——例如《埃米莉·L》《大西洋的男人》（ L'Homme atlantique ）、《死亡的疾病》（ La Maladie de la mort ）①、《蓝眼睛、黑头发》（ Les yeux bleus cheveux noirs ）、《诺曼底海滨的娼妓》（ La Pute de la cote normande ）等等。最近，评论家干脆把这一系列小说称之为"扬·安德烈亚的一套故事"（ le cycle Yann Andréa ）②。

很明显地，扬·安德烈亚对杜拉斯的晚年创作产生了前所未有的影响。影响力之大使得杜拉斯在 1980 年以后（即两人同居以后）采用一种新的风格来写作。在 20 世纪 80 年代以前，杜拉斯与她小说中的主角少有直接关系；但 20 世纪 80 年代以后，她本人成为小说中的主角，而且，早期小说中的角色都有具体的名字，但晚期小说中只用"他""她"等代名词来称呼书中角色（亦即杜拉斯本人与扬·安德烈亚的代称）。难怪有人把杜拉斯后来的作品称之为"自我的小说"（ auto-fiction ），意即作家自己愿意把"自我"展现给读者的那种小说。③诚如托马斯·斯皮尔（ Thomas Spear ）先生所说，晚年的杜拉斯简直变成了"小说人物"，而且"她自动邀请读者、观众、听众来探讨她日常生活的底细"。④

---

① *La Maladie de la mort*, 1982.See also *The Malady of Death* , translated from the French by Barbara Bray (New York:Grove Press.1986).

② Aliette Annel, *Marguerite Duras et l'autobiographie* (Paris: la Castor Astral, 1990), pp. 97-126.

③ Thomas Spear, "Dame Duras: Breaking Through the Text," *In Language and in love: Marguerite Duras, The Unspeakable*, edited by Mechthild Cranston (Potomac, Maryland: Scripta Humanistica, 1992), p. 19.

④ Thomas Spear, "Dame Duras:Breaking Through the Text," pp.12-13.

杜拉斯自己曾经说过："写作是自我成长过程与发现。"[1] 在她晚年的"自我的小说"中，我们看见她对女性自我有了新的阐释及肯定。在 20 世纪 80 年代以前的小说里，杜拉斯的女性角色通常是被动的——男人才是主掌世界的动力。我们发现那些女人并没有自己的语言，她们必须向男人求得语言后，才有勇气诉说自己的故事或给自我下一定义。但 20 世纪 80 年代以后，杜拉斯的女性角色形象却有革命性的改变，而尤以《死亡的疾病》（1980 年版）一书最具代表性——因为在该书中，所谓的"语言"就铭刻在女人的身体上，而且被视为一种完美的"虚构记号"。[2] 尤可注意者，在杜拉斯的晚期作品中，女人不仅是男人欲望的对象，更是欲望的主导——事实上，她已把男人视为欲望的对象。换言之，女人已掌握有"欲望的权力"本身。也就是这种拥有"欲望的权力"之女性面具，才使今日许多女权主义者更加推崇杜拉斯的作品。[3]

最近，《扬·安德烈亚·斯泰奈》一书的出版更加引发许多强烈的读者反应。尤其在书中，我们发现那个名为"她"的女性角色并不必依靠男人的语言来审视自己。相反地，那个名为"他"的男人却不断请求"她"来述说故事——尤其是创造与男人自己童年有关的故事。另一方面，这个故事也是小说《夏雨》（*La Pluie d'ete*，1990；英译本：*Summer Rain*）的剧情之延续——在《夏雨》中，那个男性角色最后在女人的身体上找到失落的自我以及往昔的童

① Julia Lauer-Cheenne, "The Unspeakable Heroine of Emily L.," *In Language and in love*, p.53.
② Marie-France Etienne, "Loss, Abandonment, and love: The Ego in Exile," *In Language and in love*, p.67.
③ Trista Selous, *The Other Woman: Feminism in the Works of Marguerite Duras* (New Haven:Yale University Press,1988), p.200.

年；而在《扬·安德烈亚·斯泰奈》一书中，女性终于成为象征与想象世界的关键纽结（knot）。尤可注意者，借着《扬·安德烈亚·斯泰奈》的出版，杜拉斯开始为"老妇少夫配"发声。她不仅敢于呈现自己的特殊恋情观，而且公开地用扬·安德烈亚的真名实姓来作为小说的标题，可谓勇气可嘉。再者，传统的观念基本上是歧视老女人谈恋爱的，因此杜拉斯的书立刻成为女性主义"抗拒式"的阅读物，也被作为颠覆父权制婚恋观的抗争策略。于是，我们发现，那一向被斥为"情欲倒置"的老妇少夫形态突然成为女性肯定自我、颠覆传统的广告符号，而这种新潮流也被某些人称为"杜拉斯现象"。

这种"杜拉斯现象"自然受到有些卫道者的抨击，也被某些浅薄人士用作护身符。但从客观的方面来看，它对整个社会的男女范畴关系有莫大的推进力。因为它基本上是一种重新诠释、重新呈现、重新批判传统的声音——它至少使女人本身更加勇于追求理想，从而展现女性自觉。同时，它也让男人体会到，女性和男性一样，都希望能敢爱敢恨，都希望努力掌握自我的价值及自重的能力。

重要的是，"杜拉斯现象"更加普遍地使女人了解了年龄概念的超越。它告诉女人，老妇也与少女一样自有其求爱求偶的权利，因为她的审美价值观已不再受传统概念的约束了。从前，由于女人多受传统社会文化建构的支配，绝大部分"老妇"未老先衰，自己放弃了发展女性魅力的潜能。她们悲叹日益增多的白发和脸上皱纹，她们沉溺于青春的怀旧。为了保持一个老妇人的庄重，她们在穿戴上变得慎重而保守。她们把更多的精力和热情贡献给儿孙辈，不再过多关心个人的理想与成长。换言之，她们迁就了世俗的典范，心安理得地扮演了传统文化所设计的老年之角色。她们自己使自己不再具有女性的魅力。

然而，今日流行的"老妇少夫"现象至少说明，女人的心理状况随着社会地位的改变产生了根本的变化：第一，她不再因为年龄的考虑而放弃发展自己魅力的机会，连七八十岁的老妇也以健康操来促进身心的健康与美丽；[①] 第二，女人的魅力不再仅仅来自其生育及满足男性欲望的潜力了，她也可以像男人一样，以她的事业之成功，学术、创作等名望，包括她智力上的优越，对男人构成吸引了——这正好与传统的"男才女貌"价值观来了一个置换。

当然，所谓的"杜拉斯现象"并不是近日才出现的。只是过去的"老妇少夫"恋情——不论是小说家科莉特（Colette，1873—1954）与"小白脸"的情缘，或是散文家西蒙娜·德·波伏娃（Simone do Beauvoir，1908—1986）吸引年轻小伙子的故事——多半被视为弗洛伊德理论中所谓"恋母情结"的实例，而且千篇一律被看成是不健康的"畸恋"。然而，今天人们却以"女性自觉"的角度来重新诠释这种老妇少夫的形象，使原来被指斥为"情欲倒置"的现象变成人们渐能接受的观念了。

杜拉斯之所以被视为"老妇少夫"的观念之代言人，不仅仅是由于她个人的实践，而且更重要的是，从很早以前开始，她的小说就以描写"不可能的爱情"（Un Amour Impossible）而著名。

---

① "Think Young! It Works", *Self* (November 1993), p.121.

杜拉斯曾经说过："我最喜欢描写的就是一种别人认为不可能而实际上极可能发生的爱情……或许可以说，我所要描写的就是，在某一个夜晚，在男女相处的片刻，爱情突然像一束光从黑暗中爆发出来的传奇。"[①] 在她的小说中，杜拉斯首先喜欢创造一种"障碍"——包括年龄及性的障碍，例如老妇与少夫、女人与同性恋男人之间的爱情，以及乱伦的关系，等等。在《诺曼底海滨的娼妓》一书中，这种障碍尤其明显——书中描写一位老女人与年轻的同性恋男子相恋的故事。由于世俗人以为这种关系绝对不可能发生，故在冲破这一道"社会障碍"时，那种恋情所激发的"欲望"要比什么都来得炽烈。[②]

基本上，杜拉斯认为爱与狂是分不开的，所以评论家曾把杜拉斯的爱恋观比成柏拉图的"疯狂论"——在《斐德若篇》（*Phaedrus*，或译《论爱》）里头，柏拉图把爱情比成"被神明激动的疯狂，狂中却带有最高的极乐"。[③] 然而，对杜拉斯来说，这种"极乐"不仅是自我肯定的度量衡（measure），它更是人性的锁，也许只有语言本身才能设法企图超越这种情欲的局限。但杜拉斯要完全把情欲用语言表达出来，也是极其有限的。就如杜拉斯所说："爱是无法用文字来彻底形容的……它是令人难以捉摸的、无可奈何的，但它又确确实实存在着。"[④] 在杜拉斯的小说中，爱既具有强大的生命力，也带来无限苦楚，因为情欲本身就有其内在的悲剧性。因此，在《坐在走廊里的男人》（*The Man Sitting in the*

---

① Marguerite Duras, *Practicalities*, p.79.

② Thomas Spear, "Dame Duras: Breaking Through the Text", p.35.

③ Mechthild Cranston , "Introduction" , *In Language and in Love* , p.10.

④ Marguerite Duras, *Practicalities*, p.77.

Corridor，1991）一书中，性爱的描写配合着无端的痛苦；而在《死亡的疾病》中，做爱的场景更与死亡的声音互相呼应。也可以说，执着于情欲的美与悲剧感的探索，是杜拉斯小说的突出特点。就如雅克·拉康（Jacque Lacan）所说："杜拉斯最擅长文字技巧以及对人性无意识作用的掌握。"①

批评家一致公认，杜拉斯最大的贡献乃是创造了一种文字上的"空白"——一种用安静（silence）、言不尽意的手法来制造想象空间的艺术。在老妇少夫的恋情上，杜拉斯更加努力制造一种"尽在不言中"的气氛，也就是评论家所谓的"不言之空白"。在《扬·安德烈亚·斯泰奈》一书中，这个"空白"是由海的浪潮来弥补的——在一对恋人默默面对茫茫大海的时刻，海浪象征着情欲的不可捉摸，也代表着两人之间不可言喻的契合关系。但在书中，作者并未明说男女主角的心理状况，因为杜拉斯认为写作（writing）与爱情是一样的——二者都被奇妙的"疯狂"所指引，二者都无法完全传达个中的神秘。也就因为如此，杜拉斯以为"有"与"无"的价值也是相对的。她说："每天在现实中所发生的事并没有'真正'发生，有时没有发生的事，反而是最重要的'发生事件'。"② 所以，我们常常能在杜拉斯的小说中隐隐约约领会到我们生命中存在着另一种真实，体会到一种与阅读传统小说大异其趣的感觉。难怪杜拉斯在批评巴尔扎克（Balzac，1799—1850）的小说时曾说道："他的书很难让人消化，因为他没有给读者足够

---

① Jacques Lacan, "Homage to Marguerite Duras", on *Le ravissement de Lol V. Stein*, *Marguerite Duras*, by Marguerite Duras (San Francisco: City Lights Books, 1987), p.124.

② Marguerite Duras, *Practicalities*, p.80.

的空间。"①

在老妇少夫的主题上，杜拉斯特别给读者制造了一个想象的空间——那就是让人不断对年龄差距的残酷事实反复沉思，在《扬·安德烈亚·斯泰奈》一书中，我们听到了两个不断出现的声音：一个是无能为力感，另一个是遗忘。首先，我们知道杜拉斯面对的是一个比她小 30 岁的男人，在男女事上显得有些无能为力（据说扬·安德烈亚还有同性恋倾向）。于是，书中就不断插入一个 18 岁的姑娘与 6 岁男童的"恋情"——对于那个不能报以同等热情之吻的男孩，姑娘的狂热痴情是无可奈何的。其实，这段"姑娘—男童"的故事早已出现在杜拉斯献给扬·安德烈亚的一部旧作《八〇年夏》（L'Ete 80）中。但现在这段插曲又不断出现在《扬·安德烈亚·斯泰奈》一书中，显然作者是用它来重新虚写她与年轻情人之间的某种无奈。这既不是道德问题，也不是心理分析的问题，而是生命本体所存在的年龄缺陷之悲剧。此外，在时间的处理方面，全书的叙事方式是断断续续的，根据电影镜头的转移变换——使人想起杜拉斯与 30 多年前所编的电影剧本《广岛之恋》（Hiroshima mon amour）。然而，不同的是，《广岛之恋》专注的是年轻人的记忆，但这儿叙述的却是一个老年人的忘却心态。本来我们的记忆既是选择的，又是充满疏漏的，它只是我们对忘却的斗争。②但是，《扬·安德烈亚·斯泰奈》一书中，作者似乎特别竭力模拟老人生活的无序性，以及老人记忆的有限性。我们发现书中的叙述者仿佛一个头脑呆滞、丢三忘四的老人，她无法确

---

① New York Sunday Times Literary Supplement, October 20, 1991.
② Carol Hofmann, *Forgetting and Marguerite Duras* (University of Colorado Press, 1991).

切地记起一件往事，也无法把它说清，这也正是老人日渐衰微的生命状况。

诚然，年龄的确有其可怕而令人甚感无奈的一面，年龄是个铁门槛，所以，虽然今日"老妇少夫"已在文坛上及影界中变成一种时髦的形象，大多数人仍无法超越年龄的障碍——大概从人们对死亡的不可避免有了认识和恐惧以后，与死为邻的老年就被给予了更多的负面评价。理性的认识及观念之变革并不能改变我们的美感，因为年龄的观念渗透在我们的血肉与感触之中，它不知不觉支配了我们好恶的反应，使我们不得不按它给定的程度自塑和待人。也正因为如此，在描写"老妇少夫"的主题时，近代的歌剧及电影——例如理查德·施特劳斯（Richard Strauss，1864—1949）的浪漫歌剧《玫瑰骑士》（*Der Rosenkavalier*）和著名电影《黄昏大道》（*Sunset Boulevard*）——都无可避免地展示出这种男女关系"不得善终"的危险性。其实，老夫少妻的关系也同样有着不和谐的缺陷，也常会有一定的危险性，因为年龄悬殊太大毕竟会带来代沟的裂痕。杜诗云："晚将末契托年少，当面输心背面笑。"杜甫在叹老，但从他的感叹中我们可以悟到一种道理，那就是，忘掉自己的年龄，而企图与自己年龄层次相差太大的人结合，你会显得可笑而糊涂。

总之，权利与自觉意识虽然可以改善一个女人的年龄上的处境，但"老妇少夫"现象究竟有其现实困难的一面。对于普通人来说，这只能代表新的"社会形态试验"（social experiment），它并不意味着女性生命的全盘胜利。因为生命有着它极其残酷的一面，不管一个女人多么老当益壮，她必须理智地接受年龄的局限。"物以类聚，人以群分"，我认为，除了像杜拉斯或伊丽莎白·泰勒那种特殊的女人，人们在选择伴侣时，选择年龄相近的伴侣所建立的关系之丰富常会胜过其他婚恋类型。

作者附识：在找寻法文的资料上，本人曾得到苏源熙（Haun Saussy）教授的帮忙，在此特表谢忱。

（原载于《联合文学》，1994 年 8 月号，本版稍做补正。Duras，作者原译为"莒哈"，因为在法文里 s 原不发音，本版选用中文出版物常用译名"杜拉斯"）

"梦露邮票"的文化意义

　　美国邮政局计划发行"好莱坞传奇人物"系列邮票，而即将发行的首枚邮票就是已故影坛尤物玛丽莲·梦露的纪念邮票。消息一出，瞬间引起轰动，所有报章争先恐后地注销即将要发行的"32分钱"邮票，人们都说，正式发行日（6月1日）那天，各处邮局一定会挤满人。

　　从这次"邮票狂"的事件看来，美国大众对梦露的迷恋确实有增无减。可以说，近代的美国人——除了歌星猫王——没有一个人"活得这样长久"。在她逝世数十年后的今日，梦露仍"活在"大众之间——她不仅活在人们心中，而且以更加妩媚诱人的形象出现在各种媒体中。如果说，后现代社会的一个基本特征是文化的大众化，那么我们可以说，梦露邮票的热潮正好突显出后现代文化的大众商品特质。

　　是什么原因使得美国人不断地展现、诠释、重新创造已故的梦露呢？一般人总是说，梦露之所以"永恒不朽"，乃是因为她是男人心目中的"性感女神"。换言之，人们一向以为，是男性主宰的媒体把梦露作为玩物来刺激大众想象的。可以说，今日的"梦露风"乃是男性文化的产物。

然而，事实上，梦露今日之所以光荣地上了邮票，更多的是由于美国女人对梦露的普遍认同与同情。对许多女人来说，梦露代表女性的魅力，也象征着女性生命中的悲剧特质——像梦露那样才色双全的女人，经常有着不幸的婚姻和爱情。她们往往是一嫁失败，二嫁失败，最后甚至自杀身亡，在梦露的悲剧身世中，女人看见了自身的脆弱，一种情感上的脆弱。在近代文学中，尤以女诗人西尔维娅·普拉斯（Sylvia Plath）的自杀悲剧最能阐释这种情感脆弱的伤痕。这些红颜薄命的女人之所以终于趋向死亡的途径乃是因为她们执着于女性的爱情观——因为在爱情的关系中，她们永远依赖着男人的取舍，一旦失去了男人，她们就经验到感情的全盘崩溃。

然而，有趣的是，借着"梦露邮票"的热潮，许多女人刻意打破传统的红颜薄命观，以颠覆所谓的女人悲剧性。于是，有人就把梦露的死亡解释成走向另一个更值得大家向往的世界，或是把死亡看成是天国对人间红颜薄命者的拯救。例如，《太阳》杂志曾经登载一则耸人听闻的奇事——一位名为布鲁尔的梦露老友，在一次严重车祸中死里逃生之后，居然宣称她曾在失去知觉的48小时中，有幸飞到天国去参加梦露与前总统肯尼迪的婚礼！她甚至拿出梦、肯两人的结婚照来证明确有其事。

所有这些"神话"，自然都是美国女人为了自我安慰而创造出来的美丽谎言——它代表美国文化中一种自我幻想、自我再造、自我完成的新趋势。这种趋势是非历史的，即使在怀旧中，人们也把"过去"变成"现时"，而这种时间的错乱也正是后现代文明的极端体现。

梦露真可谓死而复生。她基本上是后现代怀旧心态的美丽幻影，是可以用媒体不断复制的艺术品。她是男人心目中的"她"，也是女人眼中的自己。

（原载于《联合报·副刊》，1995 年 1 月 26 日）

海德格尔的情人汉娜·阿伦特

最近，耶鲁大学出版社发行了一本有关海德格尔与他的秘密情人的书:《阿伦特和海德格尔》(*Hannah Arendt—Martin Heidegger*, 1995)。书一出版立刻引起轰动，主要因为阿伦特是一度左右美国学术界潮流的伟大女思想家。她是犹太人，原籍德国，在纳粹恐怖年代逃到美国，在那以后不久就出版了那本至今仍是经典之作的《极权主义的起源》(*The Origins of Totalitarianism*, 1948)。她一生笔耕不辍，共出版了 10 余本专著，都是既有学术性又有可读性的作品。她最著名的学说就是她的"行动理论"，是对西方哲学传统（从苏格拉底到 19 世纪）的修正与解构。她以为西方哲学最大的缺点就是一直局限在纯思考的象牙塔中，因此她提倡哲学与政治合一。在她的代表作《人类的境况》(*The Human Condition*) 中，她特别指出"政治活动"乃是人类真正自由的先决条件。她的思想既新颖又富有说服力，而且她的作品屡次得奖，所以一时间，名校争相聘请她。她先后执教于加州大学伯克利分校、芝加哥大学等，广受各方学者赞扬。可以说，在今日美国政治学和哲学史的领域里，很少有人不知道鼎鼎大名的阿伦特。

一、师生恋、婚外情

从《阿伦特和海德格尔》一书中，我们读到了那段持续了50年的感情关系。虽然这不是第一本介绍这段恋情的书，但它却是根据这对情人彼此（和有关人士）的来往信件而写成的第一本罗曼史，所以材料特别丰富而可信。我们发现，当初阿伦特和海德格尔的关系只是典型的婚外情：她是学生，他是老师，他们彼此互相欣赏、共同研究课题，不久就进入了难舍难分的地步，最终又由于现实的考虑不得不分开。但与众不同的是，这对情侣终其一生均不能忘怀对方：20年后海德格尔曾向阿伦特承认，她是他写作灵感的泉源，也是引发他"激情思考"的原动力。阿伦特也对海德格尔说："我的著作完全得自你的启发。"一直到生命的最后阶段，她仍忍不住与他见面的冲动；他也抓住"只是近黄昏"的一些岁月，尽量保有这段感情。他比她大17岁，但他们几乎同时离开了这个世界，她先走，他于半年后追随而去。真乃可歌可泣，足令世间的痴情男女佩服心动。

然而，《阿伦特和海德格尔》一书真正引人注目的原因是，作者埃尔贝塔·埃廷格（Elzbieta Ettinger）的叙事重点重新唤起了美国人的"反海德格尔"情绪——原来，战后的海德格尔曾被视为靠拢纳粹极权的反犹太分子，曾一度成为被批判的对象。后来，因为时过境迁，再加上海德格尔英译作品的连续出版，人们渐渐把眼光从政治焦点转向了哲学的焦点，于是那段"政治失节"的记录才终于被人淡忘。现在，埃尔贝塔·埃廷格的书突然又揭发了许多海德格尔的反犹恶行，使人发现这位伟大的思想家原来是个屡次出卖朋友、为达目的而不择手段的人。于是，美国读者忍不住要问：像阿伦特这样捍卫犹太文化的人，怎么还会去爱那个屡次陷害犹太人的纳粹信徒海德格尔？

《纽约时报书评》（1995 年 9 月 24 日）曾针对这个问题给出结论。书评作者温迪·斯坦纳（Wendy Steiner）以为我们可以从阿伦特和海德格尔的爱情体会到两个重要的教训，那就是：第一，对天才的盲目崇拜是"危险的"；第二，无论多么伟大包容的爱情，从客观的角度看来，都是十分"愚蠢"的。言下之意，海德格尔是不值得同情的。

关于海德格尔的道德问题，以及他是否值得同情的问题，已经有人撰文讨论（见康正果《哲人之间的是非和私情》，发表于《读书》1996 年 1 月）。本文只拟从女性自觉的观点来重新思考阿伦特的情感心态，看她是如何借着复杂的恋情恩怨开辟出一条崭新人生道路的。

二、化生命悲剧为品味人生

对阿伦特来说，爱情和聪明与否无关，它是一个"存在"的问题，因为一个人只有为真正的爱情献身，无条件地去爱，才算是真正地"存在"。她于 1924 年进德国马堡大学读书时才 18 岁，而她的老师海德格尔 35 岁，正在撰写那部后来举世闻名的巨著——《存在与时间》。阿伦特自幼孤单而早熟，17 岁就开始写出带有克尔凯郭尔（Kierkegaard）哲学色彩的伤感诗，可以说很早就开始思考人生存在的意义。当她遇到海德格尔时，她立刻被这位迷人的思想者所吸引，在人生的存在范畴中，她第一次感受到暴风雨似的爱情震撼。

如果说，海德格尔所关怀的是一种走向未来（死亡）的"时间"存在，那么阿伦特所感受到的就是贯穿过去与未来的存在经验，因为爱使她看见瞬间的永恒。她发现真正的爱情（与她过去在诗中所追求的浪漫幻想不同）是没有起点也没有终点的。换言之，爱使她体验到存在的此时此刻。就在这种情感经验及思想的震荡之下，阿伦特开始想出了她的博士论文的基本架构：在她的博士论文《爱与圣奥古斯丁》中，她把爱分成三种，分别代表过去、现在和未来［论文直到 1929 年在卡尔·雅斯贝尔斯（Karl Jaspers）的"正式"指导下才完成，此是后话］。与海德格尔相同，阿伦特的"时间"学观深受圣奥古斯丁《忏悔录》的影响，认为人的基本存在是紧系在时间的觉醒之上的。

婚外情常常是一种令人格外觉醒的经验：从一开始，阿伦特就意识到这是一个注定要引向悲剧的恋情。尤其，在当时保守的德国，师生之恋是个禁忌，更何况对方是个有妇之夫。于是，在互相迷恋的强烈爱欲中，两人好比活在"偷来"的存在中；一方面感受到偷情的刺激，同时也体会到惶惶不安的焦虑。于是，最后阿伦特不得不转学到海德堡跟雅斯贝尔斯学习哲学。她希望从此忘掉海德格尔，重新建立她的独立自由的生活。

然而，爱是很难忘记的。远离情人的她深深感受到心底深处的虚空与匮乏，那种匮乏有如无底洞一般，无法用任何外在的活动来填满它。于是，她整天情绪低沉，体验到一种存在的危机。后来，在偶然的阅读中她发现一个千载难逢的"知音"拉赫尔·瓦恩哈根（Rahel Varnhagen）——拉赫尔·瓦恩哈根是 100 多年前与歌德同时代的沙龙女主人。在她遗留下来的书信中，阿伦特看到了自己的一面镜子。原来，拉赫尔·瓦恩哈根也和她一样痴情，一样具有极端敏感而脆弱的一面，也同样遇到婚外情的困扰及伤害，尤其巧合的是，拉赫尔·瓦恩哈根也是犹太人。

在拉赫尔·瓦恩哈根的心灵旅程中，阿伦特学到了一个宝贵的真理：受苦可以丰富一个人的生命经验。阿伦特开始庆幸自己在年轻时代就体会到受苦的滋味以及生命的真相：原来，在这个世界上没有一件美好的事情是永远的，而受苦的报偿就是使人更加成熟地体认到生命的基本悲剧性。

作为一个女人兼犹太人，阿伦特希望自己能像拉赫尔·瓦恩哈根一般，把生命的悲剧转化为客观的品味人生，进而把消极变成积极，于是还在德国时就开始把拉赫尔·瓦恩哈根的书信整理出来，终于以德文写出一本动人的传记：《瓦恩哈根：一个犹太女子的一生》。此书一直到 1958 年才正式出版，部分的英译本在阿伦特逝世前一年（1974 年）问世，全集的英译本于 1997 年出版。这本书最近成为女性主义者热衷的读物之一，许多人把它解读为一个女作家借着写作来达到自我觉醒的范例。

这本拉赫尔·瓦恩哈根的传记写作确实改变了阿伦特的一生。阿伦特从此变得乐观、进取、合群且超然自在。而这种改变也直接促成了她在美国学术界的非凡成就。

三、不寻常的伟大爱情

讽刺的是，20世纪50年代至60年代是阿伦特在美国红得发紫的年代，也正是海德格尔在战后西德因为反犹行动而导致声名狼藉的时候。海德格尔被解除大学教职，也被禁止出版作品。他尽力为自己辩白，但谁也不相信他。就在这时，阿伦特起了助海德格尔一臂之力的决心，因为她深信只有她能了解海德格尔的内心，也只有她愿意雪中送炭。于是，阿伦特就从美国到西德探望晚景凄凉的海德格尔。20年不见，如今旧情复燃。阿伦特从此为海德格尔在美国接洽出版商，创造新的读者群，成了他最有力的辩护人。可以说，若非阿伦特在美国的积极奔走与宣扬，日后海德格尔大概不可能在西方世界享有如此盛誉。

是爱的力量使阿伦特不顾一切为海德格尔的平反努力。如果说，从前对他的爱是一种情欲狂恋（eros），则此时的爱更像一种无条件的给予（philia）——前者以自我的需要及欲望为主，后者则以对方的幸福为重，此外别无所求。两人重叙旧情之后的关系指向了另一种爱的可能：不再是婚外情的危险之爱，而是一种超越的接纳与奉献，因此一切都显得如此理直气壮。至少从阿伦特一方看来，她的爱使人想起法国小说《红与黑》中的德瑞那夫人的爱——二者都以完整的奉献与谅解宽宥了生命的伤痕与不完满。

至于海德格尔配不配得到这种高尚的爱，那已经不是重要的问题了。重要的是，在阿伦特的身上我们看见了爱的救赎的功能。那种不寻常的爱连阿伦特的丈夫海因里希·布吕赫（Heinrich Bluecher）也深受感动，因此成熟而大方的他不惜千辛万苦鼓励自己妻子为海德格尔的学术声誉奔走效劳。于是，海因里希·布吕赫也无形中诠释了一种特殊之爱。如果说，每个成功的女人背后都有个伟大的男人，那么我们可以说，每个有能力去爱的女人背后都站着一个拥有心灵大爱的男人。爱无所谓聪明或愚蠢，它只有真与假。就如小说家巴尔扎克所说："真正伟大的爱情像文学杰作一样的不寻常。"

（原载于《明报月刊》，1995 年 12 月号，本版稍做补正）

"政治正确性"的不正确言论

"政治正确性"（political correctness，简称 P. C.）的概念原意在维护"人人平等"的原则，但 20 世纪 90 年代一连串"反政治正确性"的言论混淆了美国社会的视听。由于"政治正确性"符合世界潮流及美国立法方向，因此它所显出的缺陷及反挫应被视为暂时的现象，假以时日，其权威性仍会建立起来。

政治正确性原指多元文化的基本原则，主旨在维护不同性别、种族、阶层之间的平等。凡是奉行该平等信念的就是具有政治正确性的人，否则就是走了"不正确"路线的人。政治正确性所表彰的就是人权。由于政治正确性的胜利，我们有史以来第一次看见女性和少数族裔能与主掌文化、社会、经济的白种男性平起平坐。可以说，这一切代表着美国立国精神的胜利。

然而，就在 20 世纪 90 年代多元文化开始展开种种丰富的生活景观之际，美国的各种媒体突然出现了一连串的"政治正确性"言论，开始大肆宣传政治正确性的丑恶面，因而使多数民众对主题真相产生了混淆不清的概念。本文主旨就是澄清其真相，借以更具体而深刻地反省多元文化的基本精神。

首先，"反政治正确性"的人一致控告政治正确性在广大社会中造成了各种"压迫"，认为有不少人借着政治正确性又重新制造一种类似20世纪50年代的"麦卡锡"（McCarthy）极权恐怖气氛。

美国前总统布什在1991年密歇根大学毕业典礼致辞中，公开谴责"政治正确性拥护者"在美国大学校园中煽动一种"新的不宽容态度"，以及他们无端"制造分歧与离异"的罪行。接着，以写《狭隘的教育》（Illiberal Education）一举成名的迪内希·德·索萨（Dinesh D' Souza）在一个向全国广播的电视节目中，把目前正在流行的"政治正确性"思潮大大抨击了一番。

一、政治正确性造成文化危机

迪内希·德·索萨认为，政治正确性的制度化完全违背了文理通识教育的自由平等之前提，因为他发现在目前校园中，"少数族裔无论在入学许可或教员应聘上都得到优惠权，非常不公平"。所以，他的结论是：美国教育已从"自由平等"的原则转向"少数种族优先"，已从整体合一转向"分歧"，已从言论自由退化到言论检查。换言之，迪内希·德·索萨认为政治正确性在美国已经造成了空前的文化危机。

像这样充满焦虑的警告突然通过各种媒体不断向大众鼓噪，于是《纽约时报》《新闻周刊》等报章杂志先后纷纷响应这种"反政治正确性"的论调，甚至还把拥护政治正确性的人士比成社会中的"思想警察"或是中国"文革"中的红卫兵。

把政治正确性的文化思潮看成一种极权的恐怖政策未免危言耸听,其实也是歇斯底里式的情感反应。据笔者多年来在美国的教学及行政经验,所谓"平等权益"(affirmative action)仅仅是一种提倡平等的原则,从未成为法律制裁的工具。当学校某系有职位空缺时,校方必须向外公布,声明"申请人一律平等对待,绝不会因性别、种族、宗教、年龄的差异而被歧视"。在会面应聘期间,校方人士必须努力遵从人人平等的原则,不可故意鄙视任何人。为求公平谨慎起见,"应聘委员会"总是由数人组成,不可能由某人独立操纵。之所以有"平等权益"乃是为了预防对某些人的偏见,而不是为了优待某些人。

学校从来不会强制"应聘委员会"去选某位女性或少数族裔的候选人。即使被发现有不公平的嫌疑,委员会人士总有辩白的机会,绝不会被警察拘捕或没收护照,或被判刑而坐牢,怎能说政治正确性的平等制度已把美国变成一个没有自由的极权社会?反对政治正确性的人简直在做反面宣传。

二、恐惧西方文明被取代

我认为"反对政治正确性"的言论基本上出于有些美国人的恐惧心理:他们害怕西方文明会因为多元文化的提倡而没落,而最终被其他文明取代。所以,当斯坦福大学首先把"西方文化"必修课程改为"多元文化"时,许多过于敏感的学者立刻撰书诋毁当前的美国文化,趁机指桑骂槐。

首先，芝加哥大学的艾伦·布鲁姆（Allan Bloom）出版《封闭的美国精神》（*The Closing of the American Mind*）一书，呼吁国人就各阶层教育的紊乱现象做一番彻底的反省，其激动的言语情绪对读者产生了很大的冲击作用，于是他的书立刻由学术著作变成畅销书。

不久前，一向以"影响的焦虑"学说闻名批评界的耶鲁大学教授哈罗德·布鲁姆（Harold Bloom）也写了一本《西方经典》（*The Western Canon*）来捍卫西方的文学传统。他公然反对当前文学的政治化与社会化，并把女性主义及黑人文化一并称为"愤怒的一群"。此书一出，凡是支持多元文化的开明人士都感到失望。没想到，当年曾经领导解构主义、信奉过新潮文化理论的文学大师，却变得如此保守而固执己见。难道表面上信心十足的他也患上了恐惧症？

其实，当前流行于许多大学校园的"多元文化"课程对于"西方文明"学科并无任何损伤，它只是给学生增加了更多的选择机会，并没有因此取消原有的古典文学课程。以斯坦福大学的课程为例，所有的8门"多元文化"选修科目涉及柏拉图、荷马、亚里士多德、蒙田、莎士比亚等西方作家，只是在这些经典之外加了一些女性文学、黑人文学、第三世界文学，以及少数民族作家的作品。对于一个逐渐变化的美国，在女性与少数族裔的声音日渐响亮的新时代，这种"重新调整"文学经典的做法本来是十分自然之事。

我们只要回顾一下历史就知道，文学经典是随着时代潮流而不断变化的——例如，19世纪美国诗人惠特曼（Walt Whitman）的作品也是在经过许多辩论与"竞争"之后才终于登上经典之列的。既然过去的人可以因社会文化的变迁而增加教育的科目，为何我们今日不能？

但问题是，今日的多元文化给传统文化带来了空前的挑战；它不但意味着文化趣味的重新评价，也意味着权力的转移。当"边缘"文化一跃而成"中心"文化的一部分时，原本控制主流文化的中坚分子自然会失去安全感，害怕随时有丧失权力的可能。

三、主张多元文化者未巩固权力

遗憾的是，许多主张多元文化的激进人士却不懂得如何把握良机以巩固既得的"名正言顺"的权利。他们常常把政治正确性的原则情感化、个人化，而且，无端抨击所谓"死的、白的"欧洲男性（dead white European males），于是一竿子打了许多无辜的人；而自己也随之变得更加歇斯底里化，愈来愈缺乏理性。

他们常是一些患了神经质而变得心胸狭窄的人——只要听到有人说"freshman"，立刻暴跳如雷，说对方不懂"政治正确性"的原则，应当把"大学一年级新生"说成"freshperson"才算符合政治正确性的"言语规范"，否则就算屈服于男性霸权。

同理，Indian（印第安人）应该改成"native American"（土生土长的美国人）；"disabled"（残疾者）应说成"differently abled"（能力不同的人）；"poor people"（穷人）应说成"economically disadvantaged people"（处于不利的经济情况的人）——总之，这些自称具有"政治正确性"的激进分子"强迫"人人都要向他们看齐，都要在新的语言方式中实现"人人平等"的原则。其用心本来无可厚非，但其充满仇恨的强硬态度引起许多周围的人的强烈反感。最可惜的是，他们把一些原来支持女生与少数族裔的人拒之门外，无端地挑起性别、种族、阶层之间的冲突与战火。他们本来是多元文化的辩护者，现在却给多元文化的发展制造了过多的障碍。

这些激烈分子的最大谬误就是使政治正确性的基本精神与原则失去了广大民众的尊重，其结果是政治正确性变成了各种媒体的嘲弄对象。从最近名列榜首的畅销书《具有政治正确性的晚间故事集》(*Politically Correct Bedtime Stories*，繁体版为《政治正确童话》)中可以看出，政治正确性的文化思潮常被当成笑话来看待。①

四、畅销书嘲讽"政治正确性"

该书作者詹姆士·芬·加纳（James Finn Garner）自称是个"死的、白的欧洲男性"，为了证明其思想的"政治正确性"，特地把传统的儿童故事按照政治正确性的原则改写成"完全不存任何偏见"的新小说，结果是所有约定的名称都变成冗长而令人发笑的古怪文字堆积。

尤可注意者，在政治正确性"人人平等"的原则下，所有"两情相悦"的爱情传奇都变成两性互相斗争的故事，而故事结尾也都直接引向男性霸权的崩溃。这一方面尤以书中的《白雪公主》(*Snow White*)故事最具代表性。

在传统的故事中，那个吃了毒苹果而昏睡不醒的白雪公主最

---

① 詹姆士·芬·加纳著《政治正确童话：不具歧视和偏见的童话故事》，蔡佩宜译，台中：晨星出版有限公司，2000 年版。

后因得到英俊王子的一吻而死里复生，一对情人的美梦终于实现；但在嘲讽政治正确性的故事新编中，小说的结尾当白雪公主醒来时，她首先对王子破口大骂："你是谁？竟趁着一个少女昏迷过去的机会进行性骚扰！"结果在旁观看的七个小矮人（在新故事中改名为"七巨人"）只好去叫警察。

詹姆士·加纳用来嘲讽政治正确性的儿童故事之所以滑稽可笑，乃是因为它在很大的程度上反映了目前不少所谓"政治正确性"的荒谬行径。通过讽刺小说的客观描写，作者成功地显示了一种文化思潮的可怕现象：不论该思潮的精神是如何可贵、如何合情合理，只要一旦被个人用作攻击他人的武器，就会失去原有的道德原则而被人蔑视。加纳的故事集给了我们一个教训，那就是：任何一个人都不能把自己获得的"权利"（right）随意发展成打击别人的"权力"（power）。

然而，我认为政治正确性所代表的"人人平等"的精神还是十分可贵的。目前政治正确性所表现的缺陷及它所引起的反挫只是暂时的。从积极的方面看来，那些"反政治正确性"的言论正是对政治正确性的纠正；它们会促使政治正确性不断调整而进步——因为政治正确性毕竟是符合世界潮流的，它的产生反映着社会意识的重大转变。尤其是，政治正确性与美国政府的立法方向是一致的。就因为政治正确性主张"人人在法律面前平等"的原则也正是美国人的共识，它终究会得到广大人民的认同。我相信在不久的将来，舆论与法律将会带给政治正确性某种应得的权威性。

（原载于《明报月刊》，1996 年 3 月号）

多元文化与"政治正确性"

在多元文化的影响下，在美国，"政治正确性"已经成为令人感到如履薄冰的准则。整股文化风潮始于女权主义的兴起。对于激进的女权主义者，彻底的两性平等必须建立在语言的更新上，因为语言是人类内心思维的真实反映。自 20 世纪 70 年代起，许多主张妇女解放的人就专注于传统语言的颠覆及解构。其中最积极的策略莫过于出版新字典，以求全新用语的"典律化"（canonized）。例如，拉玛拉（Kramarae）及特瑞克勒（Treichler）于 1985 年所编的《女性辞典》（*A Feminist Dictionary*）就引起了广泛读者的共鸣——作者旁征博引的风格，加上所引资料的历史权威性，都让男女读者由衷地信服。随着女权主义的流行，人们已学会举一反三地使用破除性别歧视的新语言。

引人注目的是，最近牛津大学出版社也采用"政治正确性"的策略来发行一本改写的《圣经》:《新约与诗篇——属于大众的圣经》（*The New Testament and Psalms, An Inclusive Version*）。根据这本企图纠正"保守语言"的《圣经》，上帝应被称为"天上的父母"，而非"天上的父"。基督是上帝的"孩子"，而非"上帝之子"。于是，那段有关基督被钉十字架受难而死的描写变成："上帝的孩子临死前在十字架上说道：'我天上的父母啊，我把灵魂交在你的手中。'"同理，"主祷文"的起句也从"我们在天上的父"改写为"我们在天上的父母"（Our Father Mother who are in heaven）。对于许多虔诚的基督徒来说，这种窜改《圣经》的举动是不可原谅的，甚至是十分可笑的。然而，语言是很奇妙的，它一旦被开始使用，就有转为约定俗成的可能，这正是女权主义者的一贯信仰。

语言的"政治正确性"风潮也已引起汉语世界的关注。在1995年第8期《读书》杂志中，英国作者保罗·克鲁克（Paul Crook）为此发表了意见。我想指出的是，目前主张走语言"政治正确性"路线者大都是男性，他们常用一种打抱不平的口气来策划新的女性主义，希望用语言逻辑来达到真正的男女平等。反之，许多女性都已超越了"政治正确性"的需求，因为20世纪90年代的女性已不再以颠覆男性霸权为目标，她们的行动就是最有力的语言。对她们来说，最正确的路线就是，既要做一个自由的人，也要做一个发挥女性潜能的女人。这不是什么政治策略，而是多元文化下所产生的自我觉醒。

从比较的角度看性别研究与全球化

本文所关切的乃是有关中西文化潮流之间的借镜和影响，以及由于这种跨文化的互动所产生的现象和问题。在这个全球化的21世纪里，西方的文化批评和中国研究早已成为两门息息相关的知识领域了。但我认为，若要彻底了解二者之间的复杂关系，则不仅要注意到中西文化研究的差异（difference），也必须考虑到它们之间的互补作用（complementarity）。①

在这篇文章里，我将就西方性别研究和美国汉学研究的关系作为讨论的起点，然后想通过两者的关系进行一种"比较"的透视（comparative perspective）。众所周知，在过去二三十年间，所谓"性别研究"（gender studies）早已深深地影响了美国的汉学界。尤其是，汉学界出版的有关中国古典性别研究方面的书籍突然以雨后春笋的速度充斥了学院的领域。按理说，美国汉学界这种新研

---

① 请参见笔者的英文文章："From Difference to Complementarity: The Interaction of Western and Chinese Studies", International Symposium on Globalizing Comparative Literature: Toward the New Millennium, Sponsored by Yale University and Tsinghua University, Beijing, China, August 10-14, 2001。

究成果应当早已影响了西方性别研究的方向，然而事实并非如此。这就使我们不得不深究这个现象的原因了。

首先，我认为问题就出在人们一向以来所存在的偏见：一般人总以为西方的文化理论可以为中国文学研究带来崭新的视角，却很少有人想过中国文学的研究成果也能为西方的批评界带来新的展望。因此，虽然美国的汉学界早已做出许多有关性别方面的研究，而且已经有了多方面的突破，但多数从事西方性别理论的学者们对于这一方面的汉学成就视若无睹。总之，目前所谓东西方文化的影响，大都是单向（one-way）的，而非双向（two-way）的。在这个后现代的时代里，这种普遍的疏忽和偏见的确让人感到惊奇。当然，这种偏差也并不完全没有原因。我认为至少有两个因素在作祟：一个就是有关文化上的他者（other）的盲点，另一个则与人们对于现代性（modernity）的误解有关。有许多西方人认为中国文化是属于"他者"的文化，因而把它视为边缘文化而加以忽视。同时，有人以为传统中国既然离现代十分遥远，就认为它与所谓的"现代性"无关。[①]殊不知这两方面的想法都是对人类文化发展意义的误解。可惜的是，不仅一些西方人存有这样的误解，就连今日中国的知识分子也经常有这种偏见。这就是为什么这些年来有不少中国读者只注重西方理论，却忽视了传统中国文化思想的原因——总之他们很少会想到要参考美国汉学领域里所取得的研究成果。这种舍近而求远的态度，本来就是 20 世纪以来中国知识分子的一个严重的盲点。但在今日的

---

①   Jinhua Emma Deng, "The Construction of 'Traditional Chinese Women' in the Western Academy: A Critical Review", *Signs* 22.1 (1996): 134.

世界里，我们实在不能再采取这种带有局限性的治学方法了。著名的比较文学家苏源熙（Haun Saussy）就曾在他那本有关全球化的书中说过："到了用广阔的视野来取代有限的视角的时候了。"[1]

所谓"广阔"的视角，其实就是中西文化并重的意思。就如以上所说，尤其在性别研究方面，近年来的美国汉学研究有着杰出的成果。但它之所以杰出，乃是因为这个领域的美国学者们没有生吞活剥地套用西方性别理论。当然，他们十分注重西方性别理论的发展；但他们更看重对中国传统文化的具体研究。比方说，美国汉学家们一向对西方性别理论提出的男女"差异"（difference）观感兴趣。但另一方面，他们也发现近代西方性别研究所谓的"差异"观，其本身虽然极富有启发性，却不能一成不变地套用于汉学研究。

两性"差异"的概念乃是西方女性研究的学者们提出的最根本、最强有力的策略。20世纪70年代初，凯特·米利特（Kate Millett）的经典作品《性的政治》（*Sexual Politics*）乃是以西方文学里的压迫者（男）和被压迫者（女）的对立和"差异"为出发点的。[2] 又如20世纪80年代以来，著名文学批评家芭芭拉·约翰逊（Barbara Johnson）的重要理论著作几乎全是以"difference"（差异）一词作为书的标题——例如，*The Critical Difference*（1980），*A World of Difference*（1987）；*The Feminist Difference*（1998）等

---

[1] Haun Saussy, *Great Walls of Discourse and Other Adventures in Cultural China* (Cambridge: Harvard University Asia Center, 2001), p.6.

[2] Kate Millett, *Sexual Politics* (New York: Doubleday, 1970). 中文简体版：[美]凯特·米利特著《性的政治》，钟良明译，北京：社会科学文献出版社，1999年版。

3 本著作 ①。应当说明的是，两"差异"观之所以从头开始就对美国女性主义者特别管用，乃是因为它带有双重的作用：一方面，它可以用来控告男权制一直对女性所持的"不同"的眼光和偏见；另一方面，女性主义者也希望能在那个性别"差异"的基础上，争取女性应有的权利。但一般说来，与法国的女性主义者有所不同，美国女性的性别研究学者不太喜欢从心理分析的观点来讨论男女本质上的区别。② 她们更喜欢强调的则是由于性别"差异"所造成的权力关系和文学的传承观念。所以，在她的《差异的世界》（*A World of Difference*）一书中，芭芭拉·约翰逊特提出有关西方女性作家一直被排斥在"经典"（canon）之外的问题。③ 另外，桑德拉·吉尔伯特（Sandra M. Gilbert）和苏珊·古芭（Susan Gubar）也从"差异"的观点出发，她们严厉地批评西方文学传统，认为那个以男性为中心的传统一向把女性排除在外，因而造成了几代以来女性作家的"作者焦虑感"（anxiety of authorship）。她们所提出的"作者焦虑感"显然是针对哈罗德·布鲁姆（Harold Bloom）那种以男性作家为主的"影响的焦虑"而言的。④

---

① Barbara Johnson, *The Critical Difference* (Baltimore: Johns Hopkins Univ. Press, 1980); *A World of Difference* (Baltimore: Johns Hopkins Univ. Press, 1987); *The Feminist Difference* (Cambridge: Harvard Univ. Press, 1998).

② 例如，法国的女性主义者海伦·西苏（Helene Cixous）、露丝·依利加雷（Luce Irigaray）都是心理学家拉康（Lacan）的门徒，她们把女性语言和男性语言区分出来。有关法国女性主义者和美国女性主义者的区别，请见 Nina Baym, "The Madwoman and Her Languages: Why I Don't Do Feminist Literary Theory", in *Feminisms*, ed. Robyn R. Warhol and Diane Price Herndl, rev. ed. (New Brunswick: Rutgers Univ. Press, 1997), pp.279-292。

③ Barbara Johnson, *A World of Difference*, p.2.

④ Sandra M. Gilbert and Susan Gubar, *The Madwoman in the Attic: The Woman Writer and the Nineteenth-Century Imagination* (New Haven: Yale Univ. Press, 1979).

本来，这种方式的男女差异观只在美国的学院中通行，但后来它就逐渐成为美国一般女性为了争取女权所用的普遍策略了。其中一个重点就是不断重复女人是"受害者"（the "victimized"）。这种女性受害论，主要在强调男权制是一切问题的开端，而女性则是男权制的牺牲品。当然，美国女性主义者的派别很多，而且每一学派所持的意见并不相同。然而，就如特瑞莎·德·劳拉提斯（Teresa de Lauretis）所说，这些早期的女性主义者不管各自持有多么不同的信仰，她们几乎都一致相信所谓的"本质女性"（essential womanhood）——即不断被男权欺压的女性本质①。总之，这种由于性别上的"不同"而转为"受害者"的想法后来成了美国性别研究的主要"话语"（discourse）。难怪女作家卡罗尔·吉利根（Carol Gilligan）于1982年出版的那本题为《差异的声音》（*In A Different Voice*）的书至今仍十分畅销，前后一共印了34版。②

可以说，近年来在中国大陆和台湾所流行的女性主义，有很大程度是继承了美国三四十年以来的"受害者"性别观。③本来这种迎合欧美文化潮流的大环境是无可厚非的，因为那也是全球化的一部分。然而问题是，当女人为"受害者"的观念被千篇一律地用来套公式、被借来作为思考性别问题的根据时，就会很容易把问题简单化，因而给人一种重复而单调的印象。或许因为如此，

---

① Teresa de Lauretis, "Upping the Anti (sic) In Feminist Theory", *Feminisms*, edited by Robyn R. Warhol and Diane Price Herndl, rev. ed. (New Brunswick, Rugers University Press, 1997), pp.326-339.

② Carol Gilligan, *In a Different Voice* (1982; rpt. Cambridge: Harvard Univ. Press, 1996).

③ Jinhua Emma Teng, "The Construction of the 'Traditional Chinese Woman' in the Western Academy", p.133.

性别研究无论在台湾和大陆，至今仍被看作一种边缘性的科目。

　　传统中国的女性是否都是受害者？有关这个问题，美国汉学家们可以说是首先打破女性为受害者形象的人。在这一方面最有贡献的学者之一就是目前执教于哥伦比亚大学的高彦颐（Dorothy Ko）。在她的 *Teachers of the Inner Chambers*（《闺塾师》）那本书中，她以 17 世纪的中国江南地区为例，仔细阐述了中国传统女诗人如何建立文学地位的实况，她认为传统中国女性不能用"受害者"一词来概括。[①] 此外，她还特别论证，时下流行的有关传统女性为"受害者"的言论很大程度是五四运动以来的学者作家们——如鲁迅、陈东原等人——创造出来的神话。她认为，这些现代的中国知识分子之所以坚持这种理念，主要是为了强调现代中国在妇女解放方面的"空前"成就。[②] 问题是，如果我们一律用女性受害论的观点来阐释传统中国文化，那将是一种以偏概全的方法，也是对中国历史本身的简化和误读。[③] 可惜今日许多中国学者还一直继承着"五四"以来的这种偏见。

　　另一位研究明清史的美国汉学家曼素恩（Susan Mann），也得到了与高彦颐类似的结论。例如，她在一篇近作里曾经指出，美国汉学研究的最大特色之一就是打破了女性为受害者的主题：

[①] Dorothy Ko, *Teachers of the Inner Chambers: Women and Culture in Seventeenth-Century China* (Stanford: Stanford Univ. Press, 1994), pp.226-232.

[②] Dorothy Ko, *Teachers of the Inner Chambers*, p.3.

[③] 其实，早在《风骚与艳情》一书中，康正果已提出了类似的看法。康正果以为，"五四"以来有关女性文学的研究方向，可以说是"新文化运动中批评封建文化的斗争形式之一。因此它不可避免地倾向于非文学的社会批评，乃至满足于宣布政治和道德的判决"。他所谓"道德的判决"乃指一些"痛诉"妇女历来受害的言论。见康正果《风骚与艳情》，郑州：河南人民出版社，1988 年版，第 2 页。并见《风骚与艳情》（修订版），上海：上海文艺出版社，2001 年，第 2 页。

最近在美国，有关中国妇女史的研究，已经转向了不同的研究方向——尽管还是和从前的研究路线息息相关。现在的研究方针已不再是罗列女性受压迫的例子了，而是去探讨两性之间的关系互动以及他们在经济、政治等具体的架构之下所拥有的权力。[①]

此外，在她后来出版的专著中，曼素恩也进一步探讨了明清时代闺秀诗人如何终于取得才德并重的崇高地位。据她考证，当时的女性作家们乃是通过男性学者们对她们才德方面的肯定，而获得了一股新的道德力量。[②] 曼素恩的想法和我近年来研究明清文学所得到的结论正好不谋而合。我以为，中国古典女性拥有的这种道德力量，其实就是现代人所谓的权力（power）。它很自然使我们想起了当代著名评论家福柯（Michel Foucault）所谓的权力多向论。根据福柯的理论，人的权力是无所不在的。一个在某处失去了权力的人，经常能在另一处重建权力的优势。[③] 所以，人与人之间的权力关系其实是十分错综而复杂的。

---

① Susan Mann, "What Can Feminist Theory do for the Study of Chinese History? A Brief Review of Scholarship in the U.S.", *Research on Women in Modern Chinese History* (《近代中国妇女史研究》), 1 (June 6, 1993): p.246.

② Susan Mann, *Precious Records: Women in China's Long Eighteenth Century* (Stanford: Stanford Univ. Press, 1997), p.31.

③ Michael Foucault, "The Deployment of Sexuality", Chapter Four of *The History of Sexuality: An Introduction* (New York: Random House, 1978), I: 94-97.

另外，在《技术与性别》（*Technology and Gender*）[①]一书中，作者白馥兰（Francesa Bray）以传统中国女性手工业的成就为例来讨论女性的权力问题。她以为，传统女性在纺织方面的贡献，使她们在社会中普遍得到了一种权力——因为她们在这一方面的成就不仅是经济的，也是道德的：

> 在纺织和编织之间，女人不但成了价值本身，也变成了富有德行的人。在学习手工业的过程中，她们无形中培养了女性固有的道德——例如，勤奋、节约、有条理、自我纪律等。[②]

白馥兰用"权力的织物"（fabrics of power）一词很形象地描述了中国女性的特殊权力——因为权力本来就像编织物一样千丝万缕而复杂，我们很难孤立地去谈它。女性的权力更是从复杂的人际关系中编织出来的。

根据我自己对中国古典文学和文化的研究心得，我发现传统中国男女之间的"权力"分配，的确不能用"压迫者"和"受害者"的二分法来简单阐释。首先，传统中国是以男女的分工来维持社会秩序的——那就是，男人在外掌权，女人拥有家庭里的权力。从这个观点看来，班昭的《女诫》所提出的各种妇德实际上是早期巩固女性权力的最佳策略。同时，传统中国女性通常很少危及

---

① ［美］白馥兰著《技术与性别：晚期帝制中国的权力经纬》（*Technology and Gender: Fabrics of Power in Late Imperial China*），江湄、邓京力译，南京：江苏人民出版社，2006 年版。

② Francesca Bray, *Technology and Gender: Fabrics of Power in Late Imperial China* (Berkeley: Univ. of California Press, 1997), p.189.

男权制的秩序，因而男人也没有攻击女人的必要。反而是，女人和女人之间有时会产生一种紧张的关系。比如说，中国古代最先对"尤物"提出批评并把女人称为"祸水"的，其实是女人而非男人——《左传》中所载"夫有尤物，足以移人，苟非德义，则比有祸"的传文乃出自叔向之母的口。[①] 叔向之母的例子使人想到，女人经常会以"贤妇人"的口气来批评其他美艳的妇人，并把她们说成是惹祸的"尤物"。其实，这些"贤妇人"之所以用道德的观点来指责"尤物"，主要是出于嫉妒。

此外，晚明以后逐渐登上文坛的"才女"也经常成为其他女人嫉妒和攻击的对象。晚明是中国历史上第一次产生如此众多才女的时代，当时无数的女作家纷纷出版了她们的作品选集，她们也同时得到了男性文人普遍的支持。然而，奇怪的是，那个"女子无才便是德"的说法也恰恰就在这个男性极其表彰才女的时代产生了。[②] 现在大多数人都以为这句名言是男人发明的，但直觉告诉我，那句话极有可能是女人首先说出来的。再者，现在一般人引用这句话时，经常在断章取义，他们完全忽略了它的上下文。其实，那句话的原文是："男子有德便是才，女子无才便是德。"其重点是在推崇男女共有的"德"，同时也在贬低女性的"才"。我认为，这句话带有某些"贤妇人"的口气。试想当时许多明清才女单凭自己的诗才就能得到男性文人的推崇和拥护，这种现象自

---

① 这句话载于《左传·昭公二十八年》。有关此段的讨论，见康正果《重审风月鉴》，台北：麦田出版公司，1996年版，第58—59页。
② 晚明才子陈继儒（1558—1639）和冯梦龙（1574—1646）都在他们的作品中提到当时这句话流行的情况。见刘咏聪《中国传统才德观与清初四朝关于女性才与德之比论》，香港大学《东方文化》（*Journal of Oriental Studies*），1998年版，第109页。

然会使得一些女人感到威胁，因而针对这种情况，开始提出"女子无才便是德"的口号，其目的可能在打击才女，同时也在捍卫自己。这样一来，就造成了广大妇女和才女之间的对立关系。我认为，当时的才女在某种程度上颠覆了传统女性原有的社会秩序，因而很容易招惹其他女人的敌意，这才是真正的原因。相形之下，男女之间并没有因此产生对立的关系。这是因为才女基本上是认同男性文化的；她们掌握了男性文化的精华，但并没有颠覆男权制的秩序。事实上，男性文人还特别提拔才女。例如，当时的文人曾用各种策略来提高女性的文学地位——包括热心出版女性文学的选集，品评女性作品，把女性作品提升到和《诗经》《楚辞》等古代经典类似的权威地位。[1]可以说，从整个中国历史的角度看来，晚明文化就是才子和才女共同开创的新文化。既然男女之间是一种合作的关系，而不是处于敌对的位置，我们就不能以偏概全地说中国的女性是男权制下的受害者了。

此外，自古以来中国文人就流行着一种表彰才女的风尚。有才的女子被称为"女史""彤管""女博士"等。可以说，世界上没有一个文化比传统中国更注重女性的文才了。而且历代的皇帝对才女通常都格外奖赏，例如：班昭、左芬、刘令娴（刘孝标之妹）等都得到了皇帝的特殊礼遇。重要的是，传统中国的男女一

---

[1] 有关明清文人如何提拔女作家的问题，请见拙作："Ming and Qing Anthologies of Women's Poetry and Their Selection Strategies", *Writing Women in Late Imperial China*, edited by Ellen Widmer and kang-i Sun Chang (Stanford: Stanford Univ. Press, 1997), pp.147-170 ; "Gender and Canonicity: Ming-Qing Women Poets in the Eyes of the Male Literati", in *Hsiang Lectures on Chinese Poetry*, Vol. 1, edited by Grace S. Fong (Montreal: McGill University, Center for East Asian Research, 2001), pp.1-18。

直在分享一个共同的文化，男女也用共同的文学语言在认同这个文化。

实际上，中国文学从头开始就没有把女性排除在外。所谓诗歌的世界，其实就是男女共同的园地。尤其是，古人那个"温柔敦厚，诗教也"的观念，本来就是一种女性特质的发挥，与现代人所谓的"femininity"有类似之处。在第一部诗歌总集《诗经》里，我们听到的大都是女性的声音——虽然那并不意味着那些诗篇全是女人写的。但我们可以说，后来中国男性的文学传统有很大成分就建立在模仿女性的"声音"上。例如，中国传统的男性文人经常喜欢用女性的声音来抒发自己内心那种怀才不遇的情怀。同时，也有不少女诗人喜欢用较为阳刚的语言来摆脱所谓的"脂粉气"。①

总之，中国文学里的声音有一种男女互补的现象。我曾在另一篇文章里把这种现象称为"cross-voicing"（声音互换），以与时下流行的"cross-dressing"（男扮女装或女扮男装）的说法相映成趣。②

传统中国这种男女互补的精神与西方社会里经常存在的性别战争显然不同。难怪中国的传统女作家一向不与男性文人为敌，也很少觉得她们的权力受到了男性的侵犯。这与19世纪英国出版

---

① 例如，清初《名媛诗纬》的编者王端淑主张女性诗歌要能脱离"脂粉气"方是好诗；她特别推崇"女士中之有骨力者"。参见钟慧玲《清代女诗人研究》，台北：里仁书局，2000年版，第337页。

② Kang-i Sun Chang, "What Can Gender Theory Do for the Study of Traditional Chinese Literature?" Paper presented at the conference on "Interpreting Cultures-China Facing the Challenge of the New Millennium," Univ. of Stockholm, May 5-9, 2000, p.6.

界的情况正好相反。据普林斯顿大学伊莱恩·肖瓦尔特（Elaine Showalter）教授所说，英国女小说家由于受到男性作家们的不断攻击，她们就集体大声疾呼，宣布要有独立的写作和出版自由，并直接对那一向以男性为中心的出版制度挑战。[①] 这一切都令人想起美国女性主义者提倡的男女"差异"观，原来其渊源就是西方传统中所存在的两性之间的对抗。

另外，传统中国女性之所以一直没有和男性对抗，主要还和中国人的本体论（ontology）有关。从宇宙人生的观点而言，中国人从一开始就是认同女性的。首先，中国人相信，人是女娲造的；而女娲也是补天和发明乐器者。对中国人来说，男女的关系基本上是一种"伏羲龙身、女娲蛇躯"的互补关系，他们是一体的两面，而非互相对立的。可以说，这种性别上的互补关系就是中国文化的原型（archetype）。唯其互补，所以男女之间所追求的是一种和平融洽的关系。

有关男女互补的关系，汉学家费侠莉（Charlotte Furth，又译夏洛特·芙斯）在其专著《蕃息的阴》（*A Flourishing Yin*）中有极精辟的讨论。多年来，费侠莉一直希望能把传统中国精彩的阴阳互补观通过中医的身体观介绍给西方读者。她说："我要引导

---

① 见 Elaine Showalter, *A Literature of Their Own: British Women Novelists from the Brontes to Lessing* (Princeton: Princeton Univ. Press, 1977), 39, 75 ; *A Literature of Their Own* , Expanded Version (Princeton: Princeton Univ. Press,1999)，并见拙作《明清文人的经典论和女性观》，见《文学经典的挑战》，南昌：百花洲文艺出版社，2002 年版，第 92—93 页。

读者想象性地接触那陌生的文化身体"。① 她以《内经》里的黄帝之身为标准来讨论中国人的阴阳互补的身体——即她所谓的"双性身体"（androgynous body）。② 这种双性的身体与西方那种"单性"的身体是截然不同的。因为中国人相信，无论是男或女，任何人的身体都分别带有阴和阳的因素——即男人是阳中有阴，女人则阴中有阳。③ 故男女的生殖过程本是一种阴阳协调的作用，而身体的性别区分只是体现了天、地、人在宇宙中的原有秩序而已。④ 毫无疑问，在这个全球化的时代，中国人这种特有的人体观和宇宙观将给世界读者带来莫大的启发。特别是，传统中国文化里的"阴阳互补观"恰好与现代西方性别理论中的"差异观"形成了明显的对照。如果说传统中国的两性关系所追求的是一种差异中的互补，那么英美传统所标榜的则似乎是一种差异中的抗争了。

然而，西方性别理论所谓的"差异观"也不是一成不变的。"差异观"当初在女性主义刚开始的时候十分管用，因为它可以用来为一般妇女争取到与男性平等的社会权益。但后来女性的社会地位日渐抬头，原有的"差异观"也逐渐过时，因而引发了各种不同的批评。著名历史学家琼·司各特（Joan Scott）曾批评畅销书作者卡罗尔·吉利根（Carol Gilligan）的性别差异观太过简化

---

① 此段译文取自康正果的文章《夏洛特·芙斯:〈蕃息的阴:中国医学中的性别问题，960—1665〉》，刊载于刘东主编《中国学术》，北京:商务印书馆，2001 年 2 月号，总第 6 辑，第 284 页。

② Charlotte Furth, *A Flourishing Yin: Gender in China's Medical History, 960-1665* (Berkeley: Univ. of California Press, 1999).

③ 同②，p.46，p.48。

④ 同②，p.311。

且死板，因而很容易造成两性之间的敌对。[①] 而从 20 世纪 90 年代开始，不少美国女性主义者开始重新界定性别，因为原有的性别界限已逐渐模糊。例如，在卡丽·韦尔（Kari Weil）的《男女双性与差异化解》（*Androgyny and the Denial of Difference*）一书中，特别提倡两性的合一，并用早期希腊传统"双性人"（androgyne）的世界观来呼吁男女的重新结合。她把两性的结合视为一种原始整合（primordial totality）的回归，是人类从分裂走向一体的过程。[②] 另外，朱迪斯·巴特勒（Judith Butler）的《性别苦恼》（*Gender Trouble*）一书在这一方面尤其具有创见。她认为一个人的性别认同（gender identity）是不能用传统的"主体/他者"（即 subject / Other）的框架来固定的；因为性别本身是一种表演（performativity），那是随着时间和空间的运转而随时变动的。[③]

这些新的性别观无疑使得西方女性主义所谓的"差异观"不攻自破了。首先，有一些较为开放的女性学者曾经受到了福柯的权力意识的影响，所以开始提出了有关女性是"主动者"（agent）而非受害者的理论。[④] 这种"女性不再是受害者"的概念很新颖，所以从一开始它就受到年轻一代女性的欢迎，并且很快就成为美国新女性文化的主流。同时，一般年轻女性开始对所谓的传统"女

---

① Joan W. Scott, "Gender: A Useful Category of Historical Analysis", *American Historical Review* 91.5 (Dec. 1986): p.1065.

② Kari Weil, *Androgyny and the Denial of Difference* (Charolttesville and London: University Press of Virginia, 1992), pp.2-3.

③ Judith Butler, *Gender Trouble: Feminism and the Subversion of Identity* (1990; rpt. New York: Routledge, 1999), p.25, p.179.

④ Mary Evans, *Introducing Contemporary Feminist Thought* (Cambridge, UK: Polity Press, 1997), p.35.

独行的缪斯——自传、性别研究及其他

— 340 —

性主义"产生了反感——因为她们认为，那些"女性主义者"老是在控告男人的罪状，甚至有时还把两性之间的性关系视为男人的强奸。[1] 但事实上，许多这一代的女性更喜欢把女性的"性"等同于权力。[2]

这样一来，逐渐过了时的女性主义终于引起了新一代女性的强烈反弹。20 世纪 90 年代以来，美国境内更是充满了各种"女人攻击女人"的言论。例如，以《美貌的神话》(*The Beauty Myth*) 走红的美女作家娜奥米·沃尔夫 (Naomi Wolf) 在她的《以火攻火：女性权力对 21 世纪的改变》(*Fire with Fire: The Female Power and How it Will Change the 21st Century*) 一书中把那种不再受欢迎的女性主义统统称为"受害者的女性主义"(Victim Feminism)。[3] 对娜奥米·沃尔夫来说，新的女性主义应当是一种兼容并包、信心饱满的女性意识。另外，一位哲学系的女教授克里斯蒂娜·萨默斯 (Christina Hoff Sommers) 在她的《谁偷走了女权主义?》(*Who Stole Feminism?*) 一书中公开控告那些自认为"受害者"的女性主义者，因为她们打着"女性主义"(即女权主义) 的招牌，大肆攻击男人，把广大女性引入了歧途，等于是

---

[1] Andrea Dworkin, *Intercourse* (The Free Press, 1987), p.133.

[2] 其实早在 1990 年卡米拉·帕格利亚在她的《性面具》(*Sexual Personae,* New Haven: Yale University Press, 1990) 一书中已经提出了"性即权力"(Sex is power) 的理论。最近美国妇女领导者组织 OWL (即 Organization of Women Leaders 的简称) 又提出了相同的说法。见 Melissa Harvis Renny, "Beyond Bra Burning: Students Explore the Meaning of 'Feminism'", *Princeton Alumni Weekly* (March 26, 2003): p.12.

[3] Naomi Wolf, *Fire with Fire: The New Female Power and How It Will Change the 21st Century* (New York, 1993).

对所有女人的背叛。① 此外，年轻女作家蕾娜·丹菲尔德（Rene Denfeld）干脆把攻击男人的女性主义者讥讽为"新的维多利亚"女人（The New Victorians），因为她们有如19世纪维多利亚时代那些禁欲的女人，她们凡事自以为是，总以为自己的道德水平高过男人；她们把男人打击得体无完肤，简直是在对男人发动一场"道德和信仰的十字军东征"（a moral and spiritual crusade）。② 因此，蕾娜·丹菲尔德说，这就是为什么新女性大多不愿加入这种"女性主义"的阵营的原因。

到此，西方女性主义的"差异观"和"受害论"实已受到了彻底的解构。这样的结局不得不让人想起了美国汉学家们对传统中国的性别研究所做出的结论——那就是，中国男女的关系不能用"差异观"和"受害论"来套用。有趣的是，汉学家们的研究成果竟与20世纪90年代以来美国的新女性所探讨出来的结论甚有相同之处——虽然二者所采用的研究方法极不同，其研究的对象和所面对的上下文更是大相径庭。然而，就因为东西方的文化传统不同，而个别的文化又都对性别研究产生了相似的结论，才更耐人寻味。其实，这也就是比较文学的根本价值所在，就如普林斯顿大学的文学教授厄尔·米纳（Earl Miner）所说："相对的相似处（relative likeness）并不等于完全相同（identity）……如果所有的

---

① Christina Hoff Sommers, *Who Stole Feminism? How Women have Betrayed Women* (New York: Simon & Schuster, 1994).

② Rene Denfeld, *The New Victorials: A Young Woman's Challenge to the Old Feminist Order* (New York: Warner Books, 1995), p.10.

文学传统都一样，那就没有什么可比较了。"①

在这个全球化的时代，我们有必要寻求东西文化之间的沟通和了解。以性别研究为例，虽然个别的文化所呈现的历史、身体和性别观有所不同，相互之间自然会感到陌生，但若能借此机会好好地吸收此前陌生的知识，就自然能使人拓宽视野。尤其，在这个重新界定性别意识的时代，许多有关男女的观念都需要先打乱之后才能进入另一个高层次的境界。在这种情况之下，东西方的交流自然就更加重要了。

我以为，我们不妨用传统中国的男女"阴阳互补观"来形容东西方文化之间的关系。唯其二者有差异，才能在其近似的功能上寻求更合适的研究角度，进而加深彼此的了解。

问题是，正确的交流都必须建立在"双向"的交流过程（two-way process）中。②但可惜的是，在性别研究的研究范畴里，至今仍只停留在"单方面"的中西交流上——因为，虽然美国的汉学家们总是不忘熟读西方的性别理论，但西方从事性别研究的学者们几乎从未使用过汉学研究的成果。比方说，多年来一直研究中医文本的费侠莉（Charlotte Furth）曾经在她的《蕃息的阴》一书中引用了朱迪斯·巴特勒（Judith Butler）的性别观，但朱迪斯·巴特勒却丝毫没参考过费侠莉的学术著作，否则她一定可以从费侠莉书中所分析的阴阳互补观中得到许多启发。同理，高彦

---

① Earl Miner, *Comparative Poetics: An Intercultural Essay on Theories of Literature* (Princeton: Princeton Univ. Press, 1990), p.225.

② Jinhua Emma Teng, "The Construction of the 'Traditional Chinese Woman' in the Western Academy ," *Signs* 22.1 (1996): 143. 有关这一点，并请参见拙作：Kang-i Sun Chang, "The Two-Way Process in the Age of Globalization", *Ex/Change* 4 (May 2002): 5-7。

颐（Dorothy Ko）曾经借用福柯（Michel Foucault）的理论来解说中国明清妇女的权力意识，但一般研究女性权力观的西方学者却没有利用高彦颐等人在汉学方面的研究成果。这是一个令人感到遗憾的现象——尤其是，美国的汉学研究几乎全由英文写成，且大都已在美国出版，其资料也都能在各大图书馆中找到，实在没有理由受到忽视。

　　然而，我们绝不能忽视中西文化交流之间这种"单方向"的问题。这问题的严重性，实已影响了目前中国人的文化倾向——因为，今日中国许多的青年人宁愿接受西方的文化，却对传统中国文化的知识愈来愈陌生，有时还远较西方人为甚。这确实令人感到困惑，也让我们不得不重新检讨全球化的意义。

　　（原载于《文史知识》，2004年11月、12月号，增订后收入本书。本文的英文原稿曾部分宣读于2001年8月11日至14日在清华大学举行的第三届中美比较文学双边讨论会。该会议由清华大学和耶鲁大学共同主办）

何谓"男女双性"?

——试论明清文人与女性诗人的关系

据我近年来研究中西文学的心得,我认为有史以来最奇特的文学现象之一,就是中国明清时代才女的大量涌现。在那三四百年的时间中,就有3000多位女诗人出版过专集。至于没出版过专集或将自己的诗文焚毁的才女更不知有多少了。对于这一特殊的文学现象,我已在其他报章杂志上从各方面来研讨——例如从典律(canon-formation)、文体论、女性识字率以及出版业的繁荣等观点来着手。但在本文中,我要从一个新的角度来看这个问题——那就是,把明清女诗人的空前繁荣置于明清文人文化的"上下文"(context)中做一新的诠释。

首先,明清才女作品的大量出版不但反映出妇女创作的繁荣,而且也直接促使它更加繁荣。无论如何,女性文本已在当时成了普遍的热门读物[1]。最有趣的是:这些流芳一时的女性文本的整理、出版及传播,主要是明清男性文人的贡献。与英美女诗人不同,

---

[1] 参见 Ellen Widmer, "The Epistolary World of Female Talent in Seventeenth-Century China", *Late Imperial China* 10. 2 (Dec.1989), p.22。

中国女诗人的文艺创作不但没受到男性文人的排斥，反而得到男性的鼓励及表扬。这是明清文化的一个很特殊的方面。在女权主义者集体批判父权意识的今天，我们不得不借此提出一个问题，那就是，明清的文人为何对女性诗才如此重视？

其次，我们必须考虑的是传统文人对才的尊重。从六朝以后，文人发展了一套才女观，以为理想的佳人除了美貌以外，还必须具有诗才。而这种才女观到了明清时代终于演变成文人文化的主流，促使明清妇女文学达到空前的繁荣。这种突发的演变与明清文人文化的特殊性是息息相关的。在明清时代，所谓的"文人文化"是代表边缘文人的新文化——它表现了一种对八股和经学的厌倦以及对非实用价值的偏好。[1]它重情、尚趣、爱才——特别是崇尚妇才，迷醉女性文本，把编选、品评和出版女性诗词的兴趣发展成一种对理想佳人的向往。这些文人不断编辑各种各样的女性选集，不但收集当代的作品，还对过去遗失的女性文本进行考古。例如，今天大家都知道李清照是宋朝最负盛名的女词人，但很少有人知道她的作品本来流传下来的就很少。至少在明初时，人们已经找不到所谓的《李清照集》了，如果不是靠明清文人的努力采辑与考古，我们今天也不可能有较完整的李清照作品集。[2]

除了编选女性作品以外，更重要的是明清文人对才女的认同。基于自身的边缘处境，明清文人特别对薄命的才女产生了一种怀才不遇的认同感。所谓"才女命薄"就是早夭、早寡或是婚姻不

---

[1] 参见康正果《边缘文人的才女情结及其所传达的诗意——〈西青散记〉初探》，载《九州学刊》1994 年 7 月号，第 87—104 页。

[2] Ronald Egan, *The Burden of Female Talent: The Poet Li Qingzhao and Her History in China* (Cambridge, MA: Harvard University Asia Center, 2013). （孙康宜补注，2015 年 6 月）

幸、所适非人。总之，才子在才女的身上看到自身的翻版，也自然把女性特征奉为理想诗境的象征。于是，文人文化与女性趣味合而为一，而男性文人的女性关注也表现了文人自我女性化的倾向。

有趣的是，正当男性文人广泛地发展女性化趣味之时，明清女诗人纷纷表现出一种文人化的倾向，那就是一种生活艺术化的表现及对俗世的超越，例如培养吟诗填词、琴棋书画、谈禅说道、品茶养花、游山玩水等生活情趣。与男性文人相同，这些女诗人强调写作的自发性（重自然、忌雕琢），写作的消闲性（非功利的选择、怡情悦性）及写作的分享性（与二三同好相酬唱）。这种写作的价值观原是十足男性化的，现在把它与女性联系在一起，等于创造了一种风格上的"男女双性"（androgyny）（"androgyny"这个名词在台湾被译成"雌雄同体"，但我认为把它译成"男女双性"更能表现其精神上及心理上的文化认同意义。"雌雄同体"则更似一生物名词，在英文词汇里是用"hermaphrodite"这个词来表示）。① 我以为用"androgyny"这个名词来解释明清才女的"文人化"倾向是极其合适的。因为在西方，自从柏拉图开始，"androgyny"这个词就表示一种艺术及真理上的"性超越所指"（a kind of transcendental signified）——它既是美学的，也是文化的。

在明清才女的文化倾向中，有一个值得注意的现象：一些女

---

① Kari Weil, *Androgyny and the Denial of Difference* (London and Charlottesville: University Press of Virginia, 1992), p.63; Camille Paglia, *Sexual Personae: Art and Decadence from Nefertiti to Emily Dickinson* (New Haven: Yale University Press, 1990), pp.85-124.

诗人喜欢女扮男装，并极力发展其形象的儒雅化。最明显的例子就是著名才女柳如是，她曾经打扮成儒生公子的样子，一个人到虞山的半野堂去拜访鼎鼎大名的钱谦益，一时被传为佳话。我们发现，戏曲小说中女扮男装的女英雄已化为真实人物。像柳如是般的才女可谓"文化中的女英雄"，她们不但与男士自由往来，日日吟诗填词，而且大谈经世致用之道。这种特殊的文化现象表现在诗歌创作上，就产生了一种有趣的现象——我们发现不少明清女诗人刻意专学某男性大家的诗风（非如前此之才女，仅率性为之），大有杜甫所谓"诗是吾家事"之势。这一点也反映了某些清代女诗人在吟咏情性上特重才学的趣味。在《红楼梦》中，曹雪芹就处处让他的才女掉书袋，搞所谓"无一字无来处"。虚构的女诗人与现实中的女诗人可谓一唱一和，相映成趣。

女诗人文人化的另一个现象就是女性书呆子的普遍增多。这些书呆子就是所谓的"书痴"，她们不但爱书成性，而且还多次在诗中吟咏自学的甘苦，用读书来诠释生命的价值，有一种"朝闻道，夕死可矣"的精神。例如，有一位叫钱惠缠的女诗人，因为别人调笑她是"女书痴"，她有感而发，就写了一首七绝《聊以见志》：

几回惆怅叹蛾眉，寂处深闺未有师。
但使一朝通妙义，不妨人唤女书痴。

还有一位叫张柔嘉的才女，每天开夜车一直到半夜，床上放满了书，一心一意要做书虫，她曾在诗中说："百城未敢夸南面，且乞闲身作蠹鱼。"①乞求做"蠹鱼"就是甘心做书虫的意思。像这样的才女并不指望凭自己的知识和文才去干文人幻想的事情，她们往往只在读和写中偷闲，就像蠹书虫一样，只为读书而读书。

但是，读书太用功就会导致生病。有趣的是，这些才女在诗中却把生病视为莫大的福气，因为处处感到自己的虚弱，于是便找到放弃各种家务的借口，这帮助她们退回到自我的世界中，也给她们带来大量自吟自赏的机会及时间。例如，有一位叫李丽媄的才女常常因为生病而感到庆幸，她曾在诗中写道："不为读书耽雅趣，哪能与病结清欢。"②把病中读书之乐看成一种"清欢"，实是明清才女的一大发明。

此外，病自然与早夭的悲剧性题材息息相关。在明、清两朝，才女早夭的命运是极其普遍的。也可以说，林黛玉的角色不只是才女现实生活的写照，也是直接影响女诗人的艺术形象。有趣的是，在有名的叶氏姐妹及金逸等很多早夭才女的诗作及有关她们的轶事中，我们发现她们的病容、病体、对病的反应，全都被美化为一种使她们显得更可爱的诗意。此外，死亡还被描绘成走向另一个更值得她们向往的世界——从明末的叶小鸾到清代的夏伊兰，她们的死亡都被男性文人解释为爱才的仙界对才女的拯救。换言之，她们的死亡都像李贺早夭的故事一样被诗化了，她们也都成了"死有死福"的才女兼仙女。而死亡也就正式获得了自我超度的意义。

与虚构的林黛玉相同，最杰出的早夭才女常是未嫁而卒。例

---

① 徐世昌辑《晚晴簃诗汇》，北京：中国书店，1988年版，第640页。
② 同①，第695页。

如，叶小鸾在婚礼前 4 天戏剧性地夭折，死时才 16 岁。夏伊兰 15 而殁，在那以前，她曾在诗中表示"老死誓不嫁"。[①]害怕结婚确是明清才女作品中的一大主题，因为从她们的创作道路看来，婚姻常常成为诗才的坟墓。平庸的主妇生活有可能削弱一个才女的性灵，正如宝玉所谓女孩儿结婚之后，由珍珠变成了鱼眼睛。因此，以依恋和赞美的语调来歌咏早年在父母身边的生活，就成了明清妇女诗词中一个值得注意的问题。未嫁和嫁后是作为两个强烈对比的世界来看的——前者代表了理想的"女儿世界"，被描绘成一个女人一生中的伊甸园；后者则是受苦受难的深渊，它意味着无拘无束的年代之结束、对亲情的断送以及被卷入一个完全异己的环境中。例如，著名女词人熊琏在自伤婚姻不幸之时，曾作《长恨编》数十首，十分感人。此外，在很多明清才女的笔下，拒绝出嫁的选择甚至包括了美国女权主义者艾德丽安·里奇（Adrienne Rich）所谓的"反异性恋"的因素。虽然这并非指出女同性恋（Lesbian）的同性恋心态，但它显然是强调了一种"姐妹情谊"——一种包括亲姐妹及做姑娘时的同性诗友间的认同感。因此，女子之间的交往、游玩和文字活动便构成了一个才女——特别是夏伊兰——早年诗作的主要内容。这样看来，像夏伊兰这样的早夭，不但不再是悲惨的事件，反而是一种樱花般的灿烂凋谢。那是在尽情地享受了父母的娇爱，度过了无邪的少女时代，在行将进入严峻的现实选择之前，以生命的终止来维持少女之完美的一种解脱。当然，这是一个美丽的谎言，是才女传奇的作者反复

---

① 见徐世昌辑《晚晴簃诗汇》，第 701 页。

为早夭的女诗人制造出来的一个神话。

与那些夙慧早夭的才女不同，早寡守节的女诗人却往往长寿善终。例如，方以智的两位姑母方维仪和方维则均早寡守节，活到80多岁，她们在晚年还编辑《古今宫闺诗史》。有一个重要的文化现象：明清女诗人中，寡妇居多。《广东女子艺文考》的编者冼玉清曾为这个文化现象做了解释，她说："此辈大抵儿女累少，事简意专，故常得从容暇豫，以从事笔墨也。"① 换言之，这些青年孀守之人之所以能成为杰出的诗人，显然与她们很早就结束结婚生活有关。② 就如年轻守寡的袁枚女弟子骆绮兰所指出，一般有才的女子，一旦结婚，总是被"操井臼，事舅姑，米盐琐屑"等事所牵累，以至于无暇发展诗才（当然，有些女诗人有幸嫁给才子，夫妇得以日日吟咏——像袁枚另一女弟子席佩兰就是一个最著名的例子）。但无论如何，一个残酷的事实就是：寡妇生活有利于写作。这是因为它使寡妇诗人逃脱了某一种生活负担，从而使她们发现了写作与独身生活的关系。德国诗人里尔克（Rainer Maria Rilke）所谓孤独与诗人的密切关系，也正阐释了这个道理。③

然而，必须指出的是，寡妇的生活是极其艰难的。其中一个最普遍的现象就是寡妇的无家感。因为失去丈夫便失去了依靠，无论是住在夫家，还是归住父母之家，她都是一个多余的人。方维仪曾在《伤怀》一诗中叹道：

---

① 参看胡文楷《历代妇女著作考》增订本，上海：上海古籍出版社，1985年版，第953页。
② 参见康正果《风骚与艳情》，第348页。
③ 参见 Rainer Maria Rilke, *Letters to A Young Poet*, translated by Stephen Mitchell (Boston : Shambhala, 1993), p.56.

长年依父母，中怀多感伤。

奄忽发将变，空室独彷徨。

我常常怀疑明清时期那么多殉情的烈妇，是否都是在节烈观念的支配下自杀的，我认为她们更多的是由于害怕过守寡的生活，因为作为一个未亡人活下去，要比追随亡夫死去更艰难。例如，钱谦益死后，柳如是自杀，那绝不是因为殉情或殉夫，乃是因为柳如是面对钱家的家族矛盾，难以继续生存下去，才走上自杀之途的。

另一方面，在那些选择活命的寡妇的诗中，我们听到了一种真正面对实际生活的女性声音——与男性文人所写的代言体寡妇诗有根本的不同。寡妇自己写的诗传达了传统诗歌以外的很多信息——例如我们发现，对一个守寡的女人来说，痛苦不堪的不只是怀念死者、空房难独守之类的空缺感，更难挨的显然是生计的艰难。她们常常是在大半辈子含辛茹苦之后，临到垂暮之年，才得到一生努力的报偿。而正由于生计的艰难，在漫长的嫠居生活中，吟诗填词便成为对她们最有益的消遣和寄托。上面说，明清有许多才女书痴，而其中许多书痴都是寡妇，例如那位"且乞闲身作壁鱼"的张柔嘉便是。此外，《名媛诗话》称著名的寡妇诗人顾若璞"文多经济大篇，有西京气格"，而且夸奖她大讲治国平天下的言论，[①] 而这正是寡妇的常见诗风和常有的情感模式。

一般说来，明清女诗人突破了传统女性诗词的闺怨和弃妇的

---

① 参见沈善宝《名媛诗话》，见杜松柏主编《清诗话访佚初编》第9册，台北：新文丰出版公司，1987年版，第4页。

狭隘内容。她们把注意力移到日常生活中的种种亲身体验，而且十分真切地写出了个人得自观察的情景及灵感。从刺绣、纺织、缝纫到烹饪，直到养花、抚育，所有一切有关家务的诗作都构成了明清妇女诗词的新现象。例如，张清河在其《看蚕词》中写道："闲听食叶最关情，仿佛诗人下笔声。"① 比喻新颖，情景婉然，诗中句句皆从养蚕人的生活中得来。这使我想起了严羽所谓的"诗有别才非关学，诗有别趣非关理"。

值得注意的是，在优秀的明清妇女诗词中，女性的声音实际上并不是西方女性主义者所描绘的那样发自一个抗议父权的声音，而是从妇女日常生活经验的缝隙中偶尔流露出来的点滴感悟。在这一方面，有一首诗可作为代表：

> 唱随侬是后来人，代备椒浆倍惨神。
> 今世英皇无此福，他生叔季可相亲。
> 自惭织素输前辈，恰喜添丁步后尘。
> 刻下试为身后想，替侬奠酒是何人？
>
> ——朱景素《外子前室缪孺人忌辰感怀》

这是一首值得沉思的诗。从诗题可以看出，诗人身为继室，她在代替丈夫向前房的亡灵致祭之时，突然想到了人生的虚无及无常，以至于产生了一种感悟。无论从这位"后来人"所处的位置还是从她的自我意识看，前室、后室都一样是这个家庭中的劳力，

---

① 沈善宝《名媛诗话》卷4，第12a页；杜松柏主编《清诗话访佚初编》第9册，第177页。

续弦即为补充失去的劳力。换言之，活着的人所做的一切都在重复死者在这个家庭中曾做过的事。于是，她设身处地对死者产生了同情：一个身为人媳、人妻、人母的女人是可以不断地被其他女人替代的。这确实是一个太令人感到残酷的事实，于是它迫使诗人很快由悲人转向自悲："刻下试为身后想，替侬奠酒是何人？"在这一刻，死者与生者合一，前室与继室合一，诗人在祭奠他人之同时也提前排演了日后自己接受另一个继室祭奠的仪式。这种情况使人联想到《红楼梦》里林黛玉所说："侬今葬花人笑痴，他年葬侬知是谁？"这是一种大彻大悟的境界，也就是王羲之在《兰亭集·序》中所说的"后之视今，亦犹今之视昔"。这首诗提醒我们，在明清女性诗词中，最有力的召唤不是出自"女权主义"的声音，而是发自生命中的偶然感悟。是抒情的需求引导她们偶然超越了日常生活的局限性，洞察了生命的悲剧性，也就是王国维所说的："试上高峰窥皓月，偶开天眼觑红尘，可怜身是眼中人。"（《浣溪沙·山寺微茫背夕曛》）

这是审美的感悟，一种把沉痛的心情升华为被欣赏、被理解的感悟。最重要的是，传达这种感悟的语言是纯真而质朴的语言——亦即明清人所标榜的"清"的美学特质。因为这种诗的特质与我所谓的"男女双性"有直接的关系，我想在此顺便说明一下"清"的文学意义。

"清"本来是魏晋时代品评人物的重要概念：它意味着脱俗以及天性、本质的自然流露。此外，它还强调一个人身上与生俱来的高贵、尊严、典雅。同时，"清"与"浊"基本上是对立的。《易纬·乾凿度》上说："形变之始，清轻者上为天，浊重者下为地。"

如果说清代表阳刚，浊就是阴柔。这种清浊之分颇能令人联想到卡米拉·帕格利亚（Camille Paglia）所谓西方文化中 Apollonian 与 Chthonian 之分（即天／地、阳／阴之分）。[1] 总之，"清"的价值基本上是十足的阳刚或男性化的。唐宋以降，它逐渐成为文学艺术品评中最常用的一个准则。

前面我曾经提到明清女诗人普遍的文人化倾向。我认为女性文人化的最重要的表现就是对男性文人所树立的"清"的理想模式产生了一定的认同。无论是生活上或是艺术上，这些女诗人都流露出真率、质朴、典雅、淡泊等"清"的特质。在写作上，她们特重自然流露与"去雕琢"的精神。有趣的是，那原本极具男性化的"清"的特质渐渐被说成是女性的特质，而女性也被认为是最富有诗人气质的性别；换言之，女性成为诗性的象征。例如，明末的钟惺在其《名媛诗归》中曾把闺秀诗歌的质量和妇女创作的特征作为他的诗歌的理想模式，而且在一定的程度上道出了女诗词的"清"的本质：由于缺乏吟诗属对的严格训练，反而保持了诗的感性；由于在现实生活领域的局限性，反而有更丰富的想象；被隔离的处境反而造成了她们在精神、情感上的单纯、纯净。这一切都使她们更能接近"真"的境界。难怪明清文人有一句老生常谈，即"乾坤清淑之气不钟男子，而钟妇女"，而在曹雪芹的《红楼梦》中，也出现了"女清男浊"论。

很显然，"清"的诗学对明清诗媛的自我肯定产生了很大的影响。同时，文人和才女也正是在"清"的诗学中找到了最大的共

---

① Camille Paglia, *Sexual Personae*, p.5.

识。"清"可谓中国古典的双性化（androgyny）。

（原载《世界周刊》，1995 年 1 月 8 日；台湾《"中央"日报·副刊》，1995 年 3 月 5—9 日）

末代才女的乱离诗

在《见证的危机：文学·历史与心理分析》一书中，作者费修珊（Shoshana Felman）和劳德瑞（Dori Laub）曾说，文学是"面对无法发声的历史的唯一见证"。[1] 无论在东方还是西方，一般人提到诗歌见证——尤其是见证战乱时期的政治事件的诗歌——总以为那是属于男性诗人的专利。在中国诗史中，"乱离"一词首次出现在《诗经·小雅》的《四月》中："乱离瘼矣，爰其适归。"但根据《毛传》，此处"离"字乃作"忧"字解[2]。意思是说："丧乱真让人忧愁呀，我该往何处去呢？"最早具有自传色彩，而真正能称得上见证乱离的诗篇则是女诗人蔡琰的作品。在她的《悲愤诗》中，蔡琰描写东汉末年董卓之乱时自己如何在战乱中被匈奴人俘虏的故事。据记载，蔡琰被胡骑所获，在胡中生活了 12 年，后来

---

[1] 费修珊、劳德瑞《见证的危机：文学·历史与心理分析》，刘裘蒂译，台北：麦田出版公司，1997 年版，第 26 页。原文见 Shoshana Felman and Dori Laub, *Testimony: Crises of Witnessing in Literature, Psychoanalysis and History* (New York: Routledge, 1992), p.xviii。

[2] 关于《毛传》中此处"离"字该作"忧"字解一事，我要特别感谢台湾大学张以仁教授的指点和提醒，也谢谢他对本文的改写提出了宝贵建议。

曹操将她赎归。返汉之后，蔡琰因追忆乱离的经验，感伤而作《悲愤诗》。虽然有人怀疑或否定此诗为蔡琰所作，[①]但 1000 多年来，因此诗一直在蔡琰的名下，故蔡琰始终被视为撰写乱离经验的典范作者。例如，杜甫的名作《北征》及其他不少长篇（《自京赴奉先县咏怀五百字》等）都模仿了《悲愤诗》的诗风，其中"诗史"的概念也多少受了蔡琰的直接影响。清代著名诗论家施补华就在他的《岘佣说诗》中说：

> 蔡琰悲愤诗……已开少陵宗派，盖风气之变，必先有数百年之积也。[②]

尽管蔡琰被奉为撰写乱离经验的楷模，受到不少男性诗人的赞扬，但历代的女诗人却少有人自觉地模仿蔡琰的诗风。一般说来，传统女诗人作品大都局限于闺怨的狭隘内容，因为她们大都缺乏自觉的历史意识和政治关怀，故很少写诗见证政治与社会的兴亡盛衰。直到宋末元初，由于外族的入侵，才有少数女子由于身受暴力的侵犯，偶尔在遇害之前仿蔡琰诗风作诗，把个人的苦难用诗歌的形式公之于众。例如，歌伎赵鸾鸾不幸于战乱之时陷

---

① 有关蔡琰的身份问题，见蔡瑜《离乱经历与身份认同——蔡琰的悲愤交响曲》，洪淑苓、郑毓瑜、蔡瑜、梅家玲、陈翠英、康韵梅合著的《古典文学与性别研究》，台北：里仁书局，1997 年，第 57—93 页。并参见 Hans Frankel, "Ts'ai Yen", William H. Nienhauser, Jr., ed., *The Indiana Companion to Traditional Chinese Literature* (Bloomington:Indiana University Press, 1986), pp.786-787; Dore Levy, *Chinese Narrative Poetry:The Late Han through the Tang Dynasties* (Durham : Duke University Press,1988), pp.82-96.

② 施补华《岘佣说诗》，收录于郭绍虞编《清诗话》，上海：上海古籍出版社，1978 年版，第 976 页。

于寇，据说在她遇害之前曾作《悲笳四拍》(仿蔡琰的《胡笳十八拍》)，以抒发自己舍生取义的情怀。① 这些都是当时一些极其个别的有关女性受难和民族意识的见证实例。② 然而，作为一种具体的女性写作传统，一直要到晚明以后，它才慢慢被建立起来。这是因为明末女诗人开始以前所未有的自觉意识，刻意地追慕蔡琰和杜甫等诗人，企图从表现自身的不幸转向表现人生的不幸，从描绘战乱的遭遇转向对个人情操的寄托。可以说，这样的女性写作突然在晚明之际出现了空前的繁荣。这种现象自然和当时女性识字率的普遍提高有关，但更重要的乃是女性作家在选择文学素材时的日渐广泛的视野。这一出发点导致了一个有趣的文化现象，那就是女诗人对广大文化诗风之推崇。例如，清代女性评论家沈善宝就在她的《名媛诗话》中称明末女诗人顾若璞"文多经济大篇，有西京气格"，同时夸奖她大讲治国平天下的言论。③ 此外，沈善宝也特别标榜了明末的几位女性"游击将军"，把这些"新女性"刻画成才女兼侠女、贤妇人兼女将。④ 当然，这可能是沈善宝自觉地想借文人传统的批评方式来为才女扬名，但不可否认的是，由于各方面生活层面的扩展，明末女诗人已无形中创造了一种表现广大现实意义的"新文学"。

这时正巧遇到了朝代更替的悲剧，许多才女也都随之成了时

---

① 参见裔柏荫编《历代女诗词选》，台北：当代图书社，1971年版，第119—120页。

② 有关女性受难与现代民族主义的关系，见刘健芝《恐惧、暴力、家国、女人》，载于《读书》1999年第3期，第3—10页。

③ 参见沈善宝《名媛诗话》卷1，第1a页，杜松柏主编《清诗话访佚初编》，台北：新文丰出版公司，1987年版，第9册，第4页。

④ 参见沈善宝《名媛诗话》卷1，第3a页，杜松柏主编《清诗话访佚初编》第9册，第7页。

代的受害者。除了在离乱之间必须寻求重建生命的勇气之外，她们也创造了一种见证人生的、富有自传意味的乱离诗。我们只要翻阅一下钱仲联先生主编的《清诗纪事》卷二二《列女卷》，就能想象当时这种数量极多的乱离诗是怎样被读者视为"见证"的读物来接受的。[1]当然，这些明末清初的女诗人绝不是首次经历家国沦亡的一批人；在她们以前，早已有过无数次的朝代兴替和随之而来的社会动乱，以及其他各种各样的人间悲剧。但晚明是中国有史以来第一个拥有如此众多的女性作家以刻意的文学自觉，把自己的个人经验以见证历史的方式表达了出来的特殊时代。可以说，中国女作家从未在她们的作品中如此关切过人类的战斗与灾难的问题。换言之，在她们描写苦难、逃亡、挣扎的过程中，她们已重新建构出一种新的"时代"的声音，使其时代的复杂性更能为人所了解。这令人想起英国诗人艾略特（T. S. Eliot）曾经说过的一句话：

> 诗人只是把人们早已熟悉的感情用更富有自觉的方式表达出来，因而能帮助读者更加认识到他们自己。[2]

明清之际女诗人毕著就是能"把人们早已熟悉的感情用更富有自觉的方式表达出来"的一位诗人。毕著 20 岁时用一首《纪事诗》描写其父为国战死，她自己又如何率领精兵去夜袭敌营、取回

---

① 参见钱仲联主编《清诗纪事》卷 22，南京：江苏古籍出版社，1989 年版，第 15503—16039 页。

② T. S. Eliot, *On Poetry and Poets* (New York : Noonday Press, 1961), p.9.

父亲尸体的经过：

> 吾父矢报国，战死于蓟丘。
>
> 父马为贼乘，父尸为贼收。
>
> 父仇不能报，有愧秦女休。
>
> 乘贼不及防，夜进千貔貅。
>
> 杀贼血漉漉，手握仇人头。
>
> 贼众自相杀，尸横满坑沟。
>
> 父体与榇归，薄葬荒山陬。
>
> 相期智勇士，慨焉赋同仇。
>
> 蛾贼一扫清，国家固金瓯。①

　　毕著此诗以直叙法说明自己在战时乱离之际，潜入军营杀贼的经过，其为父报仇的勇敢行为颇似花木兰及其他许多古代侠女的光荣事迹。然而，与此前之奇女子明显的不同在于，毕著能用诗歌的语言展示她自己勇敢的行为，从而也表彰和宣扬了妇人的丈夫气。所以，在《名媛诗话》中，沈善宝特别用传奇之笔大写其勇敢的事迹，并特别强调："余读其传而慕之。"②其实，早在沈善宝之前，已有无数史家及评论家分别在他们的书中记载了毕著的生平事迹，而他们所用的史料不外乎毕著所写的这首《纪事诗》短诗。③由此可见，正是通过这首诗，毕著不但使自己做了历史的见

---

① 钱仲联主编《清诗纪事》，第 15507 页。
② 沈善宝《名媛诗话》卷 1，第 2b 页，杜松柏主编《清诗话访佚初编》第 9 册，第 6 页。
③ 参见钱仲联主编《清诗纪事》，第 15503—15506 页。

证人，同时也给后世留下一个女英雄书写的诗史。

此外，毕著此诗充满了男性的口吻，与传统的妇女诗歌的风格迥然有别，而这也正是晚明女性诗歌的特异之处：由于女作家选择了文人化的方向，开始有意写作她们那个特殊时代的"诗史"，因而抒发出才女们特有的历史情怀。其特殊之处在于：她们虽对社会与政治现实表现出关注，但与此同时，她们并没因此而忽视女性在家庭问题上固有的顾虑，所以晚明女性诗歌常出现一种全面性的"男女双性"的风格。[1] 在很大程度上说，其实这也是蔡琰诗歌的特殊风格：她的《悲愤诗》一方面记载了对广大社会与政治危机的关怀（"汉季失权柄，董卓乱天常"），另一方面也抒发了她个人的女性声音（"儿前抱我颈，问母欲何之"），因此她既是客观见证的叙述者，也是主观经历乱离的女性本身。如果我们仔细分析毕著的那首《纪事诗》，就会发现该诗也有着家国与个人的双重意义，可以说整首诗都必须经由这两种对应关系来理解。从个人的层面而言，此诗是有关"父仇不能报，有愧秦女休"的孝女精神之发挥。但从社会国家的层面来说，这又是一首描写惊心动魄的战场的诗歌。这两个叙事层面交织在一起，相得益彰。总之，无论从哪个方面看，这是一首从个人（private）走向公共（public）领域的见证诗歌。

另一位特别具有"公共"意识的明末女诗人就是有名的才女王端淑，即明朝礼部右侍郎王思任之女。她身经战乱，饱受乱离之苦，尤其在听说父亲已经殉明之后，更是以哀悼伤感的笔调写

---

[1] 参见孙康宜《古典与现代的女性阐释》，台北：联合文学出版社，1998年版，第72—84页。

出了许多感人的诗篇。所著《吟红集》30卷，乃为了"不忘一十载黍离之墨迹也"。在流离颠沛之余，王端淑把自己比成怀才不遇的屈原（有"长沙三闾"之句），[1] 也把自己想象成流落天涯的杜甫。[2] 对王端淑来说，也许只有诗歌写作才能给她活下去的勇气，因为在人生的困顿中，一个诗人也只有通过艰苦卓绝的吟咏才有可能把一己之经历铭记刻成集体的记忆。可以说，她所写有关流离战乱的种种亲身经历，都是为了保留记忆而写的，因此，个人的回忆本身纵有很多痛苦，但在诗歌写作的过程中，诗人则随时可领悟出人世变化的意义，诗歌创作于是有了锤炼人格和提升精神的价值。

王端淑的乱离诗，尤以其歌行体特有的激扬声气而感人。其《悲愤行》即写出了国变之后，自己仓皇避祸，备尝辛苦的感慨：

> 凌残汉室灭衣冠，社稷丘墟民力殚。
> 勒兵入寇称可汗，九州壮士死征鞍。
> 娇红逐马闻者酸，干戈扰攘行路难。
> 予居陋地不求安，叶声飒飒水漫漫。
> 月催寒影到阑干，长吟汉史静夜看。
> 思之兴废冷泪弹，杜鹃啼彻三更残。[3]

此诗显然援用蔡琰《悲愤诗》的本意。蔡琰在其诗中曾把北

---

① 参见王端淑《吟红集》(1661—?)，丁圣肇叙，第2a—2b页。
② 参见钟慧玲《清代女诗人研究》，台北：里仁书局，2000年版，第369页。
③ 王端淑《吟红集》卷3，第1a—1b页。

方的侵略者视为没有文化的胡人："边荒与华异，人俗少义理。"王端淑也同样把入侵的清兵称为"寇"（"勒兵入寇称可汗"）。值得注意的是，在其《悲愤行》中，王端淑屡次提到了"汉室""汉史"等字眼，可以说很明确地把战乱与民族主义联系了起来。但我们必须指出，王端淑同时也把"汉室"与"汉史"拿来作为"明室"和"明史"的隐喻。作为一种巧妙的"用事"法则，这样的隐喻方式不但可以促进读者的联想力，使他们尽力往"言外微旨"的方向推敲文意，而且还可以使作者本人躲避政治风险。此外，在王端淑提到"思之兴废冷泪弹，杜鹃啼彻三更残"时，她一定会想到东汉才女蔡琰漂泊异地、颠沛转徙的苦楚的。

比起蔡琰的诗，王端淑的《悲愤行》更有一种"愤"的情绪。如果说，蔡琰的《悲愤诗》中充满了个人的"悲"与痛楚之感（如"欲死不能得，欲生无一可"）的话，那么王端淑所抒发的则是明末清初的才女所共有的一种普遍的挫折感和愤怒。在这首《悲愤行》中，王端淑所表现的愤怒乃是对一般男子的不满，埋怨他们在国家倾覆之际还以个人利益为重，因而造成了江山易主的大祸：

何事男儿无肺肝，利名切切在鱼竿。

这种把亡国的罪过完全归罪于男性的态度，实与传统流行的"女祸"观有了本质的改变。[1] 根据古代的史料，亡国一般皆起于

① 参见刘咏聪《德·才·色·权：论中国古代女性》，台北：麦田出版公司，1998年版，第15—42页。

女色的祸患或是由于女性干政而引来的祸患。然而，王端淑和当时其他富有节气的才女却重新更正传统的偏见，把社稷的倾覆说成是男人不负责任的结果。例如，当时有名的女词人徐灿就在她的一首《青玉案》中批评了那些降清的人士，强调明朝之所以灭亡绝非女人（"莲花步"）造成的：

烟水不知人事错，戈船千里，降帆一片，莫怨莲花步。①

徐灿这种对男性的批判态度，很容易使人想起五代后蜀的花蕊夫人所写的《述亡国诗》，在那首诗中，花蕊夫人向宋太祖陈述后蜀灭亡的真正原因："十四万人齐解甲，宁无一个是男儿？"②花蕊夫人如此大胆地对男性谴责，曾在诗话史上赢得了"忠愤"的好评。③所以，像王端淑和徐灿这样的才女，一定在某种程度上刻意效法了花蕊夫人的卓识之论。然而，事实上，就女性本身的认知而言，她们实已较花蕊夫人又进了一步。在《述亡国诗》中，花蕊夫人虽然勇敢地指出了蜀人降敌的过错，但作为一个女子，她的境遇却是无可奈何的（"妾在深宫哪得知"）。相较之下，明末清初的才女更对社会政治有了进一步的投入，而她们对于男性的谴责也自然采取了更有自信的态度。关于这一点，美国汉学家李惠

---

① 徐灿《拙政园诗余》卷中，徐乃昌编《小檀栾室汇刻百家闺秀词》，1896年，2集上，第4a页。此处"帆"字疑应作"幡"。关于"降幡"的正确用法，见刘禹锡的名诗《西塞山怀古》："千寻铁锁沉江底，一片降幡出石头。"
② 《全唐诗》卷798，北京：中华书局，1960年版，第8981页。参见苏者聪《中国历代妇女作品选》，上海：上海古籍出版社，1987年版，第156页。
③ 参薛雪《一瓢诗话》，见郭绍虞编《清诗话》，第702页。

仪曾在最近一篇文章里指出，许多扮演男性角色的明清女英雄都在明显地"控诉那些懦弱而不敢行动的男性"。[1] 其实何止是"女英雄"，不少未曾上过战场的才女也在批评当时的男人。女诗人黄媛介曾在她的《丙戌清明》(1646) 一诗中如此说道：

> 倚柱空怀漆室忧，人家依旧有红楼。

　　该诗说明在国破家亡之际，黄媛介体验到了乱离人世的痛苦，顿然起了"漆室忧"。她想起从前春秋时代鲁国漆室女子的故事：当鲁国国事纷纭之时，漆室处女深以为忧，故倚柱而悲歌。但现在明室新亡，在为国运悲叹之余，黄媛介却发现许多男子竟然无动于衷，甚至有人出入红楼，沉醉歌酒。为此，女诗人感到无比地愤怒。[2] 总之，明清之际，关怀国事的女人大有人在，例如，有名的祁彪佳之女祁湘君在她的《哭父诗》中叹道："国耻臣心在，亲恩子报难。"[3] 江苏的吴黄也在她的诗中写道："我亦髧髦者，深闺魁执殳。"[4] 其实，许多生性洒脱的女杰都做出了比某些男士更执着而勇敢的姿态。例如，王端淑就被视为"英杰"，她的父亲王思任曾说："吾有八男，不如一女。"[5] 因此，她的叔父王子玙先生也特别

---

① Wai-yee Li. "Heroic Transformations: Women and National Trauma in Early Qing Literature", *Harvard Journal of Asiatic Studies* 59.2 (December 1999), p.365. 并参见李惠仪的新书：Wai-yee Lee, *Women and National Trauma in Late Imperial Chinese Literature* (Cambridge, MA: Harvard University Asia Center, 2014), pp. 201-294.（孙康宜补注，2015年6月）

② 参见钱仲联主编《清诗纪事》，第 15608 页。

③ 同②，第 15615 页。

④ 同②，第 15612 页。

⑤ 陶元藻《越画见闻》卷下"王端淑"条，引自钟慧玲《清代女诗人研究》，第 359 页。

在《吟红集》的序中说她令人肃然起敬，在大是大非的问题上比男子表现得还激进：

> 至其评论古今，谈引节烈，则凛然忠愤，吾辈偷生皆当愧死……[1]

一般说来，明清之际的妇女由于饱受了乱离的苦楚，她们时常把战乱中受害的经验和人生受苦的本质联系在一起。根据诺欣汉（Nosheen Khan）在其《第一次世界大战妇女诗歌》一书中所示，战乱期间的妇女在生活中各个方面所受的伤害绝不下于实际在战场参战的军人。[2] 这样的经验可由王端淑的《苦难行》诗中一窥无遗。[3] 此诗确是一篇见证文学，其目的是为了见证个人与时代所共同经历的巨大创伤。作者在诗的开头就宣布 1664 年（甲申年）乃是她个人与时代命运的转折点：

> 甲申以前民庶丰，忆吾犹在花锦丛。

然而，那一年的国变却改变了一切，她与国人开始了颠沛流离的逃难生活：

> 一自西陵渡兵马，书史飘零千金舍。

---

[1]　王端淑《吟红集》卷 1，第 6b—7a 页。
[2]　参见 Nosheen Khan, *Women's Poetry of the First World War* (Lexington: University Press of Kentucky, 1988). pp.7-8.
[3]　见王端淑《吟红集》卷 3，第 2a—3b 页。

鬓鬟蓬松青素裳，误逐宗兄走村墅。

为了逃命，她与家人随着部队行动，于是饱尝了仓皇避乱、狼狈不堪的痛苦。所有困顿流徙的艰难，还有生死之间的挣扎，都伴着战争的阴影存留在诗人的记忆里：

> 武宁军令甚严肃，部兵不许民家宿。
> 此际余心万斛愁，江风刮面焉敢哭？
> 半夜江潮若电入，呼儿不醒势偏急。
> 宿在沙滩水汲身，轻纱衣袂层层温。
> 听传军令束队行，冷露薄衣鸡未鸣。
> 是此常随不知止，马嘶疑为画角声。
> 汗下成斑泪如血，苍天困人梁河竭。
> 病质何堪受此情，鞋跟踏绽肌肤裂。
> 定海波涛轰巨雷，贪生至此念已灰。

在生不如死的情境中，还遭到匪徒行劫，实是不堪其苦，只有对亲人的思念促使她继续走下去：

> 思亲犹在心似焚，愿餐锋刃冒死回。
> 步步心惊天将暮，败舟错打姜家渡。
> 行资遇劫食不敷，凄风泣雨悲前路。
> ⋯⋯⋯⋯⋯

不幸的是，避难回来之后却发现自己已无家可归（"吾姐出家老父死"），其悲惨情景实不下于古乐府《十五从军行》诗里那位老战士所面临的挑战："道逢乡里人：'家中有阿谁？'"

王端淑叙述乱离的笔调有如诗史，其反映历史现实的风格很容易令人想起杜甫的《兵车行》《北征》等诗篇。因为在那些记叙逃难经验的篇章里，王端淑也如杜甫一般，总是把个人的记忆与大众的情怀联系在一起，所以她的作品既是诗的创作也是历史的再现。换言之，王端淑的诗结合了历史的和文学的故事。有趣的是，这种文学的叙事和历史的配合也正是现代人讨论"见证"（testimony）问题的焦点。在《见证的危机》一书里，作者费修珊（Shoshana Felman）和劳德瑞（Dori Laub）曾经说道：

> 叙事者作为一个证人，把事件结合语言，成为叙述与历史之间联系的见证桥梁，保证两者之间的对应与结合。叙事者能够联系叙事与历史，乃因为他是一个既具知识又诚实的人。一旦历史借由证人的中介而有语言为之器使，历史成为自己的代言人……①

王端淑见证历史的欲望来自一种"文化记忆"的动力，目前流行于文学批评界的"cultural memory"一词可以用来解释这种"书写记忆"的功能。根据这种解释，只有通过书写才能使历史的"时

---

① 费修珊、劳德瑞著《见证的危机》，刘裘蒂译，第154页。原文见 Shoshana Felman and Dori Laub, *Testimony*, p.101。

间"重新有"真实感"。① 作为一个殉节功臣之后代，王端淑觉得她有义务把那段黍稷流离的悲惨经验用语言记载下来，以便重新赋予那段历史一种真实感，因而发愤写出《吟红集》一书。为了加深这种见证文学的文化意义，王端淑还特别在此书的前头加上 47位男士（"盟弟"）联名写出的《刻〈吟红集〉小引》。顾名思义，"吟红"即"吟朱"也，乃为吟咏悲叹朱元璋所建立的明朝而写。所以，后来孟称舜在其《丁夫人传》中就说："集成名曰吟红，志悲也……此《吟红集》所以作也。"②

有趣的是，王端淑不但为自己"志悲"，也为亲人"志悲"。在一首题为《叙难行代真姐》（为自己的亲姐姐所写）的诗中，王端淑充分发挥了这种代言体的见证功能：

国祚忽更移，大难逼何速。

嗟我薄命人，愁心转车轴。

夫亡遗老亲，家窘难容仆。

一儿只三龄，虽慧还如木。

予族若无人，孰肯怜孤独？

恐为仇家知，相携奔山谷。

山人索屋金，解衣浣邻鬻。

月光照败庐，虽寐难成熟。

闻兵从西来，劫掠寻村宿。

---

① 参见 Vera Schwarcz, *Bridge Across Broken Time: Chinese and Jewish Cultural Memory* (New Haven: Yale University Press, 1998), pp.21-46。
② 引自钟慧玲《清代女诗人研究》，第 361 页。

姑子能两全，此颈宁甘戮。

节败何生为，摧容冀剪秃。

志老寂空门，流光惜瞬倏。

悲声落纸中，能书不能读。①

　　此诗虽为代言体，但其所抒写的悲痛之情、身世之感颇有自传体的风格。实际上，由于作者本人在乱世中的际遇坎坷，故更能与诗中的真姐相合。诗中真姐的困境也正是才女王端淑所遭遇的穷途潦倒、抑郁失志的困难。所以，诗的末尾所表达的"悲声落纸中，能书不能读"的凄怆之言，也正表现了女诗人自己难以言说之痛。

　　把寡妇真姐的"愁心"比成"转车轴"，确为生动的比喻，因为它很形象地捕捉了一种不断重复而又挥之不去，愈转愈深的无可奈何之心境。"车轴"的用法始自汉乐府古辞《悲歌行》：

悲歌可以当泣，远望可以当归。

思念故乡，郁郁累累。

欲归家无人，欲渡河无船。

心思不能言，肠中车轮转。②

　　必须指出的是，这首古乐府描写的只是一个游子思家的痛苦，而王端淑的诗则设身处地地描写真姐如何在国破家亡的时刻应付

---

① 王端淑《吟红集》卷4，第 9b—10a 页。
② 郭茂倩编《乐府诗集》，北京：中华书局，1979 年版，第 898 页。

一连串悲剧的故事。汉乐府的《悲歌行》可能在写一个乱世中奔波战场而终于无家可归的军人（"欲归家无人"），但不管其真相如何，那位失名的作者却没有仔细交代清楚。相较之下，王端淑的《叙难行代真姐》则是一篇充满了具体事实的个人见证：国变之际，真姐不幸又遭到丧夫的痛苦。对她来说，最难挨的乃是日常生活里生计的实际困难；她既要照顾年老的公婆，又要抚养稚龄的儿女。又由于身经战乱，一贫如洗的她只得携带家人一起上山，但上山之后却又遇到匪徒的劫掠。人生至此，可谓前途茫茫。真姐因而想到出家为尼，此外无路可走。

这种描写乱离人民的悲凉正好印证了历史的真相，就如明史学家司徒琳（Lynn A. Struve）在她的书中所说，根据史实："17 世纪中叶的中国可以说没有一处能逃过兵祸的侵袭。"①但关于寡妇如何在战乱中存活的事实，史书中却少有记载，所以王端淑的见证诗歌正好可以补史书之缺。另一方面，王端淑也在创造寡妇的形象上给文学带来的贡献：与古代男性文人（如曹丕、潘岳、王粲等人）所写的代言体寡妇诗不同，②王端淑的代言诗更能捕捉女性受苦的实际艰难。一般说来，传统男性作者所创造的寡妇形象大都只是一些独守空闺、长年寂寞的可怜女子，她们的痛苦与古代诗歌里的思妇所承受的幽怨相差无几。但王端淑笔下的寡妇真姐却给人具体的印象。该诗的突出特征在于：女主角一开头就提出国难当头的危机（"国祚忽更移，大难逼何速"），先说亡国之痛，

---

① Lynn A. Struve, *Voices from the Ming-Qing Cataclysm: China in Tiger's Jaws* (New Haven: Yale University Press, 1993), p.2.

② 有关男性文人所写的寡妇诗代言体，见孙康宜《古典与现代的女性阐释》，第85—86页。

再说个人的命运。而且在面对国难之际，她能迅速地做出决定，与家人"相携奔山谷"。同时，在穷途末路之时，她也能勇敢地说："姑子能两全，此颈宁甘戮。"这样的女子形象与传统文学里女子不涉政治的形象大为不同。王端淑所塑的真姐"新女性"的形象可谓真正捕捉了明清之际受难妇女的情怀，何况写的正是自己亲姐姐的遭遇。

　　王端淑为真姐所写的代言诗可拿来与当时有名的男诗人吴伟业的作品相比。明亡之后，吴伟业也用了不少长篇诗歌诉说国难之际人们所经历的多种浩劫，其诗中所表达的感旧伤今的亡国遗恨每令人泪下。他于 1653 年所写的《遇南厢园叟感赋八十韵》特别感人。[①] 这年吴伟业重游南京，与当年南厢（即明代南京国子监的司业厢）的旧役相遇，故有感而作。亡国之前，吴伟业曾任南厢的司业，现在江山易主，自己又穷途潦倒，来到旧地，只见从前的旧役已成为佃种废墟的老园叟：

> 平生宦游地，踪迹都遗忘。
> 道遇一园叟，问我来何方？
> 犹然认旧役，即事堪心伤。

　　于是，通过老园叟诉说国难之际的种种惨状，诗人吴伟业用这首"感赋"诗见证了清兵进入南京后所造成的灾难：

① 　参见吴伟业《梅村家藏稿》，1911 年武进董氏诵芬室刊本，卷 1，第 9a—10a 页；台北：学生书局，1975 年影印本卷 1，第 69—71 页。

大军从北来，百姓闻惊惶。

下令将入城，传箭需民房。

里正持府帖，佥在御赐廊。

插旗大道边，驱遣谁能当！

但求骨肉完，其敢携筐箱？

扶持杂幼稚，失散呼爷娘。

　　与王端淑诗中的真姐一样，逃难的人们只求骨肉平安，顾不上带走任何家中的财物（"但求骨肉完，其敢携筐箱"），这种百姓流离失所的景况尤令人凄怆。作为一个见证者，老园叟（实为作者本身）也只能凭记忆，只是乱离的前后因果仍难以叙述完全：

　　积渐成乱离，记忆应难详。

　　不论在吴伟业还是在王端淑的作品中，我们发现，所有遭乱离之苦的人们（无论男女）都有一种受尽伤害而又无能为力之感。事实上，这也正是男女诗人本身在乱世之中的心灵写照。由此也正可以看出诗歌写作的奇妙，一个诗人愈是感到无能为力，愈是遭到外力的压迫，他就愈能化其现实中的"无能"为文字上的见证，因为写作和想象的动力往往都是现实的失败与挫折感激发起来的。中国古人一贯以"诗穷而后工"的概念来解释这种现象，但在今日盛行"权力"意识的后现代上下文中，我们或许可以借用西方评论家福柯（Michel Foucault）的"压迫权能观"（repressive power）来阐释此中的道理。在一篇题为《压迫的假设》的文章里，福柯说明了"压迫"（repression）与"权力/权能"（power）的密切联系。他认为，一个人一旦承受一种压迫，他就自然会将之发展为另一种能力，因为我们所谓的"权能"是多方面而无孔不入的。[①]所以，引申而言，我们可以说，外在现实的压迫感常会激发写作的能力。尽管有人会反对把文学创作的能力与"权力"混为一谈，但不可否认的是，文学的声音——尤其是见证文学的声音，确是一种表现话语权力最有效的方式之一。

值得注意的是，作为一个身经乱离、饱受扰攘不安的遗民，吴伟业不但在其诗中抒发了悲愤的声音，也不断透露了个人对理想世界的向往。早在魏晋时期，陶渊明已经在其名篇《桃花源记》中为我们描绘了一个战乱之中假想的世外桃源。因此，处在动乱岁月的诗人吴伟业也自然表达了一种追求避世的声音。1645年，清军渡江，南京陷落，吴伟业就携家人逃往樊清湖避难。在其《樊清湖》五古长篇的序里，他曾回忆道：

> 樊清湖者，西连陈湖，南接陈墓，其先褚氏之所居也……余以乙酉五月闻乱，仓促携百口投之……

在该诗中，诗人更加形象地描写了他对一个世外桃源的憧憬：

> 嗟予遇兵火，百口如飞凫。

---

① 参见 Michel Foucault, "The Repressive Hypothesis", in *The History of Sexuality, Volume 1: An Introduction*, trans. from the French by Robert Hurley (New York: Vintage Books, 1978), pp.17-49。

避地何所投？扁舟指菰蒲。①

在另一组题为《避乱》的诗中，吴伟业又告诉我们，是自己对乱离生活的厌倦使他终于转向了对隐逸生涯的向往：

> 归去已乱离，始忧天地小。
> 从人访幽栖，居然逢浩渺。
> 百顷樊清湖，烟清入飞鸟。
> 沙石晴可数，凫鹥乱青草。
> 主人柴门开，鸡声绿杨晓。
> 花路若梦中，渔歌出杳杳。
> …………②

从诗中我们可以看到，在战火的肆虐之下，诗人已经不可能找到一个宁静的安身之地了（"始忧天地小"）。天地本来是辽阔无边的，现在竟然因为战争的侵袭而变得使人无地容身。于是，诗人就与他人一同寻求避难的地方，终于找到了樊清湖这个好地方。诗中所描写的"花路"使人想起了陶渊明的《桃花源记》里的安宁世界：那是一个没有战乱、没有祸患，人人和谐安乐，只听得见鸡鸣报晓的理想境界。而远处传来的渔歌，加上悠然自得的鸥鸟，都给人一种远离尘缘的感觉，难怪在诗的末尾，诗人做出了"定

---

① 王涛选注《吴梅村诗选》，香港：三联书店，1987年版，第32页。
② 吴伟业《梅村家藏稿》诵芬室刊本卷1，第2b—3a页；台北：学生书局，卷1，第56—57页。

计浮扁舟，于焉得终老”的决定。

与吴伟业相同，王端淑也在战火滚滚的时代极力寻求一个避难的桃源世界。在一次做客他乡的途中，她曾题诗道："夜来凉月下，一径梦桃源。"[①] 在上面已提及的《苦难行》一诗中，她在描写仓皇避难的经验之后，也照样以避世幽栖的念头作结：

> 骨肉自此情意疏，侨寓暂且池东居。
> 幸得诗书润茅屋，僻径无求显者车。
> …………

可见，在喟叹人间行路之难后，女诗人仍然最向往陶渊明那种"结庐在人境，而无车马喧"（《饮酒·第五》）的恬淡自适之生活。因为在乱世之中也只有归隐的生活才能使人获得精神上的自由。这是一种理想人生的坚持，也是心理上的需求。明清之际许多才女之所以选择退隐山林的意愿，显然与这种心理需求有着密切的关系。有趣的是，上面已经讨论过的女将军兼女诗人毕著就在表现了"杀贼血漉漉"的英勇壮举之后，毅然决定隐居在偏僻的水乡，从此过起了贫穷却怡然自乐的生活：

> 席门闲傍水之涯，夫婿安贫不作家。
> 明日断炊何暇向，且携鸦嘴种梅花。[②]

---

① 王端淑《名媛诗纬》卷42，第6b页。
② 钱仲联主编《清诗纪事》，第15507页。

然而我们必须指出，归隐的情怀在中国传统的文学中，早已屡见不鲜。但那一般都在强调男性文人在仕途生涯中对于仕与隐之间的选择。例如，陶渊明由于厌倦官场的生活，又对纯朴的田园十分向往，故决定弃官归隐——这样，一方面可以获得身心自由，一方面也能保持个人人品之高洁。[①]但明清之交像吴伟业那样的文人，情况则较为复杂。他们原是一群充满希望的年轻人，怀着知识分子应当"志于道"的抱负。如果不是突然遇到了入侵、亡国换代的悲剧，他们是绝对不会选择隐居不仕的。以吴伟业为例，他虽然不断宣称其隐居之志，但始终怀有一份无可奈何的心情。在一首《家园次罢官吴兴有感》的诗中，他忍不住要说："世路嗟谁稳，栖迟可奈何。"[②]在此，他借着同族吴园次的罢官，而发出世路崎岖不平、人生苍凉不稳的感慨。另一方面，他也为自己一度不得已而仕清之事感到伤心，他对此终生遗憾，屡次在诗中自我辩解。在《自叹》一诗中，他曾就这种因新朝故国的矛盾而引起的苦楚做出了解释："误尽平生是一官，弃家容易变名难。"[③]意思是说，被逼迫在清廷任职，实是不得已的事，因为自己已是个声名远播之人，即使更改姓名、隐藏身份，也难以摆脱清廷的瞩目。没想到，他从前写的两句诗，"却听渔唱声，落日有风波"，终于成了他后来仕隐抉择困境之预兆。当时，只在边听渔歌边欣赏落日照着湖面的风景，没想到晚风又凭空制造了许多波澜。[④]

---

① 参见王国璎《古今隐逸诗人之宗：陶渊明论析》，台北：允晨文化实业股份有限公司，1999 年版，第 50—108 页。
② 王涛选注《吴梅村诗选》，第 60 页。
③ 同②，第 225 页。
④ 王涛选注《吴梅村诗选》，第 60 页。

反观王端淑,她既然身为女性,本来就与人间仕途无缘,故自然不可能有踌躇徘徊于仕与隐之间的问题。但值得玩味的是,她的诗却时常流露出一种有志难伸、怀才不遇的情怀。[1]例如,在《述言》一诗中,她曾说道:"叹无鸿鹄志,困顿惟拳拳。"[2]这或许与她身为女子而无法多方面地展现其才情有关。然而,我认为王端淑的挫折感可能大都来自她与一般失意文人(尤其是明亡后的失意文人)的认同。首先,由于八股取士的重重问题,许多明末的文人早已开始对官场和科场持冷漠的态度。[3]加上多种政治的压力,文人已逐渐对世俗制度产生了一种无能为力之感。后来,一旦遭到国变,文人这种穷途失志的情况自然就更加严重了。在乱世中,许多文人(包括王端淑的夫婿丁圣肇)也只得解官归隐,从此过着穷困潦倒的生活。对于这些不幸文人之遭遇,王端淑是心有戚戚焉的,难怪她要发出"更增禾黍叹,歧路惜王孙"的感叹了。[4]这个"惜"字特别重要,因为一般研究明清文学的学者通常只注意到当时的文人如何痴情地提拔才女,却很少注意到才女怎样感伤地同情过那些失意的才子。实际上,不少乱世中的才女都认为,自己与才子同是天涯沦落人,相知何必曾相识?

这种与失意文人相知相惜的态度一旦化为文字,就成为一种富有感召力的见证文学了。王端淑为哀悼徐渭(1521—1593)及画家陈洪绶(1599—1652)所写的《青藤为风雨所拔歌》便属于这一类的作品。故事的背景为一个离绍兴不远的青藤书屋。该住宅

---

[1] 参见钟慧玲《清代女诗人研究》,第378页。
[2] 王端淑《名媛诗纬》卷42,第2b页。
[3] 参见康正果《交织的边缘:政治和性别》,台北:东大图书公司,1997年版,第177页。
[4] 参见王端淑《名媛诗纬》卷42,第17b页。

原为徐渭的故居。据说，屋旁有一棵青藤为徐渭手植，徐渭因而自号"青藤"。又因藤旁边有一个名为"天池"的水池，故他又自号"天池"。后来，画家陈洪绶也在青藤书屋住过一段日子。现在王端淑经过一段乱离的日子后，终于搬来此地定居。她的"青藤"诗作于 1654 年的一个大风雨之日，即陈洪绶逝世两年之后。据王端淑的诗序记载，青藤原来"百尺缘木而上"，但那天"甲午五月忽大风雨，藤尽拔，予怜之，辄起援笔作《青藤为风雨所拔歌》"。其诗曰：

> 青藤百尺缘枝起，叶叶凭云压花紫。
> 今时记得徐天池，不识从来属何氏。
> 天池有文命亦薄，抵狱问天羡燕雀。
> ⋯⋯⋯⋯⋯⋯
> 惜哉待诏陈章侯，隐沦书画徒淹留。
> 余幸移居叹禾黍，每唤青藤相共语。
> ⋯⋯⋯⋯⋯⋯
> 怒风忽拔势万斤，击栋破垣如千军。
> 疾雷崩涛飘屋瓦，惊魂露立凭雨打。
> ⋯⋯⋯⋯⋯⋯
> 阳春三月试花色，青藤主人正骄客。
> 自起抱藤对藤哭，会藤何迟毁藤速。
> 青藤青藤勿复悲，天池既死来何为？ ①

---

① 王端淑《名媛诗纬》卷 42，第 3b—4a 页。

此诗虽为实写，但我们也不难从中看出其寄托之意。徐渭与陈洪绶都是怀才不遇而抑郁以终的才子，所以他们的命运有如那棵被狂风摧残了的青藤。[1]事实上，用草木的零落来象征乱世中的失意之人早已是中国文学里的一大主题。宋玉曾曰："草木摇落而变衰。"六朝诗人庾信也在其《枯树赋》中借飘零的枯树之意象比喻自己失国丧家、流离异域的悲痛。[2]但对于徐渭和陈洪绶等怀才不遇的文人，王端淑最感痛心的乃是他们的有才却命薄这一点，所以诗中不断用"惜""哭""悲"等充满神伤的字眼来表达女诗人的同情与哀悼。

当然，王端淑是借着哀悼才子的机会来哀悼自己的，不过她所用的托喻方式却并非纯属虚构，而是有一定的现实基础，她通常总是设法在真人真事中寄寓她个人的感慨。首先，她在战乱中所经历过的苦难，以及明亡后所承受的痛苦，都使她自己联想到画家陈洪绶的悲惨命运——陈洪绶原为有名的画家，崇祯末年曾为国子生，但国变之后，哀伤无以自持，最后短命而死，死时才54岁（虽然王端淑本人后来一直活到80多岁的高龄）。尤其重要的是，王端淑自己就住在徐渭和陈洪绶曾经住过的地方，而居然最终成了青藤枯死的见证人。在为徐、陈两人的命运叹息之时，女诗人不知不觉地产生了自怜的感慨。这种见证他人也见证自己的声音既是感情的，也是道德的。

---

① 参见钟慧玲《清代女诗人研究》，第366页。
② 参见庾信撰倪璠注、许逸民校点《庾子山集注》，北京：中华书局，1980年版，第46—54页。

在诗中不断地展现自我的志趣和节操，确是明清女诗人的一大贡献。然而，她们更重要的突破则在于创造了一种新的文学声音。如果说，传统的男性文人一般总喜欢用"美人香草"的意象来寄喻他们的洁身自爱，那么我们可以说，王端淑所用的"文人青藤"的意象正代表了明清女性逐渐走向男性的大方向。在这里我们不妨采用"cross-voicing"一词（仿时下文学批评所流行的cross-dressing一词）来形容这种文学上的"男女双性"。[①]盖明清才女不但继承了蔡琰所传下来的女性见证的优良传统，[②]也吸收了古代男性文人的托喻美学。由此也构成了本文的出发点，即在文人文化与妇女现实处境的上下文中来看明清才女的文学贡献。

（本文原为2000年6月29日至7月1日台湾"中研院"第三届国际汉学会议上发表的论文；见《国际汉学》2003年第1期，第240—258页）

[①] Kang-i Sun Chang, "What Can Gender Theory Do for the Study of Traditional Chinese Literature?", p.6, paper prepared for the Conference " Interpreting Cultures — China Facing the Challenges of the New Millennium", sponsored by The Swedish Council for Research in the Humanities and Social Sciences (HSFR), Lidingo/Stockholm, Sweden, May 5-9, 2000.

[②] 关于晚清妇女见证乱离的诗歌，参见 Kang-i Sun Chang, "Women's Poetic Witnessing".

性别与经典论

——从明清文人的女性观说起

不久前，我曾在台湾讨论过如何建立文学经典的问题，最后终于选出了 30 部经典作品。在一篇题为《看！以台湾为中心的文学经典》的文章里[①]，诗人陈义芝曾说，经典的建立乃是人文价值的建立。同时，他讨论到如何突显台湾文学的主体性问题。至于选择经典的方面，他也提出了不少很有见地的问题。其中一个问题是："7 本新诗经典的作者全是男诗人，蓉子、林泠难道不能相与颉颃？"这就牵涉到评价经典的准则问题，也把我们引到了性别问题来了。而这两个息息相关的题目也正是目前欧美世界文学批评的研究重点。

性别与经典的问题始于人们对于多元文化的关注。所谓"多元"就是从不同的性别种族和族群来重新评价各种文化的表现和传统。多元文化的新趋势很大程度是受了 20 世纪 60 年代以来女性主义的影响，以及现代社会日趋复杂而多元的自然反应。其中一

---

① 《世界日报·副刊》1999 年 2 月 11 日转载。

个最重要的课题就是有关文学经典的重新考虑的问题，也就是陈义芝所说的"不可能毫无争议的问题"。在当今文学研究中，尤其引人注目的是，许多女性主义者认为，以男性经典作品为中心的传统文学观有改写的必要，因为所谓的"传统经典"并不能代表人们的"普遍经验"（universal experience）。这样的挑战的声音自然引发出一连串有趣的问题，例如：怎样的作品才能成为文学经典之作？经典之作的可读性如何？评定文学经典的美学标准为何？经典之作和次等作品的分别何在？一部经典之作应当涵盖人类的普遍经验，还是代表特殊人群的文化意识？

许多这一类的问题都是女性主义批评家先提出来的。她们多数认为经典的形成完全是出于权力的运作；是独霸的夫权制提高了男性作者的地位，贬低了女性作家的成就。但另外有一些批评家却认为经典的形成与权力或政治无关。总之，这一方面的争论不少，也无形间促成了大家对经典的兴趣。

自从研究明清文学以来，我一直对性别与经典论的概念感兴趣。我发现世界上没有一个国家比明清时代产生过更多的女诗人。仅仅在 300 年间，就有 2000 多位出版过专集的女诗人。而当时的文人不但没对这些才女产生敌意，在很多情况下，他们还是女性出版的主要赞助者，而且竭尽心力，努力把女性作品经典化。明清文人这种维护才女的现象实在很特殊，至少与 19 世纪的英国很不相同。当时英国产生了许多女性小说家，但男性批评家基本上对她们抱着敌视或嘲讽的态度。是什么原因使得明清文人拥有如此特殊的"女性观"？我认为归根结底还是由于文化的关系，所以，我今天把性别与经典论放在明清文人文化的上下文中来进行讨论。

这里所谓的"文人文化"是相对于当时的实用文化而言的。在这个文人文化中，其中一个最令人注目的现象就是文人普遍地向往女性文本。在某一程度上，这个现象也是当时文人厌倦了八股文及其他实用价值的具体反映。他们大量整理女性文本，为女诗人出版各种不同的选集，使得妇女诗词顿时成为热门读物。我们可以说当时的"女性研究"其实是明清文人对理想女性的向往的一种产物。他们一方面深深感到自己的边缘处境，一方面也对被历史埋没的才女赋予极大的同情。所以，当时许多文人不惜倾注大半生的时间和精力努力收集和整理女诗人的作品。从政治上的失意转移到女性研究可以说已经成了当时的风气。例如，明末清初一本女性诗集——《红蕉集》的编者邹漪就说："仆本恨人，癖耽奁制，薄游吴越，加意网罗。"所谓"恨人"就是怀才不遇、内心感到不平的文人。他们从收集女诗人的作品中得到安慰及成就感，以至于其爱才心态无形中成了一种"癖"（也就是英文所谓的obsession 或 addiction）。所以，邹漪说"癖耽奁制"，意思就是说，把自己完全沉浸在女性的作品中。著名诗人王士禛的哥哥王士禄也在他的女性文学选集《然脂集》中说自己"夙有彤管之嗜"，所谓"嗜"就是"癖"的意思。后来，清代的文人也继承了这个晚明的文人传统，例如以提拔女诗人贺双卿著名的史震曾在他的《西青散记》一书中，屡次说自己是个"感慨人"，其实就是"恨人"的意思。他把自己的一生奉献在情趣的追求上，完全忽视了功利的考虑。他说："人生须有两副痛泪，一副哭文章不遇识者，一副哭从来沦落不遇佳人。"这些文人之所以如此重视才女或佳人，乃是因为他们在才女的身上看到了自己的翻版。他们同样是一群崇尚美学和爱才如命的边缘人，他们中间有很深的认同感。这种认同感在曹雪芹的《红楼梦》里也很清楚地表现出来了。

所谓"边缘"当然是指相对于政治权力的主流而言的。虽然从政治的权力而言，这些明清文人自认为边缘人或"多余"之人，但从文学艺术的方面来看，他们却常常是一些走在时代前端并向传统经典挑战的主要人物。有趣的是，正是这些边缘文人把一向处于边缘地位的明清女诗人提高到了经典的地位。有趣的是，目前不少西方文学评论家也认为，把边缘引向主流的最有效方法就是不断地强调边缘文学的重要性，不断地扩大文学的视野，而渐渐把边缘与主流合而为一。

明清文人是用什么方法来提高女诗人的地位的呢？他们采用的就是这种把边缘和主流逐渐混合为一的策略。首先，他们强调女诗人传统的悠久性及重要性。为了证明这个大前提，他们从最具权威性的经典选集《诗经》说起，他们强调《诗经》里有很大部分的诗歌是女性的作品。例如，邹漪在他的《红蕉集》的序言里就说："《三百》删自圣手，《二南》诸篇，什七出后妃嫔御、思妇游女。"大意是说，《诗经·国风》里的《周南》和《召南》，有70%的诗歌是女性的作品。虽然这样的论点并无实际的根据，而且似乎有把虚构和史实随便鱼目混珠之嫌，但既然这个新的经典论很管用，此后几乎所有文人都沿用这个说法。而且既然《诗经》是孔子编订的经典选集，明清文人也就很自然地把他们整理妇女诗词选集的工作视为重建文学经典的活动了。就如西方文学批评家温德尔·哈里斯（Wendell Harris）所说，"所有文本的解释都靠约定俗成的阐释策略来维持"，明清文人所用来提高女性文学的方法就是这种凡事追溯到《诗经》传统的"约定俗成"的策略。

另一方面，明清文人也把女诗人的作品放在《离骚》传统的上下文来看待。例如，1618年蓬觉生编订的女诗人选集《女骚》就反映了这种态度。在《女骚》的一篇序言里，著名学者赵时用强调文学里的"变"的作用；因为自从《诗经》的风雅篇以来，诗歌的风格与内容都有了很大的变化。这无疑是在说明，文学经典的范围是不断在拓宽的。言下之意就是，女性作品也应当作为新的文学经典的考虑之一。

这样的策略很容易使我们想起六朝文学批评家刘勰在他的《文心雕龙》里所提倡的经典论。在把《离骚》提升为新的文学典范的过程中，刘勰所用的方法正是强调"变"的重要性。所以他说，他撰写《文心雕龙》的主要目的不仅在呈现文之心如何的"本乎道，师乎圣，体乎经，酌乎纬"，而且还要说明它是如何"变乎骚"的。他所谓的"变"就是创立新的文学准则的意思。在《文心雕龙》里，《离骚》首度被视为纯文学的一种典范，而刘勰特别强调的正是屈原的"变"的文体，一种新的文学风格——很像哈罗德·布鲁姆（Harold Bloom）在他的《西方正典》（*The Western Canon*）一书中所用来形容莎士比亚的陌生性（strangeness）。

我们可以说，明清文人在提拔女诗人方面所做的努力实在不下于刘勰在《离骚》的经典化上所付出的苦心。有不少文人决心要把收集和品评女性作品作为毕生的事业。为此他们想出了许多把女性诗歌经典化的有效策略。其中一个策略就是以上所说的凡事追溯到《诗经》与《离骚》等古代经典的策略。他们不但要显示出一个古老的传统是如何在现代诗人身上（不论是男是女）运作出那般巨大的影响力的，而且也要证明现代诗人是如何创新，因而改变了这个传统，拓宽了文学的视野的。这样的策略其实也是历代文人一向熟悉的文学经典策略，也是比较传统的方式。

但另外一个比较富有创新的策略，确是明清文人的一大发明：强调女性是最富有诗人气质的性别，因为他们认为女性本身具有一种男性文人日渐缺乏的"清"的特质。明末诗人钟惺就在他的《名媛诗归》的"序"里把女性的本质和"清"的美学联系在一起：

> 若夫古今名媛，则发乎情，根乎性，未尝拟作，亦不知派……唯清故也。清则慧……男子之巧，洵不及妇人矣！

后来这种把"清"视为女性的属性的言论慢慢地成为明清文学评论中的主流了。"清"被说成是一种天地的灵秀之气，也是女性诗歌优越的主要原因。所以，明末著名学者葛征奇说：

> 非以天地灵秀之气，不钟于男子；若将宇宙文字之场，应属乎妇人。

编撰《古今女史》（1628 年刊本）的赵世杰也说：

> 海内灵秀，或不钟男子而钟女人。其称灵秀者何？盖美其诗文及其人也。

此外，《红蕉集》（清初刊本）的编者邹漪也曾重复地说：

> 乾坤之气不钟男子，而钟妇人。

后清朝雍正年间致力于收集女性作品的范端昂更以"高山则可仰，景行则可行"的态度来看待女性作品里的"清"的素质：

> 夫诗抒写性情者也，必须清丽之笔，而清莫清于香奁，丽莫丽于美女……举凡天地之一草一木，古今人之一言一行，国风汉魏以来之一字一句，皆会于胸中，充然行之笔下……而余终不能忘于景之仰之者也。

总之，作为一种美的属性，"清"成了明清文人用来提拔女性文学的主要策略了。

然而，有趣的是，在古代中国，"清"的价值原来是十足地男性化的。清与浊对立；清为阳刚，浊为阴柔。《易纬·乾凿度》上说："形变之始，清轻者上为天，浊重者下为地。"（《庄子·天地》释文所引）这种带有性别意味的清浊之分颇能令人联想到卡米拉·帕格利亚（Camille Paglia）在她的《性面具》（*Sexual Personae*）一书中所谓的阳性的 Apollonian 和阴性的 Chthonian 之分。一般说来，"清"在中国古代大多与男性的道德价值有密切的关联。这是因为，古人相信在祭祀中神灵最喜欢清洁的供献，即所谓"清供"，如清酒、鲜花、香草、美玉等，而且献祭者也须沐浴、斋戒，以一种清静的身心状态参加这种仪式，以讨神灵的欢心。所以，在这层意义上，"清"的正面价值实源于原始的神性。后来才有所谓的"沧浪之水清兮，可以濯吾缨；沧浪之水浊兮，可以濯吾足"，于是人们就把自然界中给人以清洁之感的东西和男性的高尚品质联系在一起了。所以，他们称高洁之士为"清士"，优秀之人为"清才"。伯夷就被孟子称为"圣之清者也"。

到了魏晋的时代，"清"逐渐与名士阶层中盛行的清谈之风连在一起。作为一种男性美质的特征，"清"已兼具善与美的意义了。它既代表男性的内在美，也代表外在美。仅就《世说新语》中记载的人物品藻，与"清"有关的词汇就有20多种，如清畅、清通、清远、清疏、清鉴、清和、清朗、清虚等。在《世说新语》中，我们发现"清"所表达的道德和审美观念已经变得更加丰富而形象化了。例如，以盛德之风著名的王衍被形容为"岩岩清峙，壁立千仞"。而那身长七尺八、风姿特秀的美男子嵇康则被人称赞为"萧萧肃肃，爽朗清举"。仅只《赏誉》一篇就有以下一些明显的例子：

12. 山公举阮咸为吏部郎，目曰："清真寡欲，万物不能移也。"

13. 王戎目阮文却："清伦有鉴识，汉元以来未有此人。"

14. 武元夏目裴、王曰："戎尚约，楷清通。"

28. 太傅府有三才：刘庆孙长才，潘阳仲大才，裴景声清才。

38. 庾公犹忆刘、裴之才俊，元甫之清中。

65. 桓后遇见徐宁而知之，遂致于庾公，曰："人所应有，其不必有；人所应无，已不必无。真海岱清士。"

71. 有人目杜弘治："标鲜清令，盛德之风，可乐咏也。"

100. 殷中军道右军"清鉴贵要"。

104. 世目谢尚为令达。阮遥集云："清畅似达。"

152. 王弥有俊才美誉，当时闻而造焉。既至，天锡见其风神清令，言话如流，陈说古今，无不贯悉。

154. 司马太傅为二王目曰："孝伯亭亭直上，阿大罗罗清疏。"

由上面的引文可见，清的美质是魏晋名士最欣赏的一种东西，他们的人物品评的对象总是包括对方的内在人格和外在形象。他们认为"清"是形与神结合所产生的美汇，它是人格的魅力也是形象的魅力。大体来说，清意味着脱俗，一种在言谈举止上表现出高雅尊严的风度，同时它又指一种不拘小节、肃穆而不严厉的态度。此外，清还意味着天性本质的自然流露，所以它又和一个人与生俱来的"气"有关。在《典论·论文》中，曹丕就把这种得自天地的禀赋气质与作家的风格联系在一起。他说："文以气为主，气之清浊有体，不可力强而致。"后来，刘勰在他的《文心雕龙·体性篇》中特别就"气"的刚柔做了较为系统化的分析。他把作家的气质风格分为八体。虽然八体之间未必有一定的优劣之分，但从刘勰的辨析之中可以看出，属于清刚之气的"典雅""精约"等较受到肯定，而相对之下，"繁缛""轻靡"等柔浊之体则多少受到轻视。总之，风雅正声和建安风骨都属于清刚之气，而南朝宫体和香艳篇什则被归入了柔弱的一派。所以，刘勰说："若夫四言正体，则雅润为本。五言流调，则清丽居宗。"(《文心雕龙·明诗》)李白也说："自从建安来，绮丽不足珍。圣代复元古，垂衣贵清真。"(《古风》)可以说，此后"清"就成为文学和艺术评论中最常用的一个概念了，它意味着真率、质朴、典雅、淡泊等文风，而这样的美学价值正好代表了男性文人逐渐疏远世俗社会的高尚质量。

如上所述，在唐宋以前，"清"基本上是指男性的美质的。所以，当明清文人开始把"清"的美学推广到才女的身上，而且把"清"说成是女性诗性的象征时，确实给文学评论带来了革命性的改变。明清文人的观点之所以特别重要，乃是因为他们对"清"的创新的解释。例如，古人认为"清"兼有美与善的特质；现在明末诗人钟惺又在美与善之上特别强调"真"的重要性，并且很巧妙地把它和女性创作的特征联系起来。在他的《名媛诗归》里，钟惺举例说明了妇女的"清"与"真"的特性：由于一般妇女缺乏写作吟诗的严格训练，反而使她们保持了"清"的本质；由于在现实社会领域的局限性，反而使她们更加接近自然并拥有情感上的单纯——那就是所谓的"真"。这种具有真善美的品质无疑成了女性诗境的特征，也使得女性作品成了男性文人的楷模，所以钟惺说："男子之巧，洵不如妇人矣。"

明清文人的清的美学自然地对当时才女的自我肯定产生了很大的影响。她们开始意识到，女性本身确有诗的特质。但有趣的是，正当男性文人广泛地崇尚女性诗歌之时，女诗人却纷纷表现出一种"文人化"的趋向，无论在生活的价值取向上或是写作的方式上，她们都希望与男性文人认同，企图从太过于女性化的环境中摆脱出来。在另一篇文章里，我曾经把这种男女认同的特殊现象称为文化上的"男女双性"（cultural androgyny）。在这里我只想强调明清女诗人如何刻意模仿男性文人的写作。例如明末女诗人陆卿子说："诗故非大丈夫职业，实我辈分内物也。"又如，著名寡妇诗人顾若璞努力学习陶渊明及柳宗元一派；而且主张性情与学问并重："性之近者，引而愈亲；学未至者，积而能化。"另外，《名媛诗纬》的编者王端淑则主张女性诗歌要能脱离"脂粉气"才算是好诗，而且特别推崇"女士中之有骨力者"。以上这些例子都可以说明，明清文学的新方向确是由男女两性共同开辟的，而明清妇女诗歌之所以出现了空前的繁荣，恐怕和这种两性的配合与合作有关。

明清才女的文学成就很容易令人联想到 19 世纪的英国女小说家。与明清的女诗人相同，英国女作家也十分多产，而且她们的作品也曾大批进入文学市场。然而，不同的是，这些英国女小说家一般并没得到当时男性作者的支持或帮助。据美国普林斯顿大学的英文系教授伊莱恩·肖瓦尔特（Elaine Showalter）说，在 19 世纪的英国，女性作者在出版方面的亨通被男性作者看成是一种"女性的文学侵犯"（female literary invasion）。对于备受威胁的男性小说家来说，这些女小说家好像在发动一场集体的性别战争，"企图以一种积极的方式霸占男人的市场，偷取他们的文学素材，甚至抢夺他们的女性读者"。因此男性作家开始讥讽女性作者为没有文化的一群，认为她们不适合写作，因为女性在现实中经验的缺乏成了文学创作的一大障碍。这样的批评正巧和明清文人把女性缺乏现实经验视为"清"的灵感来源形成了一种强烈的对比。

然而，也正是这个性别之战，触发了 19 世纪女权主义作家在英国的兴起。这些不甘示弱的女作家公开宣布，她们要有独立写作和出版的自由，她们反对一向以男权为中心的制度。她们要建立一个以"姐妹情谊"为主的女性文化，因此她们开始创办自己的杂志和出版社，以与男权对抗。虽然这些早期的女性主义者并没有因此成为著名的小说家，但至少作为一群拓荒者，她们的努力确实起了很大的作用。例如，后来有名的女作家弗吉尼亚·伍尔夫（Virginia Woolf）就曾把自己的新作品交给女性出版社出版。

无论如何，事实证明，真正有才的女作家并没因为男性作家的敌对态度而被忽视了。英国女性小说家，如简·奥斯丁（Jane Austen）、勃朗特（Brontes）姐妹和乔治·艾略特（George Eliot）等人都是众所周知的作家，其盛名有时还胜过查尔斯·狄更斯（Charles Dickens）或威廉姆·萨克雷（William Thackeray）等男性作家。可见，真正伟大的作家是不会被历史遗忘的。然而，伊莱恩·肖瓦尔特教授却提醒我们，这种只重视个别的"伟大"作家（great authors）的观念是不正确的。在她的书中，她一再强调，向来通行的文学史正是通过突出几个伟大的女作家，有意埋没其他的女作家，使人对女性文学史失去了全面的认识。因此，伊莱恩·肖瓦尔特说，在一般的选集和理论的书籍中，我们看不到次等作家（minor authors）的影子。

其实，明清文人和才女在努力编撰妇女选集的过程中，实际早已思考过类似伊莱恩·肖瓦尔特所提出来的问题。他们发现自古以来的女诗人作品大都没有存留下来，为了不再让女性作家继续被历史遗忘下去，他们才把毕生的精力都放在收集女性诗歌这件事上。例如为《国朝闺秀诗柳絮集》写序的黄传骥就感叹道：

> 山川灵淑之气，无所不钟。厚者为孝子忠臣，秀者为文人才女……惟闺阁之才，传者虽不少，而埋没如珍异，腐朽同草木者，正不知其几许焉也……

所以，明清文人、才女完全了解保存女性文学遗产的重要性。而他们所谓的"采观"，其实就是广泛收集的意思，不但收集主要女诗人的作品，也不忽略次等女作家的诗歌。在这一方面，尤以女诗人兼学者王端淑做出的努力最为可观。王端淑费了25年的时间专心编选了一部收有1000位女诗人作品的选集《名媛诗纬》，在这部选集中，除了一些新近采集到的前朝女性诗作外，其余全是明清当代的作品。《名媛诗纬》的涵盖之广，可谓空前，而其编者的苦心亦可见一斑。关于这一点，王端淑的丈夫丁圣肇在选集的序中已说得很清楚。他说：

> 《名媛诗纬》何为而选也？余内子玉映不忍一代之闺秀佳咏，淹没烟草，起而为之，霞搜雾绩。

以上的例子可以说明，明清的文人才女在设法把女性作品经典化的过程中，采取的是一网打尽的选集策略。这是一个正确的策略。今天人们之所以能看到这些女性作者的诗歌，可以说完全归功于这个策略。

我们可以很自信地说，世界上没有任何一个国家比明清时代产生过更多的女诗人。然而，奇怪的是，尽管明清妇女文学的确达到了空前的繁荣，后来的文学史却没有那些女作家的名字。其被忽视的程度实有甚于伊莱恩·肖瓦尔特所提出的有关英国次等女作家被文学史淡忘的问题。因为，即使是一流的明清女诗人也照样被后来的中国文学史忽略了。美国汉学家雷迈伦（Maureen Robertson）就曾注意到，"刘大杰在其所撰 1355 页、包含了 2500 年的《中国文学史》中，只提及 5 位女性作家，其中竟没有一位出自宋朝之后！"的确，一直到最近几年，一般文学史只在不断地重复薛涛、李清照等唐宋女作家，却对明清女诗人采取一种视而不见的态度。即使是对明清文学有研究的人，也大都以偏见的眼光来评价明清女诗人。例如，我们所尊敬的胡适先生曾说："这 300 年中女作家的人数虽多，但她们的成绩实在可怜得很。她们的作品绝大多数是毫无价值的。"怪不得曾经流芳一时的明清女作家诗词集还一直被埋在图书馆中，除了专门的研究者以外，几乎无人问津。幸而陈寅恪先生在他晚年的时候专心研究柳如是等明清女作家，才开始为这些才女平反。

即使如此，我们还是要问：是什么原因使得撰写现代文学史的人一再地忽略了明清女作家的重要性？在女性主义盛行的今日，我们很容易就会把矛头指向父权制，认为那是独霸的父权制提高了男性作者的地位，贬低了女性作家的地位。因为过去的文学史大都是男人编写的，女性作家很自然地沦为沉默的群体，而被排除在经典之外。然而，研究经典论的当代美国批评家哈罗德·布鲁姆（Harold Bloom）是绝对不会同意这样的解释的。在他的《西方正典》一书中，布鲁姆屡次强调文学中的"美学价值"（aesthetic value）乃是决定经典的必要因素；他甚至抨击女性主义者及多元文化论者，批评他们误以为经典的形成与外在的权力有关。哈罗德·布鲁姆的言论正好说中了今日美国"文化之战"（cultural wars）的重点，即以性别和阶级为出发点的一连串经典论战。

　　凭良心说，经典的问题是个极其复杂的问题，很难用纯"美学"或"权力"等简单化的观念来解释。我认为，更有意义的思考题目应是"文学经典在历史上的变迁"。一般说来，作家是如何成为经典作家的？他们后来又如何被排除在经典之外的？这些都是值得考虑的问题。著名的欧洲文学专家恩斯特·库尔提乌斯（Ernest Robert Curtius）曾经说过："一个特别有用的文学研究工作，就是考证从公元 1500 年到现在，那些古代经典作家的地位的变迁，尤其看他们是如何逐渐地被遗忘的。"[1] 美国文学专家理查德·布罗德海德（Richard H. Brodhead，即耶鲁学院院长）[2] 也曾在经典的变迁上做过不少研究。在他的《霍桑学派》（The School of Hawthorne）一书中，他特别研讨美国早期小说家霍桑如何从辉煌的经典宝座退到幕后的深层意义。他说：

　　　　与他当初旭日东升时一样，霍桑的地位之衰微和整个广泛的美国经典结构有极其密切的关系。它的衰微正可用来作为我们考虑所有经典跌落的原因：文学经典是经过什么样的阶段，才被驱逐出去或渐渐耗尽其生命力的？一向被视为经典的作品，如果它一旦失去了整个文化制度的支持，它又会怎样？

---

[1] Richard H. Brodhead, *The School of Hawthorne* (New York: Oxford University Press, 1986), p.201.

[2] 2004 年，理查德·布罗德海德开始担任杜克大学的校长。（孙康宜补注，2015 年 8 月）

换言之，理查德·布罗德海德以为经典的建立和淘汰与整个文化发展的动向息息相关。如果要了解一个（或一群）作者与经典变化的关系，那么我们就非得考虑所有的文化、社会、政治的因素不可。经典的变迁其实就是文化传统的演变，它绝对不是偶然的。

　　然而，现代有些学者认为，通常所谓的"经典"带有不少"偶然"的因素。例如，女性主义专家路易斯·柏立可（Louise Bernikow）说："通常我们所谓的文学史其实只是记录某些个人的决定和选择。至于哪些作者能传世，哪些作者会被时代淘汰，要看有没有人注意到他们，是否选择为他们撰文表扬。"果真如此，我们是否能把现代文学史家对明清女作家的忽视看成是一种性别歧视、一种特意选择不去"注意"或表扬的态度？或者，我们宁可说，明清女诗人的被淘汰乃是由于20世纪的文化变迁所致，就像美国19世纪作家霍桑也逐渐被人遗忘了一样？不论如何，任何答案都会显得以偏概全。然而，即使如此，我们知道文学经典的形成与广大读者的判断力和接受的程度很有关系。今天我们作为新时代的读者，重读明清文人文化和明清才女的作品，更应当认识到自己负有多么大的文化重担，但同时也要知道自己拥有多么大的权力（power）。

　　（本文原为1999年4月28日东海大学第五届吴德耀人文讲座专题演讲，现特改写补正）

"知难行易"或者"知易行难"?

　　正当联合国第四届世界妇女大会前夕，整个北京城贴满了欢迎来自世界各国妇女的标语，有中文的也有英文的。一到梅地亚宾馆就碰见许多来开会的美国妇女，她们都笑着，禁不住内心的欢喜。面对着这些美国朋友，我的内心有着特别的感触：不论妇女大会引起了多少令人恼火的不安与抱怨，不论它给中国添了多少麻烦，它却真真实实地象征了华人在全球的重要性。这次大会议题为"透过妇女的眼睛看世界"，总主题定为"以行动谋求平等、发展与和平"，主要任务是共同商定如何在迈向 21 世纪的进程中全力提升世界妇女的地位。总之，推其意，世界妇女大会的宗旨在于提倡行动与实践。

　　但我到北京来，主要是为了担任 1995 年大专辩论会（中央电视台主办）的国际评委。有趣的巧合是，辩论会大决赛主题也围绕着"行动"的问题：大会规定，正方的命题是"知难行易"，反方的命题是"知易行难"。辩论会采取的是一种淘汰制，因此一直到 8 月 24 日，第二场半决赛过后，大家才知道最终要参加大决赛的是哪两队。我是 8 月 25 日清晨抵达北京的，一下飞机，就听说南京大学与辅仁大学将是大决赛的对手。

另一个具戏剧性的巧合是，南京大学由杨蔚、邬健敏、钟婳婳、韩璐等 4 位女生代表，辅仁大学由顾振豪、刘伯彦、林正疆、林立书等 4 位男生代表，因此大决赛象征着两性之间的辩论。

在辩论会中，各队的立场总是由抽签决定，并不代表各队的实际观点。然而，有趣的是，在大决赛的抽签事上也代表着某种巧合，南京大学的女队抽到"知难行易"的命题，辅仁大学的男队抽到"知易行难"的命题。据我个人的经验与观察，女人一般是循着"知难行易"的信念来行事的，由于现实的要求与直觉的敏锐，许多女人在爱情、家庭、事业上，通常采取一种毅然决然的献身精神。她们未必把事情的利害关系权衡清楚才去行事，说穿了就是敢于拥有"不先求知而行之"的冒险精神。反之，男人则顾虑重重，非先知而不肯行，及其既知也，又因理性思考繁复而迟于行，因此笃信"知易行难"。对于这种两性的差异，我一向颇感兴趣，也常常从男女的异同感悟到许多生命的意义，所以就对 8 月 27 日的大决赛一直抱着很大的兴趣。

与参加辩论的年轻大学生不同，大决赛 5 位评委都是过了中年的人。除了我与哈佛大学的杜维明以外，还有中国国内选出的 3 位评委：著名散文家余秋雨、古典文学专家王元化和中国政法大学前校长江平。我们都是踏入社会从事教育工作多年的老师。面对着满腔热血、热情澎湃的年轻大学生，我似乎重拾原有的赤子之心，也重新回到了年轻时代。

在评审过程中，我默默倾听，被深深震撼，一方面根据辩论双方对辩题的阐述能力和辩论技巧的高低来公平地打分数，另一方面也从辩论的精彩段落得到一些鼓励、一些希望、一些肯定。这些年轻辩手个个出人头地，在分析水平、论据资料、语言能力、机智辩才、幽默感、表情风度上都让人心服、让人赞赏。比赛过后，杜维明对我说："与那些年轻学生相比，我们这些评委也只是眼高手低的理论家，真所谓知易行难也！"

一、女生胜在表达与合作

作为女性，我特别为南京大学的 4 位女生感到骄傲。她们从初赛开始就以高水平的辩才节节胜利；从"愚公应该搬家"（反驳韩国外国语大学的"愚公应该移山"）与"社会秩序的维系主要靠法律"（与香港中文大学的"社会秩序的维系主要靠道德"相对抗），一直到决赛中的"知难行易"命题，她们都以语言的清晰流畅取胜。在大决赛中，她们以 3 比 2 的票数打败了辅仁大学男队，很不简单。当然，从客观的立场看来，辅仁大学队的男生常常在辩论的逻辑性及分析的层次上略高一筹（例如荣获最佳辩手的林正疆凌驾所有的辩论成员），但南京大学队的 4 位女生却在语言表达能力及整体配合上表现了特殊的成就。

促使她们胜利的原因实是女性本质的发挥，女人生来口齿伶俐，富有说话天才，而在人与人的关系上，她们更有联系感情的能力，因此较能发挥整体配合的完美效果。这种感情的交融可说是人类的救赎，人生的意义绝不在于自私地互相占有，人类只有通过互助互爱才能提高人生的价值。

仔细想想，这是女性的长处。在许多事上，女性确是生命中的薪柴，她可以发出永无止境的灿烂火花。就如余秋雨在《文化苦旅》的《三峡》一章所说："巫山的神女……在连峰间侧身而立，给惊吓住了的人类带来了一点宽慰……人们在她身上倾注了最瑰丽的传说，好像下决心让她汲足世间的至美，好与自然精灵们争胜。"怪不得，女真人有一句谚语说道："生个男孩添份力量，生个女孩添份吉祥。"

二、男女互辩相得益彰

其实，南京大学女生队与辅仁大学男生队都为辩论会带来了吉祥—— 一种男女互相合作、补足的吉祥。借着辩论会，男女两队有了高层次的思想交流，互相冲激出生命的火花。在语言交锋间，我们看见重经验的女性与重思考的男性互相影响、互相尊重，有如星月交辉，相得益彰。从生命的意义到日常生活的实践，从现实的改革到理想的肯定，从知识的追求到人性的反省，所有涉及这些问题的辩论都成了男性与女性观点的综合与延伸。有趣的是，这种两性之间的思想融合象征着海峡两岸的互相包容；南京大学女生队屡次引用孙中山的学说，而辅仁大学男生队则再三阐明马克思的思想。（辩论会后，著名作家王蒙曾特别向我提醒这个有趣的现象。）

重要的是，两性的自由交流来自妇女解放。与西方女权主义者不同，中国女性不须全盘颠覆父权制就已得到了解放。在中国，人们早已说过："妇女撑起半边天。"早在 20 世纪 40 年代就有立法规定"妇女在各方面都与男人权利平等",因此目前中国妇女在政府、金融、教育、文化、公共卫生和媒体中工作人数成长率超过男人。在获利丰厚的畜牧业中,妇女经营者也占大多数。如今中国妇女的所得占家庭收入的40%,20年前仅占25%。与世界各地的妇女相比,中国妇女相当幸运。

三、中国妇女从未解放?

有些女权主义者认为中国妇女的那种"解放"不算是真正的解放,因为她们并未以激进的方式来强调两性差异和对抗父权。反之,美国的激进女权主义者则把"性别的战争"看成首要任务,并把性角色划分本身视为一种性政治的策略。她们以为,真正的妇女解放应当是女人自己争来的,而不是由男人给予的。按照这种说法,中国妇女运动似乎从未真正产生过,也因此缺乏其应有的理论架构。对此,我不能全然苟同。中国妇女解放建立在与男性合作的基础上,因此它较西方妇运来得成熟而自然。在中国,妇女解放是一个许诺,是男人主动对女人的肯定。

从男人的肯定到女性的自我肯定,这其间牵涉到理想的实践。这是一种中国式的"知"与"行"。从这个观点看来,无论是"知难行易"或是"知易行难"都有所偏差。其实"知行合一"才是人生的正确路线,因为它可以使人(无论是男人或是女人)更有道德勇气,能从"知"中见证"行",也能从"行"中见证"知"。如此把"知"和"行"合并起来,也就是王阳明所说的:"知是行的主意,行是知的功夫;知是行之始,行是知之成。若会得时,只说一个知，已自有行在；只说一个行，已自有知在。"总之，"知"和"行"是不能强分的。

（原载于《明报月刊》，1995 年 10 月号，本版略为改写更正）

於梨华笔下的性骚扰

　　读完於梨华的新著《一个天使的沉沦》（台北：九歌，1996）[①]，心中起了一种莫名的恐惧。令人惶恐的是，书中所写的悲剧很可能发生在你我的身上：如果我们自己也不幸遭遇同样的境况，是否能避免像书中人物一样的命运？颇让人惧怕的是，原来人性存在着如此脆弱而黑暗的一面，一不小心，一个人可以很容易地往下堕落而无以自救，最终毁人害己，甚至导致犯罪和死亡。这样的故事使读者难以忘怀。不但读者忘不了，作者本人也忘不了。就如於梨华所说：

　　　　写了三十多年，当然写过不少人物：可爱的、可憎的、时时想起的、不愿想起的、想起来心里暖烘烘的、想起来全身发冷的，但没有一个像罗心玫如此令我在写前百般沉思苦恼，写时几次扔笔打算放弃，而写后又心力俱瘁，而又不断地令我

----

① 简体版为《一个天使的沉沦》，北京：人民文学出版社，1999 年版。

夜不成眠的人物。

　　这个令人难忘的故事始于一次偶然的"性骚扰"。一个6岁的女孩随着家人到香港探亲旅游，没想到风流成性的姑爹居然在她身上打主意。这个有钱的姑爹用手段把美丽的小三子（书中女主角罗心玫的小名）当成"性玩偶"，得寸进尺地侮辱她的身体，终于在她16岁那年强奸了她。姑爹对她的性凌辱在小三子心中种下了无法排遣的阴影，使她沮丧、害怕，终于由罪恶感而走向逃家、吸毒、堕胎等。坠入泥潭而无法自拔的她，最后在一次变本加厉的性虐待中，忍无可忍地把姑爹杀了。小三子自己说："我是个杀人犯。被我杀害的是姑爹……我不后悔我将他从人间灭除，后悔的乃是我同时也彻底地毁灭了我自己。"书一开始，我们发现杀人犯已被关进牢里，她以一种回忆检讨的语气向读者原原本本地陈述事情的前因后果。然而，作者於梨华却说："我把她放在牢里，但我日夜不安，因为我不能确定，她是否该坐牢。"

　　作为读者，令我"日夜不安"的，倒不是小三子坐牢（因为一旦犯法就难逃离法律的制裁），而是这个悲剧事件所代表的现代家庭问题。在一个健康的家庭中，遭受性骚扰的女儿应当把自己内心的不安告诉母亲，这样就会避免事情的恶化，哪怕骚扰者是个近亲。然而，小三子显然处于一个充满了"沟通问题"（communication problem）的典型家庭：她没有足够的勇气和机会跟父母讨论有关身心的关键问题。在她入狱后给父母的信中说："（你们）一定责怪我为什么不早告诉你们。我不是没有想过、试过，甚至开始过，但一来我羞愧得难以启口，二来我害怕你们不但不会相信，而且会训斥我误解长辈对我的宠爱。"诚然，书中的小三子多次想要吐露心事，但缺乏想象力的家人总是会错意。在她心中，父母的训斥可能要比姑爹的猥亵更加可怕。我相信这就是今日许多优秀的少年人走向悲剧，甚至犯罪的原因。例如，在美国发生的几次女生杀婴事件，就与害怕父母的责难有关。

另方面，一般父母对"性骚扰"的缺乏了解也是一个应当正视的问题。他们常常以为，性骚扰的事件只会发生在别人家中，那是媒体的新闻故事，绝不会轮到自己女儿的身上。有人甚至认为控告男人强奸的女人自己也有问题，以为那些多半是趁机出风头或是贪财的不正当女子。对于这些女人的宣誓与作证，一般人也时常抱着半信半疑的态度。此外，许多父母过分信任亲人的道德行为，从来不会疑心自己家人也会有什么乱伦的行为。以於梨华书中的故事为例，小三子的父母绝对不能想象那位和善的姑爹会对一个年仅 6 岁的女孩施以性骚扰。其实，这样的事件到处都在发生。例如，有人以为从前科罗拉多的 6 岁"明星"女童很可能就是被亲人杀的（尚未证实）。总之，患有色情狂或"性瘾"的男人——不论他们的社会地位多么高，不论他们是亲人还是陌生人——都有可能随时把女性当成泄欲的工具。值得注意的是，随着女人地位与权力的增长，有些女人也会把男人当成"性玩弄"的对象。不久前，一部热门的电影《揭发》（Disclosure）描写的就是这种后现代社会特有的异常现象。尤其在今日，做父母真不容易。子女强调大人必须尊重他们的隐私，但另一方面，他们也因此会感到孤立而容易走向歧途。所以，如何运用想象力与智慧，如何在严厉和疏忽之间保持平衡，乃是当前父母面对的挑战。

有人说，"性格即命运"（character is fate）：你有什么性格，就会有什么命运。若从这个观点看来，於梨华笔下的小三子其实不能完全怪罪她的父母。在很大的程度上，小三子个性上的脆弱实是引向沉沦的主因。面对姑爹的"进攻"，她一而再、再而三地投降；她愈是警惕，愈是受对方的摆布。结果，她逐渐自暴自弃，功课一落千丈。她离家出走后，举目无亲，最后只得求救于姑爹。此时，堕落自贱的她让姑爹用钱买了她：不仅学费是姑爹付的，连汽车及银行的存款都是他供给的。为了现实的利益，她放弃了灵魂，也放弃了身体，甚至让自己无限制地肥胖下去，一直到完全失去自尊为止。

讽刺的是，最后使她拾回自尊的，乃是通过杀人的犯罪行为。她说："杀人偿命，理所当然。我是经过缜密考虑之后才下手的。与其如此肮脏卑微地活在世上，不如心境坦然地死在地下。"杀人之后的小三子突然有了痛定思痛的自省：她忏悔，彻底地进行自我分析，企求父母及所有爱她的人的宽恕，从脆弱到刚强，从退缩到勇敢，从无爱到有爱——小三子终于找到了自我。但是，她所付出的代价实在太大，她自省也来得太晚了。

追本溯源，还是"偶然"的因素在作祟。对小三子来说，生命中的一个"偶然"无形中转成了"必然"的悲剧。然而，在这"偶然"和"必然"之间，我们是否能借着培养心性的教育来扭转命运的方向？孟子说："苟得其养，无物不长；苟失其养，无物不消。"我想尤其在这个社会问题逐渐复杂的今日，"养"的功夫特别重要，而且必须在年幼之时就开始。

如何对付"性骚扰"？这完全要看我们如何"养"育子女，如何帮助他们培"养"自己的灵性与意志力。

　　（原载于《世界日报·副刊》，1998年2月16日）

女性、女性主义和唐璜症候

一、由李小江的新书说起

中国的李小江教授托朋友带给我她的一本新著《关于女人的答问》。一看目录，这本书就吸引了我。全书 22 章，每一章的题目就是一个问题，而且以问句的形式出现——例如"你们是不是走错了路？"（关于"妇女解放"）；"我们怎样称呼自己？"（关于"女性意识"）；"你的敌人是谁？"（关于"女权主义"）；等等。这种耳目一新的书写方式令我特别感兴趣。与我经常阅读的西方女性主义理论书籍有所不同，李小江的书是基于自己的生命体验而来的；书中所提出的问题都是作者本人在实际生活中所遇到的问题。诚如李小江所说："妇女研究领域中有无穷无尽的'问题'诱惑你去'解题'。"这本书无疑成了不断触发我的想象的"诱惑"——我反复问自己，一直生活在不同世界的我，面对书中这许多问题，会有怎样不同的答案？

首先，李小江提出的第一个有关女人的问题是："时代不同了，男女都一样吗?"她自己承认,她从前以为男女都一样,因为自20世纪50年代以来,毛泽东领导的中国社会一直在告诉大家,中国妇女已经站起来,可以与男人平分天下了。但她后来所经验的女性生活,使她看到事实的另一面:她发现女人与男人有根深蒂固的区别,尤其有史以来社会对两性所强调的双重道德准则和双重价值观。就因为这些基本的差异,使她觉悟到男女还是不同。她很感慨地回忆道:

> 起初,我以为这只是我自己的事。从小做惯了"假小子",除了一月一次的例假,方方面面也做得真像"小子"。成年以后,眼见着男女两性分别向各自的性别倾斜,心里就是不愿认这个"输"。可是生活中像有一双看不见的手,有力地推动着这个倾斜,使得男人就是男人,女人就是不能做男人——想做也做不成,就像是黑人想做白人或白人要做黑人,不成,怎么也抹不去那与生俱来的印迹。

所以,李小江的结论是:"时代是不同了,今天的女人应该是与男人平等但仍然不同于男人。"

重要的是,"两性差异"的认识,乃是她走向女性觉醒的第一步。她认为,这个"不同"具有十分深刻的意义:它使女人找到了属于女人的立场,从而确定自我的主体性。在这个"不同"的基础上,李小江找到了一个崭新的天地,那就是妇女研究的新天地。她发现,妇女的角度给了她一个全新的世界观,这个新角度促使她看到了人性的丰富和世界的广阔。有趣的是,本来轻视女性的她，在学习马克思主义的青少年时代，心目中"有中国、有世界、有全人类……唯独没有女人"，但后来从事妇女研究的过程中，终于彻底地开出了一条"走向女人"的道路，从而获得了身为女学者的自信。她把这个认识自己的女性觉醒，比为还乡似的回归。她说："我的思想曾是一匹脱缰的野马，驮着太多的见识和思想，寻找它梦中的家园，渴望'还乡'。"

二、不同的人应当平等

这个由男性化（或无性别意义）的世界观走向女人的故事，令我深受感动。这使我想起自己于 1979 年到中国大陆旅行的经验——当我第一天从旅馆中走到上海街头时，着实吃了一惊：我发现整条大街挤满了人，但很难分辨男女，因为女人也穿着男人的衣服。我当时就问导游的人说："为什么中国政府要把女人改造成男人？"我得到的答案是："这才是真正的男女平等。"然而，我却从街头人群的目光中读出另一种答案，那是淹没在汪洋大海中的失落感，没有性别，没有自我。这段上海经验一直深深印在我的脑海中，多年不忘。所以，这次阅读李小江的书才更能体会书中所谓"走向女人"的真正含义。不难想象，今日的中国女性已向前跨了一大步，她们已走出了限制她们思想的禁锢，由男女两性的差异中，找到了自己的声音。

然而，比较起来，我在美国所观察到的女性经验可能还意味着更艰难的探索。与中国的"先平等，后女人"的程序相反，美国女人则先有女性意识后才力争两性的平等。西方的女权运动已有两百年的历史，而"女性意识"一直是开拓女人"姐妹情谊"的原动力。① 女人早就知道，她们与男人不同，如果男人扮演着"公"（public）的角色，她们则努力扮演"私"（private）的角色，两性分工合作，理所当然。但随着工业时代的急剧发展以及妇女教育的提高，西方女性渐渐发现"性别差异"使她们一直处于社会的边缘地位。所以，她们开始强调，父权制是制造两性不平等的罪魁，因为它误把两性的差异等同于"不平等"。这样的女性心态最后导致了 20 世纪 60 年代以来广泛流行的"意识提高"（Consciousness-raising）活动。在这场广泛的运动中，众多的女性主义者分别由各方面来诉说父权制的种种罪状，使得原来无意识的"姐妹情谊"提升到了有意识的集体觉醒。她们的口号是：女人本来就不同于男人，但不同的人应当平等（这种把"不同"提升到"平等"的策略，最后导致了美国多元文化的发展，此为后话）。

三、"应聘平等法"的争取到落实

20 世纪 60 年代后期正是我大学毕业，刚进研究所深造之时，当时风行的女性主义无疑对我产生了深刻的影响。然而，奇怪的是，与李小江相同，我开始是忽视女人的。一直在名校攻读文学的我，所受的教育基本上是男性的教育。我认同男性学者对文学、历史、哲学、美学的解读，而周遭的男性师长、同学也都不断支持我、鼓励我，所以无法相信女人是被压迫者。

---

① 参见 Nancy Cott, *The Bonds of Womanhood*, 2nd ed.,Yale Univ. Press, 1997。

曾经这样想过：在一个民主社会里，一个人（不论是男是女）本来就拥有独立自主的选择权利，如果一个女人选择一条奋斗的路，她也能像男人一样取得成功。这种思想支配了我很长的一段时间，因此对于女性主义者所发出的"打倒父权"的口号难以苟同。可以说，对于激进的女权运动，我有一种厌恶的感觉。

一直到20世纪70年代后期完成学业，开始踏上教书之路，才逐渐改变看法。尤其是后来又回到常春藤校园里工作，我很清楚地看到了美国学院中所存在的性别歧视。1982年初至耶鲁执教，全校有六七百位终身职（tenured）教授，只有16位是女性。这样悬殊的比例，迫使我去思考，为什么每年有那么多女生（大学生及研究生）毕业，而最终应聘为教授职位的女性却寥寥无几？在校求学期间，女生常常名列前茅，为何在找教书工作时，反而落在男人之后？是她们缺乏事业心，还是由于学院里一向以男权为中心的偏见？

我逐渐发现，学校里许多女生和女教授也有同样的想法。此时，外头的女性主义运动已由消极的"诉苦"转向积极的"抗议"。结果是，政府在各方面的压力之下，终于创造了一条所谓"应聘平等法"（Affirmative Action）。"应聘平等"乃是指申请工作的个人，不分性别、年龄、种族，都有相同的列入考虑的机会。不久以后，学院中的女性也纷纷结成小组，不断向校方请求早日采用"应聘平等法"。以耶鲁为例，校方于1986年左右正式实施此法。12年来，终身职的女教授已增至40多名，亦即加添了两三倍之多。可见，在以法立国的美国，任何行动若没有法律保障，总是很难推动的；有了法律，就非得遵守不可，于是一个既定的信念才能得到满意的实施。

四、女人要男人改变

　　除了要求工作机会均等，美国女性主义者也控诉男人在"性"方面的罪过。从前，男人可以利用自己处在高地位上的权力，为所欲为地玩弄女人；但现在不正当的"性"事，常会给男人带来触犯法网的危险，若不小心，会被控性骚扰、强奸，甚至"约会强奸"等罪，即使高位如总统者也不能免。犯这种"性"罪的代价颇高，有时可以使一个人失去工作，甚至家破人亡。学院里最常讨论的一个例子，就是几年前发生在普林斯顿大学的事件：一个年轻有为的终身教授因不断与女学生有染，一次被告到校中的"诉冤委员会"（Grievance Committee），最后遭校方解聘，从此过着流浪的生活；几年后，他出版了一本忏悔录，呼吁读者从他的错误中吸取教训。

　　李小江在书中曾说："男人其实也是被女人塑造的。"我认为这句话正说中了美国女性主义对一般男性所产生的巨大影响。近年来美国文化最关注的主题之一，就是有关男性省视自己的问题。《第二性》的作者西蒙娜·德·波伏娃曾说："一个男人永远不必为了阐释男性而去写一本书。"但今日美国男性却推翻了这个命题，现在他们说："如今轮到我们男人来为自己定义了。"① 突然间，男人觉悟到女人的问题也是他们的问题，如果女人一直活在愤怒中，

---

① 　William Betcher and William Pollack, *In a Time of Fallen Heroes*, New York, p.266.

他们也不会愉快。因此，他们不但问"男人要什么"，也问"女人要男人做什么"；他们最后得出结论，即"女人要男人改变"。

五、"性"也是一种"瘾"

积极的、自发的"自我改变"成了近年来美国男性的文化倾向。他们想有意识地从父权制的负面价值中解脱出来：他们企图从日常生活中做到不歧视女性，不剥削女性，如与女性分担家务等，塑造"好男人"形象。另一方面，他们也希望找回男性失落的自我，努力重建一个健康而温柔的心理架构——一个超越原有男女界限的心灵世界。在这一方面，他们受到颇多心理分析学的启发。例如，男性艺术家常常把近似唐璜的风流行径当成富有罗曼蒂克的男子气质，把征服女人的一连串性史，当成自己的骄傲。但在目前男性自省的上下文中，这种行为被看成是一种严重的病症。所谓"唐璜症候"（Don Juan Syndrome）指的就是一种癫狂与抑郁交替的心理病。犯了这种病的男人自以为是多情种子，其实是借着不断勾引女人来满足内心的空虚。一而再，再而三地坠入情网，使他不断在高潮与低潮间摆荡，自己不知道所追求的是一个永远得不到的"灵魂情人"（anima），是透过性高潮的经验所得到的心理幻象。心理学家把这种"唐璜症候"称之为"性瘾"（Sexual addiction），与烟瘾和酒瘾同属于一类。如何从"性瘾"的痛苦中摆脱出来，如何获取真正的心灵自由，已成为许多美国男人努力的目标。①

　　值得注意的是，李小江在她的书中也特别提到爱与性的问题，她问："爱与性是一回事吗？"主旨在讨论有些男人"有性而无情"的问题。她希望男人不要把女人看成是发泄性欲的工具。男人必须从"性"走向"爱"，才能渐渐体验人性的丰富和成熟。

　　在性与爱方面，美国女性与李小江所描写的中国女性颇为不同。在美国，自从 20 世纪 60 年代妇女性解放以来，许多女人也与男人一样，常因陷入"性瘾"而无法自拔。问题是，在不断的性放纵中，她们不但没有得到预期的"解放"，反而失去了追求爱情的勇气。可以说，在情爱的事上，美国女性正面临着空前的心理危机。所以，她们目前也和男人一样，正在努力从"性瘾"超越出来，企图重建一个健康的情爱观，以达到真正的自由与解放。

　　可见，从女权运动开始到现在，美国的男女两性已出现了新的融合。从当初的对抗到今日的融合，我们看到了法律的功用与个人自省的能力。随着两性新的关系，所谓"男女"的定义也会逐渐改变。从李小江的书中，我得到的信息是：中国妇女普遍在对待男人的态度上比较温和，因为 1949 年以后的妇女解放运动是男女共同参与的。所以，中国的女性主义者从未把男人视为敌人，她们始终把重点放在寻找自我的意识上。这样的做法，就两性融合而言，自然比较省力得多，只是我关心的是男人的解放问题。如果完全没有经过异性的挑战和随之而来的痛定思痛的自省，中国男人不可能彻底地解放。错误的性别观、不成熟的性观念，以

---

① 　见 Robert Moore and Douglas Gillette, *The Lover Within* , New York, 1993, p.178。

及根深蒂固的双重标准，都是限制男性自由思想的禁锢。我想女人要的就是男人的彻底解放和改变。

（原载于《当代》，1998 年 4 月）

龙应台的"不安"和她的"上海男人"

自从龙应台的《啊，上海男人》一文刊出后，整个上海像被"龙旋风"横扫过一样受了震撼。各种不同的"上海男人"（包括旅居海外的成员）纷纷向发表该篇文章的《文汇报》提出抗议，抱怨此文作者"侮蔑"上海男人、忽略上海男人乃为真正"大丈夫"云云。有趣的是，这阵龙旋风终于吹向国际领域——《啊，上海男人》的英文版在 BBC 国际电台上连续播了三次，并引起与中文读者完全不同的反应。西方听众的大致反应是："上海男人真好，真先进。"

是怎么样的文章会引起如此矛盾而众说纷纭的反应？就如一位读者所说："读龙应台，让人入世，让人痛楚、激动，想和人争吵。"（李泓冰《龙应台与周国平》）从龙应台的散文集《我的不安》[①] 中，我倒得出了另一个结论，那就是：龙应台是个充满了"不安"的文化批评者，因此她也会带给读者各种各样的"不安"。

---

① 龙应台《我的不安》，台北：时报文化出版公司，1997 年版。

就是这种字里行间的"不安"带给《啊，上海男人》一文的挑战性与复杂性。实际上该文是称赞上海男人体贴太太，而且从买菜、烧饭、洗碗到洗衣，什么都做：

> 上海男人竟然如此可爱：他可以买菜烧饭拖地而不觉得自己低下，他可以洗女人的衣服而不觉得自己卑贱，他可以轻声细语地和女人说话而不觉得自己少了男子气概，他可以让女人逞强而不觉得自己懦弱。

然而，另一方面，读者却从上下文中隐隐约约地看到了"大男人主义"的影子：作者再三强调，这样百依百顺的"上海男人"常是被女人"虐待"的男人，是被控制的小男人。文中引用了一位25岁的上海小姐的话："长得像个弯豆芽，下了班提一条带鱼回家煮饭，这就是上海男人。我要找北方人，有大男人气概。我就是愿意做个小女人嘛！"

尽管龙应台本人不一定赞同这位"小女人"的观点，但她那倾向于不做主观判断的笔法使得上海读者将作者和文中的女性角色混为一谈了。许多上海男人觉得受了侮辱。但更有意思的是，一些喜欢从事心理"研究"的读者就利用这个机会开始分析起龙应台的心理状况了。我认为，在许多读者反映的文章中，尤以一种心理分析最引人注目。例如，在《捧不起的"上海男人"》一文中，沈善增把龙应台的文章说成是一篇"缠绵悱恻的祭文"，祭的是作者心目中理想的男子形象。他以为，在理论上，龙应台从上海男人的身上找到了梦寐以求的理想男性，但在感情上她又嫌这样的男人不够"男子气";所以,龙应台其实"无意开罪上海男人,她与之过不去的是那个长久盘踞在她心头理想男人的偶像"。换言之,沈君以为龙应台的内心充满了一种矛盾的失落感。另一方面,吴正在他的《理解上海男人》一文中,分析龙应台之所以"误解"上海男人的原因:

> 当然,我们是不能对龙女士提出如此高的理解要求的,因为正如她自己所说,她是个台湾女人,且还在美欧俄菲什么的生活了多年。待到她发现了这个形如"弯豆芽"的"可爱"的上海男人一族时,她已是两个孩子的母亲啦。于是,对那个"弯"字之中所可能蕴藏着一股怎么样的韧性与张力,她便也永久失去了可以在共同生活之中加以全面观察深刻体会的机缘。

有趣的是,诸如此类的评论都把龙应台的"旋风"文字看成是对上海男人基本质量的嘲讽。至于龙应台本人,她则对这样的反应感到惊讶。她说:"我的文章引起辩论是常事,引起完全离谱的误解倒是第一次,而这误解本身蕴藏着多重的文化意义,令人玩味。"

作为一个生活在美国多年的华裔读者,我对这种"误解"的文化意义特别感兴趣。我认为"阅读"是极其个人化的经验,它的含义常随个人的文化背景及价值观而定。比如说,我曾仔细看过龙应台的文章,但我的读后感与上海读者的反应完全不同。我自始至终以为龙应台感到"不安"的对象不是"上海男人",而是上海女人。她担心上海女人在追求解放的过程中，把"权力"（power）等同于"权利"（right）。在"妻管严"的环境中，有许多上海女人或许一味得意于自己的"权力"高涨，因而虐待自己那温柔体贴的丈夫。他们不但不感激男人的帮助，反而嫌他们不够男子气。结果是，上海男人虽然解放了，上海女人仍未得到真正的解放。实际上，真正的解放必须建立在"权利"的分享，而非在控制对方的"权力"上。所以，龙应台问道："为什么当女权得到伸张的时候，男人就取代女人成为受虐者？难道两性之间无可避免地必须是一种权力的斗争？"总之，龙应台最关切的还是男女之间真平等的问题。

然而，与龙应台不同，上海人似乎并不关切两性平等的问题。对他们来说，实际生活的需要比理论上的考虑来得重要。就如一位女性读者所说，"上海的男人也比较识时务，但识的并不是'男女当平等'的妇运道理。虽然他们个个说男女平等是应当的，在上海根本不是什么问题，而是'经济是基础'的道理……既然老婆也就业挣钱的，而且是'同工同酬'！一定要老婆烧饭这句话就不太好说了。"（胡妍）

另外，有些读者则把上海男子的务实视为求生存的一种谋略：

上海不少把"怕老婆"挂在嘴上，或装作"怕老婆"的男子，实际上是并不怕老婆的，这只是他们在夫妻关系中的一种善意的"谋略"……（陆寿钧）

上海男人的这种"谋略"倒确是让女人给熏陶出来的……上海的男性在全球范围来说是最辛苦的。他们要在家庭中充当一个很不容易的角色，这使得这些男子在夹缝中练就了一种生存、斡旋的本领……有"谋略"的上海男人，毕竟是有风度的。（王战华）

上海男人的生命哲学是尽可能地礼让出生活上的种种细节来满足他们的所爱者，从而为自己换取更广大的事业的思考空间——而这，不就正是上海男人的高明之处？（吴正）

最令我感到惊奇的是，这些有关"上海男人"的言论好像是在描写与我结婚多年的丈夫。现在我才知道，原来我嫁了个"上海男人"。对我来说，"上海男人"，已成为一种普遍的"好男人"类型，它不再受限于上海或任何一个地区。据我个人的观察，这样的男人确是最务实的人；他看见他的女人比自己还忙，就心甘情愿地帮忙做家务，因为他知道这是建立和睦家庭的最佳秘方。这样的男人有时或许会显得太认真或顽固地追求完美，但绝不是"小男人"。他们下厨，有时是为了造就女人，有时是为了个人的兴趣，但无论如何，做家务绝对不会抹杀了他们的大丈夫气概。

这样的"上海男人"基本上是采取了老子的"柔弱胜刚强"的哲学。与一般所谓的"大男人"不同，他们拥有极高的生活智慧，也深切了解"知其雄，守其雌"的深刻道理。他们知道，婚姻生活比纯粹的爱情要复杂得多；成功的婚姻在于日常生活中两性之间的合作与妥协，它需要无比的耐力与胸怀。虽说他们无意在家庭中取得"权力"，但由于他们凡事照顾对方的"权利"，凡事以温柔忍耐的态度照顾对方，结果反而取得了左右整个家庭的主权。老子所谓"将欲夺之，必固与之"乃是这个道理。我始终认为，"权力"是极其微妙的——愈是以强硬的手段急欲取得它，愈是得不到。反之，若以虚心和"为天下溪"的精神来对付一切，则权力自然会到手。

"上海男人"的复杂性乃在于他具有"以柔胜刚"而获取权力的本领。若把这样的男人看成"小男人"，则是一种严重的文化误解。我想这也是令龙应台极其不安的地方。尤其在性别关系上，中国的新女性往往有意无意地扭曲了"两性平等"的意义；她们常常以咄咄逼人的方式，企图取得控制对方的"权力"。结果是，她们不但没有得到真正的平等，反而在争取女权的层次上，一直站在原地上，甚至退了步。这或许是由于多年来阶级斗争所造成的影响，也可能是对现代西方的权利概念的误解。

龙应台的"不安"促使了我对中国女权运动的重新关注，而她所提出的"文化误解观"更触发了我对文化问题的反思。其实"误解"有时比轻易地"了解"还要来得深刻，因为"误解"常常显示出个别文化的不同价值观。如何从误解进到了解，如何促使不同文化之间的交流——这也正是我多年来研究深思的重点。

（原载于《中国时报·人间副刊》，1998 年 12 月 31 日，本版略为修正）

两个美国女人的故事

　　2003 年，美国先后出版了两本令人十分瞩目的女性自传。在春季期间，那位多年前嫁给约旦国王的"努尔皇后"（Queen Noor）出版了她的《信心的跨越》（*Leap of Faith*）[①]一书；6月初，希拉里·克林顿（Hillary Clinton）出版了她的《活历史》（*Living History*）[②]。两本著作均为名女人的回忆录，其设计亦十分相似——封面上都有个微笑的"我"，而且书中都涉及"这些年来我是怎样走过来的？"的主题。两本自传都通过对个人背景、婚姻关系和政治局势的省思，探讨人生境遇的种种，同时也写出过去二三十年间作者亲身经历、耳闻目睹的国际政治、经济、社会诸多现象。两本书的作者都受教于美国常春藤名校——努尔皇后毕业于普林斯顿大学，希拉里毕业于耶鲁大学的法学院——而且二者年龄相当，互相又是很谈得来的朋友。此外，两人都坚信，一个人要为自己

[①]　Queen Noor, *Leap of Faith: Memoirs of an Unexpected Life*, New York: Miramax books, 2003.

[②]　Hillary Rodham Clinton, *Living History*, Simon & Schuster, 2003.［美］希拉里·克林顿著，《亲历历史：希拉里回忆录》，潘勋等译，南京：译林出版社，2003 年版。

的生命负责，要走出自己的道路来——虽然二者的个性和人生际遇颇有不同。

记得，第一次听到约旦皇后努尔的消息，是1978年的暑假，那年我刚由普林斯顿拿到博士学位。有一位朋友从老远打电话给我，告诉我新的约旦皇后原来是个美国人，也是普林斯顿大学部的校友，原名Lisa Halaby，问我是否与她相识。我说，可惜不认识，因为通常研究生与大学生很少往来。接下来，就有好几天在电视上看到许多有关约旦皇后的报道——只知道她出身良好、家境优裕，父亲是耶鲁大学的校友，曾任肯尼迪总统时代的联邦政府航空行政顾问，因为公务而认识了约旦国王侯赛因（Hussein）。

印象中，当时太多的媒体关注反而增加了这个努尔皇后的神秘性。我一直在怀疑，一个美国女人是否受得了中东的特殊政治文化环境？作为约旦国王侯赛因的第四任妻子，是否会幸福？但究竟她是怎样一个人，我似乎毫无所知。事实上，这20多年来，我几乎已完全忘了努尔皇后的存在。直到读了她的自传，才发现努尔皇后原来是一个很有思想深度的人。在她的书中，她很深刻地描述了自己如何因为爱情而克服了多种文化界限，并以一个美国人如何开始同情阿拉伯人的艰难处境，最后以自我奉献的精神努力协助约旦皇室走向现代化的过程。她前后与约旦国王生了4个孩子，同时还得照顾国王原有的8个孩子，其舍己为人的精神令人敬佩。全书像一部感人的史诗。她十分细腻地叙述了一个动乱时代的真实面貌，尤其她毫不保留地刻画了巴勒斯坦人所面临的生存危机，以及中东问题给约旦带来的许多政治困境——可以说处处充满了辛酸，但又流露出无比的爱和生命热情。我读了十分感动。

有关中东问题，努尔皇后的自传使人读到了另一种立场，也让人能比较全面地了解整个局势。这是因为，凡是读了她的书的人，都能了解她是如何走过来的。自从1978年她嫁给了约旦国王侯赛因以后，夫妇两人都在为中东的和平前景全力以赴，一切在所不惜。他们希望能以约旦为中介，让巴勒斯坦人和犹太人能早日达成共同的和平目标。努尔皇后对历史上犹太人被迫害的命运是极其同情的，但她再三强调，犹太人的悲剧是由纳粹党等人所造成，不应由阿拉伯人来负责。然而，1948年以色列建国之后，巴勒斯坦人却成了牺牲品，至少有80万巴勒斯坦人被迫放弃家园逃到约旦，从此就住在约旦的难民营里，几代以来已成了无家可归的人。而1967年的战争之后，情况更坏，因为以色列人开始公然占据了耶路撒冷和约旦河西岸。特别使努尔皇后感到失望的是，1978年卡特总统在戴维营（Camp David）与埃及和以色列的领导人签订所谓的中东"和平条约"，当时居然把约旦人和巴勒斯坦人排除在外。关于这一件事，努尔皇后很不客气地批评了卡特总统的外交政策，认为那是促使巴勒斯坦人更加怀恨西方的导火线。当时，她明明知道一般美国人不会同意她的看法，但她却鼓起勇气，开始在美国做了一系列有关巴勒斯坦人的困境的演讲。时至今日，当我们再回头去看中东问题时，我们会发现，努尔皇后的观点还是颇有见地的。

　　[我猜想，几年前布什总统之所以突然在约旦红海的著名海滨城市亚喀巴举行巴勒斯坦和以色列的和平会议，并让前约旦国王侯赛因的公子阿卜杜拉（Abudullah），即现在的约旦国王首先在会议上发表和平宣言，或许在某种程度上是为了补偿1978年卡特总

统所犯的疏忽吧！可惜，约旦国王侯赛因早已去世，而最近以来，中东的暴力冲突已经恶化到难以收拾的程度了。]

从努尔皇后的书中可知，她对几位美国总统都颇有意见，而她一向不怕以直言相告。但她特别欣赏克林顿总统和总统夫人希拉里。据她回忆，她和约旦国王侯赛因于1993年初次与克林顿总统和夫人在白宫见面。虽然当初克林顿的外交政策也曾让她失望，但从个人的方面来看，她非常喜欢克林顿和希拉里的为人，也欣赏他们努力学习其他文化的诚恳态度，所以就渐渐地成了朋友。尤其是，1994年克林顿和希拉里成了20多年以来首次访问约旦的美国总统和夫人，此事令约旦国王和努尔皇后十分鼓舞，两人因而对于中东和平的前景感到了某种程度的乐观。但没想到，约旦国王侯赛因于1998年因癌症去世，努尔皇后骤然痛失所爱。伤心之余，也只能接受事实。她在书中回忆道：

> 我（为他的死亡）感到震惊，但内心同时也充满了无比的平安。当时那种宁静之感以及那股支撑着我的纯粹信心是无法用言语来形容的。我深信那只是我们两人共同走过的那段旅程的一种新的延续，我们将永远共同走下去。①

约旦国王的葬礼，时任美国总统克林顿以及几位美国前总统福特、老布什和卡特都出席了。尤其使努尔皇后感动的是，克林顿总统特别邀请了努尔皇后的父母和他搭上总统专机空军一号，

---

① Queen Noor, *Leap of Faith: Memoirs of an Unexpected Life*, 2003, p.443.

一起从华盛顿飞往约旦参加葬礼，也真够朋友了。

约旦国王侯赛因逝世之后，努尔皇后决定把她剩余的有生之年完全献给约旦人，从此她和美国的外交来往也就告一段落了。然而，多年来，希拉里·克林顿还是一直把努尔皇后当成知心的朋友。从希拉里最近出版的自传《活历史》中得知，许多次她遇到严重的挫折时，努尔皇后都能及时给她安慰。例如，有一次在克林顿总统连任的政治风险中，希拉里一时想不开，心情极为低潮，幸而努尔皇后的一句话振奋了她：

> 她（指努尔皇后）打电话给我……告诉我，她们家人每遇到困难时，总是彼此安慰，要大家无论如何"勇敢地走下去"（soldier on）。我很喜欢"soldier on"那句话，所以当下就用它来鼓励我的工作人员。有时，我真觉得我才是最需要那种鼓励的话的人。①

几年后，希拉里竟遇到了一个平生最大的考验——她的丈夫克林顿与白宫实习生莱温斯基的性爱丑闻所带来的危机。由于那件事，克林顿犯了伪证和妨碍司法的罪名，受到国会的弹劾，差一点丢了总统的名位。在这个举世皆知的丑闻中，可想而知，作为总统夫人的希拉里处境最难。如何在这种屈辱而尴尬的境况中独自站立起来？如何从个人的愤怒和委屈走出来？如何能忍受一时之痛而继续活下去？记得那段时间，每天媒体都在报道克林顿的

---

① Hillary Rodham Clinton, *Living History* (Simon & Schuster , 2003), p.259.

风流故事。与许多美国人相同，我当时对希拉里特别同情，心想如果自己也处在和希拉里同样的境况中，又会怎样呢。

众所皆知，希拉里后来的表现的确让人钦佩。她有足够的度量来维持她的魄力和尊严。她没有自怜，没有控诉。她在困境中，不但没有退缩，反而出来公开竞选纽约州的参议员，最后终于得胜。她的表现使我想起了古代中国人所推崇的"忍"的精神。中国人以为，忍耐是勇气的表现，也是"士"的美德。苏东坡曾在其《留侯论》中说，"古之所谓豪杰之士者，必有过人之节"，而一个人的节操和胜败实取决于"能忍与不能忍之间而已矣"。希拉里能忍住眼前的屈辱而成就远大的人生志向，真可谓女中之豪杰。

一直到最近读了希拉里的自传《活历史》，我才发现她的美德不只是"忍耐"（endurance），而是"容忍"（tolerance）——那是一种对人性缺陷的容忍，以及对别人隐私权的尊重。即使在获悉丈夫的风流账和背叛之后，她还能在伤心之余努力主持正义，公开说明美国国会对克林顿总统的弹劾甚为不公，因为克林顿的"伪证"和"妨碍司法"的罪名都只涉及个人男女隐私的方面，而绝没有影响到整个国家的前途和政策问题，所以人们没有理由要逼总统下台。换言之，作为一个民主国家的现代公民，希拉里相信，每一个人（连总统在内）都应当拥有某种隐私的自由。当个人的男女隐私被人用来作为政治攻击的理由而受到不公平的裁判时，她有义务站出来说话。她在书中很郑重地提到这一点，也说明她为何对克林顿被弹劾的遭遇产生同情的原因。

然而，最近有些读者却批评希拉里太过分委曲求全，以为她那种努力保住自己"不健康"的婚姻的做法会给年轻一代的女子一个坏的榜样——因为他们认为，现代女人不应当成为婚姻的牺牲品，应当毅然跳出坏的婚姻才对。当然，在这同时，也有不少美国人持有不同的看法——他们很佩服希拉里努力挽救婚姻的坚定意志，他们反对现代人那种轻易离婚而不求妥协的态度。[①] 同时，对许多人来说，宽恕有时要比仇恨或报复来得有意义。总之，对这件事的看法，可谓见仁见智。就如希拉里自己所说："你要活你自己的生命，你只能做出对你自己认为正确的决定。" [②]

另一方面，我认为，希拉里之所以屡次遇到考验而还能屹立不摇，主要还是由于她拥有一种勇往直前的人生观。这当然是因其个性使然，但值得注意的是，她一直把努尔皇后那句有关"soldier on"的忠告牢牢地记在心里，所以更能不断地鼓励自己。有趣的是，希拉里竟然把书中有关她个人最痛苦的一章——有关克林顿的风流丑闻导致他几乎丧失总统宝座的那一章——取名为"Soldiering On"。

我不知道努尔皇后是否已经读了希拉里的新书。但我相信她若看到"Soldiering On"那个标题，一定也会感触极深，因为那句话正是她多年前送给希拉里的礼物。所谓"读者反应"，没有比这种富有"上下文"意味的反应来得更深刻了。同样身为政治女人，她深深知道国家和人们对她们的高度期待，她们既要有面对自己的勇气，又必须对公众负责。巧合的是，这两位勇敢的女人都同时出版了她们的自传。

---

① *Time*, July 7, 2003, p. 10.
② 这句话的原文是："You live your own life. You make the choices that are right for you."。见 CNN interview, June 10, 2003。

罗斯福总统夫人埃莉诺·罗斯福（Eleanor Roosevelt）曾说，"女人有如茶包"，因为"只有当一个茶包被泡在滚烫的水里时，我们才能知道它原来有多么大的强度"。[①] 我以为这个泡茶的比喻很能形容以上所述两位女人的故事，因为她们是在做了"皇后"或成了"总统夫人"以后——在经过"热水"的多次考验之后，才终于活出了她们那种富有"强度"的人格。

---

① 这句话的原文是："A woman is like a teabag...You never know how strong she is until she's in hot water." 见 Hillary Rodham Clinton, *Living History* (Simon & Schuster ,2003), p.258。

朝花夕拾惜余芳

　　孟子说:"仁言不如仁声之入人深也。"这个"仁声"就是那亲切动情、陶冶情操的歌声。我们早年在学校听到的很多说教大都随风飘去,但我们那时候经常唱的歌曲却深入记忆,终生难忘。有时候,目睹一句旧歌词,哼起熟悉的曲调,记忆的闸门便会出其不意地打开,遥远年代的一连串情景便会波澜滚滚地涌现到眼前。

　　前些天在读北大教授夏晓虹《晚清女报中的乐歌》一文,读到鉴湖女侠秋瑾编的那首《勉女权歌》,[①]该曲的歌词(包括"男女平权天赋就"等词句)突然出其不意地让我联想到 50 多年前我的母校高雄女中的校歌:

> 巍巍寿山,浩浩海洋,
> 漪欤吾校,瀛岛西南。
> 莘莘学子,桃李芬芳,

---

① 原载《中国女报》1907 年 3 月号。

进德修业，自立自强。

教育平等，女权伸张，

兴家建国，民族之光。

　　我不知不觉地哼起了那首校歌，哼着哼着，特别是哼到"莘
莘学子，桃李芬芳"的时候，不觉心潮起伏，热泪盈眶，那一段尘
封已久的记忆再次浮现，半个世纪以前的岁月潮水般流回来了……
　　我立刻找出 1962 年的高雄女中毕业生纪念册，那是几年前我
去台湾时好友张简满里赠我的礼物。我一页一页翻看那本已经发
黄的纪念簿，浏览着每一个老同学的相片，也仔细重读毕业生彼
此的赠言。我发现，当年一些简短而平凡的赠言，今日读来却格
外感人，例如"当我们同在一起""去年天气旧亭台""送春春去
几时回""青青校树""萋萋庭草""晨昏欢笑""笔砚相亲""人海
辽阔""世路多歧""海阔天空""女儿志在四方""高瞻远瞩""聚
散无常""离情依依""独自莫凭栏""留我花间住"等。不过，最
令人深思的则是纪念册收尾部分用"心"形图案围绕着的一段话：

　　当我跨入社会

　　当我追求着幸福

　　当我鬓边添了白发

　　这一切

　　将入我梦中

　　猛回首，50 年弹指而过，如今我已到"鬓边添了白发"的年

纪，甚至已接近古稀之年。歌声唤起的这段回忆真是珍贵的情感经验，因为纪念册里的每一页都记录着一段段逝去的光阴，睹物思旧，抚今追昔，一霎间，我在歌声带动下进入了时间隧道。只可惜，毕业后大家各奔东西，除了少数几位校友——如蒋玛丽、张简满里、钟玲、方瑜、石丽东和孙曼丽以外，我早已和大多数老同学失去联络。

放下那纪念册，我决定要寻找那些失去联络的老同学，和她们分享人生的阅历，真希望能找回那段沉睡了如此之久的友谊。于是，我立刻发了个电子邮件给蒋玛丽（Mary Law），请她设法先帮我打听当年高一同学孙美惠的现况和联络方式。过了这么多年，凭空找人有如海底捞针，其难度可想而知，所以我也不敢太寄托希望。没想到，一个星期不到就接到了蒋玛丽的回函，大意是说：她已请老同学黄玲（目前在纽约州当医生）努力查询，希望很快就能完成这个任务。果然，几天之后黄玲就来函告知，说她通过几位老同学的帮忙，已经找到了孙美惠。当天，黄玲还特别打电话来，在电话中我们都异常兴奋。让我尤感幸运的是，借着这次机缘，我一下子找回了好几位老同学——除了孙美惠以外，还有高静宽（Grace Chen）、陈淑贞（Susan Chang）、郑春美（Grace Tsai）和黄玲。同时，住在西部的李惠蓉（Ruth Su）也给我寄来部分校友名单，总算让我回归到海外校友的总阵营了。大约有两天的时间，我们都按捺不住心里的激动，不但互相打电话问候，而且伊妹儿（E-mail）不断。与我记忆中的印象一样，她们大都还是那般聪颖敏捷，她们的电子邮件内容简洁，却都情深意长，格外感人。

但让我伤心的是，她们告诉我，同学中有几位（包括我最崇拜的吴美智）已经过世。世事无常，人生易老，想到这一切，就更加强化了我积极找寻老同学的决心。

事实上，我这个"寻友"的灵感来自几年前蒋玛丽的一个真诚而执着的行动。2007 年 5 月 9 日我的父亲孙保罗于加州湾区去世，当地报纸登出讣闻。讣告上有我和两个弟弟"同泣启"的字样。蒋玛丽看到报纸，心想报上的"孙康宜"或许只是同名同姓的人，主要是她记得我父亲的名字好像不叫孙保罗（父亲原名孙裕光）。尽管如此，她还是于 5 月 14 日那天准时赶到费利蒙的玫瑰礼拜堂（Chapel of the Roses）参加追悼会。她想，或许就有那么一个可能，这个"孙康宜"就是她多年来一直在寻找的老同学。

谁会料到，那次的追悼会居然成了老同窗叙旧的场合？蒋玛丽的出现使那天许多在场的亲友深受感动。生命中最深沉、最诚挚的情感就在这事上得到了证明。奇妙的是，分别了半世纪的老同学居然意外地来到我们中间，不但为我父亲送葬，并且见证我在火葬礼中为家父按钮进行火化的过程。

如果不是那次我有幸重遇蒋玛丽，或许这次也不会如此顺利就找到了这么多位老同学。对于玛丽，我内心是充满感激的。但愿我们共同发起的这一呼唤会产生海潮音般的回响，会找到更多的老同学。

2012 年 7 月

后记：

自从去年发表《朝花夕拾惜余芳》一文之后，我又陆续找回了许多位高雄女中的校友，颇感欣慰。同时，今年春天蒋玛丽开始计划要来东岸旅行，主要想和散布于各地的老同学叙旧。于是，我就和黄玲商量，希望利用蒋玛丽的来访，顺便在耶鲁校园庆祝我们高雄女中1962年毕业的那一届同学毕业51周年纪念，同时我请她帮忙召集住在纽约州、宾州等地的老同学。后来，黄玲告诉我，除了她和蒋玛丽以外，还有陈淑贞、陈采繁、罗纯美诸位（包括她们的先生）要来参加此次聚会。我们决定将在纽黑文的 Royal Palace 餐馆见面。不用说，几个月来，我一直盼望那个聚会的到来。

今天是个难忘的日子。除了蒋玛丽以外，我与其他老同学已经51年没见面了。所以，在走进餐馆之前，我的心一直怦怦直跳。我还能不能认出她们来？没想到，一见到她们，我立刻就能叫出每一个人的名字。到底是老同学，虽然经过了半个世纪之久，大家仍像从前一样，有说有笑，似乎又回到了过去的时光。最后，我们决定，为了谈话方便，所有"女生"坐在一边，其他"男生"（即我们的另一半）则坐在另一边——好像又回到50多年前男女分校的情况。

饭后，我和钦次带大家一起游耶鲁校园。我故意领他们走那条每年耶鲁毕业生游行的路线——那就是由大学图书馆前面的十字校区（Cross Campus）穿过榆树街（Elm Street），再到老校区（Old Campus）。走着走着，我突然间感觉自己开始在追寻过去消失的岁月。我想，失去的光阴好像是一面镜子，它可以让我们反思，也让我们反复地温习过去的生活片段。不知我的老同学们是否也都在回想那已消逝的时光。

今天直到黄昏时刻，我们才告别。临走前，大家都依依不舍。望着他们驱车上路，我有一种伤感，但也有一种成就感，因为我们的 51 周年聚会已完满落幕。

晚间，他们都纷纷寄来伊妹儿，有些寄照片来，有些谈当天的观感。其中一位老同学写道："怎么会想到分别了 51 年，我们还会有机会在遥远的纽黑文再次相聚。真是难得。人生真奇妙，我们有缘千里来相会。"

真的，我们有缘千里来相会。半世纪前好像那么遥远，却又近在眼前。

2013 年 6 月 30 日

写于耶鲁大学

（文章摘录，原文曾刊登于《世界周刊》，2012 年 8 月 19 日）

女诗人的窗口

对许多美国人来说，女诗人艾米莉·狄金森（Emily Dickinson，1830—1886）一直是触发想象的"窗口"。即使在她逝世 100 多年后的今日美国，她的神秘而暧昧的人生还是不断激发读者的联想力，就如《纽约时报书评》（1997 年 3 月 2 日）所示，人们对这位女诗人的好奇已使"想象艾米莉"（Imagining Emily）成为美国的文化现象之一。在博物馆中先后展出的不少后现代艺术品都集中在这个主题上：人们不断阐释她，不断塑造她的"画像"，希望在她的生平传记和诗歌创造之间找到一个令人佩服的联结点。

我们从"窗外"不断朝她的诗歌世界里看，但事实上，她生前默默无闻，屡次投稿屡遭退稿，只用"不具名"的方式在杂志上刊登了不到 10 首小诗。出版的无奈迫使她躲在个人的写作世界中，默默耕耘，静静写作，长年把那缝成册子的诗稿存放在抽屉中。如果不是她的妹妹维妮（Vinnie）在她死后偶然发现那些近千首的诗稿，我们今日也不可能看到艾米莉·狄金森的诗集。诚然，与众多的中国古代才女一般，艾米莉·狄金森虽怀才却鲜为当世人所知，她只在她的"窗口"稍稍露了个头。

模糊的印象激起人们对她的多种臆测：有人说她孤僻、傲慢，是个喜怒无常的老处女。有人说她死于抑郁症，死后化为一个阴魂不散的白色幽灵。关于她那件白衣裳的轶事，在屡经好事者的渲染之后，早已比艾米莉·狄金森的诗歌文本更富吸引力，它的魅力在于未知的想象和不断可以玩味的寓意。所谓"假作真时真亦假，无为有处有还无"，在真假虚实的联想之下，读者们以为他们已瞥见女诗人的真面目。

对于这位女诗人，我自己早已有"考古"的兴趣。每次有关艾米莉·狄金森的新书一出，我总是设法尽快买到手，先睹为快。只遗憾多年来没有机会去参观她的故居。最近执教于安默思（Amherst）学院的蓝桦教授邀请我与友人开车上去，我就趁机提出无论如何要参观女诗人故居的要求。正逢故居尚未开放的季节，特蒙馆长辛迪·狄金森（Cindy Dickinson）破例为我们安排一次非正式的参观。

从安默思学院的校园漫步过去，仅过两条街就可以抵达那座红砖白顶的故居。从高大的树丛间，我早已看见那座僻静而孤立的美丽建筑，它好像在持续的静默中隐藏了许多年代久远的秘密。但它面对的缅恩（Main）大街又是一条汽车必经之道，很难想象那位以"孤僻"闻名的女诗人就住在此处。依照约定，我们一行人向故居的后门走去，早已看见馆长准时在那儿等候。寒暄之后，我就开门见山地问她是否是艾米莉一家人的后代，但她摇头笑道："不，我是凑巧也姓狄金森。艾米莉那一门的狄金森家族早已不存在了。现在所有姓狄金森的人都不可能是他们的后代……"

一进门就发现整个房子显得空荡荡的。馆长一直解释，因为还在筹备展览阶段，所以看不见许多摆设；而且那件有名的白色衣裳也不巧给当地的博物馆借去了。我心中想，这样也好，我宁愿集中精神去体会这座故居的"原始"特质，好比在读艾米莉·狄金森的诗歌时，我总是特别欣赏那种朴实而精确的语言，有一种精确到令人震撼的感觉。这屋里的朴素正给我一个探视女诗人心灵世界的"窗口"。

馆长领我们匆匆走过客厅，很简单地介绍了墙壁上的照片，包括女诗人生前拍过的唯一独照。接着，我们就来到了厨房。最令我感到意外的是，与多数普通女人相同，艾米莉·狄金森是个喜爱下厨、勤于家务的人。这与向来批评家所描述的那个走火入魔的女诗人形象大相径庭。艾米莉·狄金森的每日生活程序大约是：早起就忙家里杂务，接着煮饭做面包，浇水种花，照顾病床上的老母亲。平时在忙家务时，如果诗的灵感突然来临，她就随便抓住身边的一块小纸头（哪怕只是寄账单的信封）火速地写下一些诗句。等到晚间入睡前，她才有时间和精力把零散的诗稿整理出来。她日复一日、任劳任怨地努力，她有如自己诗中所描写的"蜘蛛"（spider）一般，每夜在清净的卧室中织出一圈一圈的"珍珠绒线"。然而，对许多镇里的人来说，狄金森只是一个有钱人家的女儿，以做菜饼出名。他们不知道她所织成的"珍珠绒线"乃是一连串的伟大诗篇。在孤独的创作生涯中，艾米莉·狄金森有时会自叹自哀："我是一个没有身份的人""……他们把我放在衣橱中，因为他们喜欢我安静不作声"。作为一个得不到出版界赏识的才女，她的内心是寂寞的。

寂寞的女诗人常以种花、看花为消遣。在厨房的东边有一个花房，完全归艾米莉·狄金森本人管理：她喜欢各种各样的花，红花、白花、黄花，应有尽有。加上周围种满了绿木成荫的樱桃树、苹果树等植物，整个后院成了一个十足的私人花园。不难想见，艾米莉·狄金森在做完家务事之余，一定可以从厨房的窗口看到美丽的花树。她曾有一首诗中说道："我将自己藏在花丛中。"显然她把花视为知己了。如果说，门有关闭的功能（她最后15年间足不出户），窗子却有开展的意义。门是实用的，窗子是审美的。通过窗子，女诗人可以尽情想象，可以毫无目的地欣赏那些含苞待放的花朵。她也会想到，在另一个屋里、另一个窗口，或许也有人像她一般寂寞。

馆长似乎猜得出我心中的想法，突然说道："从楼上的窗口看院子，可以看得更清楚。"于是，我们大家就一同走上楼梯。到了楼上，我的眼前一亮，显然这就是当年艾米莉·狄金森写作的中心所在。向右转就到了那间有名的卧室：米色的床单、白色的窗帘，配上床边多彩多姿的干花，一切都令人想起那位朴实的女诗人。馆长开始解释，墙上挂的几张相片都是艾米莉·狄金森生前亲自挂上的：有英国女作家乔治·爱略特（George Eliot）、伊丽莎白·勃朗宁（Elizabeth Browning）等人的独照。靠窗的小型写字桌就是艾米莉·狄金森晚间用来整理抄写诗稿的桌子（现在的桌子只是翻版，原来的那张桌子已存博物馆中）。

我慢慢走向书桌旁的那扇窗子。往外一看，果然外头的景象一览无遗。我看见那条缅恩大街，来往车辆络绎不绝。这才领会到这扇窗户的特殊功用：它代表着艾米莉·狄金森与外界的密切联系，透过这扇窗户女诗人可以看见人间的熙熙攘攘。这种由里向外观看的角度不但能提供美感，而且可以促发个人对人间各种可能性的幻想。我想起了艾米莉·狄金森的诗句："我居住在可能之中，一个比文章更美好的屋子里，还有更多的窗户……"

参观故居的那天恰是一个大晴天，午后的斜阳正透过窗口照到写字桌上，整个卧室充溢着浓厚的幸福感，还有一种莫名的惆怅。这是一个陌生的地方，但我仿佛来过，确实经验过这种感觉。突然想起艾米莉·狄金森曾在诗中描写过类似的景象：

> 有一种斜光
>
> 在冬日的午后——
>
> 重重地压迫，沉重
>
> 有如教堂里的音响……

斜阳的"压迫"也就是情感重量的"压迫"。在艾米莉·狄金森的世界中，阳光总是象征着复杂而充满矛盾的情爱本质。如她在书信及诗中所言，那个被称为"马斯特（Master）"的神秘情人既拥有阳光的温柔也同时带有火般的毁灭性。在爱与恨、焦虑与狂喜、吸引与致命的冲突之间，艾米莉·狄金森捕捉了心中某种长期压抑的情感。

我知道，就在这窗前的小书桌上，女诗人把那种致命性的热情转化为许多献给马斯特的诗篇。在诗中，她不断向情人暗示：她的爱有如维苏威火山，长期压抑下的欲望一旦爆裂涌现，就会一发而不可收：

> 我从未见过火山——
> 但听旅客们说
> 那都是些古老而冷漠的山
> 平时总是静止不动——
> 里头却埋伏着骇人的武器，
> 火、烟雾和枪炮……

　　我相信，艾米莉·狄金森一定也面对这窗口写出了那首有名的《狂野之夜》（Wild Nights），把神秘而难以名状的恋情用隐喻的方式表现出来：

> 狂野之夜，狂野之夜！
> 若是我和你在一起
> 狂野之夜将会是
> 我俩的奢华之夜……

> 划船在伊甸园中——
> 啊，在海上！
> 今夜，但愿我只停泊
> 在你的港湾中……

　　此诗以船舶入港的意象映射性爱经验，所以批评家向来把它作为考证马斯特其人其事的主要根据。然而，最近有人以为艾米莉·狄金森是个同性恋者，而《狂野之夜》乃是诗人赠给她的"女情人"的。究竟何者为是？一直是个众说纷纭的谜。著名学者朱迪斯·法尔（Judith Farr）根据多年苦心的研究，曾提出一个颇为令人信服的结论：艾米莉·狄金森是个双性恋者。从她的许多信件及诗歌看来，艾米莉·狄金森既爱那个经年旅行在外的马斯特，也长期迷恋着她的亲嫂子兼邻居——那个隔壁大厦的女主人苏珊·吉尔伯特（Susan Gilbert）。据考证，艾米莉·狄金森本是苏珊的同窗密友，两人似有不寻常的情分；后来学院毕业后，艾米莉·狄金森或因无法忍受与苏珊·吉尔伯特的长期分离，就把她介绍给自己的哥哥奥斯丁·狄金森（Austin Dickinson），促成了一门表面看起来十分光彩的婚事。这个婚姻一直成为狄金森家中许多不幸事件的导火索，此为后话。

值得注意的是，在这段姑嫂之间的畸恋（或仅是女诗人一方的痴情单恋）中，艾米莉·狄金森卧室的窗户似曾扮演过一个举足轻重的角色。朱迪斯·法尔以为，女诗人生前之所以把书桌面向南面的缅恩大街，乃是因为那个位置使她容易从西面的窗户瞥见苏珊的进出活动。我对朱迪斯·法尔的理论感到十分好奇，所以就不由自主地走近窗前的书桌。转头向西望去，果然隔壁的长青（Evergreen）大厦立刻映入眼底，从房子的大门口一直到缅恩大街上，所有人的活动都能看得清清楚楚。难怪艾米莉·狄金森在信中曾说：她常从窗口眺望哥哥那个美丽的家。

真相究竟为何？这样的臆测是否只是一种无法证实的野史逸闻？无论如何，朱迪斯·法尔所采用的文本细读研究偏偏又鼓励我们对这个问题继续玩味下去。我忍不住抬头问馆长："我们都知道马斯特先生的存在，但有人又说艾米莉·狄金森是个女同性恋，你以为如何？"馆长对我注视良久，接着轻声说道："谁知道呢？艾米莉·狄金森与朋友（无论是男是女）交往时总有极端热情的倾向，但我认为诗中所描写的感情都只是精神的，而非肉体的……"

我环视卧室的四周，仿佛可以读出女诗人当时的寂寞心声。寂寞的艾米莉·狄金森是用写信的方式与朋友沟通感情的，她寄出的信件之多，足以惊人（目前留下的就有 1000 封左右）。她曾在给马斯特的信上说道："今夜，我已比从前苍老多了……但我对你的爱仍旧不变。"对艾米莉·狄金森来说，世上的财富莫过于情感上的富有。所以，她一旦拥有爱就害怕失去："既然已经富有了，我真怕再去过穷人的日子。"为了保留爱情的纯洁性，她不惜拒绝婚姻。她曾说："放弃本身也是一种选择。"在人生的旅途上，她宁愿躲在风平浪静的创作天地中，把情感上的富有化为艺术上的富有。与诗稿相同，爱永远被珍惜着，永远被她"存放在抽屉中"。

那天，我们先从"后门"走进女诗人的故居，最后却从前门走出来。前后只花了 30 分钟，但我却感到空前的富有。我们一行人在沉默的夕阳中走回安默思学院，我边走边回头，忍不住再望一望那女诗人的窗口。

（原载于《世界日报》，1997 年 10 月 7 日）

记白先勇来耶鲁放映《最后的贵族》

最近，本校东方语文系特别邀请著名小说家白先勇前来放映谢晋导演的《最后的贵族》（据白先勇小说《谪仙记》改编），并与学生们讨论电影与小说原著的关系。这部电影是1989年由上海电影制片厂出品的，拍摄地点包括上海、纽约、威尼斯，是中国大陆第一部具国际性的影片。当时，电影一出，立刻就在纽约上演。然而，由于那时美国尚未刮起"东方影片热潮"，所以该片并未引起应有的号召力（虽然《时代》周刊和《纽约时报》都先后介绍了这部影片）。

突然间，最近产生了一股"东方热"的新潮流，尤以《喜宴》与《霸王别姬》广受美国观众的瞩目（两者同时被提名，角逐奥斯卡最佳外语片竞赛）。其中，《霸王别姬》又由于当红歌星麦当娜的激赏与宣传，俨然已成为"后现代电影"，引起无数影迷的向往。在这样一种令人耳目一新的气氛下，请白先勇来放映一部由他的小说改编的中国电影，别有一番滋味——这完全不是迎合潮流的造势花招，而是借着已形成的文化趋势，希望能进一步探讨文学与电影之间的巧妙关系。加上耶鲁大学的"电影学系"也是首屈一指的［其中有费修珊（Shoshana Felman）、保罗·弗莱（Paul Fry）、杰弗里·哈特曼（Geoffrey Hartman）、霍华德·拉马尔（Howard Lamar）、艾伦·特拉亨伯格（Alan Trachtenberg）诸位名教授］，于是我们就名正言顺地"宣传"一番，希望有更多攻读比较电影学、比较文学及东亚语文学的师生来欣赏《最后的贵族》的演出。为了引起更有效的注目，我们特别租了新港市内的约克广场电影院（York Square Cinemas）为放映场地——对耶鲁大学来说，这也是破天荒之举。

果然一切如愿，电影放映的当天来了很多观众，而且多数人都已经读过白先勇的原著《谪仙记》。一般观众都很欣赏电影导演谢晋对女人心理的处理方式，尤其是电影的后半部带给人很多的想象。由潘虹来饰演女主角李彤再合适不过，因为潘虹在电影中所投入的感情意象都令人联想到一种悲剧性的女性——一种"见人之所不见，想人之所不想，感人之所不感，痛人之所不痛"的情感女人之造型（恕我套用赵淑敏的词句）①。

在讨论《最后的贵族》影片时，大家都集中在电影和小说的情节异同之问题上——例如电影始于上海李彤家的生日舞会，以及李彤与男主角陈寅的心契情合；但小说《谪仙记》一开头就说明陈寅已与慧芬结了婚。再者，电影结尾把李彤在威尼斯跳水自杀的情景以诗意的方式具体呈示出，但小说只借着一封电报来宣布死亡的消息。在某一程度上，电影与小说之异主要基于观点之异——

---

① 见《文学女人的内心世界》，刊载于《世界周刊》1993 年 11 月 14 日。

看你怎么看。《最后的贵族》一片采用的是一种戏剧性的"演出"〔即韦恩·布斯（Wayne Booth）在《小说修辞学》（*The rhetoric of Fiction*）中所谓的"Showing"或"呈示法"〕，但《谪仙记》用的是第一人称"叙述法"（即韦恩·布斯所谓的"telling"或"讲述法"）。由于艺术性媒介不同，观点有异，二者所用的表现方式亦因之而异。在讨论这些问题时，白先勇以一种轻松的口吻来解说诸如此类的题材，使大家乐得使用一个新的思考方式来诠释与感受审美标准的复杂性。

我自己对电影中李彤的死特别感兴趣——我认为电影结尾的那一段真是难得的佳作，因为它所表现得不只是死，而是生命的再生与死的结合，也是人生悲剧与美感的再创造。我们看见李彤漫步在威尼斯街上，被一群美丽的鸽子围绕着；一个人在微风中飘荡着，仿佛整个世界都在悄无声息中做着生命的沉思。最后，最魅人的还是听小提琴独奏的那一幕——当那位曾在上海住过30多年的欧洲提琴师拉出梦境般的音乐时，银幕上出现着抖颤的流水浪花，接着我们看见李彤那美丽而神秘的面孔。她在沉思默想后，静静地问道："世界上的水都是相通的吗？"就这样，她从容地自水边消逝了（自杀镜头没有直接拍出），随着海水流漾着，流漾着……仿佛小提琴静静发出的韵律，溶入水中。

我认为这段极富诗意的结尾代表着导演谢晋对原著《谪仙记》的再诠释：在小说中（写于1965年），李彤是个谜一般的人物，我们很难窥视她的真正感情，因为所有的观点均由陈寅的独白口气来叙述、来发挥。然而，电影（尤其是下半部）却把我们引入李彤的内心世界，使我们对她多了一份同情。尤可注意者，《谪仙记》

里的李彤好像只是一个"没有固定的对象""男伴经常调换"的堕落美女；但《最后的贵族》中的李彤却成了一位真正的悲剧性人物。电影中的李彤之所以可悲，乃是因为她对爱情的要求与俗人不同，她不妥协于"生活"上的满足，却一味执着于"生命"层次的追求。问题是，她追求的是一种生命的"完整性"（completion），然而现实的人生却是不完美的。唯因对生命的要求过高，内心所受伤害亦特别深切。于是，就如电影导演谢晋所说，"她像浮萍一般漂游在外国，最后不但丧失自己的贵族身份，也失去了灵魂"。①

　　李彤的悲剧可说一部分是她的个性造成的，就如美国俗语所谓"个性即命运"（Character is fate），然而更重要的是，她的悲剧也是一般在海外的中国人之悲剧——一种无法抵制时代悲剧的无奈心态，以及有家归不得的"浮萍"似的存在。以李彤为例，她当初在上海是个有钱人家的独生女，父亲官做得大，又拥有令人羡慕的德国式别墅，可说是年纪轻轻就享尽无限风华。1948 年到美国上大学后，李彤更是出足了风头，一下子就成为卫斯理校园的名人，还被选上"5 月皇后"，追求她的男子可谓难以计数。谁知，不久国内出了事，战事爆发，李彤的父母从上海乘"太平邮轮"到台湾的途中，不幸罹难身亡。于是，李彤一夜间从天堂的境遇掉入地狱。一个漂游于异乡的女子，怀着一颗破裂的心，真不知如何从痛苦中再爬起来继续前行。就在这个时候，她才完全了解"脆弱啊！你的名字是女人"的残酷事实。

　　当初，李彤得知父母罹难的消息时，那突来的惊吓使她体验

---

① 见《时代》1989 年 2 月 27 日，第 44 页。

到一种精神的大崩溃。她在医院里躺了一个多月，不肯吃东西，不肯说话，天天只让人打葡萄糖和生理盐水。在这一段"精神崩溃"的日子里，只有男友陈寅（当时上哈佛大学）以及三位室友慧芬、张嘉行、雷芷苓（皆为上海贵族中学中西女中的同班同学）可以向她表示由衷的关切。然而，此时每个人家中都遭到战乱的打击，也都在痛苦中做某一程度的挣扎。就在此时，李彤毅然辍学，一夜间走出校园，只留下一个简短的字条，连陈寅也不通知一声。此后一二年间，李彤有如石沉大海，谁也得不到她的消息。只有那对她一向倾心的陈寅，默默地念着她，在痛苦寂寞中渐渐捡拾到暂时的友谊慰藉。

我们再看到李彤的时候，却是在陈寅与慧芬的婚宴上。李彤突然出现，使大家十分惊奇，连那位美丽的新娘一下子也被李彤"那片艳光很专横地盖过去了"。虽然彼此说话不多，观众可以清楚地意识到，陈寅与李彤仍是深深地相爱着。可惜，命运由不得人支配，两人可谓有缘而无分——尽管陈寅是她的真正知己，对她默默地怜爱着、崇拜着，却无法扭转生命的多变际遇。而那已成为模特儿、交际花的李彤也就不得不以特殊的刚强来掩盖内心的软弱。这时本性骄傲自负的她必定对自己陡然丧失机缘的错误感到十分懊悔，但她仍装腔作势，把自己打扮得像天仙一般，到处惹人眼目，接着，就是从一个男人身上换到另一个男人身上，而且开始酗酒，慢慢走向自我毁灭的道路——这一切的一切，陈寅全看在眼里，但可悲的是，他却无能为力，解救不了她。我以为《最后的贵族》最重要的成就之一，就是用一种不直接说出的气氛把这种人生悲剧很巧妙而细致地体现出来——人生的悲剧就是，既知懊悔无用，却又无法忘却过去；人生的无奈就是，我们永远是在迂回的道路上，永远无法从"记忆"中设法解脱出来。

而所谓的"记忆"也不仅仅指"个人的记忆"而已。更重要的是，它指一种"文化记忆"，一种根深蒂固种植于文化人内心深处的记忆——仿佛是心底暗处藏着的一座小花园。在《谪仙记》里，作者不断用寓言似的手法把李彤比成中国——李彤不但自称是中国人（其他三位同班同学则分别象征美、英、俄），而且她的彷徨与痛苦也代表整个旧中国所经验的沧桑多变。与李彤一样，旧中国也是屡次痛失良机，无法学会在懊悔中超越，无法使痛苦的重担变成胜利的史诗。在某一程度上，李彤父母"船沉"之悲剧也象征着旧中国所面临的沉重危机。

当李彤在酒店里告诉陈寅说，她这一生就这样东飘西荡地过去时，我相信每个中国人都会感到内心的共鸣。但陈寅也只有以静默、无可言说的眼神来表达心中的无奈与哀伤。在《最后的贵族》中，李彤的造型使人不得不联想到最近一部电影《纯真年代》（*The Age of Innocence*）中的艾伦·奥兰斯卡（Ellen Olenska）此一复杂角色。与艾伦一样，李彤也是"贵族"，也是一样地美丽出众，也是一样在美国失去与情人结合的良机。然而，李彤却无法像艾伦一样自由自在地回到文化祖国（艾伦回到文化古城巴黎），更无法像她一样走出一个上升的生命历程——其主要原因乃是李彤拥有太多的"文化记忆"，无法埋葬过去，无法对昨日做某种抛弃、某种超越。许多海外的中国人也与李彤一样，他们忘不了过去的中国，在异乡翻过一山又一山，仍然发现自己忆恋最深处还是中国。

抛开文化包袱不说，李彤的主要问题当然也是个性使然。她不幸拥有"尤物"的气质，却缺少"尤物"应有的坚韧。她是"红颜"，却没有带给男人"祸水"，反而成为自己的"祸水"。她的自杀带给人一种美丽而哀伤的意象。就因为李彤较一般人更加殷切地追求美、渴望爱，她的死才更使人领受到深一层的悲痛。

那天，看《最后的贵族》的最后一幕时，我发现自己忍不住把李彤之死比成美国影星玛丽莲·梦露之死，同时不知不觉又想起自己多年前写的一首英文短诗来：

An Elegy for a Woman

"I want to be loved by a man from his heart,

As I would love him from mine."

Said Marilyn Monroe in the last summer of her life.

She was a woman desired by millions

But belonged to no one. God, how unfair.

Now only flowers are sent each day to her grave.

给一个女人的挽歌

"我渴望一个男人从心底热情地爱我，

我也愿意这样地爱他。"

这是梦露在生前最后一个夏天说过的话。

她是一个倾倒了百万大众的女人，

可惜她自己却不属于任何人。上帝啊，真不公平，
如今只见有人日日在她的坟前献上鲜花。

　　真不知道小说家白先勇和导演谢晋会不会认为我这种联想太
离谱。无论如何，我的反应代表一种现代人的反应。《最后的贵族》
之所以动人，乃是因为它像一首抒情长诗，使人从眼泪的柔波想
到大海的狂涛，从哀伤想到美丽，从渴望想到永恒。

1993 年 11 月 21 日

写于耶鲁大学

"奇迹"：小猪和蜘蛛

昨天是圣诞节，我和朋友及家人一道去看正在上演的"儿童"电影《夏洛特的网》(*Charlotte's Web*)。本来只是抱着欢度节日的心情，去电影院里随意消遣一下。但随着那半写实半童话的故事在银幕上展开，欣赏着人与动物之间似沟通又似隔膜的生动画面，忽然让我想起了10多年前3只小鹿来访的美妙回忆。那是一段难忘的亲身经验：记得那年的大年初一，3只小鹿突然穿过森林，来到了我家的书房门口，它们很好奇地把鼻尖紧贴近透明的玻璃窗，久久徘徊不去。在那一时刻我仿佛看见了奇迹，尤其从小鹿的温柔眼神中感受到了一种纯情的呼唤，正与屋里播放的抒情笛音形成了交响乐般的梦境。我永远忘不了，在那一个瞬间，我确实曾与那三只小鹿建立起某种心灵上的沟通，那是一种超越人间语言的默契感。

现在，多年后，借着电影《夏洛特的网》，我又奇妙地回到了那种与动物沟通心灵的美感经验中。电影中描写一个农场女孩阿芬［Fern，由12岁童星达科塔·范宁（Dakota Fanning）演出］及一只蜘蛛夏洛特〔Charlotte，由著名影星朱莉娅·罗伯茨（Julia Roberts）配音〕如何帮助一头小猪韦宝（Wilbur）存活下来的动人故事。首先，在一个紧要关头，女孩阿芬营救了小猪的生命。同时，她每天按时用奶瓶为小猪喂奶，很快就和小猪建立了深厚的友谊。后来，为了配合自己的上学时间，女孩只好把小猪寄放在叔叔家的谷仓里，让小猪和其他动物们，诸如牛、羊、鹅等生活在一起，她则每日放学后按时到谷仓和小猪相聚。在此同时，小猪和蜘蛛夏洛特也渐渐成了无所不谈的好朋友。有一天，谷仓里的白鹅说，小猪不久就会被农场主人（即阿芬的父亲）宰杀，以备圣诞晚餐之用。听到这个消息后，小猪开始忧虑。但聪明的蜘蛛及时想出了一个解救小猪的妙计，那就是，它想尽快努力为小猪织网，并计划在蜘蛛网上用文字织出各种有关小猪的信息来，好让人们因看到"奇迹"而放弃宰杀小猪的念头。果然，蜘蛛夏洛特的计策进行得非常成功——它先后在蜘蛛网上织出"Some pig"（非同小可的猪）、"Radiant"（灿烂明亮的）、"Humble"（谦逊的）等文字来形容小猪的独特之处。当这些"蜘蛛网文字"出现在谷仓的门口时，村里的人为此感到震惊，于是纷纷跑来观看这个"奇迹"（miracle）。大家都为此奇迹赞叹不已，因为谁会想到蜘蛛居然会书写人类的文字？可见其中必有神助。后来，消息一传十，十传百，以至于大家都开始传说阿芬的家中很吉祥，并说那是因为他们拥有一头十分不寻常的小猪之缘故。最后，那头小猪还被领到村镇的集会中参加比赛，还因此得到村长的奖赏，从此有了"名猪"的好名声，而女孩阿芬也跟着成为当地的名人。

电影从头到尾十分抒情，不论是描写女孩与小猪还是小猪与蜘蛛之间的互动，都十分真挚而动人。它主要反映的是动物的灵敏和重感情的一面。

这当然是一个虚构的故事，它是根据 1959 年的名著《夏洛特的网》[*Charlotte's Web*，作者怀特（E. B. White）] 那本书改编的。那书之所以一直被视为美国儿童的经典读物，乃是因为它的主旨在描写人与动物在心灵上的特殊交流，而孩童乃是最富有灵性、最能感性地了解动物的人，故也是该书的最佳读者。比较之下，大人们则经常受理性和现实的局限，因而丧失了超感官的灵性，也较难领悟书中的妙处。事实上，自然界的奇迹是无所不在的，只是有些人（尤其是儿童）看得见，但大多数的成人却视而不见。

然而，电影《夏洛特的网》的最大成就是利用童话与现实合一的手法，使得那头富有魅力的小猪和那只美丽善良的蜘蛛变成很通人性的动物，并会通过言谈的方式随意与人交流。因此，整部电影的效果是极富诗意而感人的。它无形中也使得大人们学会了如何换一个角度来看现实的日常生活。比方说，电影中女孩的母亲，她原来很为女儿阿芬那种沉溺于动物的行为感到担心，她以为女儿有某种心理问题，并为此感到焦虑，甚至还向心理医生讨教。但医生向她保证阿芬的行为完全正常，因为"愈天真的小孩愈有灵气"，也愈能听到大自然界里动物的"声音"。可惜，许多大人已经听不到那种声音了。

但电影末尾那首动人的歌曲 [由著名摇滚歌手莎拉·麦克拉克兰（Sarah McLachlan）独唱] 很感性地唱出了大人的"童心"，其节拍缓和，抒情性特强，以至于电影终场时，我居然瞥见不少大人在那儿频拭眼泪……

奇妙的是，走出电影院，在快要抵家的开车路途上，我突然看见3只小鹿，它们来自森林的那一方，正在急急地穿过马路，之后又徐徐地出现在路边观望。对于眼前这个情景，我忍不住心头一酸，似乎又回到了多年前那个与鹿相遇的境界里。我禁不住惊叹这个巧合的"奇迹"，或许那3只小鹿是特地来向我拜年的，或许它们是在提醒我：它们一直是认识我的。

（原载《世界日报·副刊》，2007年1月12日；简体版转载《书屋》，2007年2月号，本次略有修润）

灵魂伴侣

——从美国电影《廊桥遗梦》说起

"灵魂伴侣"（soul mates）是今日美国最时髦的名词——它不仅左右着当前的爱情观，而且以它作为书名的畅销书最容易打动书迷的心。例如，托马斯·穆尔（Thomas Moore）的《灵魂伴侣》连续两年登上美国的畅销作品排行榜。最有趣的是，连电影中的情侣也被观众用同样的角度来诠释。今年银幕最受瞩目的"灵魂伴侣"就是演《廊桥遗梦》的男主角克林特·伊斯特伍德（Clint Eastwood）和梅丽尔·斯特里普（Meryl Streep）。在该影片中，这两位奥斯卡巨星把一本引起全球热卖风潮的小说演成了有血有泪的爱情故事，把一段狂烈爆发的炽恋极其形象地化为永生的盼望——在电影的结尾，当女主角的儿女把她的骨灰撒在廊桥下时，观众不知不觉地同声嘘泣。那一对相爱而不能结合的男女，在饱受 20 余年的相思之苦后，骨灰终于结合，终于能够自由地优游于同一空间。此情此景令人不由惊叹："问世间情为何物，直教生死相许。"

一、男性观众对本片反感

灵魂伴侣就是死生相许的伴侣，它强调的是一种灵魂的契合，一种全面的、永不消逝的情感结合。它可以是同性，也可以是异性，可以是友谊，也可以是爱情。两人的身份如何、社会角色如何并不重要，重要的是双方灵魂深处的实质沟通。世上最美妙的经验莫过于找到自己的灵魂伴侣，即中国人所谓的知己，或是心理学家荣格所谓男人的 anima，女人的 animus。

男女主角最成功的表演就是把灵魂伴侣的关系具体化、形象化，并给观众提供了一种"情感真实性"。这就是为什么美国人喜欢这部电影甚于罗伯特·詹姆斯·沃勒（Robert James Waller）的原著的主要原因。许多小说的读者（尤其是男性读者）对该书内容有很大的反感。男人杂志《时尚先生》（Esquire）指出，一般美国男人认为该书鼓励无病呻吟的已婚妇女追求一种狂想式的、不负责任的婚外情。他们认为，该书强调女人需要浪漫情调及性欲的解放，但书中的情人罗伯特充其量只是一个"幻想"，只是一种虚构的虚构。因为据他们观察，走遍美国也找不到一个罗伯特那样的男人，而 90% 的美国男人却像书中的丈夫理查德那样——诚实、乏味、不善言说、不懂艺术、沉着可靠、满足于现实，是真真实实的你与我。

二、银幕硬汉自导自演成功

但是，现在借着电影的媒介，克林特·伊斯特伍德改变了虚构的情人形象。一向以"银幕硬汉"著名的他，第一次破天荒地扮演了善感的浪漫情人。他既有雄豹的魄力，又有诗人的想象。在他的镜头诠释下（他也是该片的导演），改编之后的电影很有戏剧性地启发了观众，使他们又回去发掘原作品的可读性，于是罗伯特·詹姆斯·沃勒的原著又忽然登上了畅销小说排行榜首。当初克林特·伊斯特伍德是冒着很大的风险来接受这个角色的演出的，许多影界朋友也劝他不可随意接受，因为那是一个吃力不讨好的角色。但他始终坚持："其实我很熟悉这个角色，我就是罗伯特这个角色。"现在影片既出，影评家也说："这是克林特·伊斯特伍德演得最成功的电影。"

但是，成功的原因主要是由于男女主角配合之下所发出的情感火花。在影片中，女星梅丽尔·斯特里普不负众望，以她精湛的演技和女性的魅力塑造了一个成熟而有情义的女性。这一对银幕情侣从头到尾所展示的是一种爱情与生命合一的经验，他们的爱情是灵魂深处的自然需求。那是一种敞开自我、完全接纳另一个体的过程。最美妙的镜头就是两情相悦所带来的自然空间——从安静的廊桥望去，万物都由于爱情而有了新的风貌，于是乡野的花朵有了生命的气息，来历不明的飞蛾有了光彩，淡淡微云成为美丽的银河，所有内在、外在的生命都蓦地苏醒，感受到从未有过的美感与惊奇。

三、超越时间的永生承诺

也许就是因为这种开拓空间的视野使得廊桥一向被视为爱情

的象征。美国中西部的廊桥大都为19世纪德国移民所建，从一开始，这些构造简单而富有神秘性的廊桥就成为男女幽会的场所，因为它们既有掩护的作用又是方便的坐标。许多情侣在桥上缠绵之余，还把廊桥当成互通音信之处，他们常常在桥上贴上大大小小的纸条，盼望对方可以及时看见——就如《廊桥遗梦》中弗朗西斯卡写给罗伯特的纸条："当'白蛾飞动'时，如果你还想用晚餐，可以今晚完工后过来。任何时间皆可。"这种充满浪漫气息的廊桥，尤其是通过电影中多种透视的画面呈现出来时，最能扣人心弦。我们看见女主角梅丽尔·斯特里普在桥上微笑地漫步着，一边望着远处的风景，一边从桥上的空隙偷看正在拍照的情人。是爱情使她得到了自由，让她体验到前所未有的更新与唤醒。最美丽的人生经验莫过于爱情所带来的幸福感，知道生命中除了琐屑的家常以外，还充满了美丽的梦境与希望。最难得的是，这一段相聚不过四日的恋情却没有因为分离而消失，那是一种超越时间的永生承诺，也是一种死而无憾的伟大爱情。难怪许多看过《廊桥遗梦》的观众都说："这里强调的不是婚外情，而是一对灵魂伴侣的遇合。"

就因为这不是一般的婚外情，这段感情自始至终超越了婚姻的局限。它既存在于婚姻之外，也在婚姻之内产生了作用。借着女主角的经验，我们发现爱的真谛：所谓爱就是无限的慈悲与包容，它使人凡事为周围的人着想。因为有爱，弗朗西斯卡不忍心遗弃她的丈夫与女儿；在无限艰难的抉择中，我们看到了爱的尊严与伟大。在电影中颇感人的一幕就是弗朗西斯卡照顾病中的丈夫那一段：她对情人的痴情丝毫没有改变她对丈夫的爱；相反地，就因为拥有罗伯特的永恒相知的爱，她才更有宽怀的心境去努力爱惜自己的丈夫。爱情有其根本缺陷，但也因为有了缺陷才更令人看到其中的神秘价值。在临终时，理查德语重心长地说道："弗朗西斯卡，我知道你心中拥有自己的梦，我没有能够满足你的梦，我感到非常难过。啊，我是多么地爱你啊……"这种肺腑之言足以让痴心的观众同声叹息。

另一方面，情人罗伯特的爱也足以让人感叹不已。仅仅四天，他给了弗朗西斯卡一生，给了她一个宇宙，使她支离破碎的部分变成整体。令人无限感伤的是，如此相爱的一对情人必须忍受永远的分离，处境比牛郎、织女还要痛苦。为了不伤害自己的亲人，弗朗西斯卡做出了极其理智的决定，但在这个决定的背后，隐藏了多少挣扎与眼泪！一个使人萦绕于心、挥之不去的电影镜头就是"雨中离别"那一幕：现实的局限使这对情人不能为所欲为。在无奈的境况中，他们必须压抑，必须忍耐，必须控制。在"盈盈一水间，脉脉不得语"的背后，我们看见爱情的可贵与人生的缺陷。是否拥有对方已经不是问题，问题是如何忍受永恒的回忆与思念。这也是真正的爱所付出的代价。

四、各种年龄都能接受的爱情

《廊桥遗梦》最高明的一点就是令各种年龄的观众都能接受这种刻骨铭心的爱情。小说原著的格局很容易使人以为那故事是为中老年人写的，但电影的安排却把故事改在年轻人的处境中。整部电影围绕着迈克尔和卡罗琳阅读其母弗朗西斯卡死后遗留下来的信件与日记这一事件。利用一双子女的阐释与心理变化,电影逐步展开。在倒叙过程中,我们既看见故事的主题也感受到年轻人对母亲婚外恋的心理反应。与小说的处理方式不同,电影给人提供了儿女心理的复杂性。在小说中,迈克尔无条件地接受并赞赏其母之恋情;但在电影中,他开始是以一种沮丧与愤怒的态度来面对真相实情的。对一个儿子来说,母亲爱上"第三者"就是一种背叛,在正常的情况下,很少有人能忍受这种屈辱。

然而,正在为自己婚姻问题伤脑筋的迈克尔终于在阅读的思考过程中渐渐改变了想法。与卡罗琳相同,他从来不了解爱情的真谛,也害怕爱情所要求的代价。他们都属于重欲不重情的年轻一代,误以为沉溺的性关系就是真正的爱情。于是,一连串的耽欲经验以及失败的婚姻吞噬了他们的青春岁月,使他们感到无奈与绝望。现在看了母亲的信件及日记才知道天下果有如此殉道式的爱情:原来真正的爱情是一种无私的付出与牺牲,有许多美好也有许多心酸,有欲望的满足也有惆怅的回忆,有相聚的短暂也有情义的永恒。这确与时下流行的恋情有基本的不同:目前不论是媒体或是生活中都流行着要报仇、要憎恨、要杀人、要施暴力的情感模式。面对弗朗西斯卡的故事,年轻人自然自惭形秽地有所觉悟。

电影结尾时,我们看到迈克尔和卡罗琳把母亲的骨灰撒在廊桥下,一任那骨灰在风中飘扬,从空中落下。他们在给死者隆重的追悼,也给永恒的灵魂伴侣衷心的同情与谅解。那不是道德的谅解,而是代沟的化解。

(原载于《明报月刊》,1995 年 7 月号,本版略为修改)

战争的代价

——谈电影《硫黄岛的来信》

最近，由克林特·伊斯特伍德（Clint Eastwood）导演的战争片《硫黄岛的来信》（*Letters from Iwo Jima*，又译《硫黄岛家书》）轰动了美国影坛。该影片描写第二次世界大战结束前日军在硫黄岛拼死抵抗美军登陆的经过，也是日、美两军开战以来死伤最惨重的一次战役。事实上，这并非克林特·伊斯特伍德所导演有关硫黄岛之役的首部电影——前不久他已经导演过一部有关这个题材的电影，名为《硫黄岛的英雄们》（*Flags of Our Fathers*）。然而，《硫黄岛的来信》却与前一部电影完全不同，它不但采取了一个全新的观点，而且改变了传统"战争片"的叙事模式，难怪大家都称赞这部影片是克林特·伊斯特伍德（今年已76岁高龄）平生以来最登峰造极的一部作品。其中一个理由是，该电影改用敌人（即日军）的角度来描写和阐释战争。就如伊恩·布鲁玛（Ian Buruma）在《纽约书评》中所说："传统的战争片——不论是美国片、欧洲片，还是亚洲片——多半缺少有关敌营的画面。"[①] 然而，导演克林特·伊斯特伍德却让我们通过这部电影，在个别敌军身上看到了人类共通的情感与其复杂性。

该电影的另一不寻常手法乃是通过日本士兵们遗留下来的信件——60年后（2005年）在硫黄岛的洞穴中发现的许多信件——来逐步展开叙事，因此在倒叙的过程中，故事就显得特别感人，也体现出一种特殊的抒情意味［这无形中令人想起多年前克林特·伊斯特伍德演出的著名电影《廊桥遗梦》（*Bridges of Madison County*）之情节——虽然涉及一个完全不同的题目，也同样借着当事人死后所遗留下来的信件来逐步展开的］。所以，在看《硫黄岛的来信》一片的过程中，我们好像在阅读一连串的信件，好像在烽火连天的战争场面中也能感受到个别士兵的复杂心理。这样的心理描写又都配合着十分动人心弦的电影主题曲，因而也进一步提高了故事的抒情性［必须指出的是，该电影的背景音乐乃由导演克林特·伊斯特伍德的儿子凯尔·伊斯特伍德（Kyle Eastwood）所设置］。

首先，电影开始之后不久，我们就被带到硫黄岛的海滩上，看见许多日本士兵正在那儿辛苦地挖战壕。其中一个特别年轻的士兵西乡升［Saigo，由著名歌星二宫和也（Kazunari Ninomiya）扮演］却一边工作一边在私底下埋怨着。就在那一瞬间，导演让我们首先听见西乡升给妻子的信中所表达的一段心声："啊，其实我们不是在挖掘战壕，我们简直在自掘坟墓（We are digging our

---

① *New York Review of Books*, Feb. 15, 2007.

own graves）。"可以说，从一开始，西乡升就对这个战争充满了怀疑，同时他也不甘心被派到这个注定送死的前线。后来，从电影的进一步倒叙中，我们渐渐得知，原来小兵西乡升本是一个面包师，在妻子怀孕不久后，自己就"被迫"参军，因此感到十分不情愿。在此情况之下，他只得发誓，为了那将要出生的孩子，即使在枪林弹雨中也要努力保住自己的生命，好早日还乡和家人团聚。他这样的"贪生怕死"显然和军营中其他许多甘愿为天皇效命并以为国捐躯自豪的日本士兵们有所不同。因此，在硫黄岛上的数月间，他屡次被长官伊藤上尉［Lieutenant Ito，中村狮童（Shidou Nakamura）饰］施以体罚。如果不是宽宏大量的栗林忠道将军［General Tadamichi Kuribayashi，渡边谦（Ken Watanabe）饰］，即那位曾经赴美留学而深谙美国文化的日本将领及时干预，西乡升不知会被摧残到什么程度。然而，不可否认的是，小兵西乡升所代表的乃是个人在无情的战场上对战争本身所产生的一种无奈。不论从哪一方来说，战争都是残酷而非人性的。

此外，电影还塑造了一个重伤被俘的美国小兵山姆（Sam），由他的身上我们可以看到敌我双方所共同面对的战争悲剧。山姆临死前和日本士兵们的简单对话，也同时透露出每个无辜士兵的艰难处境。最让人难忘的一幕是，当军官西竹一［Nishi，伊原刚志（Tsuyoshi Ihara）饰］，即那位曾经到过美国的前奥林匹克马术冠军得主朗读山姆的母亲写给儿子的来信时，在场的日本士兵无不深受感动。可以说，人同此心，心同此理，山姆的母亲自然非常盼望自己的儿子能平安归来（可惜山姆难免一死）。但他的母亲在信中强调："但你必须做你认为对的事，因为那才是正确的（Do what is right, because it is right）。"

　　这时，有一个名叫清水［Shimizu，加濑亮（Ryo Kase）饰］的日本士兵（他曾经当过宪兵，但因没有遵命杀死一条狗而被遣往硫黄岛送死）特别受到美国兵山姆的启发：清水一向以为美国兵都很胆怯，甚至会因情感的缘故而放弃军中纪律，但从山姆的身上，他看到了美国人的优点。因此，清水开始怀疑这场抗美战争的意义。而且他突然悟到：自己的生命实在太宝贵了，绝不能就如此无谓地死去（I don't want to die for nothing）。最后，他决定投降。谁知投降之后，他却被两个残暴的美国兵给轻蔑地枪杀了。可见，只要有战争，都是残酷而荒谬的。战场上的一切都无所谓是非对错，甚至连生死都充满了偶然。所以，有一天小兵西乡升就忍不住自言自语道："难道这是一场玩笑吗（Is this a joke）？"

　　然而，在战场上，每个人都有他不同的命运和使命。例如，那个一向潇洒自如的军官西竹一，虽然他明知硫黄岛之役只是死路一条，但他还是勇敢地尊奉天皇的命令，把国家的重要信息（日本本土已无法兵援硫黄岛）及时带到了硫黄岛，并向长官栗林忠道将军如实做了报告。为了让栗林忠道将军彻底了解到硫黄岛当时的处境之难，西竹一只能苦笑地说道："将军先生，老实说，我们最好的一条出路就是设法让这个岛屿沉到海底（In my opinion, general, the best thing to do would be sink the island to the bottom of the sea）。"后来，西竹一终于在硫黄岛上壮烈地殉国了。在殉身之前，他还诚恳地向手下的士兵们说道："你们千万要记住，要设法去做对的事，因为那才是正确的。"接着，他就把自己的职权交给了另一位军官。

同样，总司令栗林忠道将军虽然明知这场战争必败，也早已决定殉国，但他还必须以再接再厉的精神来死守硫黄岛。这是因为他知道，硫黄岛一旦被美军攻下，日本本土就完了。于是，他想出用洞窟埋伏士兵的计策——而不是采取速战速决的集体自杀和冲锋战略——以便借此拖延时日，以保住日本本土。然而，在这种坚持之中，他念念不忘的则是自己的家人，他借着给妻儿不断写信的机会获得了活下去的勇气。这样经过数星期之后，他终于在一次血战中受了重伤。他最后持枪自杀，死前曾哀求西乡升将他的遗体立刻埋葬掉，以免敌方会认出他的身份来（讽刺的是，这正实现了西乡升在电影开头时所说的"自掘坟墓"之预言）。没想到，最后西乡升却成了日营中唯一的生还者（当然，这是电影的改编情节，据实际统计，硫黄岛上的22000名日本士兵中，共有1083人生还，其中有些人投降，有些人来不及自杀就被俘）。到此，美军苦攻硫黄岛，终于成功地告一段落。

在电影的末尾，我们看见日本小兵西乡升和许许多多的美国伤兵一起躺在担架上，他的脸慢慢地朝向镜头，面向观众，似乎想说什么，却又欲言而止。

作为一个战争的见证者，或许西乡升想说的是：战争，需要人来承担代价。但那个代价实在太大了，太伤人了，也太累人了……

（原载《世界日报·副刊》，2007年3月7日；简体版转载《书城》，2007年7月号）

杀人祭的启示

——看电影《启示》有感

　　以《耶稣受难记》(*The Passion of the Christ*) 著称（并因此遭人谩骂）的美国电影导演梅尔·吉布森（Mel Gibson），这次又以空前的震撼力推出了他的另一部新作《启示》(*Apocalypto*)。该影片主要描写中美洲的玛雅文明最后如何走向灭亡的经过，其场面既壮观，又具有史诗（epic）般的规模。据历史记载，古代的玛雅王国以城市建筑和天文学著名，但其主要城市大约在公元 1000 年左右先后覆灭。[①]

　　梅尔·吉布森这部电影与实际历史的记载有些差距，但它还是尽可能再现出那段历史的"真实性"。例如，电影从头到尾都用已无人能懂的玛雅语来进行对话，极具再现古昔场景的真实感。

　　但与其说这部电影表现了一种历史的"真实"感，还不如说它提供了一个"血淋淋"的近似原始真实的"场景"。从头到尾，电影的观众一直在受考验，看是否能承受得住一幕又一幕"血淋淋"

---

　① 请参见这一方面的经典著作：Mary Ellen Miller, *The Art of Mesoamerica: From Olmec to Aztec* (London: Thames and Hudson, 1986; rev.,1996)。

的视觉感受。随着剧情的进展，我们渐渐了解到故事的主要背景：原来，那时玛雅王国正在闹饥荒，全国上下都束手无策，希望能有解脱的一日。有一天夜里，一群玛雅士兵突然来到一个森林的村落里进行突击，目的是为了俘虏那儿的男壮丁，想把他们押到京城，以便向日神（Sun God）献上人头祭（human sacrifice），以此达到禳灾的目的。于是，在一场极其凶猛的喋血之战后，那个名为"燧石天"（Flint Sky）的村长当场被处死，他的儿子"豹爪"（Jaguar Paw）和几个村里的青年则被活活抓起。一路上他们饱受士兵们的鞭打折磨，其受苦受难的情景令人联想到电影《耶稣受难记》里耶稣背负十字架，在士兵鞭打下艰难走向山顶的过程。等到了京城的祭坛附近，一切情景更是令人触目惊心——尤其是，祭坛的周围都挂满了各种各样的死人头颅，有大有小，或高悬或低垂。而祭坛上还坐着大有权柄的玛雅王室贵族们，他们身上戴有美丽珍贵的饰品，脸上却毫无表情。

接着，故事的高潮终于慢慢地展开，那是最为"血淋淋"的一幕了：我们看见，那些被俘的壮丁，一个个已依序被抓到祭坛的前头。首先，第一个俘虏先被祭司强按住全身，接着又有个祭司用快刀立即将俘虏杀死，并将血淋淋的心脏取出示众。在群众的一阵欢呼之后，那心脏就立刻被烈火烧焦，焰火上冒，是为祭神。接着，死者的头很快就被砍下，只见一个头颅从高高的祭坛上顺着楼梯往下滚动，底下有一名士兵很快就接下了头颅，有如接球一般迅速而轻快。最后，那个剩下的无头身躯又被人从高处往下丢，一直滚到祭坛的底层，血流遍地。

接着，第二个俘虏也重复了同样的人头牺牲仪式……

作为现代的电影观众，在面对银幕上如此血腥的场景时，我们自然会认为玛雅的杀人祭残忍至极，并以为那是完全缺乏人性的野蛮行为。然而，这样的反应完全是基于现代人的价值判断。其实，在古代的玛雅王国，杀人祭乃是他们的宗教祭典之一。当时的玛雅人相信，他们必须把人身上的血（例如舌头、耳朵、嘴唇、生殖器等部位的血）——甚至整个活生生的心脏，按时奉献给神，才能得到神的保佑。有时，祭司们为了表达他们的虔诚，还会自愿献出自己身上的血；而且地位愈高，愈可能成为自愿的"牺牲品"。这是因为，古代的玛雅人相信，凡在祭典上被用作牺牲品的人，将会在死后得到升天的报偿。[1]

然而，从电影《启示》的银幕上，我们却看到了末代的玛雅贵族们一种恐惧的心态——他们恐惧，因为他们已经堕落，已有很重的罪恶感。可以说，他们的罪恶感愈重，愈想寻找别人来充当"替罪羊"，以为只要屡次向神献上替罪羊，他们的罪就会得到救赎。显然，这样的心理已逐渐使他们对自己的罪孽感到麻木，甚至到了凡事都无动于衷的程度了。因此，在那个祭坛上，我们看见那些玛雅贵族们的脸孔都显得毫无神色，仿佛面具般地展示在群众面前。

另一方面，我们也在那些俘虏们的脸上看到一种难以形容的恐惧。他们恐惧，因为他们将面临被屠杀、被挖心的考验。他们本是受害者，所以丝毫没有那种自动献祭的神圣感。事实上，身为俘虏，他们的境况与被擒的猎物简直无异。以英雄"豹爪"为例，

---

[1] 参 Richard Hooker, "Civilizations in America: The Mayas"，见 http://www.wsu.edu/-dee/civamrica/ mayas.htm。

他内心的紧张、无奈与恐惧，完全表现在他那焦虑不堪的眼神中。或者可以说，在目睹两个同伴前后被残酷宰杀的过程中，他已经在心中预演了自己的死亡了。

没想到，当"豹爪"最后被按在祭坛上，将要被杀时，天地突然一片昏黑，所有台上台下的人一时大惊失色，而那个祭司也不得不停手。原来，这个突然出现的日食，使得一向迷信的玛雅王室贵族得到了心理的安慰：根据他们的解读，日食就是象征日神的接纳与祝福；既然日神已经接受了他们的祭物，也已表示满意，他们就可以停止献祭了。于是，祭司立刻放下屠刀，望天高声祷告，感谢神明赦免了他们的罪过。此时，群众也发出一阵阵欢呼，有一种突然从恐惧释放出来的轻松感。

且说，在此紧要关头之际，"豹爪"意外地捡回了一条命。然而，"豹爪"的"复活"正象征着末代玛雅文明的没落和死亡。在经过一场胆战心惊的生死搏斗之后，英雄"豹爪"终于杀出重围，并把成群的追杀者一一消灭，后来他自己终于安全返回到那个安静的原始森林，并从深洞里救出妻儿——与此同时，在洞底分娩的新生儿也幸而获救。最后，电影以这样一个"新的开始"（new beginning）作为结束。

对于这样一部结构紧密而又大规模的电影，这个结局的寓意特别重要，因为它意味着一个富有启示性的信息——那就是，当人们对自己的罪恶已完全麻木而无动于衷，而且还一味地企图从无辜人身上的血得到赎罪时，那么世界就必然要毁灭了。事实上，《启示》影片中充满了许多预言式的情节——例如，电影中有个染有恶疾的小女孩，她曾向蛮横的玛雅士兵们诅咒，说将会有日食"使天地变暗",而且会有虎豹来改变天地,最终将会把无限堕落的玛雅帝国引向"沉沦"。这样的预言其实很容易使人联想到《启示录》里描写的有关巴比伦帝国的灭亡——当无辜人所流的血使海"变成血"时,"海中的活物"自然而然就"都死了"。(《启示录》16 章 3 节)因此,"在一天之内,她的灾殃要一齐来到,就是死亡、悲哀、饥荒……"(《启示录》18 章 8 节)。总之,必须在这个罪恶满满的世界已彻底毁灭、完全被"扔在火湖里"之后,才可能会有"一切都更新"的前景(参《启示录》20 章 5 节、21 章 5 节)。

我想这大概就是导演梅尔·吉布森对电影《启示》的主要用意吧。电影原名"*Apocalypto*"是希腊文,它是"启示"的意思,所以也就不可避免地影射到《启示录》里的寓言。

应当顺便一提的是,在影片《启示》上映的一个半月前,导演梅尔·吉布森还发表公开声明,劝大家不妨把这部电影的寓意无限地发挥,因为"每一个文明的兴衰过程都十分相似,其模式经百年而不变"。他甚至把自己的反战情绪联系到该片说:"我们把年轻人送到伊拉克去打仗,那不也是一种杀人祭(human sacrifice)吗?"

当然,梅尔·吉布森的这个自我解读听起来有过分简化之嫌,因为电影的内容既然如此包罗万象,绝不可能只局限于一个特定的政治寓言。然而,我们也不能因此忽略导演自己的说法。我以为梅尔·吉布森的话还是意味深长的。或许他的电影目的之一,就是在警告国家和政府:千万不可轻易让那些无辜的人流血,千万不可忽视自己的罪恶,否则后果严重。难怪电影一开头,就很醒目地引用了一句西方名言，那句话翻成中文，正是我们古人所谓的"国必自毁，而后人毁之"。

（原载《联合报·副刊》，2006年12月20日；简体字版转载《书城》，2007年4月号）

虹影在山上

    我第一次阅读虹影的《饥饿的女儿》是在 1997 年的暑假。我永远忘不了在看完那本小说之后，内心所感受到的极大震撼。连续有好几天，内心起伏不定，无法平静下来。小说里写的赤贫与饥饿，还有那些面对苦难的人性经验，都使我想起了自己不幸的童年。书中的背景于我仿佛十分陌生，却又有些熟悉。这样强烈的读者反映促使我开始到处采购虹影的各种著作。因此，仅在短短的 3 个月之间，我已看完了《背叛之夏》《带鞍的鹿》《风信子女郎》《女子有行》等书。后来，虹影的《背叛之夏》英译本 *Summer of Betrayal* 出来，我又重新漫游了一次虹影的世界。最近隐地先生寄来了尔雅不久前刚出版的虹影新著《K》，我也照样在几天之内就赶看完毕。

    我常想，有一天若与虹影见面，一定会在江上或是船上。因为虹影的小说常以江边码头为背景。例如，《饥饿的女儿》从一开始就把江水与小说里复杂的人心紧扣在一起。我们发现，"这座日夜被二条奔涌的江水包围的城市，景色变幻无常，却总那么凄凉莫测"。难怪这本小说的英译本名副其实地取名为 *Daughter of the River*（江上的女儿）。此外，在小说《K》中，我们随着男主角朱利安逐渐离去的目光，只见那"船浮漂在大洋上，四周全是海水，和太空一样蓝，没边没际的，一只海鸥也没有"。的确，在虹影的世界里，江河与海水都代表着个人命运的神秘莫测。

所以，我希望自己与虹影第一次相遇，会是在长江沿岸的某个地方，我想问她，这些年来她一共走过了多少条神秘的河流，是如何从各种各样的"饥饿"情况中活过来的。

终于，在今年的一个 8 月天，我见到了虹影。但见面的地点并不在江畔，而是在山上，在北京西郊的香山上。

原来，夏日炎炎之中，社科院的文学研究所正在香山举办一个盛大的国际会议，我也被请去做一次短短的专题演讲。大会的前一天，我和主持人杨义教授（即文学所所长）准时从北京城里乘车前往香山。很巧的是，刚一抵达香山饭店的大厅，就听说虹影和她的丈夫赵毅衡教授也来了，而且正在找我。这个消息令我喜出望外，这不正是采访虹影的好机会吗？于是，还来不及把行李放下，就匆匆向人询问虹影的电话和房间号码。但服务员说："可惜，虹影爬山去了，要到太阳下山时才会回来……"

幸而不到傍晚时刻，虹影就回来了。那天下午，我和虹影就在旅馆的房间里进行了长达 3 小时的访谈。我们没有任何寒暄的话语，从头就开门见山地进入了心灵的交谈。

或许，这个机会太难得了，说话时两人都聚精会神地在注视对方。最引起我注意的就是虹影的那双又大又亮并富有表情的眼睛。她的双眼随着情绪的起伏而开闭，好像永远具有一种幻化的功能。听虹影说话，没有任何人不会产生"心有戚戚焉"的感觉的。就连窗外的一片斜阳也透过窗口，照到了虹影的眼角，仿佛也想参加这个对话。就在那一瞬间，虹影突然闭起双眼，完全走进了回忆：

"我觉得自己曾经被毁灭过，曾经走到了绝境，曾经进入了死城，但后来又重生了。我确实在黑暗的世界里看到了光，这真是个奇迹……"

许久没听到有人用这种基督徒式的口吻说话了，尤其这声音出自虹影的口中，更令人感到新鲜。我说："怪不得你的小说里有一种奇特的综合——你一方面大胆地描写女人的性欲，大胆地走入禁忌，但另一方面却强调《圣经》里的教训。例如，在你那本充满性描写的《背叛之夏》中，小说的标题之下就引了一句来自《新约·约翰福音》的话：'一个人必须重新诞生，才能见到上帝的王国。'后来，在《饥饿的女儿》中，你也引用了《旧约·诗篇》23篇有关'行过死荫的幽谷'等话语，并描述了当时你偷听香港的广播电台、初次听到这段《圣经》章节时所受到的情感震撼。所以，我认为你的小说是在描写人生的欲望与救赎、恨与爱、焦虑与平和之间的矛盾，对吗？你的作品令人振奋也令人悲哀，它不但描写生命里的黑暗也突出了光明。"

听了我这一大堆话，虹影就立刻睁大眼睛笑了，而且笑得很开心。

"哦，你说得很对，你的记性真好。"她接着眯起眼睛，用一种近似陶醉的口气说道，"但我还要补充一点，许多年以前，我内心确实充满了愤怒，充满了埋怨。是在走过了那条河，走出了那个黑暗的隧道之后，才终于走向光明的……"

"你是在哪一年开始走向光明、大彻大悟的？"我不知怎的，突然打断了她的话，这才觉得自己问的这问题很可笑。

"啊，那是在 1996 年，那年我 34 岁。我 18 岁就开始写作，到 1996 年时，已写了 16 年。1996 那年我突然有一种感觉，好像我自己已爬到了山顶上，而那本《饥饿的女儿》就是在'山顶'上写的。我想，我从前的作品都是在半山腰上写的……"

"你这个爬山的比喻真有意思，这使我想起东晋诗人孙绰的《游天台山赋》，孙绰说：'天台山者，盖山岳之神秀者也……非夫远寄冥搜，笃信通神者，何肯遥想而存之？余所以驰神运思，昼咏宵兴，俯仰之间，若已再升者也。'意思是说，像天台山那样神奇的山岳，如果不是那种寄心遐远、虔诚求道的人，怎肯将心思远远寄托在那山上呢？但我就是一个驰骋神思，日夜歌咏的诗人，我在俯仰之间就仿佛再次登上了天台山。所以我说，虹影，你就是在想象中登上了那'灵山'顶的人了。"

虹影的眼睛更亮了，说："我喜欢剧本《山海经》，更喜欢小说《灵山》，我以为那是一部难得的世界经典作品。"

我说："你很注重灵性，但在捕捉人的欲望和性的方面，也都有过大胆的突破，可否请你说说这一方面的心得？"

"哦，欲望确实是我作品中的主题。但我所写的欲望是以女性为主体的。首先，我以为性的欲望一直是可以粉碎世界的。如果强烈的欲望最终不求解脱，一定会产生灾难。在我的那本《K》的小说中，'性'是以女性为中心的。我以为'情人'的身份最能表达女性的本性。女人一旦为爱而受苦，而牺牲，内心的世界也就变得特别丰富。在小说里，我尽量把女性欲望写成抒情的、道家的，但其重点仍是如何从欲望解脱出来的问题。"

"有关女性的欲望，"我点了点头说道，"不得不令人想起 19 世纪美国女作家艾米莉·狄金森给她的情人马斯特（Master）所写的一首诗。在那首诗中，艾米莉·狄金森把她的欲望比成维苏威火山，因为那长期压制下的情欲一旦被触发涌现，就会像火山爆发似的一发而不可收。在你那本《K》的小说中，我发现那个一向矜持的林女士，也是这样被引发出性的欲望的。可惜，最后她还是为那疯狂的爱情牺牲了。男主角朱利安说得对，爱情已成了林的身体和灵魂的粮食了。欲望真是危险啊，它使人忘了如何适可而止。但从另一个角度看来，林为爱而死，或许也死得有意义……"

突然间我领悟到，虹影的《K》也是在山顶上写的。只有那些已经从欲望中解脱出来了的人才可能写好有关人性的欲望。想着想着，我就对虹影发出了一个会心的微笑，也同时望了一下旅馆的窗外。我看见窗户外头是一片密林，还可听见清晰的鸟叫。这时，我好像看见虹影小说中的那个绿色树林，那树林中的陡峭小路可不就是林每天清晨冒着生命危险，偷偷跑向情人朱利安房里的一条小路吗？那是一条隐秘而极其危险的道路。我想，幸亏林不曾在那密林里迷过路。但令人感伤的是，林最后终于自杀了。

"我发现你的小说里常常描写死亡，是不是受了哪位西洋作家的影响？"我又开始问问题了，目光转向虹影。

果然，这是虹影喜欢讨论的一个题目。她没等我说完，就滔滔不绝地说了起来："其实，有关死亡这个题目，我完全得自于自己的亲身体验。我从小就看到人自杀，我们住的院子里就有不少人自杀。我看过各种各样的尸体，甚至亲眼看见了五官流血的死尸。后来，这一方面的事知道得多了，我发现连死亡的姿态也有性别的区分。一般说来，男人暴死时大都背朝天，女人则脸朝天。于是，我从小就有一种自定的结论——那就是，女人比较伟大，因为她敢面对上天；男人则比较脆弱，因为他只能把背对着天空。当然，这或许只是我个人的偏见，但时间久了，这个想法就自然成了我自己内心信仰的一部分了。记得，有一回，院子里有个姨太太自杀了。她死后还常常穿了一身白，轻飘飘地爬上我家的楼梯，到了屋顶就不见了。每回看见她，我都不害怕。我到如今还时常回忆这些往事。至于这些年来，自己是怎么活过来的，是怎么走出死城的，我到现在还感到奇怪。"

虹影这些有关死人的故事给了我一种幽幽的伤感，但我一点也不感到恐惧。

我说："关于女性所常感到焦虑、悲观而自杀的故事，你是不是在某程度上也受了托尔斯泰的《安娜·卡列尼娜》那部小说的启发？我是指写作技巧上的启发。"

"不，我不认为我特别受了托尔斯泰的影响。我从小就喜欢看翻译小说，从六七岁起就开始读雨果等人的小说。我的记性特好，而且五官的感受力也强，所以我通常能把故事的剧情牢牢记在心里。另一方面，我也特别用功，我一切都是自学的。例如，我小时候对高尔基的作品及其人其事十分着迷，就曾经把高尔基的精彩句子一一抄在笔记本上，甚至把整部《高尔基传》全抄了下来。后来，我广泛阅读西方小说，尤其欣赏英国 19 世纪女作家艾米莉·勃朗特的小说《呼啸山庄》，我觉得自己的个性很像书中的男主角，有些复杂，有些疯狂，有些难以形容。我想，在写小说的技巧方面，我受《呼啸山庄》的启发最深。至于中国小说，我最喜欢的一部著作是《老残游记》，在某程度上，也受了该书的影响。"

"关于写小说，你自己有什么秘诀没有？"我发现我问得愈来愈玄了，于是又加了一句话补充，"据赵毅衡的一篇《序》里说，你写小说时总是放音乐，而且放得极大声，震得整个房子像一面鼓，很有趣。但除了这个怪癖之外，你还有什么特别的写作怪癖没有？"

"嘿，这个问题问得真好玩！但我也说不出有什么写作秘诀。应当说，我是一个完美主义者，我有一种'改癖'，我的每部作品都是一改再改，不断改写，一直到满意为止。就因为这个'改癖'，有时一年只写了一百多页。然而，我认为自己24小时都在写作，因为我是在用'心'写作。可以说，'心'的写作要较'笔'的写作花更多的时间。其实，我看重的这个'心'，与佛教的概念很相似。例如，我们今天在这里花了几个钟头深谈，我一直都在心里进行写作，我心中有许多条河正在流动着。我想象我们两人坐在船上，我们已忘记到了什么地方了……"虹影接着用双手比出了一条船的形状，仿佛在强调浮舟的那种近似逍遥游的韵味。

这个浮舟的流动意象颇令我惊奇。因为整个下午，我只意识到自己和虹影一直坐在香山上。

2001 年 11 月 5 日

写于康州木桥乡

（本文曾刊于拙著《游学集》，台北：尔雅出版社，2001 年版）

"爱"的毕业典礼

女儿 Edie 大学毕业了，今天（2008 年 5 月 17 日）我和丈夫去罗杰·威廉姆斯大学（Roger Williams University）参加她的毕业典礼。该校的校园环境幽美，濒临海湾，属于新英格兰地区那种规模虽小，却以其独特之处而著称的通识大学（liberal arts universities）。附近的纽波特市（Newport，Rhode Island）尤以古典堂皇的庞大别墅建筑闻名于世，耶鲁大学建筑系名教授文森特·斯库利（Vincent Scully）称之为"壮丽而不重现实"（magnificently unconcerned with reality）的城市。

也许正是怀抱着"壮丽而不重现实"的幻想，Edie 选中这所风景优美的学校，爱上了它那亲密无间的小天地。她觉得，能在校园里交到几个知心的好朋友，能自由自在地发展自己的兴趣，可能比事业的成功更可贵。

今晨在前往罗得岛州的两小时途中，我很自然地回忆起女儿这些年来的各种成长经验，包括所有甜酸苦辣的经验……但发现自己却一直很难专心，因为我正惦记着远方的四川地震灾区。据报上记载，中国已有数万人死亡，而今天已是地震发生之后 5 天，不知还有生还者吗？丈夫在一边开车，我一直都在阅读有关灾情的最新报道。

突然，《世界日报》的头条新闻引起了我的注意："绝望的母亲跪地弓背，顶住坍塌的天地，留下爱的遗言。"报纸记载的乃是一个活生生的有关母爱的真实故事。原来，在中国四川一个灾区的废墟中，有人偶然发现，在一个女人的尸体下面，躺着一个正在熟睡着的婴儿，那婴儿的身上居然毫发未伤。显然那婴儿的母亲，在那山崩地裂的一刻，为了保护孩子，硬是撑起自己的身子，尽全力来挡住倒塌的房屋，终于让婴儿奇迹般地存活下来。据救援人员的报道，通过废墟的间隙可以看见那女人死亡的姿势——"双膝跪地，整个上身向前匍匐，双手支撑身体，就像是古人行礼，但身体已经被压变形"。最令人感动的是，那个母亲还在自己的手机荧幕上留下一条短信："亲爱的宝贝，如果你能活着，一定要记住我爱你。"

看完这则新闻，我忍不住流下眼泪。在如此冷酷惨重的灾难中，居然也有这样令人感到温暖的故事。是人性的大爱彰显了生命的宝贵价值。

最奇妙的是，今天在罗杰·威廉姆斯大学的毕业典礼中，我居然也体验到了另一种有关生死的大爱。首先，在毕业典礼程序表的得奖名单上，赫然出现几个月前才刚过世的那位女学生的名字：Tobey Leila Reynolds。原来，一向品学兼优的 Tobey 不幸在康州的一条公路上被大卡车当头撞击而身亡。由于这事涉及"是否大客车司机该负全责"的问题，车祸发生的当天就上了头条新闻。当

时，消息传来，罗杰·威廉姆斯的校园里一片惊愕与哀伤。Tobey
生前也是女儿 Edie 较好的朋友之一，遇到这种悲剧，Edie 和同学
们都非常伤心。他们尤其同情死者 Tobey 的母亲——那是一个单身
抚养两个女儿的伟大母亲（Tobey 的父亲早已过世）。

在毕业典礼中，校长罗伊（Roy J. Nirschel）很激动地宣布
Tobey 得奖的消息；说虽然 Tobey 已经不在这里，但她的学业成
绩优异，学校仍要给她学士学位，并授给她一个特殊的"校长奖"
（President's Core Values Medallion）。当 Tobey 的妹妹慢慢走上台，
为她过世的姐姐领奖时，台上和台下的所有人都感动得压制不住
自己的眼泪。还有人走上前去献花，紧紧抱住 Tobey 的妹妹。

我一直在想，Tobey 的母亲一定会为她得奖的女儿感到骄傲，
但遗憾的是，女儿已不在人世，已看不到这些。我想象，那个伤
心的母亲，在毕业典礼的同时，或者会独自一人在家默祷，或者
会因杰出的女儿得奖而得到安慰，或者会双膝跪地，祈求上帝给
她更多的勇气和希望。总之，她必须坚强地活下去。

同时，我也在想，这个由车祸所造成的悲剧，表面上和大地
震所引起的生死惨烈事件似乎无法相比，但对每个母亲来说，和
自己儿女死别乃为人间至痛。所以，我能想象 Tobey 的母亲内心
的伤痛。

这时，在美妙的轻音乐中，我看见其他毕业生已开始一个个
轮流上台领取他们的毕业证书。当司仪大声念出 Edith Sun Chang
的名字时，只见女儿已走到台上，正在从容地从校长手中领取她
的毕业证书……这时，我忍不住肃然起立，心里既虔诚又感激。

我感到自己无形中经验了一种"毕业"。本来"毕业（commencement）就是"开始"（commence）的意思。在这毕业典礼的一天，我更加体会到：在这个天有不测风云、人有旦夕祸福的世界上，能活着并能努力奋斗下去，就是一种恩赐。

我想，22 年后，当那个从四川地震灾区幸运地活下来的婴儿终于长大成人时——尤其，当他也能像眼前这些学生们顺利毕业，并开始人生的另一奋斗阶段时，他会不会想到他的母亲曾经对他说的"如果你能活着，一定要记住我爱你"？

2008 年 5 月 17 日
写于康州

（载于《世界日报·副刊》，2008 年 5 月 29 日）

道德女子典范姜允中

没想到，哈佛大学王德威教授的母亲姜允中女士，就是我这些年来不断在寻找的那种"道德女子"典范。自 1980 年初以来，我一直在研究有关女性道德力量的课题（包括西方传统中许多杰出女子因为特殊的人品表现而获得某种道德权威的课题）。所以，去年我在台大法鼓人文讲座中，所选的演讲题目就是"传统女性道德力量的反思"。

与美国的女性主义者南希·科特（Nancy Cott）相同，我所信奉的女性权力特别注重女性在实际生活中所拥有的道德力量（在这里要特别说明的是，我所谓的"道德力量"其实就是美国性别研究里经常出现的"moral power"这一概念。我知道若把"moral power"直译成"道德权力"或许会引起一些读者的误解，但实际上，这种道德力量指的是一个人因为道德修养而带来的威望、权威及影响力，那就会直接涉及现代人所谓的 power，亦即权力的观念）。总之，我和其他美国学者所研究的这种以女性道德力量为基础的"道德权力"其实颇受评论家福柯（Michel Foucault）的

"权力多向论"之影响——根据福柯的理论，一个在某处失去权力的人，总会在另一处重建权力的优势。因此，南希·科特等人从1970年以来就开始研究美国殖民时代新英格兰区的清教徒妇女在自身道德方面所建立的"道德权威"。南希·科特以为，与其说清教徒妇女是父权下的受害者，还不如说她们是女性中的强者，因为她们经常在逆境中自发地化道德为力量，而终于成为生命中的胜利者。南希·科特的理论显然在男女权力的概念上做了一次革命性的改写，故其影响力也十分深远。多年来我在这股改写思潮的酝酿下（南希·科特曾经是我的耶鲁同事），无形中也在自己的汉学研究中，得到了相似的结论——我发现，中国传统女性经常在不幸中，由于对自身高洁忠贞的肯定，而获得一种自信和权威感。这种道德的权威感经常使得中国古代的女性把生活中所遭受的痛苦化为积极的因素，进而展现她们的特殊生命力和影响力。有时她们甚至通过文字的魄力，为自己带来永垂不朽的崇高地位。用现代英语来讲，这些女人的 moral power 不仅是一种 authority（权威），也是一种 prestige（声望）。

然而，令人遗憾的是，我很少从现代女性生活中找到这种"道德权威"的例子。但1995年在一次游览中国东北的机会中，我偶然听说现代的东北妇女特别注重道德观念的培养，主要因为当地在20世纪初就有所谓"道德会"的组织；据说这种组织对东北女子的德行教育起了很大的效用，每逢宣讲日，从四面八方来的妇女都会参加听道，但可惜这个传统早已消失。那年，我因为手头没有研究的资料，同时自己一向也对民间组织不甚感兴趣，所以没对"道德会"这个传统深究下去。

没想到 11 年后，前几天在一个偶然的机会里，我阅读了《姜允中女士访问纪录》这本书，才发现朋友王德威的母亲姜女士原来就是"道德会"的传人。① 姜女士是东北人，今年已经 90 岁。她是"道德会"宣讲人姜铁光的女儿，自幼从父亲那儿接受了道德教育，18 岁时开始入会工作，后来很快就担任"道德会"沈阳分会的宣讲主任。1949 年以后，如果不是她和几位有心人继续在台湾努力经营和筹划，"道德会"这个组织绝不会香火不绝地延续下来。最让人佩服的是，姜女士一直本着数十年如一日的精神，始终化险为夷，勤于道德事务，以身作则。多年来，她竭力兴办幼儿园和托儿所，最近还创立老人活动中心和老人社会大学，一切以教育和服务人群为人生目的。其事业之成功以及维护道德传统之热忱，十分不寻常。

但我以为姜女士的成功并非来自现代女性所强调的那种"强权"意识，它主要来自一种发自内心的道德信仰和对人的包容态度。讽刺的是，她的道德实践却使她获得比"强权"更大的权威。若用今日美国女性主义的话语来说，她就是一个具有"moral power"的女子了。而她之所以具有权威，乃在于她本身对于"道"的执着。因此，她永远是那个强者、胜利者，而不是受害者。

同样是女人，我特别佩服她在婚姻爱情方面所表现出来的智慧和大度。原来，在 20 世纪 80 年代两岸亲友开始取得联系后，姜女士突然发现自己必须面对其他一些女人也遇到的尴尬局面，那就是，丈夫在两岸分别有两个家庭的复杂场面。有许多人遇到这种

---

① 原书《姜允中女士访问纪录》为繁体字版，访问者：罗久蓉，记录：丘慧君，台北："中研院"近代史研究所，口述历史丛书，2005 年版，第 87 页。

情况，都陷入了没完没了的家庭纠纷，甚至导致各种各样的人间悲剧。我相信，当时姜女士的心中也一定经过了一番很大的挣扎。原来，当初她曾立志终身不婚，以全部投入事业，但来台之后基于某种考虑，决定走上婚姻的道路。所以，她38岁才与王先生结婚，当时她知道王先生在大陆已有妻室儿女。然而身处乱世，两岸又长期隔绝，故双方都做了不得已的选择。所以，姜女士早就打定主意，如果有朝一日丈夫能回大陆，能与原来的家庭团圆，她不应当阻挠。没想到，30多年后，在把两个儿子德威和德辉养大成人后，她真的受到了一次严峻的考验。面对两岸有两个家庭的困扰，又加上丈夫已经年老多病，在大局和私情之间，如何做出适当的处理？真可谓无可奈何了。但在"终夜苦思不眠"之后，她终于决定要"把自己的立场放下"，凡事"成全各方"，以"大体为重"。她最后勇敢地挺身而出，主动写信给丈夫在大陆的儿子。其深明大义的精神果然感动了对方的每个家庭成员。后来，德威的同父异母兄弟德雍来信写道："慈母之心，坦荡胸怀，跃然纸上。我等反复吟诵来信，无不感泪涕零……读信后，特别是读到您对我生母的问候，令人肃然起敬。"1987年，姜女士又经过百般努力，竭力促成丈夫与儿子德雍在日本见面相聚的机会。多年后的今日，姜女士还如此回忆道："在飞机上我心情十分焦急，但为了王代表必须保持镇静。等我们坐上车，医生诊疗后认为王代表身体没有大碍，我忍不住掉下泪来，心中百感交集，千里迢迢来到日本，无非是为他们父子团圆。"那次团圆乃是父子两人最后一次见面，两年后王先生就在台湾过世了。

最令人感动的是，自从王先生去世后，姜女士还不忘帮忙丈夫的大陆子女，甚至孙儿们。她两次远赴沈阳探望他们，且不断在经济上给予接济和鼓励。可以说，她凡事都做到仁至义尽、身体力行，绝不敷衍。

读完这本《姜允中女士访问纪录》之后，我一直在想，是什么原因使得姜女士拥有如此宽广的胸襟呢？我想，那就是所谓"道德"的力量吧。她曾说："因为我觉得道不外乎人情天理，我是行道的人，事事本乎道理，但求无愧于人，也无愧于己。"其实，我看姜女士的故事之所以感人，乃因为她拥有一颗大爱的心。

我想，作为一个道德女子，姜女士所赢得的"道德权威"就是多年来自己不断累积的大爱的成果。所以，一个人（不论是男是女）在这世上所获得的真正权威和影响力并不是用强权夺来的，而是来自个人的长期修养和努力。唯其如此，它才会具有永恒的召唤力。

后记：写完这篇文章后，才发现以研究现代文化与权力著称的芝加哥大学教授杜赞奇（Prasenjit Duara）曾在他那本有关"满洲国"的近著《统治权与诚信》中讨论有关道德会与东北妇女的关系。[①] 他以为东北道德会的妇女成员之所以有如此坚韧的生活力，乃因为她们对追求"道德的真实性"（moral authenticity）有一种特殊的使命感。据说，杜赞奇教授在准备撰写该书的过程中，曾经访问过姜允中女士。

---

① Sovereignty and Authenticity: "Manchukuo" and the East Asian Modern（Lanhan; Oxford: Rowman & Littlefield Publishers, 2003.

寡妇诗人的文学"声音"

在后现代的今日，我们已经很难找到年轻的寡妇了。但在中国古代，年轻寡妇一直是文学的主题。有趣的是，文学中的寡妇形象大都是男性文人创造的。因此，一提到寡妇，我们会立刻想到几篇著名的代言体《寡妇赋》。例如，在曹丕《寡妇赋》中，我们读到"惟生民兮艰危，于孤寡兮常悲"的哀叹；在潘岳的《寡妇赋》中，我们感受到"气愤薄而乘胸兮，涕交横而流枕"的凄凉。其余像王粲、丁廙，以及后来唐宋文人所写的寡妇诗都是感人至深的作品。这些古代文人之所以喜欢撰写这种代言体的诗歌，主要因为他们深深同情寡妇孤苦无依的处境，但有时也会借此抒发自己怀才不遇的牢骚。

但在明清以后——除了何景明的《寡妇赋》以外——我们很少看到男性文人所写的代言体寡妇诗。这是因为明清时代已经出现了大量的妇女诗人，而寡妇在女诗人中所占的比例很大。明清女诗人不仅打破了男性诗人对诗坛的垄断，而且也打破了男人在抒写女性心理及生活方面的垄断。就寡妇诗人而言，她们的作品重在自我抒情，她们常常毫无保留地发挥并展示自己的内心世界，给读者一种十分真切而可信之感，故与男性文人所写的"为文造情"寡妇诗有根本的不同。无论在题材的多样化和表现手法的创新方面，明清寡妇诗人都为中国文学传统做出了一定的贡献。本文主旨就是试图从"女性声音"的角度来概括出明清寡妇诗人作品的若干特征，从而阐释文学传统与女性个人风格的相互关系。

首先要说明的是，在明清两代，妇女诗歌创作达到了空前的繁荣。胡文楷的《历代妇女著作考》一书就收录明清女作者多达3915人，其中绝大多数是诗人。值得注意的是，在这个庞大的女诗人创作群中，有不少人是属于才女命薄的那一类：她们或是早夭，或者所适非人，或是早寡。以施淑仪的《清代闺阁诗人征略》卷八为例，该卷共收165人，而其中遭遇各种不幸者竟有73人，占该卷总数的44.24%。① 总之，悲剧性命运似乎特意降临到这批才女的身上，或者我们可以说，她们之所以成为才女也许与她们的悲剧性遭遇有很大的关系。自古以来，中西文人都相信"诗穷而后工"，以为一个诗人在处处碰壁的痛苦处境中最能创造杰出的作品，所以杜甫说，庾信在晚年山穷水尽之时才有"诗赋动江关"的伟大成就；英国作家塞缪尔·巴特勒（Samuel Butler）也说：

苦难出诗人，

---

① 参见陆草《论清代女诗人的群体性特征》，刊载于《中州学刊》1993年第3期，第77—81页。

也许只有缺憾和挫折，

才可以造就出，

一个杰出的诗人。

（And poets by their sufferings grow,

As if there were no more to do,

To make a poet excellent,

But only want and discontent.）

　　在明清的薄命才女中，寡妇诗人是最痛苦、最孤独的一群，所以她们的文学成就也最大。她们大都在年轻时就遭遇到欲生不得、欲死不能的孤寡困境。对于一个传统的女人来说，失去丈夫就失去依靠与认同，总是不免有一种无家感。加上在明清的理学影响之下，社会的伦理原则一般都鼓励妇女守节。特别是有钱或有身份人家的女子一旦丧夫，大都选择守寡这条艰难的路。然而，不论是留在夫家或是归住母家，寡妇总是一个多余的人。著名才子方以智的姑母维仪在这一方面尤有深刻的体会：她17岁出嫁，不久即丧夫，自己选择回娘家寡居，与她那"十六而寡"的妹妹方维则一同在家中度过漫长的孀居生活。从她们的诗作中，我们发现姐妹两人自始至终有着无家可归的失落感。除了自叹薄命以外（"薄命何须更问天"），方维仪很诚实地道出寄父母篱下的苦闷：

　　　　长年依父母，中怀多感伤。

　　　　奄忽发将变，空室独彷徨。

此生何寒劣，事事安可详。

…………

——《伤怀》①

　　与古代"十七而寡"的卓文君相比，方氏姐妹确有截然不同的遭遇：同样是年轻新寡，卓文君得以改嫁才子司马相如，而其私奔之风流行却未受到后人的批评。事实上，后世文士每当描写文君性格，颇多溢美之词。倘若文君生于明清时代，她必定难逃终身守寡的命运。以方氏姐妹为例，两人皆度过将近70年的寡妇生活，也都体验到孤独的苦闷。但另一方面，在漫长的孀居生活中，吟诗填词便成为她们的真正寄托与生命归宿。文学创作成为她们的救赎。

　　在方维仪的身上，我们深深体会到才女薄命的事实。她的人生境遇确实坎坷：她丈夫死后不久，女儿就相继夭亡，因而失却了唯一的感情寄托。她在《未亡人微生述》中写道："万物有托，余独无依，哀郁交集，涕泗沾帷，自今以往，槁容日益朽，气力日益微。"在她的《死别离》一诗中，她又以更加悲苦交集的语言道出了内心的孤独与哀伤：

　　　　昔闻生别离，不言死别离。

　　　　无论生与死，我身独当之。

　　　　北风吹枯桑，日夜为我悲。

---

① 徐世昌辑《晚晴簃诗汇》，北京：中国书店，1988年版，第527页。

上视沧浪天，下无黄口儿。

人生不如死，父母泣相持。

黄鸟各东西，秋草亦参差。

予生何所为，死亦何所辞？

白日有如此，我心徒自知。[1]

  与《古诗十九首》中的"行行重行行，与君生别离"一诗相比，这首诗呈现出截然不同的意境。而其关键处乃在于生别与死别的根本不同：在《古诗》中，那位"衣带日已缓"的思妇虽然因为长期"游子不顾返"而感到焦虑，但她至少从未放弃过希望，因为只要男人还在世，总有可能再见到他。（套用现代学者康正果的话来说："他既使她失望，又以他的遥远而使她不断希望。因为除了把他等回来，她别无选择，她绝对不能绝望。"[2]）相对而言，方维仪的《死别离》描写的正是一种完全绝望的心境：从一开始，作者就让我们从中体验到死亡所带给人的绝望，这不只是诗中寡妇的处境，也是一切寡妇乃至于所有失去所爱者的处境。"无论生与死，我独身当之"，完全说中了绝望者独自承受痛苦的悲剧感：在尝尽生离与死别的双重灾难后，诗人发现自己格外孤苦伶仃。在这个薄情的世界中，只有北风"日夜为我悲"，于是诗人失去了活下去的理由。她想结束自己的生命，但父母却不允许她去死。最后，诗人在求死不得之后只有发出无可奈何的叹息："予生何所为，

---

① 沈德潜编《清诗别裁集》，北京：中华书局，1975 年版，第 563 页。

② 康正果《风骚与艳情》，郑州：河南人民出版社，1988 年版，第 125 页。关于生离与死别的比较，叶嘉莹曾从另一观点来讨论这首古诗，见《迦陵谈诗》，台北：三民书局，1970 年版，第 30 页。

死亦何所辞？白日有如此，我心徒自知。"在痛苦无处倾诉的境况中，大概也只有指着天上的白日发誓，把感情深埋心底了。这种"我心徒自知"的悲观心态确与《古诗》中思妇"努力加餐饭"的自慰心理成了强烈的对照。在生离与死别之间，我们看见了两种十分不同的人生态度，也感受到思妇与寡妇极其不同的文学形象。

与历代文人所写的代言体寡妇诗不同，明清寡妇自己写的诗常常传了男人想象以外的很多信息。例如，传统男性文人所写的寡妇诗几乎千篇一律专注于独守空闺的苦楚。但事实上，对许多寡妇来说，寂寞固然痛苦，更难挨的还是生计的艰难和日常生活的负担。在妇女经济上不能自立自主的传统社会中，生活上的无依无靠显然比情感的空缺对一个女人更为可怕。有些寡妇的生计之难全在诗中表现无遗，例如女诗人丁月邻曾在《携婿女至先茔》一诗中说道："衰门香火凭谁继，麦饭还须百六天。"[1]孔瑶圃也写道："夜枕先愁明日米，朝寒又典过冬衣。"[2]这些都是一些有才气而任劳任怨的寡妇，她们把写诗作为艰辛生活中的唯一安慰。

值得一提的是，不是所有丧夫的女子都选择终身守寡。在某种情况下，有些女人在丈夫死后还可能自愿或被迫殉夫。不论她们自杀的动机为何，我们可以说死节或是守节已无形中成为许多明清寡妇的终极选择，其重要性可比明末清初遗民所面对的殉国与否的问题。明末女诗人商景兰就是把寡妇的选择与忠臣命运相提并论的最佳范例。在她丈夫祁彪佳以身殉国后，商景兰便赋悼

---

① 梁乙真《清代妇女文学史》，台北：中华书局，1979 年版，第 298 页。
② 沈善宝《名媛诗话》卷 2，见杜松柏主编《清诗话访佚初编》，台北：新文丰出版公司，1987 年版，第 9 册，第 86 页。

亡诗云：

> 公自垂千古，吾犹恋一生。
> 君臣原大义，儿女亦人情。
> 折槛生前事，遗碑死后名。
> 存亡虽异路，贞白本相成。[1]

　　此诗一开始，作者就以"垂千古"三字点明了自己对夫君殉国的称颂之情：祁彪佳与明代朝廷共存亡之抉择，堪称忠臣大节之表现，足以死后声名永存。另一方面，身为臣妻，诗人未能相伴夫君走上黄泉路，也并非贪生怕死，而是完全出于"儿女亦人情"的考虑。因此，作者在诗的末尾肯定了"贞白本相成"的道理：以为殉国之贞节与守寡之清白同样可嘉可许。这首诗彻底表达了一个亲自经验到寡妇困境的女性所发出的真实感悟。女评论家沈善宝在其《名媛诗话》中称赞此诗"诗旨正大，非后人所能及"。但我认为此诗的长处在于它打破了传统的寡妇形象，因为它是用寡妇自己的声音来写的：女诗人在生死抉择之间，敢于承认"吾犹恋一生"，而且肯定了活下去的意义。寡妇活下去是一种自觉的选择，是一种坚强的表现，表示了对艰辛生涯的信心。

　　从诗歌中我们经常看到一个含辛茹苦、夜夜在灯前教子读书的寡妇形象。那是一个崇高又幽寂的母亲形象。例如，早寡女诗人宗婉在她的《感示两儿》一诗中写道："半生辛苦母兼师，朝课

---

[1]　沈善宝《名媛诗话》卷3，第139页。

经书夜课诗。"① 以"苦节"著名的张凌仙也在《岁暮感怀》一诗中
写道：

> 灯前课子诵芸编，百事萦心逼岁阑。
>
> 泉路十年音信断，空山风雪一家寒。②

　　此诗生动地描写出一个寡妇灯前教子的辛酸与感触。丈夫去
世后，诗人独自承担教育子女的责任，在这岁暮天寒的季节里，
她不得不想起自己的孤单与无助。除了"课子"的重任之外，她还
深深感到"百事萦心逼岁阑"的苦楚。因为还有许多杂务，如筹金
钱、偿债务等，需要她独自处理，使她心中产生了很大的焦虑。这
一切都由"逼"字道出了无可奈何的伤感，也由"寒"字反映出寡
妇心中的寂寞。③

　　与许多寡妇诗人相同，孤独寂寞的张凌仙只能以诗自遣。在
她的诗中，我们可以读到从妇女日常生活经验的缝隙中偶然流露
出来的点滴感悟，是抒情的动力使女诗人不自觉地超越了妇女生
活的局限性。在一首《杂咏》中，张凌仙抒写了这种超越感：

> 家住青山侧，青山断尘迹。
>
> 浮世几兴亡，依旧青山色。

---

① 徐世昌编《晚晴簃诗汇》，第 706 页。

② 沈德潜编《清诗别裁集》，第 571—572 页。

③ 参见郑光仪编《中国历代才女诗歌鉴赏辞典》，北京：中国工人出版社，1991 年版，
　　第 1645 页，见何佩刚文。

从诗中我们知道作者住在一个寂寞的"青山侧"。"青山断尘迹"特别点出一个孤苦人家与外界几乎隔绝的处境，那是一个被封闭、被遗弃的角落。然而，人生的一切经验都有两面：负面的缺憾常会引发正面的感悟，也只有在生计清寒的境况中，诗人才更能体会青山的永恒价值。不论外界经历过多少次兴亡更替，青山却永远存在，它不会因为人间的变化而改变面目。于是，在孤零零的寡居生活中，青山成为诗人的唯一"靠山"，它也是凄苦生涯中的一种希望。

与青山的象征意义相同，诗中常见的孤松意象常代表寡妇心中的慰藉。例如，另一位早寡的女诗人宋婉仙通过孤松的描写来肯定自己历尽寒霜而傲然不屈的精神。《后山春望》云：

> 满山春树寻常见，独抚孤松未忍回。
> 黛色参天阴覆地，曾经历尽雪霜来。

沈善宝评此诗曰："真乃阅历之言。"确实，不论寡妇的生活如何辛苦，她只要一想到自己有如孤松的品德，就可以立刻获得一种超越世俗的感觉，因而增加她继续活下去的希望。有些寡妇诗人甚至把这种心境发展成孤芳自赏的趣味。

这使我们联想到中国文学里的"孤寒"美学：自古以来，君子所欣赏的正是松柏在孤寒的境况中所代表的坚贞之操。不论处于多么偏僻的地方，不论在多么寒冷的冬天，这种凌霜之树仍然长青高大。所以，《礼记·礼器》曰："松柏之有心也，故贯四时而不改柯易叶也。"《史记·伯夷传》曰："'岁寒，然后知松柏之后凋'，举世污浊，清士乃见。"把不畏孤寒的松柏比喻成傲然独立的君子，可以说是中国文化的一贯精神。因此，当明清寡妇诗人把自己比成高洁的青松及其他类似的长青之树时，我们看到了一种女性"君子化"的现象。一个在不利于自己的环境下还坚持活下去的寡妇，就是冬日的孤松，也是最坚强的君子。

"五四"以来，一般人都把寡妇视为社会的牺牲品，以为一个人一旦成为寡妇就成了"废物"。事实上，对许多明清妇女来说，守寡的生涯虽然艰苦，它却含有许多正面的意义。一个丧夫的女子，只要她把活下去看成一种自觉的选择，就可以给寡妇生活赋予极其丰富的内容——她虽然不再扮演妻子的角色，她却成为更加德高望重的母亲，可以充分发挥许多从未想过的伦理热情，从而积极地证实自我价值。也正因为如此，明清许多寡妇都成为非常精明能干的内当家。她们常常是在大半辈子努力掌管家庭之后，终于在垂暮之年得到报偿：儿孙们中举为官，媳妇们工于家务及吟咏。作为大家庭中最受尊敬的老人，她们领导着一门风雅。这样的寡妇堪称君子，真乃"岁不寒，无以知松柏；事不难，无以知君子无日不在是"（《荀子·大略》）。

也就在这种处境中，许多明清寡妇诗人下决心把余生作为发愤图强的机会。她们集中精力勤奋读书，希望借此提高文才，以发抒内心的愤懑忧思。例如，被称为"扼腕时事，义愤激烈，为须眉所不逮"的李因，在其夫葛征奇去世后，曾过着"白发蓬松强自支，挑灯独坐苦吟诗"的寡居生活。又如，以"文多经济大篇，有西京气格"著名的早慧诗人顾若璞曾在给她弟弟的一封信中表明了相同的志向：

日月渐多，闻见与积。圣贤经传，育德洗心。旁及骚雅，共诸辞赋。游焉息焉，冀以自发其哀思，舒其愤懑，幸不底幽忧之疾。而春鸟夏虫，感时流响，率尔操觚，藏诸笥箧。虽然，亦不平鸣耳。

——《与胞弟书》[1]

在顾若璞的信中，我们听到了一个"女儒者"面对生命挑战的声音。在遭遇生命悲剧时，她不以弱者的态度向命运低头，而追求一种"君子以自强不息"的理想。用现在的观念说，她所希望完成的就是把自己修养成一个真正的知识分子，使自己完全跳出女性生活的狭隘内容。

在明末女诗人薄少君的 81 首悼亡诗中，我们清楚地看到了这种"女儒者"所散发出来的阳刚之气。《玉镜辟阳秋》说："少君以奇情奇笔，畅写奇痛，时作达语，时为谵言，庄骚之外，别辟异境"，[2] 实为切中肯綮之论。《悼亡》第一首云：

海内风流一瞬倾，彼苍难问古今争。

哭君莫做秋闺怨，薤露须歌铁板声。[3]

与传统男性诗人悼亡诗相比，薄少君的诗句可谓反其道而行。

---

[1] 谢无量《中国妇女文学史》，台北：台湾中华书局，1979 年版，第 331 页。
[2] 见沈立东、葛汝桐主编《历代妇女诗词鉴赏辞典》，北京：中国妇女出版社，1992 年版，许连民文，第 1679 页。
[3] 钟惺编《名媛诗归》卷 34，第 1 页。

例如，唐代诗人元稹的《遣悲怀三首》之所以成为古今悼亡诗之绝唱，乃因为诗中悱恻缠绵的感人情怀，足令读者心酸泪下。但薄少君的悼亡诗正好与元稹诗的哀婉之风相反：女诗人不做元稹式的"昵昵儿女语"，而为极其男性化的"铁板声"。诗的开始以"海内风流"来称赞其夫，并痛惜其"一瞬倾"的早逝事实。是作者内心的悲愤使她激起"问天"的情绪（"彼苍难问古今争"），终于吟咏出洋洋洒洒的近百首悲壮悼亡诗。①

另外一位早寡女诗人文氏也在悲愤不已的心境下写出了那闻名后世的《九骚》。就如朱彝尊在其《静志居诗话》中所说，文氏的写作动机是为了"作九骚以见志"。②作为一个努力活下去的寡妇，文氏的"志"就是持守对丈夫忠贞不贰的节操：

含薄怒以惓惓兮，心郁郁而坚节。

——《矢柏舟》

悲朱颜其易改兮，惟寸心之不更。

——《抚玉镜》

与屈原相同，文氏希望借着自己的德行而树立一个美名，所以屡次提出"修名"的愿望："命灵灵而不昧兮，顺天禀而修名"，"恶贪秽之典浊兮，诵绿衣而修名"。对文氏来说，这才是真正的不朽，所以她说："人在世之贞洁兮，没万代而垂名。"在《九骚》

---

① 见沈立东、葛汝桐主编《历代妇女诗词鉴赏辞典》，许连民文，第 1679 页。
② 谢无量《中国妇女文学史》，第 302 页。

辑二　性别研究及其他
— 503 —

中，我们俨然看见了一个"女屈原"，一方面怀芳抱洁，一方面上天下地、涉水登山地追求古代的贤者。而她所谓的贤者正是像舜帝二妃（娥皇与女英）那样坚贞的寡妇：

　　　　缅二妃之清尘兮，芳草蘙焉有辉光。
　　　　佐重华之隆盛兮，风教垂于椒房。

——《怀湘江》

　　文氏努力追求道德的决心代表着许多明清寡妇的执着精神。那是一种"离骚型"的执着，真切地反映出传统儒家的修身与修名情结。

　　但有另一类寡妇采取了一种超脱的人生态度。她们已超越了俗世的执着，她们借山水言情，托林泉述志，颇有道人的风采。在这一方面最有成就的女诗人之一就是屡受男性文人推崇的王慧。王慧是清初江苏人，是著名督学王长源之女。她在丧夫后就开始大量写诗，把目不暇接的江南美景逐一写出，俨然一个女山水诗人。在有名的《山阴道中三首》诗中，女诗人如导游一般，向人描述人间的另一种美好境界：

　　　　出郭忘远近，十里清阴中。
　　　　川陆互回没，延缘遂无穷。
　　　　冈峦去殊势，竹树交成丛。
　　　　安知蒙密处，下有溪流通。
　　　　石桥路可寻，一转迷西东。

烟空人不见，寂寂山花红。①

　　以上是该组旅游诗的第一首。从诗中可以看出，这位喜欢旅行的女诗人特别看重旅途中的"忘"与"迷"的境界。旅程始于"出郭忘远近"的流连忘返，而其高潮竟是一种使人难辨东西的迷惑经验。在诗人的眼中，山阴风光之所以美好乃是因为它有"延缘遂无穷"的作用。当诗人迷路走到山口溪头时，只见路和小溪又各自向远方伸展下去。其实，这样的旅途感受也正反映出寡妇诗人王慧旷达的人生观：人生就如旅行一般，即使走到绝路也还能找出新路继续走下去。这样的人生哲学比王维的"行到水穷处，坐看云起时"还要积极得多，因为女诗人王慧不仅"坐看"眼前景色而且还顺着"无穷"伸展的山路走去。东晋王献之曾就山阴道的壮丽景色赞叹道："从山阴道上行，山川自相映发，使人应接不暇"（《世说新语·言语》），所以该地一直是著名的风景区。王慧能从常见的山阴景色提炼出基本的人生哲理，难怪她屡次得到读者们的赞赏。清代唐孙华称其诗"吐属风华，气体清拔"（《凝翠楼诗集序》），沈德潜曰："其诗清疏朗洁，其品最上。"②

　　另一位寡妇诗人王素娥也在登览类的诗中表现出超卓的生命境界。她是山阴人，尤其喜欢观览附近的山山水水。从她的诗中我们看见一种"逍遥游"似的境界。下面是一首游钱塘江的诗：

　　风微月落早潮平，江国新晴喜不胜。

---

① 沈德潜编，《清诗别裁集》，第 567 页。
② 同①。

试看小舟轻似月，载将山色过西陵。

——《过钱塘喜晴》

　　这首诗描写的是一种超然物外的感受。诗人从别处坐船到杭州，或者从杭州去别的地方，不论旅程路线如何，她的心情可用"轻"字来形容。她的内心轻松自如，所以很自然地把乘坐的小舟比成天上轻盈的弦月。在这个"江国新晴喜不胜"的心情下，作者空发奇想，把自己想象成既是舟中人也是舟外人——于是她设想自己正在舟外，以一种客观的审美态度赞叹道："试看小舟轻似月，载将山色过西陵。"想象小舟能把岸边青山既轻盈又疾速地载走，确是一种极富想象力的创见，也只有当诗人以极轻松愉快的心情完全投入自然风光时才能体会得出。但这种写法其实是对前人句式的模仿。例如，宋朝诗人郑文宝的《柳枝词》曰：

不管烟波与风雨，载将离恨过江南。

苏轼的《虞美人·波声拍枕长淮晓》曰：

只载一船离恨向西州。

李清照也说：

只恐双溪舴艋舟，载不动、许多愁。

——《武陵春·春晚》

这些都是诗词评家所赞誉的佳句，所以后来许多作家都模仿这种写法。然而，女诗人王素娥的特殊创见是：她把前人上下文中的"愁"与"恨"变成美丽的"山色"，把向来流行的悲婉语调改成愉悦的观赏。作为一个早寡的女子，王素娥显然是属于恬淡知足的那一种。她在人生之旅中已认清"诸行无常"的道理，凡事不去执着也不去占取。她只觉得沿途美不胜收，她要心平气和地驾好这一叶扁舟，她要持续旅程。

旅行可以扩展一个人的胸怀，所以不少喜欢旅行的明清寡妇诗人都成为当时的女文坛领袖。上面曾经提过的商景兰就是一个最好的例子。就如清初才女王端淑所说，商景兰所居住的山阴梅市风景优美，其"山水园林之盛超越辋川"，故其"笔底"颇有"江山之助"。[①] 当其夫祁彪佳在世时，商景兰已享尽了人间的荣华富贵，也看尽了江南的美丽风光；他们还拥有几座山中别墅，所以旅游早已成为日常生活的一部分。丧夫后的商景兰（当时她 42 岁）更加不遗余力地登临作诗，与家人和各处来访的才女互相唱和。在她的领导下，她的家简直成了当时闺秀文学的中心。朱彝尊曾在他的《静志居诗话》中记载道：

> 商夫人有二媳四女，咸工诗，每暇日登临，则令媳女辈载笔床砚匣以随，角韵分题，一时传为胜事；而门墙院落，葡萄之树、芍药之花，题咏几遍。过梅市者，望之若十二瑶台焉。

---

① 参见王端淑编《名媛诗纬》（清康熙间清音堂刊本）卷 11，第 1 页。

商景兰是第一个真正提高才女之间的认同感的寡妇诗人。因为她爱才如命，又被视为是当时"江南两浙闺秀之冠"，所以不少才女慕名而至。其中尤以女诗人黄媛介来访（约 1654 年）一时传为佳话。两位才女一旦相遇就立刻成为知音，此后一年间黄媛介住在商景兰家中，天天吟咏、游山玩水，与商景兰及其女儿、媳妇们彼此唱和甚盛。她们常常同游祁家别墅寓山和密园，而且每次都有精彩的唱和之作。在一首《同皆令（媛介）游寓山》的诗中，商景兰写道：

> 笙歌空忆旧楼台，竹路遥遥长碧苔。
> 一色湖天寒气老，万重山壑暮云开。
> 梅花绕径魂无主，明月当轩梦不来。
> 世事只今零落尽，岂堪佳客更徘徊。[①]

　　寓山正是当年祁彪佳在世时常和商景兰一同度假的庄园别墅。现在女诗人又重游故地，自然满怀怅惘哀伤，于是发出"梅花绕径魂无主"的慨叹。然而，使她感到伤心的不只是悼亡的回忆而已，还有对"世事只今零落尽"的感叹。作为明朝的忠臣，她与祁家都付出了很大的代价——1645 年，祁彪佳在清兵陷南京时，绝食并自沉于池中而死；接着，长子祁理孙和次子祁班孙加入复明运动，皆先后被捕而株连甚广。理孙不久即去世（死时才 20 多岁）；班孙则被流放西北，形同死别。所以，作为一个寡妇兼女遗

[①]　王端淑《名媛诗纬》卷 11，第 2 页。

民，商景兰已经历遍人生种种悲苦与物是人非的经验。对别人来说，"明月"或仅指天上明丽的月亮，但对国破家亡的她来说，"明月"永远代表明朝，永远象征过去的一切。因此，当她说"明月当轩梦不来"时，我们感到一种今昔对比的惆怅。可以说，"明月"已成为商景兰诗中的一个永恒的象征。尤其，每当她在寓山庄园等处泛舟时，她总要想起那投水自杀的先夫以及代表过去的明月。以下是商景兰的《中秋泛舟》（其一）：

> 秋光何事月朦胧，玉露澄澄散碧空。
> 野外香飘丹桂影，芙蓉分出满江红。

此诗明写月色，暗写诗人的心境：就像那朦胧的月色一般，诗人的心中也充满了阴影。然而，全诗一扫悲切而痛不欲生的感伤情调，它采取的是一种超越美学的观照。我们看见玉露、丹桂、芙蓉构成了一幅凄美的画景，也能想象一叶扁舟在朦胧月色中浮动的情景。一直到诗的结尾处我们才终于领会到诗的真正隐喻：因为"满江红"是渡船的名称，代表明朝。据清俞樾《茶香室续钞》载：

> （明太祖朱元璋）与徐公达同行，买舟以觇江南虚实，值岁除，舟人无肯应者。有贫叟夫妇二人，舟尤小，欣然纳之。登极后，访得之，无子，官其侄，并封其舟，而朱之。故迄今

江中渡船，谓之满江红云。①

　　原来，商景兰对她家中的小舟仍沿用明朝的称呼；《中秋泛舟》实际是对大明的哀悼，表面上却是一首十分含蓄的写景诗。

　　作为一个明朝遗民，黄媛介完全可以体会这种隐喻的含意，尤其因为她自己也常用含蓄的意象来捕捉复杂的心境。在《同祁夫人商媚生祁修嫣湘君张楚缣朱赵璧游寓山》的诗组中，黄媛介特别突出这种描写方式：

　　　　山抱苍潭水，亭藏碧树烟。
　　　　栖乌啼月下，回棹泊霜前。②

　　诗中的"月""棹"诸意象可被解为"个人的秘密象征法"（private symbology），那是中国文人特别喜好的一种象征诗法。这种诗法的特点是，任何有意的译码过程都无法完全证明作者的原本用意。

　　在才女黄媛介的身上，商景兰找到了真正的知音：一个是历尽沧桑的中年寡妇，一个是婚姻不幸、流落他乡的女子，二者可说都是身居边缘处境的人。从这两位女诗人的经验看来，我们可以体认到一个成功女作家所必备的心理条件：她既需要有个人的孤独感（solitude），也需要有情感的联系性（connectedness）。这也正是近年来美国女性主义者所强调的"双重空间"（double

----

① 郑光仪编《中国历代才女诗歌鉴赏辞典》，第 1343—1344 页，见刘振娅文。
② 王端淑编《名媛诗纬》卷 9，第 23 页。

spaces）。① 自古以来，无论在中国或是西方，女人婚后大都把精力花费在抚育子女及料理柴米油盐之中。因此，如何突破现实生活之局限而建立个人的独立空间就成了女性作者的首要问题。一个人只有在孤独中才能面对自己，进而自觉地从事创作。然而，孤独并不等于隔绝（isolation）——孤独是一种心的训练，只有一个原来不寂寞的人才能达到的一种自足美感。就如女性主义者乔·安妮·帕加诺（Jo Anne Pagano）所说：

　　就因为我知道自己与别人密切地联系着，我才有能力欣赏我的孤独。②

　　商景兰与黄媛介都是懂得孤独又有能力建立感情联系的成功女作家。归根结底，是她们的悲剧性命运使她们逃脱了许多普通女人的生活负担，从而使她们找到了写作的心灵空间。另一方面，她们之间的契合与相知更使她们有勇气走出悲观自怜的世界，终能同心合力建立一个新的"才女文化"［即高彦颐（Dorothy Ko）所谓的"Women's culture"］。③ 或许更确切地说，她们所提倡的是一种"女文人"（female literati）的生活方式，是对男性文人的基本认同。与怀才不遇的文人相同，许多像商景兰和黄媛介一样

---

① 参见 Janet L. Miller, "Solitary Spaces:Women, Teaching,And Curriculum", in Delese Wear, ed., *The Center of the Web: Women and Solitude* (Albany:State University of New York Press, 1993), p.249。

② Jo Anne Pagano, "Who Am I When I'm Alone with Myself", in Delese Wear, ed., *The Center of the Web*, p.53.

③ 参见 Dorothy Ko, *Teachers of the Inner Chambers: Women and Culture in Seventeenth Century China* (Stanford: Stanford University Press, 1994), pp.226-232。

的薄命才女都选择走向生活艺术化，致力于吟诗酬唱、游山玩水、琴棋书画等生活情趣的培养。她们的妇女诗社表面上好像只在凝聚"姐妹情谊"（sisterhood），实际上却体现了一种十足的男性化价值观。因此，在文化上，男女之间的趣味也就拉近了，他们终于有了共同的语言。尤其对寡妇来说，这种女文人的生活情趣使她们体会到名副其实的性别超越。

从某一个角度看，明清寡妇是一种"性别遗民"——与男性的"政治遗民"一样，她们不幸失去了自己的"皇帝"，却终于找到了自己的声音。那是一种超越性别的文学声音，一方面制造了某些不同于传统的东西，一方面又丰富了传统的文人文化。

（原为1996年4月台湾大学"语文、情性、义理——中国文学的多层面探讨"国际学术会议论文，本版稍做改写补充）

传统女性道德力量的反思

　　最近，美国性别研究有一种新的研究方向：不再罗列女性受压迫的例子，而是开始探讨两性之间的关系互动以及他们在文化、艺术、经济、政治，乃至于日常生活的架构下所拥有的实际权威、力量和影响力。我在其他文章里已经说过，这种权威、力量和影响力很自然使我们想起了当代著名评论家福柯（Michel Foucault）所谓的权力多向论。严格地说，我们通常把power一词译为"权力"，其实并不适当，因为英文里的 power 意义广泛，包括权威、威望、力量、影响力诸含义，当然有时也指"权力"。所以以下 power 一词，我大都把它译成"力量"或"权威"，但也要看上下文而定。[①]

　　今天，我所要讲的涉及传统女性的道德力量（moral power）。有关这个题目，美国汉学家已经研究了不少。例如，著名学者曼素恩（Susan Mann）和高彦颐（Dorothy Ko）等人在这一方面特别有贡献。根据我自己对中国古典文学和文化的认识，我发现传

[①]　有关"权力"的定义问题，我曾受益于台湾大学张以仁教授的批评和补充，在此表示感谢。

统中国男女之间的"权力"分配，确实十分复杂，绝对不能用"压迫者"和"受害者"的二分法来简单阐释。我以为，中国古典女性所拥有的道德力量，其实就是今日我们所谓"权力多向论"中的一种 power。

在此，我所谓的"道德力量"（moral power）指的是中国传统女性在逆境中对自身高洁忠贞的肯定，从而获得的一种"自我崇高"（self-sublimation）的超越感。换言之，这种"道德力量"的意识经常使得中国古代的女性把生活中所遭受的痛苦化为积极的因素，进而得到一种生命的力量。这种 moral power 有时更像是英文里的 authority（权威）或是 prestige（声望）。

首先，谈到传统女性所最常遭遇的逆境，那就是弃妇的处境（这与失宠的臣子经常遭受放逐的情况是一样的）[①]。有关这个题目，我们经常会想到西汉时代的班婕妤，她是文学家班彪的姑母，也是班固和班昭的祖姑。班婕妤少有才学，在汉成帝时被选入宫中，因得宠而被立为婕妤。后来赵飞燕姐妹得宠，班婕妤因而成为弃妇。在这种情况之下，班婕妤并没有因此沮丧，而是仰赖她内在的一种道德力量努力活下去。在著名的《自悼赋》中，她从一开头就说道："承祖考之遗德兮，何性命之淑灵。"（诗见《汉书》卷97下）可见她从祖宗那儿遗传到一种固有的道德精神和高超的才能。可以说，她从先人那儿秉承的"德"已成了她的一种 prestige（威望），一种 identity（身份认同）。美国汉学家康达维（David R. Knechtges）把班婕妤《自悼赋》开头的这两句译得特别好："Heir

---

① 有关中国传统弃妇和逐臣的讨论，请见康正果《风骚与艳情》（修订版），上海：上海文艺出版社，2001年，第34—76页。

to virtue bequeathed by my ancestors, Endowed in life with a noble genius.".[①] 特别是，他把原作者对自己祖传德行的自信表现得十分生动。班婕妤的自我肯定可与屈原的《离骚》一诗中所表现的精神比美："帝高阳之苗裔兮，朕皇考曰伯庸……名余曰正则兮，字余曰灵均。纷吾既有此内美兮，又重之以修能。"与屈原相同，班婕妤借以生存下去的凭借也是一种"内美"的气质，那种气质在她的痛苦中被转为一种道德的力量。这种道德意识使她认识到生命的无常和眼前此刻的珍贵，所以她在《自悼赋》的末尾就如此说道："惟人生兮一世，忽一过兮若浮。已独享兮高明，处生民兮极休。勉虞精兮极乐，与福禄兮无期。"意思是说："人生一世本来就十分短暂，有如浮云一般早晚就要过去，自己既然已经独享过富贵，也有过美好的一生，还不如勉励自己多欢乐，让福禄一直延续下去。"后来班婕妤一直在中国文学史上占有很重要的地位，并成为历代女性的典范。例如，《续列女传》特辟一章《班女婕妤》以歌颂她的才华和德行，并把她比为《诗经》里的"君子"：

> 《诗》云："有斐君子，如切如磋，如琢如磨。瑟兮僴兮，赫兮咺兮。有斐君子，终不可谖兮。"其班婕妤之谓也。[②]

可以说，班婕妤所拥有的不仅是一种道德力量，而且是一种"poetic authority"（诗的权威），因为她通过诗歌来彰显内在的

---

① David R. Knechtges, trans., "Rhapsody of Self-Commiseration", in Kang-i Sun Chang and Haun Saussy, eds., *Women Writers of Traditional China: An Anthology of Poetry and Criticism* (Stanford: Stanford Univ. Press, 1999), p.19.
② 《续列女传》，见《新译列女传》，黄清泉译注，台北：三民书局，1996年版，第432页。

美德。

班婕妤的例子使我们了解到，在传统中国的环境中，当女性很少有其他权力的管道时，她们经常借着她们的道德精神获得某种权威意识。其实，何止在中国，即使是古代的朝鲜，也受这种女性道德权威的影响。例如，在最近十分畅销的韩国小说《医女大长今》中，女主角长今就如此表达了内心的感触："什么是权威？难道用蛮力制服别人就是权威？……应该用自己的能力、德行、人品让别人信服，到时候权威自然就能建立。"[①]而且，在西方传统中，有不少伟大的女性也都因她们的人品表现而得到某种 moral power。例如，《圣经》里记载的寡妇路得［见《路得记》（the *Book of Ruth*）］，她早已成为传统西方文化公认的女性道德典范。但与西方传统相比较，古代中国的女性道德"权威"更加源远流长，而且一旦放在文学的上下文中，就更能清楚表现出它的真正含义。这是因为，当女性的道德意识一旦转为文学作品时，它就随着文字的力量，提高到另一个更高的超越境界，因而展现它特殊的影响力。

有关这一点，苏蕙的《璇玑图》或许可以给我们进一步的启发。苏蕙是东晋时代的女子，相传其夫窦滔因罪而被贬。在这同时，窦滔因另有所爱而对苏蕙疏远，故苏蕙十分愤怒，不愿和丈夫一起搬到远处的流沙。但后来苏蕙渐渐"懊悔自伤"，因而用织锦的方式把内心对丈夫的思念绣成回文诗寄给他。最后，这个织锦图深深地感动了她的丈夫，终于夫妇团圆，而先前的"第三者"

---

① 金相宪（Kim Sang Heon）著《医女大长今》下册，台北：杰克魔豆文化公司，2005 年版，第 187 页。

也只得被遣回关中，足见文学感人的力量有多大。到头来，我以为是苏蕙对自我文德的自信挽回了她的婚姻。苏蕙《璇玑图》的特点就是，读者可以从各个方向来阅读图中的诗，可以上下读、反读、横读、斜读、交互读，并且可以随意读成许多形式的诗——如三言诗、四言诗、五言诗、六言诗、七言诗，以及各种长短不齐的诗。但不论从哪个方向读，用什么方式读，读者都会发现，在《璇玑图》的正中央总是有个引人注目的"心"字。然而，由于此图的读法无穷无尽，一般读者无法完全了解其全部含义，只有她的丈夫窦滔能了解其真意。据说，这是苏蕙故意为之："徘徊婉转，自为语言，非我佳人，莫能解之。"[①]可以说，苏蕙正是利用中国文字的特点来创造了这个文学上的"古今绝作"。[②]世界上大概只有中国文字可以让这样一幅织锦图包含着如此无穷无尽的诗。确实，此织锦图是个不可多得的艺术作品。而且，自唐以来，该图中的回文又以"五色相宣"标出，更加显出其"超今迈古"的艺术性。

《璇玑图》的故事当然有许多版本，而且苏蕙是否真的是这幅织锦图的作者，也很难证实。然而，几百年来中国读者已把苏蕙提升到了经典作家的地位。值得注意的是，苏蕙之所以被经典化，不只是因为她那高超的艺术技巧，主要还是由于她的《璇玑图》所表现出来的道德情操。例如，武则天在她所著的《织锦回文记》里就强调苏蕙"谦然自守"的美德，以及其夫窦滔之"悔过"精

---

① 武则天《织锦回文记》，见《全唐文》卷 97，上海：上海古籍出版社，1990 年版，第 1257—1258 页。

② 谢无量在他的《中国妇女文学史》中说，苏蕙的《璇玑图》是"古今绝作"。见谢无量《中国妇女文学史》第 2 版，台北：台湾中华书局，1979 年版，第 4 页。

神，因而"遂制此文，聊示将来"。① 这篇序是否真为武则天所写，一直无法确定；但它显然借着武则天的名声提升了苏蕙的文学地位。据传说，《璇玑图》早已遗失，一直到唐朝才有人发现该图的本子，最后由上官婉儿献给皇上武则天。这就是《璇玑图》成为文学经典之开始。后来，宋朝的起宗道人从该图中读出3752首诗；接着，明代的学者康万民（即著名文学家康海之孙）在其《〈璇玑图〉读法》中又整出4206首诗，并加上新的图表。② 现代学者周振甫也尝试解说《璇玑图》诗中的各种含义，认为作者苏蕙"讲究修养品德，像古代贤妇人"一般；她的《璇玑图》"反映出一位生长在封建社会中很善良的志洁行芳的妇女，对待负情的丈夫的复杂感情，表达得非常真切"。③ 总之，无论在文本的传承（textual transmission）上，或是评注的传统（commentary tradition）中，苏蕙已经建立了她那不朽的文学和道德权威。

中国女性很早就懂得如何善用她们的道德权力。因此，汉代班昭作《女诫》，主要为了传授给女儿们一种基本的道德教育。明代永乐皇帝的夫人徐皇后（即明初功臣徐达的女儿）更加扩充女教的范围；她著《内训》一书，共20篇，有《德行》《修身》《慎言》《谨行》诸篇。她在《自序》中写道："常观古贤妇贞女，虽称德行之懿，亦未有不由于教而成者。"④ 所以，她撰完此书，即把该

---

① 有关窦滔"悔过"这一点，我要特别感谢衣若芬博士的指正。
② 有关这一方面的研究，请见陈磊的文章：Lei Chen, "The Compass of Texture in Commentary: Reading Su Hui's Xuanji Tu", Manuscript, 2004, p. 8.
③ 周振甫《苏蕙》，见郑光仪主编《中国历代才女诗歌鉴赏辞典》，北京：中国工人出版社，1991年版，第168—178页。
④ 《仁孝文皇后内训一卷》。徐皇后《自序》，见胡文楷《历代妇女著作考》增订本，上海：上海古籍出版社，1985年版，第139页。

书颁行天下，乃为了教育所有的妇女。后来，居然连朝鲜宫中的女人也都在读这本《内训》。① 现在，一般人谈到"权威"，经常只想到政治上的权力，但事实上有关中国传统女性的权威与地位，必须把它放在道德的上下文之中。

这就涉及女性（femaleness）的基本定义了。美国文学批评家帕卡米拉·格利亚（Camille Paglia）曾在其《性面具》（*Sexual Personae*，又译《性形象》）一书中界定了 femaleness 一词。她所用来解说 femaleness 的东西就是原始石器时代那个庞大的、常年怀孕的大母神威伦多夫的维纳斯（Venus of Willendorf），那是大约公元前 3 万年左右的母神石雕。② 这个大母神象征的是女性原始的生物性。然而，我认为"女性"在中国古代有着不同的定义。在传统中国，女性一直被放在社会、家庭和伦理的范畴中。因此，谈到母亲，《女孝经》强调的是"胎教"（书中有一章名为《胎教》），而不是臃肿不堪的动物性母体。对于一个怀孕的女人来说，最重要的乃是一举一动都要自我道德规范化，为了生出才德并重的孩子。同时，儿子长大之后也自然最尊重母亲。在他们刚出版的《彤管：中国历代女作家综述》（*The Red Brush: Writing Women of Imperial China*）一书中，汉学家伊维德（Wilt Idema）和管佩达（Beata Grant）特别指出"胎教"和中国传统道德教育之关系，

①　金相宪（Kim Sang Heon）著《医女大长今》上册，台北：杰克魔豆文化公司，2005 年版，第 84 页。
②　这个石器时代的小石雕是在澳大利亚被发现的。参见 Camille Paglia, *Sexual Personae: Art and Decadence from Nefertiti to Emily Dickinson* (New Haven: Yale Univ. Press, 1990), pp.54-55。

我以为确实抓到了问题的关键。[①]

值得一提的是，母亲在家庭的重要性也影响了许多寡妇在政治上的地位。例如，武则天和慈禧太后都是在成了"寡妇"（那就是"太后"）之后才开始得到政治权力的。[②]但开始时，这些女性也都是以抚养和教育儿子为名义（意即以"道德"为名义），一直到后来才逐渐抓到政权。如果我们重新阅读唐朝和清末的历史，就更能体会这些"寡妇"的权力有多大了。

在文学上，中国寡妇诗人的地位也极其崇高。这是因为她们多半有过多重的生活经验，而且身为女性，她们曾经做过妻子、母亲，也在夫家尝过复杂的家庭经验，所以一旦成为孤苦无依的寡妇，只要她们提起笔来写作，一般都可以写出感人的文学作品。这就是在中国古典女性作家（尤其是明清女诗人）之中，有很大一部分是寡妇诗人的原因。在近代学者谢无量的《中国妇女文学史》一书中，作者花了很大的篇幅来讨论一个名叫"文氏"的明代寡妇诗人。[③]在这以前，清代文学家朱彝尊也曾经在他的《静志居诗话》中表扬过文氏的早寡守节。总之，文氏之所以在文学史上不朽，乃因为她曾作《拟骚》以见志。她的诗歌显然以屈原的《离骚》为模板。与屈原相同，她也重视心中的"内美"，亦即完整的道德教育（见首篇《感往昔》）。因此，《拟骚》的《自序》一开头就说道："余少时与姑共修闺范，王父授《论语》《毛诗》。"在成为寡妇之后，她特别坚持"夙夜小心，唯德是先"；她"废寝忘食，

---

① Wilt Idema and Beata Grant, *The Red Brush: Writing Women of Imperial China* (Cambridge, Mass.: Harvard Univ. Asia Center, 2004), p.59.

② Idema and Grant, *The Red Brush,* pp. 17-18.

③ 文氏《拟骚》，见谢无量《中国妇女文学史》，第302—310页。

秉炬夜览，述古人之则，掇后贤之思。"然而，与屈原不同，作为女子，文氏的诗歌显然更直接触及女性日常生活的层面。她的诗歌是属于直接表述的那一种，而非寄托式的。如在《抚玉镜》一篇中，作者由每日照"玉镜"的经验而悟出个人生命的真正价值所在："抚玉镜之纤尘兮，光皎皎而虚明。睇此物之神圣兮，不淑见而心惊……悲朱颜其易改兮，惟寸心之不更。"她终于发现，即使自己美丽的外表终将失去，那个"寸心之不更"（即对夫君永远忠贞）的美德乃是自己心灵的财产。①

在明清寡妇的文学作品中，"贞节"一直是被看重的主题。现代有些读者或许会对这些明清妇女的选择感到同情，殊不知这些妇女真正相信自己的贞节德行乃是她们的权威和影响力所在。然而，与普通的政治权力不同，她们从"德"上头所得到的权威却是永恒不朽的。明末寡妇才女商景兰在她丈夫祁彪佳以身殉明以后，曾在她的《悼亡》诗中说过："存亡虽异路，贞白本相成。"大意是说，虽然丈夫光荣地殉国了，而她却存活下来，表面上两个人走的人生道路截然不同，但其实他们都一样拥有高尚道德的地位——那是因为，男人殉国的"贞"节与寡妇的清"白"相辅相成，不相上下。

贞节不仅能赋予中国传统妇女一种自我的道德感，而且有时还能通过文学的功能来有效地洗冤雪耻。唐代女子程长文就是一个好例子。《全唐诗》收有程长文三首诗，其中一首题为《狱中书情上使君》，诗中记载作者自幼"一片贞心比孤竹"，但一日不幸

---

① 有关文氏和其他寡妇的讨论，请见拙作《古典与现代的女性阐释》，台北：联合文学出版社，1998年版，第85—109页。

为暴徒强暴的悲剧。据她自述，在搏斗中她宁死不从，最后终于
杀死暴徒，保全了自身的贞操。但地方官僚不辨是非，居然把她
关入监狱。她含冤负屈，只能企求长官公平判案，早日将她释放
出狱：

> 强暴之男何所为？
> 手持白刃向窗帏。
> 一命任从刀下死，
> 千金岂受暗中欺！
> 我心匪石情难转，
> 志夺秋霜意不移。
> …………
> 三尺严章难可越，
> 百年心事向谁说？
> 但看洗雪出阊扉，
> 始信白圭无玷缺。

  从该诗的内容，我们很难知道程长文后来的最终命运。只知
道面对着"三尺"的判决书，作为女人的她，唯一的希望就是写诗
上诉。而她唯一的证据就是她的清白之身。细读此诗，我们发现
作者所用来形容自身贞洁的意象（如"志夺秋霜意不移""始信白
圭无玷缺"等）都能以真挚而有力的笔法表现出她特有的情操。尤
其是"我心匪石情难转"那一句出自《诗经·邶风·柏舟》一诗，
其意义极其明显。《柏舟》的原文有一段写道："我心匪石，不可转

也。我心匪席，不可卷也。威仪棣棣，不可选也。"大意是说："我的心不是石头，不可被人轻易转动；我的心不是草席，不可被人随意卷起；我的仪容庄重，举动高雅，不可挑剔。"现在程长文影射《诗经》这首诗，自然是为了要表达她那绝不可被侵犯的贞操和尊严。我们可以想象，这首诗在当时确实是起过某种作用的。可惜，由于史料缺乏，我们无法证明女诗人是否真的如愿出狱了，我们只知道，程长文颇有诗才，因为除了这首诗以外，《全唐诗》还收了她的一首律诗《铜雀怨》和一首绝句《春闺怨》。明代文人钟惺特别赞赏程长文的《铜雀怨》，曾在其《名媛诗归》中评曰："如此写事不必情伤，便已凄然泪下。"

然而，写诗有时也会给人带来灾难。例如，明代女诗人李玉英因写诗而差点丧命，原因是她的继母焦氏控告她奸淫不孝。听说她被判死罪，就是因为这首《送春》诗：

> 柴扉寂寞锁残春，
> 满地榆钱不疗贫。
> 云鬓衣裳半泥土，
> 野花何事独撩人。

现代的读者可能无法相信这样一首诗会导致一个人被判死罪。我们至多只会认为这是一首想象的情诗，就如钟惺在其《名媛诗归》中所说，"野花撩人，无是事，而有是情"而已。[①]然而，就如

---

① 见钟惺《名媛诗归》卷28，第2a—2b页。朱彝尊的《明诗综》卷86，第8a页，作"野花何事一愁人"，但冯梦龙的《李玉英狱中讼冤》仍作"野花何事独撩人"。

美国汉学家王安（Ann Waltner）在她那篇研究李玉英的文章中所说，当时许多明清的人仍认为妇女的诗"才"会妨碍"德"行，因而对女人所写的情诗特别敏感。[1] 况且继母焦氏本来就想尽办法要陷害李玉英，正想找到诬告她的理由，所以就拿玉英的《送春》诗作为状词的根据，趁机诬告她"奸淫不孝"。谁知当时的官府十分腐败，只顾听焦氏和她兄弟的一面之词，就随便批准了状词，居然很快就把玉英拘禁于锦衣狱中，并判"极刑"。那事发生在公元1524年。

且说，李玉英的身世极其坎坷艰难。原来她是明武宗时（16世纪初）锦衣卫千户李雄的长女。她的母亲何氏共生有三女一男，但在生下最小的女儿后，就不幸染病身亡了。当时玉英只有6岁。她的父亲李雄因无法照料幼小的子女，只得娶焦氏为继室。但不幸的是，几年后李雄在战场上战死了。李雄死后，继母焦氏开始虐待前妻留下的子女。首先，玉英的弟弟承祖被毒死，接着大妹桃英被卖为人婢，二妹月英被逐出家门成为乞丐。现在焦氏又千方百计地陷害玉英，终于把她陷入狱中。

但这个故事之所以成为千古佳话，乃由于玉英最后在狱中勇敢地上疏嘉靖皇帝，终于有机会详述全家受冤始末而得以洗刷罪名。据载，在李玉英书奏皇帝之后，皇帝立刻下令严厉调查，经过审核，官方证明李玉英确实被诬。最后，李玉英被释，焦氏及其帮凶焦榕被双双处斩（本来皇帝连焦氏之子亚奴也要下令斩首，

---

① Ann Waltner, "Writing Her Way Out of Trouble: Li Yuying in History and Fiction", in Ellen Widmer and Kang-i Sun Chang, eds., *Writing Women in Late Imperial China* (Stanford: Stanford Univ. Press, 1997), p.231.

但因李玉英上疏乞求皇上开恩，才作罢。此为后话）。这个动人的故事后来成为诗词编撰家和小说家十分注目的题材。除了钟惺的《名媛诗归》之外，赵世杰的《古今女史》和朱彝尊的《静志居诗话》也都收集了李玉英那篇有名的奏章和诗。此外，钱谦益的《列朝诗集》和其他许多明清诗集也收有李玉英的《送春》诗，并附故事简介。至于冯梦龙的短篇小说《李玉英狱中讼冤》（见《醒世恒言》第 27 卷），则叙事的篇幅就更加详尽，流传也就更加广了。

在此，我要特别提到的是，李玉英那篇写给嘉靖皇帝的奏章自始至终都强调"德"的概念。也就是说，是"德"的感召力使她说服了皇帝。她的奏章一开头就指出"孝"与"贞"的重要性，显然是针对焦氏对她"奸淫不孝"的控词。难得的是，李玉英在此情况下并没有自哀自怜。相反地，她提出"五刑以不孝为先"的古训，说明自己绝非不孝。如果自己真的不孝，愿意接受死罪。接着，她引用一些古代女性因不愿受辱而投崖坠井的故事来说明自己的贞洁操守："臣闻先正有云：五刑以不孝为先，四德以无义为耻。故窦氏投崖，云华坠井，是皆毕命于纲常，流芳于后世也……"除了遵守妇女的"四德"（德、言、容、功）和传统的人伦"纲常"以外，她更希望"流芳于后世"，因此她要为自己的名誉努力抗争。她说明自己所写的诗不过是"有感而言，情非得已"，没想到继母却诬告她。所以，她央求皇上仔细"将臣诗委勘"，仔细阅读，看看她的诗究竟"有无事情"。如此，"则臣之生平获雪，而臣父之灵亦有感于地下矣"。

这样一篇富有情理又有道德感的奏章自然深深地感动了嘉靖皇帝。在当时女性没有其他求救（recourse）的方式，唯一的方法就是借助于女性特有的德行之权威。难怪有明之世，李玉英一直被奉为女性道德的典范——例如，明人茅坤所编的《全像古今列女传》、冯汝宗的《女范编》和黄尚文的《闺范》等都把李玉英加入了"列女"的行列，使她与历代有名的列女平起平坐。[①] 值得注意的是，在这些新编的"列女传"中，李玉英是被归类在《辩通》的那一章，正好与以《自悼赋》著称的班婕妤之地位相当（班婕妤也被归类于《辩通》的那一章），我想这是因为李玉英和班婕妤都拥有惊人的辩才和德行之缘故吧。

然而，重要的是，本文讨论的几位女子（不论她们表现德行的方式为何），都能用传神而优美的文字把她们的心声表现出来，否则她们也不可能在历史上得到如此崇高的地位。是文字的感染力和魄力使她们最终获得了道德的权威。所以，从班婕妤的《自悼赋》、苏蕙的《璇玑图》，到李玉英的奏章，我们确实见证了"文"的特殊力量。刘勰的《文心雕龙》首篇《原道》篇就曾说过："文之为德也大矣"，并说"文"与"天地并生"，指的就是文章的这种永恒的召唤力。

所以，我们可以说，在传统中国的时代，有德行的女子虽然不少，但一个女子若能在她人生的有限性中，用感人的文字写下她心灵的崇高，那么她获得的更是一种不朽的文学和道德的力量。所以传统中国妇女尤其理解"才"与"德"并重的道理，后来明清时代有些女性作家甚至还利用"才德并重"的观念来提高她们的

---

① 有关这些版本的比较，请见 Ann Waltner, "Writing Her Way Out of Trouble", pp.235-236。

文学地位，那又是更进一步的发展了。① 但那个题目已经超出本文的范畴了。

（本文原题为《传统女性道德权力的反思》，乃为 2005 年 5 月 3 日台湾大学法鼓人文讲座写的演讲稿。现略为修订，收入本书中）

按：由于钱南秀提出的建议和批评——请见钱南秀的采访文章《美国汉学研究中的性别研究》，我后来决定将原来文章题目中的"道德权力"一词改为"道德力量"。

---

① 见拙作《论女子才德观》，《古典与现代的女性阐释》，第 134—164 页；刘咏聪《德·色·才·权》，台北：麦田出版公司，1998 年版，第 165—251 页。有关魏晋以前女性的才德观，请见梅家玲《依违于妇德与才性之间：世说新语贤媛篇的女性风貌》，载《古典文学与性别研究》，性别／文学研究会主编，台北：里仁书局，1997 年版。

与芦苇谈《图雅的婚事》

　　芦苇是西安人，为西安影视制片公司的资深编剧，多年来以编写《霸王别姬》和《活着》等多部得奖电影的剧本而享誉影视制作界。他最新的电影剧本名叫《图雅的婚事》，该片由初露头角的导演王全安执导，该电影不久前荣获了第 57 届柏林电影节最高奖"金熊奖"。日前芦苇来耶鲁访问，我有幸与他共进午餐，趁用餐前后的机会，我特意就电影《图雅的婚事》对他做了简短的采访。

　　芦苇编写的电影剧本有一个基本的特征——那就是透过电影叙事，尽量把中国老百姓的生活实况和态度平实地表现出来。《图雅的婚事》在这一点上显得尤其成功。故事发生在内蒙古大草原上，女牧民图雅（余男饰）的丈夫巴特尔身有残疾，为了一家人能活下去，图雅不得不招夫养夫，也就是和原配巴特尔形式上离婚，改嫁给一个愿意和她共同照料巴特尔以及两个孩子的男人。影片在女性心理的刻画方面尤为成功，显示了芦苇在刻画女性人物上所做的多样性探索。在此我必须顺便一提的是，从前芦苇为《霸王别姬》和《活着》编剧，都是导演来找他写的，而且那两个剧本均为改编同名小说而成，而《图雅的婚事》则为芦苇独自创作的剧本，因此它更能表现出芦苇独特的风格以及他对现实人生的探索。

我是得到芦苇随身所带的该片 DVD 而先睹为快的，因此在和芦苇用餐时自然就谈起了这部刚得奖的新片。一开始，我就好奇地问芦苇：

"《图雅的婚事》的情节是不是真人真事？"

"当然是真的了。这种'招夫养夫'的事是一些农村及牧区特有的生活形态。就是为了把这种生活形态介绍出来，我才想到要编写这部电影的。从某个方面来说，这也算是我较有创意的一部作品——当然也获得了导演王全安的共鸣。我之所以选择把蒙古草原作为电影的背景，乃是因为我和王全安两人都对当地的牧民生活有兴趣，尤其是那里的长调音乐，极其迷人……"

没等芦苇说完，我就迫不及待地问起有关女主角余男的问题：

"你知道吗？前几天《好莱坞报道》（*Hollywood Reporter*）有一篇文章讨论《图雅的婚事》，作者柯克·霍尼克特（Kirk Honeycutt）盛赞电影的女主角余男，说她演得十分成功，把一个牧人之妻的坚强性格活生生地搬上了银幕。我个人也认为余男演得很出色，很欣赏她在电影中的角色。但我这是第一次看余男演的电影，还不太了解她的情况，可否请你谈谈余男？"

"你说得很对，余男是一位杰出的演员。但她还很年轻，不过28岁，才刚出道不久。从前她演过一部叫《惊蛰》的电影。她曾在北京受过很好的训练，而且表演技巧高明，但最重要的是，她不虚假。就因为余男不虚假，所以她很能体现女性的特殊心理，也比较能深入角色，理解角色。目前有些演员的演技都不错，但大都很虚假，较肤浅，余男和他们不一样。在选择演员的事上，我和导演王全安都有一个原则，那就是：只有角色，没有演员……"

芦苇这个"只有角色，没有演员"的想法，很富启发性。我想，这个观念不但适用于《图雅的婚事》的女主角余男，也可用来讨论电影中的两位主要男性演员——饰残疾丈夫巴特尔的那位，以及扮演那个暗恋图雅的骑师森格。这两位男演员都把他们的角色演得十分生动而令人难忘，但听说他们都不是专业演员，这使我感到十分好奇。

我忍不住打断了芦苇的话："我还忘了问你。你们怎么找到那两个非专业男演员的？他们演得真好。"

"演巴特尔和森格的那两个人确实都是非专业演员。牧民巴格尔是我在内蒙古看外景时当场选上的。当时，他正在草原上给羊喂水，我们两人就很自然地聊了起来。我看他很有蒙古牧民的特色，于是就决定请他来扮演那个因挖井而导致残疾的丈夫。从一开始，我就对他有信心，因为从他身上散发出来的牧民气息是真的。至于骑师森格，那是导演王全安在一个赛马会上偶然遇到的，王导演一向善用非专业的演员。"

听到这里，我开始拿出笔记，也想深入谈有关该电影的主题和内容。于是，我继续问道："你认为这部电影最重要的信息是什么？我个人以为这是一部有关女性存在问题的电影，它基本上是从女性的观点切入的，你说是吗？"

"是的。这电影确实采用了女性的角度。首先，它刻画了蒙古草原上女性生存之困难。电影中,我们看到一个充满活力又坚强的女子图雅,她在丈夫成了残疾人之后,不但要担起一切家庭重担,还要牧养几百只羊,后来终因太劳累而病倒,所以不得不面对现实。与丈夫巴特尔商量之后,她决定改嫁,以便招夫养夫。一般说来,对于生活在蒙古草原上的人来说,他们的第一要务就是挖井,否则水源缺乏,就不能生存。现在图雅的丈夫既已失去了挖井的能力,为了让一家人生存下去,就得寻求解决之道。所以,在那个原始草原的环境里,生存本身就是十分困难的。"

"但据我的观察,"我又忍不住插嘴了,"电影中还有一个主题也很重要——那就是,有关一个女人生活在两个男人之间的复杂性。从电影一开始,我们就可以感觉到邻居桑格对图雅的吸引力。而桑格也偶尔故意挑逗,有一次他还对图雅说:'你现在需要的就是一个男人。'图雅无疑对她的残疾丈夫巴特尔十分忠心,而且也绝不会抛弃他,然而另一方面,她也隐隐约约对桑格怀有好感,总是凡事助他一臂。我们发现,每回桑格愈是把事情弄糟,愈是忙上加忙,图雅愈是给他帮助,有几次还救了他的命。总之,图雅和桑格的关系很复杂,既有真挚的友谊,也有彼此的情感和肉体的需求。但这种感情一直没正面说出来。甚至当图雅准备嫁给其中一个求婚者时,桑格也没敢表示内心的感情,只是继续暗暗地帮助图雅一家人,还及时营救了那个在福利院里因孤寂难耐而企图割腕自杀的巴特尔。一直到后来,我们才慢慢觉察到,其实图雅一直是想嫁给桑格的,只可惜桑格是个有妇之夫。我看女主角余男的最大成就之一,就是把这种极其复杂的女性心理表现得淋漓尽致。"

听到这里，芦苇的眼睛突然一亮，接着慢条斯理地说道："其实我一直想要突出女性复杂的心理层次，而且这也是我原来编剧的主要重点。这种复杂的女性心理尤其在电影的结尾处很清楚地表现了出来。你注意到了吗？电影的末了以图雅和桑格的婚事作结，但那个结尾并不是真正的'结尾'，那只是另一个新的难题的开始。"

我特别喜欢芦苇说的这段话，因为它正好说中了人与人之间关系的复杂性。从表面看来，在电影接近尾声时，图雅已达到了她的目的：她终于找到一个愿意娶她并照料巴特尔及两个孩子的新丈夫（因为桑格已顺利地与他的妻子离婚）。然而，婚礼尚未结束时，新的灾难就已经开始了——在婚宴中两个吃醋的男人居然当众打了起来，而图雅的儿子也和别的小孩起了冲突（因为那个小孩讥笑他有"两个父亲"）。最后，在电影即将结束时，我们看见可怜的图雅独自一人躲在蒙古包里哭泣，显然她对自己面前新的难题束手无策。那正好印证了之前图雅对巴特尔说过的话："活着不容易。"如此看来，目前这种"招夫养夫"现象，也是充满了问题的。

那天中午，我和芦苇只聊了短短的一个钟头，因为午饭后芦苇还得赶去我的耶鲁同事康正果的电影课上，准备与学生们座谈。临走前，我请芦苇给我补充一些有关蒙古族音乐的信息，因为《图雅的婚事》中的音乐特别感人。其中有一幕，月亮高挂在蒙古草原上，四周弥漫着抒情感人的琴音，一切都像梦境一般，令人难忘。

在走回办公室的路上，我抬头望去，只见纽黑文的天空清澈无云。但我隐隐约约听见了那扣人心弦的琴音，它一直萦绕在我脑海中，回转不去……

（原载《世界日报·副刊》，2007 年 5 月 7 日；简体增订版载于《书屋》，2007 年 6 月号）

传统读者阅读情诗的偏见

Our assumptions about love and gender... can be seen as textual constructs rather than as givens which are simply there in the world. (Tom Furniss and Michael Bath, *Reading Poetry*, 1996)

　　如何解释和评价古典文学中的情诗？凡是研读过中国诗词的人都知道，阐释一首情诗的含义常常要看作者的性别而定。如果作者为男性，我们就得注意一个古来约定俗成的问题：诗人是否借用恋歌来比喻他的政治遭遇？这是因为在传统文人所处的文化背景中，一个看重君臣关系的文人会觉得他的"政治情感"与男女爱情有着同样的性质：两者都强调始终不渝的痴情，两者都可能令人陷入失望的痛苦中。于是，一个诗人的政治背景常常成为传统读者阐释情诗的根据。例如，曹植的一系列《弃妇》诗与闺怨诗（如《七哀》）被理解为深含隐义的"政治失恋"诗歌——表面上它们是描写女主人公的哀怨之情，实际上是诗人暗示自己被兄长曹丕（魏文帝）迫害以及深埋内心的无能为力之感。至于身为帝王的曹丕，他写的情诗却得到不同的阐释：例如在其《秋胡行》乐府诗中，那位苦苦渴望"双鱼比目，鸳鸯交颈"的发言者，却被说成是"乐众贤之来辅"的贤明君王。[1]同是情歌却产生如此不同的阅读效果，足见政治背景的考虑乃为左右中国古典诗歌的阐释之关键。

这种以寄托为主的阅读方式既是政治的，也是性别的。一般传统读者以为，男性文人的情诗大都是政治隐喻，因此诗中所描写的爱情常常是言在于此，意在于彼；反之，女性作者的情诗则因大都与政治寓意无关，常被读成是直抒真情的自传诗。这种阅读的成见很大程度上受到作者本人写作习惯的影响：因为男性作者常借着"男女君臣"的比喻和"美人香草"的意象来写情诗，所以他们也用同样的托喻策略来解读别人的诗歌。同理，由于乐府民歌中的"女子"总是毫不掩饰地表达内心的爱与怨，后来的女诗人就常常撰写直抒其情的自传诗（虽然有些早期女诗人也模仿男诗人以"拟作"或"代言"的方式来诉说并非完全属于自我的情感，但她们很少涉及托喻的层面）。我们发现，虽然男性诗人经常通过虚构的女性声音来发言，女作家却较少借用男人的口吻来说话。如果说，前者代表一种"寄托"的美学文化，后者则常常被视为是一种"非寄托"的抒情文化。

当然，这种分野也不是绝对的，并非所有男性文人的情诗都被当成君臣托喻来解读；他们也不总是采用女人的口气来抒情。

---

[1] 参见黄节《魏文帝诗注》，收入杨家骆主编《魏晋五家诗注》，台北：世界书局，1973年版，第36页。

例如，司马相如在其《琴歌》中，以第一人称的方式抒发他对卓文君的热烈追求：

> 凤兮凤兮归故乡，遨游四海求其凰。
> …………
> 凰兮凰兮从我栖，得托孳尾永为妃。
> 交情通意心和谐，中夜相从知者谁？
> 双翼俱起翻高飞，无感我思使余悲。

　　诗中直抒其情，完全没有寄托的迹象，是一首真正的恋歌。此外，如秦嘉的《赠妇诗》、杨方的《合欢诗》、张华的《情诗》都是把夫妇之情直接用诗人自己的声音来表达的最佳范例。所以，我们不可千篇一律地把所有男性文人的情诗解释成政治诗歌。只能说：就男性文人文化来看，政治托喻是一个重要的写作与阅读情诗的法则。问题是，这个阐释的法则经常被推行过了头。本来是真正的言情之作，经过这种规则化的托喻解读后，常常都成了以政教为目的的作品。学者康正果曾说，坚持这种"阅读态度"的读者似乎认为"承认一首诗是情诗，就等于把读者的反应引向了淫邪的方向"。①

　　另一方面，中国传统读者在阅读女性诗人的作品时，却又走到另一个极端。与解读男性作品有别，他们几乎总是千篇一律地把女性诗歌看成是作者的自传，完全否认了女作者也有虚构诗中

---

① 参见康正果《风骚与色情》，郑州：河南人民出版社，1988 年版，第 53 页。

"角色"（persona）或代言人的自由。这种读诗的方式无形中制造了许多有关"作者"（authorship）的争论。例如，有人怀疑武则天不是《如意娘》（一首充满相思情意的乐府诗）的作者，因为从诗中的口气来看，该诗不像是一位执政女皇所能写出的：

> 看朱成碧思纷纷，憔悴支离为忆君。
> 不信比来长下泪，开箱验取石榴裙。

但有此热爱"考古"的读者则认为此诗就是武则天写的，那是描写她还在做唐太宗的才人时，与太子李治（后来的唐高宗）的偷情经验。这种以自传为主的阐释方式犯了一个最大的毛病，即容易使人忽略诗歌本身的美学价值。关于这一点，施蛰存在他的《唐诗百话》中表达了新颖的见解。他认为一般读者都犯了把诗与作者对号入座的错误：

> 这是由于误解此诗，认为是作者自己抒情。……但这是武则天写的乐府歌辞，给歌女唱的。诗中的"君"字，可以指任何一个男人。唱给谁听，这个"君"就是谁……你如果把这一类型的恋歌认为是作者的自述，那就是笨伯了。①

施蛰存的上述论点颇富启发性，它是对传统阅读偏见的一种批判。

---

① 施蛰存《唐诗百话》，上海：上海古籍出版社，1987 年版，第 724—725 页。

传统的阅读法则除了对"作者"问题产生不必要的争论之外，还出现了许多对女诗人不公平的道德判断。这是因为一般的论诗者常出于卫道的目的，对撰写情诗的女作家持苛刻的批评态度，以为诗中所描写的恋情即为作者本身的真实自白。在这一方面，最有名的例子莫过于宋朝女诗人朱淑真的遭遇。据考证，婚姻不如意的朱淑真是死于非命（很可能投水自杀），原因或许是她的婚外恋情为家人识破所致。[1] 她生前创作了大量的情诗，但死后大都被父母"一火焚之"，以致"今所传者，百不一存"（《断肠集》魏仲恭序）。显然，朱淑真的父母之所以忍痛焚诗，乃因怕这些诗歌的文本会带给女儿"不贞"的罪名。然而，朱淑真终究难逃封建社会的性别歧视，有人批评她的诗词"岂良人家妇所宜邪"（杨慎《词品》卷二"朱淑真元夕词"条）。[2] 假如朱淑真是一位男士，则她的情诗或可被解为"美人香草"的政治托喻，从而逃脱读者的道德判断。

　　值得注意的是，这种传统的道德判断之箭头不仅只对着有名有姓的女作家，连虚构的"女性角色"也绝不放过。例如，南宋以降的评论者对张籍的《节妇吟》中的女主人公一直持极为苛刻的批判态度，完全站在捍卫儒家的礼教观念来解释这首诗。张籍的诗以第一人称的女性口吻写道：

　　　　君知妾有夫，赠妾双明珠；

　　　　感君缠绵意，系在红罗襦。

---

① 参见黄嫣梨《朱淑真及其作品》，香港：三联书店，1991年版，第48—49页。
② 据一般学者考证，常受批评的《元夕·生查子》词并非朱淑真所作。

妾家高楼连苑起，良人执戟明光里。

知君用心如日月，事夫誓拟同生死。

还君明珠双泪垂，恨不相逢未嫁时。

诗中的已婚女子收到一个多情男子的定情赠物——两颗明珠，显然，她对这个男子也有感情，所以就把明珠"系在红罗襦"上。但经过理性的考虑，她终于把赠物还给情人，因为她不能离弃自己的丈夫。在恋情与婚姻之间，她最后选择了婚姻，却无法压制内心那种无可奈何之感，所以她在"还君明珠"时，忍不住流泪叹道："恨不相逢未嫁时。"

前面已说过，张籍的"节妇"受到历代文人的批判。例如，明末的唐汝询曾说："系珠于襦，心许之矣。以良人贵显而不可背，是以却之。然还珠之际，涕泣流连，悔恨无及，彼妇之节，不几岌岌乎？"（《唐诗解》）总之，一般从事阐释的文人对张籍诗中的"节妇"那种"系珠""双泪垂"的行为颇有贬义。明初的瞿佑，甚至从卫道者的立场，在他的《归田诗话》中改写了张籍的诗，题为《续还珠吟》：

妾身未嫁父母怜，妾身既嫁家室全。

十载之前父为主，十载之后夫为天。

平生未省窥门户，明珠何由到妾边。

还君明珠恨君意，闭门自咎涕涟涟。[1]

---

[1]　参见施蛰存《唐诗百话》，第402—403页。

所以，当清代的沈德潜编《唐诗别裁》时，特意不选张籍的《节妇吟》："然玩辞意，恐失节妇之旨，故不录。"[1]

有趣的是，这些历来的读者都把张籍诗中的女子当作真实人物来评价，好像她是某位淫妇型的危险人物。评论者不能同情她的立场，认为她的悲叹只是缺乏妇德的必然后果。另一方面，某些传统的读者却对创作这首情诗的男性作者张籍赋予极大的同情，原因是：该诗并非真正的情诗，只是作者在政治上遭受困难时所写出的一首托喻诗。原来，张籍早已接受某一幕府的聘任，但另有一名节度使李师道又派人用厚礼聘他，在左右两难情况下（或只为了婉转地辞谢对方），张籍就写了这首以"男女君臣"为比喻的诗。在诗中作者自称"妾"，把李师道比成"君"。于是，那个为情所苦的有夫之妇只能算是诗人借由想象所创出的虚构代言人。

这种通过虚构的女性声音所建立起来的托喻美学，我将之称为"性别面具"（gender mask）。之所以称为"面具"，乃是因为男性文人的这种写作和阅读传统包含着这样一个观念：情诗或政治诗是一种"表演"，诗人表述是通过诗中的一个女性角色，借以达到必要的自我掩饰和自我表现。这一诗歌形式的显著特征是，它使作者铸造"性别面具"之同时，可以借着艺术的客观化途径来摆脱政治困境。通过一首以女性口吻唱出的恋歌，男性作者可以公开而无惧地表达内心隐秘的政治情怀。另一方面，这种艺术

---

[1] 参见施蛰存《唐诗百话》，第399页。我要特别感谢施蛰存先生在这首诗的阐释上给我的启发。

手法也使男性文人无形中进入了"性别越界"（gender crossing）①的联想；通过性别置换与移情的作用，他们不仅表达自己的情感，也能投入女性角色的心境与立场。

相对而言，早期的女性诗人从未建立这种"性别面具"和"性别越界"的写诗传统。或许由于生活范围的局限，她们很少写"闺怨""宫怨"以外的男性题材。所以，面对一个女性作者的诗歌，读者往往视之为作者本人的自传，不会朝虚拟的方向做多方面的阐释想象。一切都已约定俗成，很难破除这种偏见。

然而，明清以后的女性作家却通过各种文学形式，企图跳出这种传统写作与阐释法则的局限。在这一方面，尤以女剧作家的贡献最大。在明清女性的剧曲中，尤以"性别倒置"的主题最为突出：利用这种手法，女作家可以通过虚构的男性声音来说话，可以回避实际生活加诸妇女身上的种种压力与偏见。②同时，那也是女性企图走出"自我"的性别越界，是勇于参与"他者"的艺术途径。例如，在杂剧《鸳鸯梦》中，叶小纨把她家三姐妹的悲剧（16岁的妹妹小鸾与22岁的姐姐纨纨相继于几天之内去世）通过三个结义兄弟的角色表现出来。那是有关三个寄情山水、看透功名的边缘文人的动人故事。当最后唯一活着的男主人公唱道"哥哥，我想半生遭际，真堪叹也。抵多少贾谊远窜，李广难封，可怜英

---

① "性别越界"乃张小虹教授对"gender crossing"一词的中译，见张小虹《性别越界》，台北：联合文学出版社，1995年版。

② 华玮把这种艺术手法称为"性别倒转"（gender reversal）的"伪装"。见 Wei Hua, "The Lament of Frustrated Talents: An Analysis of Three Women's Plays in Late Imperial China", Ming Studies, No.32（April, 1994）, pp.141-560. 并参见叶长海《明清戏曲与女性角色》，耶鲁大学"明清妇女与文学"学术研讨会论文，发表于《九州学刊》6卷2期，1994年7月，第7—26页。

雄拨尽冷炉灰"时，我们感到女作家叶小纨确是借用男性角色来做自我抒情。她一方面颠覆了传统诗中的女性话语，也同时表达了她对怀才不遇的男性文人之认同。

关于这种与男性文人认同的艺术手法，19世纪的著名女词人兼剧作家吴藻有特殊的成就。在其《饮酒读骚图》（又名《乔影》）中，吴藻把自己比为屈原。剧中的"她"女扮男装，唱出比男人更加男性化的心曲。此剧在当时曾激起许多男性作家的热烈反应。例如，当时名流许乃穀在吴藻的杂剧演出之后，有这样的描写：

> 扫眉才子吴苹香，放眼直欲空八荒。
> 弹琴未尽纾激越，新词每觉多苍凉。
> ⋯⋯⋯⋯⋯
> 满堂主客皆嘘唏，鲰生自顾惭无地。
> 须眉未免儿女肠，巾帼翻多丈夫气。[1]

齐彦槐也在"题辞"中写道：

> 一卷《离骚》酒百杯，自调商征写繁哀。
> 红妆抛却浑闲事，正恐须眉少此才。
> 词客深愁托美人，美人翻恨女儿身。
> 安知蕙质兰心者，不是当时楚放臣。[2]

---

[1] 《饮酒读骚图·题辞》，1825年吴载功刊本，第1a—2a页。
[2] 同[1]，第3a页。

这些男性文人的评语都强调：最有效的寄托笔法乃是一种性别的跨越。屈原以美人自喻，吴藻却以屈原自喻。两性都企图在"性别面具"中寻求自我抒发的艺术途径。重要的是，要创造一个角色、一种表演、一个意象、一种与异性认同的价值[①]。

在《饮酒读骚图》中，吴藻无疑把自己假想成一个传统男性文人的角色。她不仅借"开樽把卷"来消愁，而且幻想自己是被美人歌伎包围的"名士"：

> 怎生再得几个舞袖歌喉、风裙月扇，岂不更是文人韵事……呀，只少个伴添香红袖呵相对坐春宵，少不得忍寒半臂一齐抛，定忘却黛螺十斛旧曾调，把乌阑细抄，更红牙漫敲，才显得美人名士最魂销。[②]

值得注意的是，这种颠覆传统性别与主客位置的手法使吴藻创造了一种有别于"男女君臣"的情爱美学——在传统的托喻诗词中，男性文人几乎总是站在"妾"的立场，温顺地对"君"说话；他们永远是被动者，对方才是主动者。相较之下，在吴藻的作品中，虽不乏思妇失落情绪的描写，但更有趣的是那些把说话者放在主动追求的位置上的诗歌。例如，吴藻曾写过一首"追求"妓女的情词：

---

① 关于"性别面具"的概念，参见 Kang-i Sun Chang, *The Idea of the Mask in Wu Wei-yeh*。中译文见《隐情与面具——吴梅村诗试说》，严志雄译，收入乐黛云主编《北美中国古典文学研究名家十年文选》，南京：江苏人民出版社，1996 年版，第 213—233 页。
② 《饮酒读骚图》，第 8a—8b 页。

珊珊仙骨，似碧城仙侣。一笑相逢澹忘语。镇拈花，倚竹翠袖生寒；空谷里，相见个侬幽绪。　　兰缸低照影，赌酒评诗，便唱江南断肠句。一样扫眉才，偏我清狂，要消受玉人心许。正漠漠，烟波五湖春，待买个红船，载卿同去。

——《洞仙歌·赠吴门青林校书》[1]

近代词学研究者谢秋萍把这首词的末尾几句称为"艳句"；这种风格使人联想到古代风流潇洒的名士与妓女往来的艳情生活。[2] 在此，吴藻显然虚拟男士的口气，在一种向往风流文人的冶游生涯之心境中，调情似的向一个名叫青林的妓女求婚："待买个红船，载卿同去。"

有人认为这首《洞仙歌》就足以证明吴藻是个女同性恋者，但我以为把词中的"说话者"与吴藻本人画上等号是不对的。至于吴藻是不是同性恋，她的"女同志"是谁，这些都有待史实的查考。关于这首词，我认为我们不妨把它视为"女扮男装"的另一种"表演"：它告诉我们，情爱与性别认同可以是流动多变的，而且主客关系也可以因情况的变迁而随时调整。性别的暧昧正是此词吸引读者再三阅读该文本的主要动力。吴藻的创作美学代表了近代以来中国妇女开始追求的女性主体性——不论是写作还是阅读，她们都希望像男性文人一样，不但有主动虚构的自由，也有文学想象的空间。

---

① 谢秋萍编《吴藻词》，第41—42页，收入胡云翼编《词学丛书》，上海：教育书店，1949年版，下编。
② 参见谢秋萍《吴藻女士的白话词》，收入《吴藻词》，第6页。

然而，从另一个角度看来，吴藻和其他企图模仿男性风格的明清女作家并没有达到真正的"解放"。她们大都是一些不满足于现实的不幸女子；现实的压抑感使得她们羡慕男子在社会中独享的权利。在现实中，她们只能像唐朝女诗人鱼玄机一样地"举头空羡榜中名"，因为她们毕竟是女人，无法享受到金榜题名的仕途生涯。在长期的不满与压抑之下，她们不得不移情于阅读与写作，在想象中的男性文人世界里找寄托。所以，在乾隆年间，一位自恨身为女子的女剧作家王筠就说道：

> 闺阁沉埋十数年，不能身贵不能仙。
> 读书每羡班超志，把酒长吟李白篇。①

这其中既有不平的情绪，也有幻想的成分。我想就是这种不平与幻想使吴藻进而追求文学中的"女扮男装"。

由此可见，文学中的模式与创作实与男女彼此的社会处境息息相关。所谓"男女君臣"的托喻美学也同样反映了中国传统男性文人的艰难处境。从成千成万的托喻政治诗看来，许多文人的政治处境是极其女性化的：他们的性别是男性，心理却酷似女人。通常的政治情况是：上自宰相，下至百官，所有的人只为了讨好一个共同的皇帝。这与后宫里的后妃宫女们互相争宠的情况如出一辙。与争风吃醋的女人世界相同，文武百官的朝廷上充满了你

---

① 见王筠《繁华梦》的开场词《鹧鸪天》(《繁华梦》于 1778 年刊版印行。今北京图书馆藏有此剧本)。有关王筠的《繁华梦》，参见华玮《明清妇女剧作中之"拟男"表现与性别问题——论〈鸳鸯梦〉〈繁华梦〉〈乔影〉与〈梨花梦〉》，台湾"中研院"中国文哲研究所"明清戏曲国际研讨会"(1997 年 6 月 10—11 日)论文。

死我活的明争暗斗。难怪遭人陷害的屈原要用女人的口气说道："众女嫉余之蛾眉兮，谣诼谓余以善淫。"从屈原以后，历代的逐臣也跟着在无数的宫怨诗、闺怨诗、弃妇诗中表达了一种男女比君臣的情怀。每当言论极其不自由的朝代，这种政治托喻诗尤其风行——就如著名评论家列奥·斯特劳斯（Leo Strauss）所说，在政治迫害严重之时，人们只得被迫"在字句之间斟酌写作"（Writing between the lines）和"在字句之间细心阅读"（reading between the lines），[①] 一切考虑均得特别谨慎。

由此不得不令人想道：无论是"男女君臣"或者"女扮男装"，这些一再重复的以"模拟"为其价值的文学模式，乃是传统中国文化及历史的特殊产物。这两种模式各表现出两种不同的扭曲的人格：前者代表着男性文人对统治者的无能为力之依靠，后者象征着女性对自身存在的不满与一味地向往"他性"，二者都反映了现实生活中难以弥补的缺憾。如何在这些纷纭错杂的文化现象背后找到新的解释，进而重新评价男女作者的写作心理及艺术，将是我们今后研读中国文学的重要课题之一。

（原载台湾"中研院"近代史研究所《近代中国妇女史研究》第 6 期，1998 年 6 月，本书略为补正）

[①] 参见 Leo Strauss, *Persecution and the Art of Writing* (1952; reprint, Chicago: University of Chicago Press, 1988), pp.24-27。

在美国听明朝时代曲

——记纽约明轩《金瓶梅》唱曲大会

普林斯顿大学一直是研究明史的中心。像《金瓶梅》这样一部多方面描写明代社会情态的长篇小说，尤受重视。虽然小说不一定事事出于史实，但一本成功的小说足能把一个时代的精神活现出来。《金瓶梅》的收罗尤为广泛，除描写明末政治、经济、宗教之形形色色外，对当时淫颓荡秽的实际生活更是刻画得十分详尽生动。以小说技巧而言，《金瓶梅》是一部最成功的写实小说；以历史眼光衡之，则是取之不尽、用之不竭的社会史料。

要彻底研究《金瓶梅》，并不容易。小说中所描写的市井生活，千态万种，须仔细分析辨别，方能舍其粕而得其精。犹记得1975年5月4日那天，我们几位攻文史的与教中国小说的蒲安迪先生（Andrew H. Plaks）曾本着"欲历其境"的信念，在恩师牟复礼先生（Frederick W. Mote）府上举行了一次"金瓶梅大宴"。女主人陈效兰女士把《金瓶梅》书中有关食物的描写，抽其精华，用22道佳肴予以再现，淋漓尽致地再现了明末富家的宴饮生活。记得，最精彩的几道菜是韭菜酸笋蛤蜊汤（见第21回）、葱白椒

金瓶梅大餐

　　粽子 九十七回
　　白烧芦雏 五十二回
　　烧骨
　　海蜇豆芽菜 七十六回
　　王瓜酿末 三十四回
　　韭菜酸笋蛤蜊汤 二十一回
　　葱花羊肉 十六回
　　炮炒腰子 三十四回
　　烧饼 二回
　　火熏肉 二十回
　　糖醋鲤鱼 代鲥鱼 二十回
　　葱白椒料桶浸烹的烂羊肉 五十四回
　　醋烧白菜 二十回
　　虀菜汤 九十四回
　　白米饭 七十六回 小米粥 九十四回
　　酥皮果馅饼 三十四回
　　五方玉蕊 四十五回 五十四回
　　玉米面鹅油蒸饼儿 三十五回
　　瓜子 四回
　　金华酒 数回 烧酒 数回
　　玉簪梅汤 二回

　　乙卯年三月二十三日
　　　淫雨天
　　乐而不淫斋主人

一九七五年 五四运动史

料桧皮煮烂羊肉（见第 54 回）、酥皮果馅饼（见第 34 回）、玉米面鹅油蒸饼儿（见第 35 回）。陈女士的烹饪，力求忠实于《金瓶梅》的背景，其技巧变化之妙，尤称杰作。尚记得，吃到鸡尖汤时，牟先生突然问道："这是不是因为西门庆死后家境萧条，才吃这样淡淡的汤？"于是，大家连忙打开书本一查，果然鸡尖汤出在第 94 回，西门庆早在第 79 回就去世了。当时，我们觉得《金瓶梅》里的有些食物名称让人疑惑不解，但至少在实地的吃喝经验中，大家对小说里那贪财嗜酒之徒更有一种设身处地的同情。西门庆奢侈淫乱的生活，并非明末所仅有，不论何时何地，皆能看到，而势将潦落以终。可见，兴衰之道，古今中外皆同，想起来难免令人黯然神伤。

开过"金瓶梅大宴"以后不久，我逐渐对《金瓶梅》里头所引录的无数首明代时曲产生了浓厚的兴趣。这些曲子对全篇故事的结构及意义有莫大的作用。诚如清人张竹坡所说："《金瓶》内，即一笑谈，一小曲，皆因时制宜，或直出本回之意，或足前回，或透下回……"零星的曲子看多了，自然希望能深入其境，心里头常暗自盘算道："若有幸听专家演唱几曲，即使一知半解，将终生难忘。"常听说耶鲁大学傅汉思先生（Hans H. Frankel）之夫人张充和女士擅长昆曲，可惜当时尚无缘结识，甚感遗憾。[①]直至 1981年 1 月初，机会终于来临了。著名小说家沈从文先生及夫人张兆和自北京来访，顺道来普林斯顿大学演讲《服饰与扇子》一题目，前后在普大校园停留了四天。因为张充和女士乃沈夫人之亲妹妹，

---

① 当时我还没到耶鲁大学教书，仍在普林斯顿的葛思德东方图书馆担任馆长。我是 1982 年才受聘于耶鲁的。（孙康宜补注，2015 年 6 月）

故与傅汉思先生自始至终陪着这一对来自中国大陆、多年不见的亲人。一日，蒲安迪先生和我乘兴在饭桌上向充和女士提出演唱《金瓶梅》曲子的事。当时，发现她并没有反对的意思，心中极为兴奋。

不久，服务于纽约大都会美术馆的何慕文先生（Maxwell K. Hearn）自动提议要破例让我们在即将完工的明轩举行《金瓶梅》唱曲大会。这明轩是仿造苏州网师园里的"殿春簃"的，其中花木泉石已布置齐全，唯待今年（1981年）6月方可全部完工，对外开放。能在此园对外开放以前，在此举行《金瓶梅》唱曲盛会，堪称不易。何况明轩的建筑工程又为建筑史上一大辉煌成就，其工程之精密、策划之周全都令人肃然起敬。自1977年开始，在普大教中国艺术史的方闻先生即为此建园事，多次在纽约及苏州二城之间来回奔波，最后终于获得多方人士之协助，并决定由苏州市园林管理处派来27名工程师及工匠来纽约艺术馆实地建园。这期间所费人工及经费甚巨，例如那50根楠木巨干是由四川、云南等僻远之处直接运来，那些一寸一寸的铺地砖则全为苏州"陆慕御窑"的特制精品，此外像那参差的太湖石也是辗转自虎丘附近一废园搬运来的。在这样精工的明轩里举行《金瓶梅》的唱曲大会，还有另一种美好的深意。原来，苏州网师园里的"殿春簃"乃为清朝乾隆年间宋宗元隐退时才正式建设，但其后几经兴废，最后于1958年才整修成今日的形式。但是，纽约的明轩却是名副其实的"明轩"，专以表彰明代建筑风格为重，俾以精巧幽深见胜。能在建筑精致、满是明人风味的美园朗苑中演唱明代时曲，尤令人神往。

唱曲大会定于 4 月 13 日午后 2 时 30 分举行。这日天高气爽，约中午的时刻，普大诸师友，各带了录音机，携了几页《金瓶梅》曲子复印件，在校园里的 5 号停车场集合。我准时抵达停车场，走上巴士一坐，朝各方一看，只见车里车外约有四五十人光景。看看出发时间已到，顷刻之间，站在外边谈话的人也都上了车。因为这么多熟人一同乘一部巴士上纽约是从来没有的事，所以大家都异常快活。人人取出携带的午餐，一面吃，一面谈。不知不觉，那巴士已过林肯隧道，穿过几条街道，就到了第五街，最后巴士终于在大都会美术馆前停了下来。

下车，走上美术馆前阶梯，大家就聚在门口等候其他来自纽约市区的朋友们。我一时无聊，东张西望，只见哥大的夏志清先生及夫人王女士牵手走来。夏先生一出现，大家都抢先同他握手，仿佛 10 年不见似的。夏先生一声："哎呀！你瞧，普大这批人马多伟大！"说着就愈说愈畅快，惹得站着的无数男女呵呵大笑不止。正说笑间，普大的高友工先生陪着纽约的舞蹈明星江青也姗姗抵达。江青梳一条辫子，穿一套粗布绿装，拖一双新式长靴，洁洁净净的。江青气质极为沉静，脸上浮现一丝微笑，但并无一语。站在门边有两个人，其中一人低声问那人道："这人一定是跳舞的江青吧？……"因为人多，以下的话全听不清楚。这时，只见芝加哥大学研究张竹坡《金瓶梅读法》的芮大卫先生（David Roy）匆匆赶到。正预备开口招呼，忽然听见向导何慕文先生大声宣布道："欢迎你们来此艺术馆开此盛会，请大家现在就跟在我后头走，不要东张西望，独自走迷失了……"各人就照办了，很规矩地跟在后头走，穿过一间一间画廊，又上了电梯。不久，看见一些中国工人正在那儿锯木搬砖，也有爬到顶上工作的，心里知道所谓的《明轩》就快到了。

转了个弯，看见一个满月形的圆门，上嵌有石刻"探幽"二字。不觉得暗暗点头称道："真正不错。"从圆门望去，优雅深邃，曲径别致，一直看到格子窗外映着丛丛绿竹。色彩忽明忽暗，一切虽为人为，却似天然。踏进圆门，更是豁然开朗，一眼朝冷泉亭望去，只见白湖石、绿芭蕉绕亭罗列，交映成趣，构成一副精巧秀致的景色。一切似在梦中，仿佛回到苏州网师园里一般。庭院北侧，就是那仿造殿春簃的正厅堂明轩，古色古香，清静雅洁。如此佳景，自然想起前人"尚留芍药殿春风"之句。再向前移几步，看见张充和女士正站在冷泉亭前方，穿一身暗色旗袍，素雅玲珑，并无半点浓妆，与二三人说笑自如。我慢慢走去，与充和握紧双手。她微笑着指向身旁一位女客说："这位是研究《桃花扇》的陈安娜女士，今天特地赶来吹笛伴奏的，这位是……"又说，"今天因为唱曲的种类太杂，极不容易穿合适的戏装，所以决定只穿旗袍……"大家此时已陆续进来，有搬排椅凳的，有"作揖"的，有叽叽喳喳说闲话的。

到了 2 时 30 分整，大家已安排朝冷泉亭坐定。蒲安迪先生首先上来说几句寒暄话，接着傅汉思先生出来介绍他的夫人张充和女士。大意是说，充和出生在安徽省，自幼熟谙古典文学，善诗词，工书法，通昆曲。后进北京大学念书，兼教书法及昆曲。而后，于书法、昆曲两方面，充和不断努力，数十年如一日，未曾间断。我全神注视冷泉亭里的动静，见亭中有二石椅相对，左边坐着安娜女士，右边坐着充和女士。安娜屏气凝神，手拿笛子，做准备姿势。充和听见傅先生正在介绍她的生平，有些发窘，连做手势，请求不要再说下去了。这时台下拍手的声音不绝于耳，充和就起身站立，停在明人文徵明所写"冷泉亭"三字横额底下。微抬起头来，看见夏志清先生与夫人王女士斜坐冷泉亭左边，紧靠"涵碧泉"，正被一些参差错落的湖石围绕着，背面是精巧的格子窗，窗口忽连忽断，别有一番情致。亭子右边，是那块状如狮子的太湖石与绿芭蕉。高友工、唐海涛、袁乃瑛诸位先生坐在湖石前面，与泉石翠木构成一幅自然新鲜的画面。想当年西门庆（假设小说人物真有其人），夜夜喝酒听曲子，还不如我们此刻来得有雅兴。我们的唱曲会，就意境而言，倒较近乎《红楼梦》里的秀雅世界。而明轩乃一空中楼阁，酷似大观园中之一角。虽处世上最繁华喧闹的纽约市第五街上，然幽静清雅若桃源，即梦幻世界，亦无以过之。

正想着，台上的充和女士已开始了。她先来个短短的说明，用那轻柔婉折的声音解释说，今天唱的非昆曲，亦非什么大调、小调，不如笼统以"南北曲"称之。《金瓶梅》里大都为南曲，却无一处用笛，全用弦。但在明人魏良辅之后，即流行采用"北弦南笛"的做法，故今天唱曲会中，姑且按今人作风，以笛音来配《金瓶梅》时曲。说完这一段话，充和便启口轻圆，如花荫夜静，悠然唱出《金瓶梅》第 96 回里的《懒画眉》来：

冤家为你几时休？捱到春来又到秋，谁人知道我心头。天，害得我伶仃瘦，听得音书两泪流。从前已往诉缘由，谁想你无情把我丢！

1981 年张充和在纽约明轩唱曲留影

唱到那"休""秋""心头""泪流"等处，声声细软，节节漫长，像一根钢丝，扣人心弦。以这首《懒画眉》作为开场曲子，别有一层意境。原来，《金瓶梅》第96回主要在描写西门庆逝世3周年那天，春梅重游旧家池馆的凄凉情景。看见往昔那花木扶疏的园子已变成一片荒园：

> 垣墙欹损，台榭歪斜。两边画壁长青苔，满地花砖生碧草。山前怪石遭塌毁，不显嵯峨；亭内凉床被渗漏，已无框档。石洞口蛛丝结网，鱼池内虾蟆成群；狐狸常睡卧云亭，黄鼠往来藏春阁。料想经年人不到，也知尽日有云来。

春梅眼见此景，一时心下悲切，故请两位在旁弹唱劝酒的妓女——郑爱香与郑娇儿——一个弹筝，一个弄琵琶，唱出前面那段《懒画眉》来。

接着，充和换羽移宫，比前高一调，徐徐唱出第38回的《双令江儿水》。小说里的潘金莲弹琵琶，这里陈安娜以笛来伴奏：

> 闷把帏屏来靠，和衣强睡倒。听风声嘹亮，雪洒窗寮，任冰花片片飘。懒把宝灯挑，慵将香篆烧。捱过今宵，怕到明朝。细寻思，这烦恼何日是了？想起来，今夜里心儿内焦，误了我青春年少！你撇的人，有上梢来没下梢。

这曲写的是"潘金莲雪夜弄琵琶"的情景。第38回的大意是，当时西门庆与李瓶儿两人在吃酒取乐，却撇下潘金莲一人在屋里寂寞。金莲见西门庆久久不进她房里来，又见芙蓉帐冷，一时心冷意沉，坐在床上，就弹起琵琶来。其情可怜，其境凄凄。虽然金莲一向言行无轨，滥淫无度，且因时常指桑骂槐，未免使人反感，但在此回里，她的弹曲咏怀颇令人同情。思及此，抬起头来，只见夏志清先生正听曲听得入神，还记得夏先生在他那本《中国古典小说》论著中曾说过，潘金莲在唱曲弹词时，总显得较平日来得格外柔情动人，不知他记不记得自己这么说过？

唱过《双令江儿水》，充和又启朱唇，发皓齿，唱出一首与《江儿水》音调同样高低的《朝元令》来。这首《朝元令》出在《金瓶梅》第 36 回，是一个男戏子在欢宴中唱的曲子，原摘自明传奇《香囊记》。当时，流风所及，在笙歌软舞、珍味放饮之间，必请妓女、男戏子等人来献唱，歌曲则由宴客们亲自点唱。《金瓶梅》里大多数曲子，均为此类优伶小曲。尤其，自第 40 回至第 79 回西门庆逝世前止，日日饮食艳歌，夜夜穷极奢华，故这些章回里的曲子最为丰富。像这首《朝元令》则纯为娱乐，并不含深意。

充和愈唱愈转折，歌声与笛音相应和，不知不觉已唱完《朝元令》。接下去，便唱第 27 回里的两首《梁州新郎》，是摘自《琵琶记》的。这一首《向晚来》至今仍流行着，凡上演《琵琶记》一剧时，还照旧弹唱。但第二首《柳阴中》早已失传：

梁州新郎

向晚来，雨过南轩，见池面红妆零乱。渐轻雷隐隐，雨收云散。但闻荷香十里，新月一钩，此景佳无限。兰汤初浴罢，晚妆残。深院黄昏懒去眠。（合）金缕唱，碧筒劝，向冰山雪槛排佳宴。清世界，几人见？

柳阴中，忽噪新蝉，见流萤飞来庭院。听菱歌何处？画船归晚。只见玉绳低度，朱户无声，此景犹堪美。起来携素手，整云鬟。月照纱厨人未眠。（合）金缕唱，碧筒劝，向冰山雪槛排佳宴。清世界，几人见？

节节高

涟漪戏彩鸳，绿荷翻。清香泻下琼珠溅。香风扇，芳草边，闲亭畔，坐来不觉神清健。蓬莱阆苑何足美！（合）只恐西风又惊秋，暗中不觉流年换。

《金瓶梅》第27回《李瓶儿私语翡翠轩，潘金莲醉闹葡萄架》是公认全书中最脍炙人口者。此回主要描写一个"赤日炎炎似火烧"的夏日，西门庆与他爱妾们在园中避暑取乐的种种细节。原来，《金瓶梅》第27回表面上歌咏园中美景艳妾，实则讽刺土豪所过的那种日日"雪洞凉亭"、夜夜"风轩水阁"的靡漫生活。

举头望望台上的充和，她已准备开始唱第61回里的《罗江怨》。此曲节奏甚缓，俗名《四梦八空》，因其共四段，每段各有一个"梦"字，二个"空"字，故得名。充和只唱了前面两段：

罗江怨

恹恹病渐浓，甚日消融？春思夏想秋又冬。满怀愁闷，诉与天公也。天有知呵，怎不把我恩情送？恩多也是个空，情多也是个空，都做了南柯梦。

前腔

伊西我在东，何日再逢？花笺慢写封又封，叮咛嘱咐与鳞鸿也，他也不忠，不把我这音书送。思量他也是空，埋怨他也是空，都做了巫山梦。

每唱到那"空""梦"二字时，充和的声音像用弦子调过一般，回环不尽，既空又实。使人不禁想起第61回那"恹恹病渐浓"的李瓶儿来。《金瓶梅》里许多曲子都具有深刻的隐喻作用，像这里《四梦八空》一曲，虽在酒席中由歌女申二姐唱出，且席间如应伯爵之流的人物一任打情骂俏，玩乐不已，但读者读到第61回时，心情是沉重的。此回"回目"明明标出人生悲欢相错的矛盾："韩道国筵请西门庆，李瓶儿苦痛宴重阳。"申二姐刚唱完《四梦八空》，作者就说："不说前边弹唱饮酒，且说李瓶儿归到房中……忽然一阵晕眩的……坐在炕上，不省人事。"紧接着第62回就写瓶儿去世"西门庆大哭李瓶儿"的惨景。那一向饮酒取乐的土豪，此时也落得独自一人，坐书房里，"掌着一支蜡烛，心中哀恸，口里只长吁气"。人间悲痛，莫过于此。

唱完"我又相思"最后一句，台下叫好之声如雷响，大家偏不许充和休息。停了一会，叫声稍定，充和微笑问道："你们想不想听《孽海记》中的《小尼姑·山坡羊》？"这样台下方才齐声说"好"，满园子里又恢复鸦雀无声的境界了。充和不看谱，望着台下微笑，便唱出底下一段曲子：

山坡羊

小尼姑年方二八，正青春，被师父削去了头发。每日里，在佛殿上烧香换水，见几个子弟游戏在山门下。他把眼儿瞧着咱，咱把眼儿觑着他。他与咱，咱共他，两下里多牵挂。冤家，怎能个成就了姻缘，就死在阎王殿前，由他。把那碓来舂，锯来解，磨来挨，放在油锅里去煠，由他。只见那活人受罪，那曾见死鬼带枷？由他。火烧眉毛，且顾眼下。火烧眉毛，且顾眼下。

这时不过午后 3 时 30 分，离巴士回普大的时间尚有足足一个钟头。回头一望，明轩长廊一侧早已预备有茶水、可口可乐，以及各式各样凉酒。我站起身来，弯个腰，看茶水处人多拥挤，就低头问邻座的来自耶鲁大学的高胜勇先生："你想不想去那明轩书室走走？那是仿造网师园里殿春簃的。听说张大千曾在苏州殿春簃里住过一段日子……"于是，我们两人绕过廊侧青松，徐徐步上庭前矮阶，见左边门上嵌着明人文徵明笔迹"雅适"二字，进入画室，仿佛又回到苏州一般，那诗意盎然的格子窗配着窗外的绿竹白石，虚中有实，实中有虚，一切美景尽收眼底。轩内座椅，一切陈设布置均精雅异常。正徘徊间，方闻先生来了，大家招呼了一会儿。

我站在明轩画室中间，往外眺望，只见充和正坐在冷泉亭下与人谈笑，十几个人坐成一个圆圈，似在高谈阔论，江青坐在一边，陈效兰、赵荣琪女士坐另一头，说笑自如。眼前景色、人物，不觉使我想象到 1935 年前后，充和女士在苏州拙政园荷花丛里船舟上夜夜演唱昆曲的盛况。在富有自然风味，又满是亭台楼榭的拙政园里唱曲，该是多么风流不可一世。当时，我尚未诞生到世上来，苏州的拙政园又是怎么个样儿呢？1979 年夏天，我曾与住在上海的姑母全家同游拙政园，见有个荷风四面的船舟，猜是当年充和女士演唱之处。犹记该船下层名"香洲"，取《楚辞》"采芳洲之杜若"之意。上层名"滥观楼"，船中有大镜一面，映着对面的"倚玉轩"（据充和回忆，船中并置一长桌，但我记不起曾看见什么桌椅之类的陈设）。拙政园景物至今依旧，但时光绝不倒流，如今时代已变，往日歌声已随香洲水流逝去。今日，苏州拙政园虽有其景，而无其人。我呆立明轩，心里弥漫着一种无可奈何的滋味。

（原载于《明报月刊》，1981 年 8 月号）

按：张充和女士已于 2015 年 6 月 17 日去世。（孙康宜补注）

美国学生眼中的张充和

　　每到春天，我常会想起住在耶鲁附近的张充和。这位以书法、昆曲和诗词著称的才女今年已经 92 岁了。之所以会把她与春天的意象联系在一起，是因为每年春季我都教一门有关中国传统女性文学的课程，都会在课堂上和学生们讨论充和的诗词。不久前，耶鲁同事金安平又出版了《合肥四姐妹》一书，所以学生们都对张充和及其家族的文化背景产生了莫大的兴趣。这些年来，我经常在课堂上引用的作品包括 1981 年充和为我抄录的一组词，那是由二首《菩萨蛮》及一首《玉楼春》组成的词作，开头的第一句就是："嘉陵景色春来好。"那是描写半世纪以前重庆地区的春景和一段文人轶事的作品。后来，为了简便起见，我干脆就把充和的这组词称为"春来好"，因为可以省去向学生们解释《菩萨蛮》《玉楼春》等词牌的麻烦。

　　后来，学生们就很自然地把充和的诗歌和春天的景物联系在一起了。他们都说，每次讨论充和的诗歌，就等于是在迎接春天的到来。果然，借着细读文本的技巧（一般通过英译），他们渐

嘉陵煙色春來好 嘉名肇錫以充老案

上墨華新詩書絕塵氛 搗翻天樵紙

初試丹青指翠羹共分雲何如夢裏人

座上羣賢梅墓竹天涯人亦羨容老

渺去來鴻雲山幾萬重 題痕留俊語

一卷知何所合眼重中人朱施綬丰唇

新詞字字真堪識諢烽煙人去漢當

時一味惱孫桐回首闌珊遽已散 范

泛夜危令方旦萬里魚臧來此岸墨花

艷艷泛春風人與霜毫同雅健

古菩薩蠻二玉樓春一

泉老來書云大難後余少作仕女圖

已失去題訕諸師長竟無一存者命

將我慶圖影放大並囑繫以小詞用

誌爪跡 一九八一年十月二日錄奉

襄垣詞家吟正 充和

张充和的书法和词作三首

渐发现充和的诗中充满了春天的气息，代表着一种生命的热情和希望。尤其，在充和出版的《桃花鱼》诗词集里 ——由其夫婿傅汉思（Hans Frankel）和薄英（Ian Boyden）、爱德华·莫里斯（Edward Morris）等人英译，我们可以读到许多有关春天意象的描写。例如，"三月嘉陵春似酒""干戈未损好春光"等。特别在《桃花鱼·临江仙》那首词里，我的学生们感受到了"春风"的意境。他们想象，当春天桃花盛开时，武陵溪会是怎样的景色；同时，他们也注意到，充和似乎在暗用明代画家仇英的画作《桃花鱼》之典故，有意指向桃花源的理想世界。总之，学生们特别欣赏《桃花鱼》里描写的春天美景以及那充满流水的意象，因为对他们来说，那种意境也最能代表中国传统文学的特色〔值得一提的是，班上的邵逸青（Adam Scharfman）和梅里萨·莫里（Melisse Morris）两位学生特别在他们的期末作业中讨论充和诗中的流水意境与梦的关系〕。再者，我一直认为傅汉思教授的那本《中国诗选译随谈》（*The Flowering Plum and the palace Lady: Interpretation of Chinese Poetry*，1976）专著也暗藏了"春天"的情缘隐喻。在他那本书的开头，傅汉思曾引用梁代诗人萧纲的《梅花赋》来赞美梅花的特殊灵性和气质。据萧纲的原意，梅花之所以美好，主要因为它能较其他花木早一步报道出春天的来临（"梅花特早，偏能识春"）。但我一直以为傅汉思是在用梅花来形容他的夫人充和。傅汉思教授已于2003年去世，每次我想起这个梅花的隐喻，就自然感触万端。不久前，米米·加德纳·盖茨（Mimi Gardner Gates）女士〔时任西雅图艺术博物馆馆长，也是微软总裁比尔·盖茨（Bill Gates）的继母〕也把充和形容为一株永远美丽而幽婉的梅花，真令我心有戚戚焉。[①]

此外，在课堂上，我的学生们最喜欢听我讲述充和那组"嘉陵景色春来好"的词作之本事，因为那是有关一幅画的传奇故事，而那故事最能具体说明充和与中国传统文人的密切关系（有关这个故事及其文化意义，波士顿大学的白谦顺教授已有详细的专文介绍）。原来，这幅画的故事发生于烽火连绵的"二战"期间。当时，许多文人和艺术家们都纷纷逃往重庆等后方避难。1944 那年，充和正在重庆居住，她于 6 月 4 日那天登门拜访她的书法老师沈尹默先生。那天谈话间，沈先生作了一首七言绝句赠给充和。诗曰：

四弦拨尽情难尽，
意足无声胜有声。
今古悲欢终了了，
为谁合眼想平生？

充和很喜欢这首诗，于是立刻就把诗中的字句牢记在心了。几天之后，在一个偶然的机会里，她造访了朋友郑肇经（权伯）先生。一见权伯先生的办公室里文房四宝样样齐全，充和感到兴奋异常，于是就提笔画出了一幅《仕女图》，以回应老师沈尹默前些日子所写的那首短诗，并将之赠给权伯先生。充和之所以作《仕女图》本来只是一种即兴的创作，是传统文人惯常的习惯（顺便一提，当时充和画那幅图时，外面空袭警报的声音正在不断地响）。

---

① 见《古色今香》(*Fragrance of the Past*)，西雅图艺术博物馆张充和书画展，2006 年，第 2 页。

没想到，后来她再次拜访权伯先生时，《仕女画》不但已被裱好，而且该画的上下左右均已被当时许多位名家的题词填满了（包括沈尹默先生的题词）。

权伯先生一直将充和的《仕女画》视为家中至宝，但20多年后此画在"文革"中因抄家而不幸遗失了。但1991那年——权伯先生去世之后两年，此画突然在苏州出现，正在城里拍卖。当时，充和在美国得知此消息，立刻就请她在苏州的弟弟以高价买回。这样，历尽了多年沧桑之后，此画终于失而复得，又回到了充和的手中，目前就挂在她北港家中的墙壁上。如果说，充和是"民国最后一个才女"（在此借用朋友苏炜的话），那么没有什么比这幅《仕女图》的故事更能具体说明充和在中国才女文化的悠久传统中所扮演的重要角色了。

我自己感到荣幸的是，1981年初识充和时，充和为我写的那幅书法居然和《仕女图》的故事息息相关——当然，那时《仕女图》尚未找到。原来那年，由于中美复交之后不久，权伯先生刚与充和取得书信联络。在一封来信中，权伯先生曾惋叹《仕女图》的失去，尤其对当年题咏的诸位文人都早已逝去一事感到悲哀，故他请充和将其所存该画的图影放大，并加上新的词作，一并寄给他，以为纪念。因此，以"嘉陵景色春来好"开头的那组词也就是1981年充和特别为权伯先生所作的。而那年充和赠我的书法，所抄录的也正是这组重要的词作。

不用说，我的耶鲁学生们非常欣赏"嘉陵景色春来好"那组词。他们特别感动的是，一个在美国定居了半个世纪的人（充和于1948年与傅汉思教授结婚，1949年移民美国），还能保持对过去经验的新鲜记忆，还能借着中国传统艺术的媒介，有效地再现那个经验。

然而，我的学生们最欣赏的，还不是充和诗中对中国传统的怀旧情绪。他们更喜欢的乃是充和所写有关移居美国之后的生活经验。这是因为他们在这些作品中，读出了令人向往的淡泊情境。当然，许多移民到美国来的中国知识分子都想达到这样的心灵境界，但能像充和如此不慕虚荣、不断追求艺术而安于淡泊的人并不多。

首先，充和最喜欢用一个"淡"字来形容她的生活态度。她曾于自己70寿辰的隶书对联中自勉道："十分冷淡存知己，一曲微茫度此生。"她那种"君子之交淡如水"的态度也是多年来朋友们最为欣赏的。1987年（即傅汉思教授从耶鲁大学退休的一年）充和在其《秋思》一首题扇诗中也用"客情秋水淡"的意象来形容她作为一个移民者那种"淡如水"的心怀（即所谓"客情"）。移民者之所以较易培养淡泊的情绪，乃因为内心有着"到处为家"的观念。充和曾在早期一首诗中说过，"不知何事到天涯""春为装束梦为家"。她在《桃花鱼·临江仙》一词中也写道："愿为波底蝶，随意到天涯。"其实，充和从小就习惯了这种"随意到天涯"的人生态度，因为多年来连续不断的迁徙终于使她把梦境看成自己的家了（"梦为家"）。她8岁时母亲就去世，之后不久她就到安徽合肥的祖母家去受传统国学教育，16岁才回苏州，后来抗战期间又逃难至昆明、重庆等处，因此1949年之移民美国只是这一连串经验的延续。

我的美国学生们在充和的诗中看到了中国移民者特有的一种

"随缘"之态度。他们最欣赏充和那组题为《小园》的诗（"小园"就是傅汉思夫妇多年来在他们北港家中后院开拓的那个小菜园）。其中,《小园》第八写的就是这种"随缘"的情趣：

> 当年选胜到山涯,
> 今日随缘遣岁华。
> 雅俗但求生意足,
> 邻翁来赏隔篱瓜。

此诗用"选胜"和"随缘"来突显"当年"和"今日"的不同,最为有趣。显然,淡泊的移民者已经改变过去那种精心选择游览胜地的热情了,而现在重要的乃是随缘,乃是学习如何顺其自然地过日子（"遣岁华"）。诗的末尾以一个邻居的老翁来做结束,也特别发人深省。

最近,有人把充和称为"21世纪中国最后一个贵族",[①]其实,我认为充和不一定喜欢让人视为"贵族"。我想她会更喜欢被人看作一个脚踏实地、自力更生的淡泊人。她的诗中就经常描写那种极其朴素的日常生活内容：

> 游倦仍归天一方,
> 坐枝松鼠点头忙。
> 松球满地任君取,

---

① 见俊迈《古色古香的张充和》,载于《世界周刊》2006 年 4 月 23 日。

但借清阴一霎凉。

——《小园》第二

一径坚冰手自除，
邮人好送故人书。
刷盘余粒分禽鸟，
更写新诗养蠹鱼。

——《小园》第九

可见，充和平日除了勤练书法以外，总是以种瓜、铲雪、除冰、收信、养鸟、写诗、静观松鼠、乘凉等事感到自足。那是一个具有平常心的人所感到的喜悦。难怪我的美国学生们都说，在充和的诗中可以看见陶渊明的影子。

（原载于《世界日报·副刊》，2006 年 6 月 9 日）

张充和的《古色今香》本事（选录）

09. *Two Chinese Treatises on Calligraphy*.（孙过庭的《书谱》和姜夔的《续书谱》）Introduced, translated, and annotated by Ch'ung-ho Chang and Hans H. Frankel. Yale University Press, 1995.

如果有人问：要学张充和体，得从她的哪一书法作品练起？我一定会推荐这本 1995 年耶鲁大学出版社出版的 *Two chinese Treatises on Calligraphy*（孙过庭的《书谱》和姜夔的《续书谱》）。充和于 1994 年 6 月 14 日抄成孙过庭的《书谱》部分，于同年 6 月 25 日抄成姜夔的《续书谱》部分。可以想见，在那个 6 月里，充和一定凝神尽力，奋笔工书，才得以完成她自认为最佳的小楷作品。

与众不同的是，充和这本难得的作品是有标点的。我以为这个标点本正好适合现代的艺术爱好者。此外，充和的夫婿傅汉思教授还将《书谱》和《续书谱》译成优雅的英文，一并收入此书。这本书算是夫妻两人合作的精品（那次两人合作，用功甚勤，几乎读遍了所有有关书法的资料。当时傅汉思还经常向密歇根大学

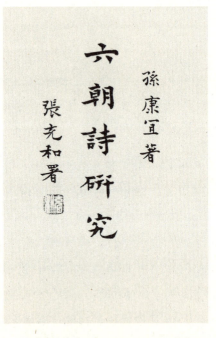

张充和为我的 *Six Dynasties Poetry* 一书（1986
年由普林斯顿大学出版社出版）所写的题签

的林顺夫教授请教有关姜夔的《续书谱》的问题）。

我个人最欣赏充和所抄录姜夔《续书谱》的结尾"可谓癖矣"几个字。清初的张潮说过："人不可以无癖。"充和与汉思因文癖、书癖而结为夫妇，真可谓深于癖者也。

21. Kang-i Sun Chang（孙康宜），*Six Dynasties Poetry*（《六朝诗研究》，1986）

Six Dynasties Poetry（《六朝诗研究》）是我到耶鲁教书后不久即着手撰写的一本书，由普林斯顿大学出版社于 1986 年出版（后来，2006 年中译本的书名改为《抒情与描写：六朝诗歌概论》，见《孙康宜文集》第 5 卷）。傅汉思教授和充和都对汉魏六朝的文学有很深的研究，我经常请教他们。1986 年，英文书刚付梓时，我请充和女士在书的扉页上题写了"六朝诗研究"的中文题目。

记得，我最喜欢和汉思、充和夫妇谈有关陶渊明的"抒情声音"——尤其是陶诗在哲理沉思中所流露出的抒情。我发现，即使主题是非抒情的，陶诗仍能保持诗歌的抒情性。多年后乍一回忆，当时谈诗的细节犹觉情景宛然。

充和为此书的题签也获得了中外读者们的重视。例如，2004年本书韩文版的译者申正秀（Jeongsoo Shin）先生特地在封底的题签之页，向韩文读者介绍张充和女士和傅汉思教授的成就。

2008 年底，著名学者夏志清也曾来信，说自己在病中，经常闲来无事，最喜欢翻阅充和的题字，尤其欣赏"六朝诗研究"那几个字。他说，充和的字简直是"美的象征"。

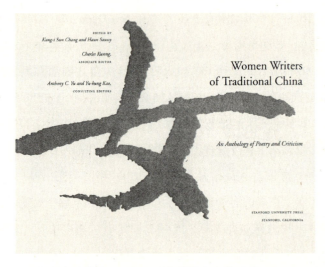

张充和为我和 Haun Saussy（苏源熙）合编的 *Women Writers of Traditional China*（1999 年由斯坦福大学出版社出版）所题的"女"字

22. Chang, Kang-i Sun（孙康宜）and Haun Saussy（苏源熙），eds., *Women Writers of Traditional China*.《中国历代女作家选集》（1999）

20 世纪 90 年代，美国学术界吹起一阵重新发现女作家作品之风，许多被遗忘的女性文本陆续被整理出版。我和苏源熙教授也不甘落后，决定编译一部较完整的中国女诗人选集。我们说干就干，邀集北美 63 位汉学家投入此项编译工程。经过几年的努力，终于在 1999 年底出版了这本中国女诗人选集的巨编：*Women Writers of Traditional China*（Stanford: Stanford University Press）。全书共891 页，书中收入 200 多位女作家的作品——还包括不少男性作家对女诗人的评论（从汉代到晚清）。

应当提到的是，充和为该选集封底所题的"女"字，一直成为读者注意的焦点。关于那个"女"字的魅力，有耶鲁同事特写的四字短句为证：

> 敦厚其体，
> 娇娆其姿，
> 王母南面，
> 天女舞袖。

此外，充和还工笔书写了集中所有 200 多位古今女诗人的姓名，因而她娟秀的字迹几乎点缀了全书的很多页面，真可谓以当代才女之健笔镌刻了古代才女的文名。

43. 施蛰存《施蛰存先生编年事录》

施蛰存先生和充和的交情（通过沈从文先生的关系）可追溯到20世纪30年代。50多年后（即从文先生去世后不久），充和与夫婿汉思一同至上海拜访施先生。回美国后不久，充和即寄赠一个扇面给施老。施先生见之喜出望外，回信说道："便面飞来，发封展诵，惊喜无状。我但愿得一小幅，以补亡羊，岂意乃得连城之璧，灿我几席，感何可言？因念《山坡羊》与《浣溪沙》之间，阅世乃五十载，尤其感喟。忆当年北门街初奉神光，足下为我歌《八阳》，从文强邀我吹笛，使我大窘，回首前尘，怊怅无极，玉音在耳，而从文逝矣……"（1989年3月6日）

1991年8月21日施先生又给充和来信，并请充和为他题两本新作（即《文艺白话》《人事沧桑录》）的封面，但充和终因忙碌而搁置未写，以致为此而颇感缺憾。

2003年11月19日，施老以高龄98岁在上海去世。在那以后，施先生的弟子沈建中要编一本《施蛰存先生编年事录》，就托陈文华教授写信索求充和的题字。接信后，充和立即奋笔疾书，终于为老朋友写了题字，算是了却了那番心愿。

必须补充说明的是：其实1991那年，充和还是为施老写字了，只是并没为施老及时题签将要出版的两本新作。董桥先生在他的《随意到天涯》一文中就提到他目前藏有1991年充和赠给施蛰存先生的一幅字，上头抄录了充和从前为画家蒋风白所作的一首词《临江仙》。那幅书法是施老去世后陆灏先生转送给董桥的：

省识浮踪无限意，个中发付影双双。翠蘋红藻共相将，不辞春水逝，却爱柳丝长。

投向碧涛深梦里，任他鲛泪泣微茫。何劳芳饵到银塘，唼残波底月，为解惜流光。

45. Stanford University East Asian Library 斯坦福大学东亚图书馆

能有机会见证充和女士为斯坦福大学东亚图书馆题字的经过，令我颇感幸运。

大约在 2008 年 10 月间，经陈晓蔷女士和赵复三先生的介绍，美国斯坦福大学东亚图书馆馆长邵东方先生首次来耶鲁拜访充和——就在那次，邵馆长请充和女士为他的东亚图书馆题字，同时注明纸张的尺寸（8 尺长，3 尺宽）以及题字的大小等。

在那以后的几个月，我发现充和一直在努力构想那一大幅题字的布局。首先，要用怎样的纸和笔才能如意地写好那么大的字？至于所用的墨，也必须特别考虑。此外，适当的境界也很重要，因为好的书法绝不全靠技术。总之，要在什么情况和心情下，才能下笔写这幅面积颇大的书法呢？

因此，每回我去看充和，她总会谈到这幅尚未完成的题字。我有时会提醒她："您还是赶快写完给人寄去吧！听说邵馆长等得很急呢！"

后来，2009 年 1 月 8 日那天，充和在电话中告诉我，已在当天清晨写完了那幅书法。挂完电话，我和丈夫钦次立刻奔往充和家中，为了及时观赏那个等待已久的作品——当时的心情有如迎接新生儿一般兴奋。

"哦，美极了！"我和钦次异口同声地说道。

接着，我们开始拍照，好像要借着照相机把那件艺术品的准确诞生时日，以最快的速度登记下来。

只是那天充和还来不及签名，因为一直找不到够大的图章。直到一个月后请人刻完新印章，充和才终于得以给这个作品画上了句号。

后来听说，一向精益求精的张充和女士，却又花工夫写了另一幅题字，好让斯坦福大学的人随意挑选。谁知邵东方馆长怎么也无法割舍其中的任何一张，最后只好两张都要。目前，这两幅题字正轮流在斯坦福大学东亚图书馆中展出。

48. 许宏泉《听雪集》

对于年轻的画家、鉴赏家和批评家许宏泉，我早已有所耳闻，但直至充和把她为许先生的题字"听雪集"拿给我看之后，我才注意到许先生的著作。后来，发现他曾写过《寻找审美的眼睛》《燕山白话》等作品。但充和说，不知《听雪集》将是一本怎样的新书。

很巧，后来余英时教授和陈淑平女士介绍给我一本许宏泉的新作《管领风骚三百年》（2008 年出版），令我大开眼界。书中收有自明清到近代以来许多著名文人的书法，并附有许君简明扼要的评语。同时，我也注意到，他的《自叙》写于"留云草堂雪窗"，一个极富诗意的书斋。所谓"听雪"，应属以居室名其文集了。

我当初想到李商隐有"留得枯荷听雨声"之句，以为许宏泉所谓"听雪"大概就是有心要模仿李商隐之意。但后来清华大学的刘东教授来信，他说《听雪集》的典故似应来自陆放翁之诗句——"拥被听雪声"。他在信中写道："此诗我幼时读过，过目未忘。陆放翁的这种倾听，其实是满有意思的。他的'小楼一夜听春雨'，能够广被传诵，诗眼就在那个'听'字。而相形之下，我之所以记住了'拥被听雪声'，是觉得那境界更上一层，作者苦中作乐、随遇而安的态度，一下子跃然纸上，而且听雪又比听雨显得更加细腻，更须悉心捕捉，其周遭的大自然，也显得愈发静寂。"我想刘东的解释很有道理。

57. 董桥《从前》

香港牛津大学出版社的林道群先生告诉我，说他们即将重印董桥的名著《从前》一书，因而私下问我是否可求张充和女士为此书签题封面。我说充和一向喜欢董桥，一定会欣然答应。不巧，那几天充和正患气管炎，而且发烧，不知能否及时做到。

我当天就在电话中把林道群先生的话向充和重复了一遍。充和竟一口答应，边咳嗽边说道："好，我要慢慢构想几天。"后来，董桥闻知此事，心中"忐忑不安"，就赶紧写电邮给我，说请充和不必写了。我回函说："不要紧，充和决意要写。"

过不了几天（于2009年6月25日清晨），充和终于抱病写完书名的题签。那天，我正巧必须外出，故一早就急电耶鲁同事苏炜先生，请他代为登门拜望张充和女士，并请将充和为董桥文集所写的法书原件立刻以国际快递寄给香港的林道群先生。

董桥自然喜出望外，后来他在一篇短文《随意到天涯》中特别提到此事。

有关这个《从前》的题签，我永远要感谢苏炜先生的热诚帮忙。

58. 为北大中文系百年系庆的纪念集题写书名

好友陈平原教授（时任北大中文系主任）来信说，2010年是北大中文系创建100周年。为了纪念百年系庆，北大中文系将举行一系列的庆祝活动（如召开学术会议、出版"北大中文文库"、拍摄专题片等），其中还包括编辑刊行以下6种重要的纪念文集：（1）《我们的师长》（谈论近30年去世或退休的诸位先生）；（2）《我们的青春》（让文艺方面的系友回忆北大校园生活）；（3）《我们的五院》（收录诸多有关系庆的征文）；（4）《我们的园地》（校园文学杂志选刊）；（5）《我们的诗文》（教授们在学术之外的另一种笔墨）；（6）《我们的学友》（收录在学界工作的北大中文系系友的作品）。

陈平原告诉我，他想请著名书法家张充和女士（20世纪30年代她曾在北大中文系念书）来题写这6种书籍的书名。但考虑到充和已97岁高龄，又担心她的身体状况，不知她是否愿意题写。所以，他要我为他跑一趟，亲自请教张女士，看此事是否可行，并附带说："请斟酌。若为难，不勉强，我另外想办法。"

这是件义不容辞的事，凡是有关北大的事，我一向尽心尽力，何况这又是好友陈平原的"命令"。于是，那天一下课立刻开车到充和家，开门见山就把陈平原的请求重复了一遍。我告诉充和，北大人仰望她的书法已久，她若能以校友的身份为百年系庆做成此事，真太完美了。但我也说，此事颇急，她若愿意题写这6种书籍的书名，必须在一个月以内交卷。

那天，充和立刻答应为 6 种书题字，她说："能为母校中文系的百年系庆题字，是我个人的光荣。我当然会尽力。请转告陈平原教授，让他放心，我一定在 3 个星期以内交卷。"说着说着，眼睛流露出无比兴奋的神采。虽已是 97 岁的老人，但她仍充满了热情。

最不可思议的是，3 天后充和就打电话给我，说已写好 6 个书名，要我立刻去取。我喜出望外，立刻飞奔前往充和家，进门就向她一再致谢。我说："这回可以向陈平原交账了。"

几天后，陈平原教授写成《寻找"系友"的故事》一文，登在《新京报》，以纪念此事。

62. 康正果《浪吟草》

这是一册尚未出版的旧体诗集，收在作者康正果的"博讯博客"中。康正果欣赏充和的书法，在我起草本书的稿件时常与我一起讨论充和的题字。充和也喜欢康正果的旧诗，曾在我面前对康那首咏叹她书法和昆曲的七绝表示首肯。有一天，我带上学生拜访充和，正巧康也在座。康请求充和为他的诗集题一个封面，充和当下就在她的书案上展纸挥毫，写下了"浪吟草"3 个大字。

《浪吟草》中收了康正果几十首旧作，都是他在中国的几十年艰难岁月中感时忧身的哀怨之作：从劳教农场的山头眺望到农村落户时的田间即兴，直到平反后重返校园读书期间的激愤篇章。有五七言律绝，也有跌宕顿挫的七古和长达几十韵的五古。所有的诗作按编年次序排列，构成了他独特的韵文自传。

我最欣赏作者在诗集后记中那几段有关"阅读感染"的有趣

论述，读到他讲述自己学诗经历的自嘲的口吻，尤其令人忍俊不禁。康正果的言谈举止中常有一种满不在乎的神气，读了他那些浪吟出来的诗句，你一定会真切地体味到他那么多年是如何从文字的灾难和书写的救赎中活出来的。

但愿这册《浪吟草》有机会正式出版，让我在此借谈充和书法之机，先为康正果诗集的问世做一个预告。

又，孙康宜于 2016 年 7 月 26 日附注：

康正果已于 2012 年由耶鲁东亚语文系退休。退休以来，他的诗兴大发，经常有惊人的作品。以下是其中一首，希望将来《浪吟草》正式出版时，也能收入此诗。

康正果诗（2013）

余耶鲁教中文十八年，身在校园，而人处局外，所识同辈文史教授中，与余论学交友者，仅三人而已。寻思往事，赋诗赠之。

赠三教授

Prof. Kang-i Sun Chang

处事微含菩萨笑，

待人深守耶稣心。

矻矻终日理文牍，

译解中西通古今。①

Prof. Perry Link

纵论"鸳鸯蝴蝶"事②，

遍交"牛鬼蛇神"人。

京腔只授诸生学，

不向北京卖效颦。

Prof. Paul Ropp

前世莫非史震林？③

双卿海外获知音。

十年译事痴情绝，

更向绡山索骥寻。

63. Stephen Owen（宇文所安），*The Poetry of the Early Tang*（《初唐诗》）

　　执教于哈佛大学的宇文所安（Stephen Owen）教授乃是一个不折不扣的"耶鲁人"。20 世纪 60 年代，他从耶鲁大学的本科学院毕业，之后随即进耶鲁的东亚语言文学系攻读中国文学的博士学位。当时，他的博士班导师就是张充和女士的夫婿傅汉思先生。其实，早在上大学的时代，宇文所安就开始跟傅汉思教授学唐诗

---

①　参看其主编的 *The Cambridge History of Chinese Literature*。

②　参看其所著 *Mandarin Ducks and Butterflies*。

③　参看其所著 *Banished Immortal*。

了。等到进了研究所，他更是才华横溢，不久就掌握了中国古典诗歌的秘诀，他的博士论文写的就是有关韩愈和孟郊的诗学。后来，他于 1972 年获耶鲁大学东亚文学博士学位，由于成绩优异，毕业后随即留母校教书，从"学生"的身份一跃而成了傅汉思教授的"同事"（一直到 1982 年他应聘哈佛，才离开耶鲁大学）。

宇文所安的第一本书《初唐诗》（于 1977 年由耶鲁大学出版社出版）就是他在母校执教期间所写成的。不用说，张充和女士早就认识傅汉思的这位"得意门生"，所以主动为宇文所安这本书题写了封面［虽然书中所有的中文诗歌都由一位日本女士弘子（Hiroko Somers）抄写而成］。

目前，一般中国读者大都熟悉宇文所安的《初唐诗》（中译本），但很少有人知道，张充和女士就是为那书的英文原著题字的书法家［有关这一点，我要特别感谢我的耶鲁博士生柯夏智（Lucas Klein）的提醒］。

65. 饶宗颐《睎周集》

耶鲁大学 1970 至 1971 学年，饶宗颐教授曾到耶鲁客座一年，其间多次与张充和诗词唱和，并交换书法心得。尤其难得的是，充和以美丽工楷为饶公手抄整本《睎周集》出版，其中收有饶公词作 70 多首（乃和宋代词家周邦彦之作，故名《睎周集》）。当时，充和与饶宗颐的合作，在北美的文人圈里，一时传为佳话。

那次，罗忼烈先生为该书写序，对饶公的"和词"赞扬备至，说他虽"借他人（指周邦彦）之杯酒"浇胸中之块垒，但"言必己出，意皆独造"，真乃神品。

今日看来，张充和女士所写的工楷小字书法尤其不可多得。全书上下卷长达68页，一笔一画都散发出充和的特殊书法功力。

67.《肥西张公荫谷后裔谱资料汇编》

早已听说充和女士曾为合肥老家的家谱封面题字，该家谱由充和堂妹张旭和于2005年编成，自行印刷后在张氏家族间存阅。这册家谱自然是研究张氏家史的重要资料，但直到今天上午（2010年3月2日），我因事去见充和，才偶然得见这本家谱。

几天前我早就与充和约好，今天上午十点半要去看她。但在出门之前5分钟，突然收到一封来自中国读者的电子邮件。一个名叫童庆莲的女士（复旦大学经济学院资料室的一名副研究馆员），说她的祖母张翠和是充和的堂姐妹，祖母在童女士的父亲刚周岁时即去世，所以有关她的身世，家人知之甚少，甚至连一张照片也未留下（祖母1949年前的相片在"文革"动乱中全被烧毁）。从前只听她的祖父（童筱南）说过，祖母十来岁时跟家里堂姐妹一起去苏州，在伯父（即张充和的父亲）创办的乐益中学读书。从检索的资料上看，童女士认为她的祖母跟"充和奶奶"年龄不相上下，或许两人有可能同时在苏州乐益中学读书也说不定。此外，她信上还说，"这么多年我一直渴望知道关于祖母的一点信息，可没有人能告诉我"。

童女士的来信中提到了《肥西张公荫谷后裔谱资料汇编》一书，而且说那是今年过春节她回老家安徽肥西给表叔拜年时，表叔送她的一本家谱。我心想："充和一定也有这本张家的家谱吧！"我真想看一看这本书，顺便查个究竟。于是，当下就将童女士的信打印出来，匆匆前往充和的家中。

一见充和，我立刻拿出童女士的信，并将童女士所要询问的问题说明了一番。

"啊，最近我的记忆力真的很坏。张翠和这个名字我完全没印象哩。当然，我们张家人数本来就很多，只是'和'字辈的人就多得数不清……"充和一边说，一边又起身，"但请等一下，让我上楼去找出张家那本家谱再说。"

几分钟后，充和果然笑眯眯地拿来了那本家谱："你看，这封面不就是我的题字吗？我一时却忘了……"

谁知，坐定之后，充和一翻就翻到那家谱的第 25 页，上头赫然出现了"张翠和"的名字！"啊，真巧，我一下子就给找着了。"她很兴奋，边说边指着"张翠和"3 个小字（后来我们发现，张翠和一家人的名字，包括她的夫婿童筱南，她的妹妹张壮和，甚至她的孙女童庆莲的名字都在同一页上）。

最后，充和想了一想，又对我说道："过去的事，想起来真的很模糊了。我不能确定是否曾经和张翠和同过学。我只记得 1930 那年，我的叔祖母在合肥去世，我就回到了苏州。但当时我在乐益女中只上了一年课，后来就转到上海的光华中学去念高中了。或许我和张翠和在学校里正好擦身而过，或者我们从没见过面也说不定。真的，张家的后裔人数实在很多，你看看这么一大本张氏家谱就知道了……"

在返家途中，我突发灵感：我一定要写一短篇随笔来纪念这个有关张家家谱的故事。但我必须感谢童庆莲女士，如果没有她今天的来信，我也不可能将这篇短文以及充和女士为家谱所写的封面题字及时地加入这本《古色今香：张充和题字选集》的新书中。

69. 给李慧淑，"上善若水"

充和女士早已为耶鲁校友李慧淑（今为加州大学洛杉矶分校艺术史教授）的新书《宋朝的皇后、艺术，及其主体性》（*Empresses, Art, & Agency in Song Dynasty China*）题了字。慧淑把充和的题字"上善若水"放在该书的首页，并将之翻译为英文："Highest good is like water."。

这个题字很自然使人联想到老子《道德经》的第八章：

上善若水，

水善利万物而不争，

处众人之所恶，

故几于道……

但值得注意的是，李慧淑的书乃是有关中国传统女性的艺术精神，她之所以把充和的"上善若水"题字收入书中，别有一番用意。其中一个可能的含义就是：女性有如流水一般具有永恒的魄力，也有一种见证历史的悠久感。

相信充和女士当初在写那题字时，也一定有同样的领会。

73. 孙康宜名片

这是 1982 年我初到耶鲁教书时，充和为我写的小名片。那名片至今一直挂在我的办公室门上，已经 30 多年之久，早已成了我

1982 年张充和为我所写的"孙康宜"名片

的"符号"。许多喜欢欣赏充和书法的学生都来"参观"那名片，说那是"神笔"。有一位在我班上刚读过《文心雕龙》的美国学生，看到那张小名片，以为那是"风骨"精神的艺术表现，就情不自禁地朗诵起《风骨》篇末的"赞"来：

> 情与气偕，辞与体并。
> 文明以健，珪璋乃聘。
> 蔚彼风力，严此骨鲠。
> 才锋峻立，符采克炳。

（在此只选录一小部分我所撰写有关充和女士书法的"本事"。全书请见《古色今香：张充和题字选集》(增订版)，张充和书，孙康宜编注，百岁张充和作品系列，桂林：广西师范大学出版社，2010年出版，2013年重印）

张充和的《曲人鸿爪》本事（选录）

选录一：梅边压笛留鸿爪，曲苑旧事人间春——张充和与她的《曲人鸿爪》

在充和的沙发上坐定，我一边拿出笔记本、录音机等，一边迫不及待地问道："您当时才 24 岁，一个年轻人怎么会想到要把各种曲人的书画收藏在这么精美雅致的册子里？而且后来经过战乱，又移民美国，您仍能积年累月，从第一集发展到第二集，最后又有第三集（包括上下两集），是什么原因使您这样不断地收藏下去？……"

一听到这个问题，充和显得很兴奋。她微笑着说："那是很久以前的事了。我 16 岁从合肥回到苏州，就开始在我父亲办的中学选昆曲课。那虽说是一门课外活动，却使我对昆曲这个旧时的演唱艺术产生了很大的兴趣。再加上家里请来昆曲老师特别指导，我的兴趣更被导向专业的品位。我的第一个昆曲老师是沈传芷，他是著名昆曲家沈月泉的儿子，不论是小生戏或是正旦戏，他样样都会，所以我很幸运有这样一位昆曲老师。当然，还有张传芳先生教我唱《思凡》，也帮我准备演出服装，等等。另外，也有别的老师教我其他方面的昆曲，但沈传芷先生是我主要的昆曲老师。此外，也有几位教我笛子的老师，他们都是'小堂名'班出身，都是在穷苦人家长大的，但技艺十分精到。例如，李荣欣先生就以吹笛著名，有'江南笛王'之称。他除了教我拍曲以外，还教我吹笛。当时，我们家人经常一起去看戏，所以我也就更加爱好昆曲了。其实，你在从前的一篇文章里也提到，那个年头我经常在苏州拙政园的兰舟上唱戏。"

"您是什么时候第一次登台演出的呢？"

"现在记不清是哪一年了，只记得第一次演出的地点是上海兰心大戏院。那次我们演《牡丹亭》里的《游园》《惊梦》《寻梦》三折戏。我唱杜丽娘，我的朋友李云梅演春香，我的大姐元和扮演柳梦梅……"充和一边说，一边微笑着。

"啊，您开始收藏《曲人鸿爪》的书画册时，就是那个时候吗？"我好奇地问道。

"大约在那以后不久，我就开始收藏曲人书画了，那大概是1937 年的春天吧。那时，抗日战争还没爆发。苏州的昆曲文化一直很盛，到处都有曲社。喜欢昆曲的人可以经常聚在一起，在各人的私邸定期演唱昆曲。当时，苏州最有名的曲社，名叫幔亭曲社（那是曲学大师吴梅先生所题的社名）。我和我的大姐元和、二姐允和都是该曲社的成员。曲会经常在我们家里开。每次开曲会，别的曲社的人也会来参加，大家同聚一堂，又唱曲，又吹笛，好不热闹。其实，早在北大读书时，我就跟弟弟宗和定期参加俞平伯先生创办的谷音曲会，那个曲社的活动都在清华大学举行。^①后来，我也去青岛参加过两次曲会，因为我的老师沈传芷当时在青岛教曲。^②总之，我特别喜欢和志同道合的曲友们在曲会里唱曲同聚。到后来，我认识的曲人渐渐多了，发现有些曲人不但精通昆曲，还擅长书画。因为我从小就喜欢书画，所以就很自然地请那些曲人在我的册子里留下他们的书法或画……"

"您的意思是，《曲人鸿爪》里头的书画都是在曲会中完成的吗？"我忍不住打断了她的话。

"不，那些书画不全都是在曲会中完成的。有些是他们把本子拿回家去写的，有时是我亲自把《曲人鸿爪》书画册送到他们家里，请他们题字或画画。当然，也有不少曲人是在听我唱曲之后当场为我写的。但并不是所有为我作书画的人都把他们的作品写在我的《曲人鸿爪》册子里。比如说，抗战期间（大约1938年）我到成都，开始经常上台演唱，曾演过《刺虎》等。有一回，我到张大千家参加一个 party。在会上，张大千请我表演一段《思凡》。演完之后，张大千立刻为我作了两张小画：一张写实，画出我表演时的姿态；另一张则通过水仙花来象征《思凡》的'水仙'身段。但这两张画都不在我的《曲人鸿爪》书画册里，因为张大千不算是曲人……"

"啊，我知道了，"我忍不住打断她的话，"这两张画就是一直挂在您饭厅墙上的那两张，对吗？不久前，李怀宇先生在《南方

① 有关俞平伯先生创办谷音曲社的经过，参见吴新雷《20世纪前期昆曲研究》，沈阳：春风文艺出版社，2005年版，第181页。
② 有关张充和到青岛参加曲会的详细情况，参见金安平《合肥四姐妹》，凌云岚、杨早译，北京：生活·读书·新知三联书店，2007年版，第297页。

都市报》访问您的文章里也提到了这两张画。他还提起您收藏的一张宝贵的相片，相片里有张大千和一只大雁，那真是一个动人的故事。"

"你说得很对，多年来，我一直很珍惜张大千的两幅画和那张大雁的照片，那张照片是一个记者拍的。"

"您刚才说，张大千不是曲人。能不能请您谈谈《曲人鸿爪》书画册中有关'曲人'的定义？"

"当然，所谓'曲人'的定义很宽泛。首先，它包括所有会唱曲的人。一般说来，唱曲的人有两种：一种是学演唱、练身段、最后上台表演的人；但另外有一种曲人，只唱而不演，他们唱的是清曲。"

"对了，我想请教您：您唱的当然是南昆，但也有人唱北昆。您能不能解释一下南昆和北昆的不同。"

"其实，南昆和北昆最大的不同就是对有些字的唱法不同而已。例如，'天淡云闲'四个字，南昆是这么唱的〔充和唱〕。但北昆却是这么唱的〔充和再唱〕。你可以听出来，两者的不同就在于那个'天'字的发音。其实，我也很喜欢北昆的风格，我过去常听韩世昌唱曲。有一次，听他唱《蝴蝶梦》，演庄周的故事，的确很有他自己的特色。"

"有关唱曲者的咬字吐音这方面，对我来说，一直是很难的。您认为这是学昆曲最难的部分吗？"

"其实，学昆曲并不难，只要下功夫就行。但重要的是，必须找到搭档才行。"充和一边说，一边微笑着。

"喔，"我忍不住说道，"但我发现您的《曲人鸿爪》除了收当行曲人的书画以外，还收了不少纯学者的书法，这又是为什么呢？"

"其实，我认为曲人也应当包括从事曲学研究的学者。例如，1956年胡适先生曾到加州伯克利大学演讲，也顺便到我当时的伯克利家中做客，他就坚持要在我的《曲人鸿爪》书画册中留字，因为他说，在撰写文学史的过程中，他曾经做了许多有关选曲的工作。所以，当天胡适就在我的书画册中用毛笔抄录了一首元人的曲子给我。没想到，多年之后，胡适那天的题字传到某些读者中间，还引起一场很可笑的误会。最后，我和汉思只得在《传记文学》中发表一篇文章澄清一切。"

"啊，真有趣。所谓'读者反应'的问题经常可以变得稀奇古怪。我会立刻去找您的那篇《传记文学》的文章来读。我一向喜欢做文学侦探，这个题目可以让我好好研究了。"

谈到这里，我忽然想到，还忘了问一个重要的问题。

"充和，我想换个话题。我曾听人说2001年5月联合国教科文组织（UNESCO）把昆曲定为'人类口述和非物质遗产代表作'，和您这些年来在海外昆曲方面的努力有密切的关系，对吗？能不能请您说明一下？"

充和听了，似乎在回忆什么，接着就微笑道："但你千万不要把功劳都归在我一个人身上，其他许多人的贡献也很大……其实UNESCO早在1946年就已经和昆曲有关系了。记得，就在那年，UNESCO派人到苏州来，请台湾当局的教育事务管理机构接待，由樊伯炎先生（即上海昆曲研习社的发起人）负责搭台。我和一些曲友正巧被指定为UNESCO演唱《牡丹亭》的《游园》《惊梦》。

当天许多'传'字辈的人都来了。我还记得,当时演唱的经费全由我们乐益女中来负担。"

"啊,真没想到。今天大家都以为UNESCO一直到最近几年才开始重视昆曲,原来早在60年前他们就已经想到昆曲了!"我不觉为之惊叹。

同时,我也联想到,当UNESCO派人到苏州考察昆曲的时候,大战才刚结束不久。也就在那个时候,苏州的昆曲事业才从战时的凋敝中复苏过来,战前那种唱曲吹笛、粉墨登场的场面又陆续出现了。可以说,大约在1946那年,那些到外地逃难的苏州人才终于回到了家乡。在此之前的8年全面抗战期间(1937—1945),许多为了躲避日军轰炸的知识分子和曲人都纷纷逃难到了昆明、重庆等地区。因此,当时昆曲文化最盛的地区是重庆,而非苏州。讽刺的是,充和平生唱曲唱得最多的就是她在重庆的那几年。她经常在曲会里唱,在戏院里唱,也在劳军时唱。据她回忆,当年即使"头上有飞机在轰炸",他们仍"照唱不误"。

抗战胜利之后,充和又回到苏州,她和曲友们经常开曲会,重新推广昆曲的演唱,不遗余力。有时他们组织所谓的"同期"——那就是像"坐唱"一样的聚会,大家不化妆只演唱,但表演方式要比普通的"曲会"正式一些。① 同时,他们也参加上海地区的演唱活动。就在1946年那年,充和与俞振飞同台演出。他们在上海公演《白蛇传》里的《断桥》,俞振飞演许仙,充和演白娘子,充和的大姐元和则演青蛇。

---

① 有关张充和的"同期"活动,参见尹继芳在2006年4月23日于"华美"人文学会"张充和诗书画昆曲成就研讨会"中的演讲稿,第3页。

大约就在那时，充和在一个"同期"的曲会里写下了她那首著名的《鹧鸪天》词，题为《战后返苏昆曲同期》。词曰：

> 旧日歌声竞绕梁，
> 旧时笙管逞新腔。
> 相逢曲苑花初发，
> 携手氍毹酒正香。
>
> 扶断槛，接颓廊，
> 干戈未损好春光。
> 霓裳蠹尽翻新样，
> 十顷良田一凤凰。

那已经是 60 多年前的事了，看来那么遥远又那么亲切。在那以后，充和受聘于北京大学，教授昆曲和书法。1949 年 1 月，她与丈夫傅汉思（德裔美国汉学家）前往美国定居。半个多世纪以来，她对昆曲的爱好一直没变，她继续在美国唱、吹、教、演，甚至到法国与中国香港、台湾等地区表演。通常，由傅汉思教授演讲，她自己则示范登台演出。

这些年来，充和与她的家人一直住在离耶鲁大学不远的北港城。充和把他们在北港的家称为"也庐曲会"；她所谓的"也庐"，其实就是 Yale（耶鲁）的意思，取其同音的效果。我以为"也庐"比"耶鲁"更有深意，它使人联想到陶渊明那种"结庐在人境，而无车马喧""采菊东篱下，悠然见南山"的意境。

在她的"也庐"里，不少来自世界各地的学者、书画家和曲人们经常来访。例如，1970 至 1971 年间，著名的饶宗颐教授曾在耶鲁大学客座一年，在那期间他屡次与充和以诗词唱和，并交换书法心得。尤其难得的是，充和以美丽工楷为饶公手抄整本《睎周集》，其中包括饶公词作 70 多首（乃和宋代词家周邦彦之作）。当时，充和与饶宗颐的合作还被传为佳话；但饶公并没在《曲人鸿爪》中题字，因为他不是所谓的"曲人"。一般说来，来访的曲人，只要受过传统诗、书、画的修养，大都会在充和的《曲人鸿爪》书画册中留下痕迹。然而，近年以来，充和就只请人在她的"签名簿"中签名。但来访的人也经常赠诗给充和。不久前，来自北京的郭英德先生（以研究明清传奇著名）就赠了一首七绝给充和，中有"幔亭余韵也庐会"诸语。

　　此外，充和不只精通诗书画曲，还是一位琴人。学者谢正光还在耶鲁当学生时就去拜访过充和与她的夫婿汉思教授。大约 1986 年间，他又兴冲冲地带了一张从上海刚购得的古琴去请充和过目。因为卖古琴的人说是清朝的东西，谢正光想请充和确认一下。只见充和捧起古琴，朝窗前走去，捞起一个手电筒，往琴的龙池一照，惊喜地对谢说："这古琴是明初永乐庚寅（1410 年）二月所制啊！"前人所谓"观千剑而后识器，操千曲而后知音"者，盖斯之谓欤？后来，谢正光为了那古琴，找到了许多元末明初的有关诗文，甚有心得。至今，他仍忘不了抱琴"也庐"得充和鉴赏的情景。

　　在充和的也庐里，她也教出了许多昆曲方面的得意门生，其中包括她自己的女儿傅以谟（Emma Frankel）。傅以谟从小就学会吹笛，也唱《游园》中的曲子。充和《小园即事》那组诗的第九首写的就是这种富有情趣的教曲情境："乳涕咿呀傍笛喧，秋千树下学《游园》，小儿未解临川意，爱唱《思凡》最后篇。"经过充和的努力调教，以谟9岁就能登台演唱了。

此外，充和最津津乐道的就是，20世纪70年代后期，一个叫宣立敦（Richard Strassberg）的昆曲学生（其实，当时宣立敦已从普林斯顿大学拿到博士学位，并已在耶鲁大学执教）。宣立敦中文能力特佳，昆曲演唱技巧也极出色。直到目前，充和还忘不了她曾与宣立敦同台演出《牡丹亭》的《学堂》那一出的情景——充和演杜丽娘，宣立敦演杜丽娘的家教陈最良（并由张光直的妻子李卉演春香）。后来，宣立敦到北京去拜访沈从文先生，向他幽默地说道："在台下充和是我的老师，在台上她是我的学生。"引得从文先生大笑不止。

今年充和已达97岁高龄，但她还是特别喜欢学生。因此，学生们经常到她的府上（即"也庐曲社"）拜访她，并向她请教书法和昆曲。最近重阳节，我带了4位耶鲁学生去看充和（我的耶鲁同事康正果正好也在那里）。那天，充和兴致很高，不但示范书法，让学生们欣赏她为苏州海外汉学中心刚写成的"三槐堂"书法，①而且还亲自唱《游园》，令学生们惊叹不止。临走前大家依依不舍，大伙儿一起朗诵李清照那首著名的《醉花阴·薄雾浓云愁永昼》词："……莫道不消魂，帘卷西风，人比黄花瘦。"

其实，充和每天仍像"学生"一样地努力学习。可以说，习书法和唱昆曲已成为她怡情养性的方式，也是她日常生活不可或缺

---

① "三槐堂"书法是苏州大学海外汉学中心特别托章小东向充和索取的，请参见章小东《天缘——夏日再访张充和》，刊载于《文汇·读书周报》2009年9月4日。

的内容了。顺便一提，我之所以特别欣赏充和平日练习书法时所留下的断简残篇，乃因为她那些残缺不全的书画有时比一些"有意为之"的作品来得更潇洒不拘、更富情趣。去年，我就特意向充和要了一幅她在练字时所挥洒出来的签名习作（是从废纸中找出的）。我把它当至宝来珍藏，以为它得来不易。不久前，我有幸与充和分享她为斯坦福大学图书馆刚挥洒成的题字初稿——那时充和还没来得及签名，也尚未加印章，但我特别欣赏那种即兴的情趣。所以，立刻拍照，想借着照相机把那件艺术品的准确诞生时日记录下来。

因此，这也使我联想到，充和所收藏的《曲人鸿爪》书画册也大都是曲友们（他们都是文化人）在纵情唱曲之后留下的一些不经意的即兴作品。唯其"不经意"，所以才更能表现出当时曲人和文化人的真实情况。无论是描写赏心悦目的景致，或是抒写飘零无奈的逃难经验，这些作品都表现了近百年来中国社会转型过程中传统文人文化的流风余韵及其推陈出新的探求。可以说，《曲人鸿爪》中那些书画曲词的精致片段也就直接构成了张充和女士与众多曲人的那种独特的"世纪回忆"。

选录二：从"玩物丧志"到"不须曲"

在海外华人文化社群中，余英时先生与张充和女士的文字因缘早已传为佳话。首先，余、张两人均为钱穆先生的学生，多年前钱先生过90岁生日时，两人曾合作完成了一组祝寿诗——由余先生先写4首律诗，再由充和将整组诗写成书法——赠给钱先生。当然，除此之外，他们之间还有许多类似的文字合作。

早自 1961 年张充和与丈夫傅汉思从加州搬到康州，他们便与余英时开始文字交往。汉思一向研究汉代文学，而当时余先生（在哈佛）也正专攻汉代史。由于哈佛与耶鲁相离不远，故彼此在学术上时有联系。

余先生和充和虽会面较晚，但由于两人都曾师从钱先生，后来一见如故，成了忘年交。1968 年春，充和到哈佛表演昆曲，那时余先生曾写了一组赠诗给充和，多年后居然引起了一场中国和美国读者的"和诗热"。1977 年，余英时从哈佛转至耶鲁历史系任教（直到 1987 年才转去普林斯顿），前后有 10 年在耶鲁大学与汉思及充和共事（汉思在东亚语文学系教中国古典文学，充和在艺术史系教书法），彼此之间的关系自然更加密切。

我以为，在目前充和的海外朋友中，余英时或许是对充和"相知最深"的一人，故他能对充和的艺术本色做出精确的表述。例如，有一回充和向余先生展示她刚"发明"的菱形六角盒，盒内装有乾隆时代的一块墨——原来那次充和一时临机应变，费了老半天，把丈夫汉思买来的裱盒改装成仿古的墨水匣。充和一边打开墨水匣，一边对余英时说："你看，我多么玩物丧志。"

没想到余先生立刻答道："你即使不'玩物'，也没有什么'志'啊！"

余先生那句话刚出口，充和已大笑不止。我以为只有像余先生那样真正了解充和真性情的好友才说得出那样的话。那句话就妙在一种既调侃又敬慕的语调中。

的确，余英时一向十分敬慕充和女士那种"没有志"的艺术生活——包括她那随时可以进入唱曲和自由挥墨的心境。

相形之下，由于今日社会环境的改变，许多人都已经无法再过那种优雅淡泊的生活了。或许因为如此，1982 年余先生在充和的《曲人鸿爪》书画册中所写下的题诗，就表达了对这种情况的无奈：

> 卧隐林岩梦久寒，
> 麻姑桥下水潺潺。
> 如今况是烟波尽，
> 不许人间弄钓竿。

必须说明，以上这首七绝原是余先生写给钱锺书先生的旧作。现放在《曲人鸿爪》中，却令人大开眼界——它提醒我们，今日的政治和社会环境"不许人间弄钓竿"，所以多数人已经不可能再过那种优游林下的生活了。相较之下，充和何等幸运！

在所有朋友中，余英时大概是为充和题字最多的人。在她所收藏的另一部较新的书画册《清芬集》里，充和曾请余先生作为第一位题诗者——顺便一提，该集封面是陈雪屏先生（即余先生的岳父）于 1983 年（癸亥）为充和题签的。总之，在他给《清芬集》的《浣溪沙》（1983）题词中，余先生不忘提起充和寄情曲艺和诗书的艺术生涯，真可谓知音之言：

> 绝艺惊才冠一时，
> 早从烂漫证前知，
> 便携歌舞到天涯。

闲写兰亭消永昼，

偶裁凤纸寄相思，

任他镜里鬓添丝。

1985 年，充和自耶鲁退休，余英时的赠诗是：

充老如何说退休，无穷岁月是优游。

霜崖不见秋明远，艺苑争推第一流。

以上这首"退休诗"一直到 15 年后（2000 年）余英时偶然重
访耶鲁校园时，才有机会在《清芬集》下册中以题字的方式补上。
此诗提到充和的两位恩师，即霜崖先生（曲家吴梅）和秋明先生
（书法家沈尹默）特别令人感动。今日斯人已去，但充和每日仍优
游在传承自两位师长的艺术境界中。诗中好像在说：充和的两位
名师虽各有擅长，但充和却能以她那青出于蓝之才而兼二者之才，
故自然成为当代昆曲和书法的第一流。我想，若非充和的知音，
余先生绝对写不出这样的诗来。

由此也令我想起：1968 年在哈佛的曲会中，余英时为充和所
写的一组诗，早已注定了这段友情和文字因缘之间的密切关系。

1968 年的春天，充和带着她的女弟子李卉（即张光直夫人）
到哈佛表演昆曲。那天她们演唱《思凡》和《牡丹亭》里的《游
园》《惊梦》。曲会完毕，余先生就即兴写了一组诗。因为当时中
国正值"文革"时期，故其中一首曰：

一曲思凡百感侵，京华旧梦已沉沉。

不须更写还乡句，故国如今无此音。

后来余诗整整沉睡了 10 年，但 1978 年秋它却奇妙地"复活"了。

且说，在"文革"期间，昆曲早已被整死了。一直到 1978 年"文革"过后，人们才开始又可以欣赏昆曲了。就在那年 11 月间，充和的二姊张允和（即北京昆曲研习社负责人）有机会到南京江苏省昆剧院看了一场昆曲（看《寄子》等剧），十分兴奋。当下张允和就提笔写信给在美国的四妹充和，告诉她有关南京演昆曲的盛况。

接信后，充和立刻回信，并把从前余先生所写的那首诗（中有"不须更写还乡句，故国如今无此音"等句）寄给北京的二姐允和。

当时充和在信中只说，那诗是"有人"在 1968 年的哈佛曲会中所写的，所以允和完全不知那诗的真正作者是谁。

收到诗后，允和十分激动。同时因为她刚从南京看昆曲回来不久，还处于十分兴奋的心境中，故立刻写了两首和诗，快寄给四妹充和：

十载连天霜雪侵，回春箫鼓起消沉。

不须更写愁肠句，故国如今有此音。

卅载相思入梦侵，金陵盛会正酣沉。

不须怕奏阳关曲，按拍归来听旧音。

允和以上两首诗等于是对"有人"诗中所谓"故国如今无此音"之直接答复。据张允和说，现在情况已经不同了，"故国如今有此音"。

收信后，充和也十分感动，立刻写了两首和诗给二姐，题为答允和二姐观昆曲诗，遂名曰《不须》：

委屈求全心所依，劳生上下场全非。

不须百战悬沙碛，自有笙歌扶梦归。

收尽吴歌与楚讴，百年胜况更从头。

不须自冻阳春雪，拆得堤防纳众流。

有趣的是，不久允和的许多曲友们——包括北京昆曲研习社的诸位同仁——都开始流行和余英时那首"故国如今无此音"的诗。最后他们将所有和诗集在一起（充和将之戏称为《不须曲》），由戏剧名家许姬传用毛笔抄录下来，寄到美国给充和。后来余先生有机会展卷诵读这些和诗，自然感到受宠若惊。

《不须曲》诗词摘选：

何期一曲识知音，提起京江线竹情。

白发红颜惊梦里，莺声犹绕牡丹亭。

点点秋霜岁月侵，京江旧友几升沉。

鱼书寄语天涯客，莫负天波赏佳音。

——谢也实 作

忘却十年噩梦侵，波涛四涌几浮沉。

不须俯仰人双劲，一曲高歌济世音。

依旧阳春白雪讴，民生国计上眉头。

不须铅粉添英气，吟尽古今天地流。

——万枚子 作

九畹才苏暴雨侵，钧天广乐十年沉。

不须重话昆池劫，梁魏于今有嗣音。

——郁念纯 作

其实余英时先生并非曲人，以一个"非曲人"的诗作居然能引起如此众多曲人的读者反应——而且该读者反应还持续地贯穿在中国和美国的文化社群中——由此可见旧体诗词兴观群怨的感染力了。

选录三：胡适题张充和《曲人鸿爪》背后的故事

1956年秋季，胡适先生（1891—1962）在伯克莱的加州大学客座一学期。在那期间，他常到充和家中写字。充和是每天都不若還與他相見時，道个真傳示：不是無不修書，不是無才思。遠清江，買不得、天樣紙。

貫酸齋的清江引。

寫呈

充和

胡適

一九五六、三、九

1956 年，胡适为张充和的《曲人鸿爪》题字忘习字的人，家中笔墨纸砚一应齐全，胡先生在她家写字自然十分方便。

12月9日那天，胡适先生又照常去充和家里写字，顺便在充和的《曲人鸿爪》书画册挥洒了一番。胡先生虽算不上真正的曲人，但在曲学研究上下过功夫，特别在整理出版上颇有贡献。[①]那天，他就在《曲人鸿爪》册页里写下元代曲家贯酸斋（即贯云石，1286—1324）所著的《清江引》（惜别）一曲。

若还与他相见时，

道个真传示：

不是不修书，[②]

不是无才思，

绕清江，

买不得，

天样纸。

贯酸斋这曲子主要描写一对青年男女离别后的相思之情。该曲的大意是："如果我再和他见面，一定要告诉他：不是我不愿给他写信，也不是我没才情写信，而是因为我找遍了整个清江（以

---

① 例如，著名的昆曲折子戏选集《缀白裘》原刻于18世纪后期，共12集，48卷，收430个折子戏），在胡适的支持下，于1940年完成了工程浩大的校点工作，由中华书局排印出版（该排印版由胡适作序）。但1955年和1957年的重印版删去了胡序。参见吴新雷《20世纪前期昆曲研究》，第192—193页。
② 胡适的这一行手迹原来有个错字——多了个"无"字（"不是无不修书"），但胡适将"无"字很艺术地"抹去"了。

造纸著称的地方），却怎么也买不到像天一样大的纸来写信给他！"

其实，那次胡适先生一共为充和抄录了两份贯酸斋的这首《清江引》。除了《曲人鸿爪》中的题签以外，胡先生同时也在充和旧藏的"晚学斋用笺"上重复抄录了这一首曲子，只是上款加了汉思先生的名字，注明是"写给充和汉思"两人的。（但1987年充和将"晚学斋用笺"的这份胡适先生题字送给收藏家黄裳先生，因黄先生很怀念他从前在"文革"中所销毁的胡适之手迹。）

但必须说明的是，每回在充和家中写字，胡适先生总是会顺手写许多份重复的题字，因为有不少人都向他求字。据充和记忆，1956年12月9日那天，胡先生一共用充和的"晚学斋用笺"写了30多幅字，所写的内容不外两种：一是以上所述贯酸斋用的《清江引》，一是他自己早年所作的一首白话诗旧作。[①] 当时许多附近的友人也都准时到充和家聚会，赶来索求胡适先生的书法，那一天可谓盛况空前。充和家除了以曲会友，又别添了以书会友的佳话。

但没想到半世纪之后，于2001年元月间，一位大陆学者陈学文先生突然在杭州的一个古物商店里发现一份胡适先生的"情诗手迹"，一时颇为兴奋。（其实那是有人据当年胡先生抄给充和与汉思的那张"贯酸斋《清江引》"的影抄伪作，只是伪作者已将原作的"贯酸斋的清江引"数字抹去，也去掉了题写的日期。）后来经过多位专家们的鉴定，陈学文先生认定那"情诗"是胡适先生二三十年代的作品，同时猜测胡适先生那份手迹乃专为情人曹诚英

[①] 那天张充和也得了一份胡适的白话诗题字。诗曰："前度月来时，仔细思量过。今夜月重来，独自临江坐。风471没遮楼，月照无眠我。从来没见他，梦也如何做。"题款上写道："四十年前的小词，给充和写。"

女士所写，而且他相信充和与汉思两人"应是胡、曹之间传信人"。不久，陈学文先生就在《传记文学》杂志发表了一篇长文，题为《胡适情诗手迹新发现》。[①] 陈文一出，该杂志就收到许多中外读者的热烈回应，纷纷提出个人的观点。当时充和立刻给杂志编辑去信，指出陈文所提到的胡先生"手迹"实是伪作，其内容并非胡适先生的情诗，而是出自元代曲家贯酸斋的《清江引》。然而，即使大家都同意该曲子实出自元人，但读者们仍继续对此题目表示兴趣，因此《传记文学》又陆续发表了几篇有关补充意见的文章。[②]

后来充和与汉思决定为《传记文学》特别撰文，[③] 以详细说明胡适先生当年如何在他们伯克莱家中为当地朋友们题字的全部经过。否则他们担忧，将来若"读者不察"，他们两人将会永远被误认为是胡先生与曹女士之间的"红娘"。

充和一直很喜欢和朋友们提到这一段佳话——说穿了，那只是一个有关作伪者炒作文本惯技的插曲。其实只要把胡适在《曲人鸿爪》中的题字和最近发现的"情诗手迹"一比，其真伪立刻会显明出来。除了抹去"贯酸斋的清江引"等字样以外，"情诗手迹"还用了伪造的"胡适"图章——例如，该图章中的"胡"字多出一画，"适"字少了几画，其篆法也不对，事实上，胡适先生所用

---

① 陈学文《胡适情诗手迹新发现》，刊载于《传记文学》第78卷，第5期，2001年，第46—52页。

② 包括钱存训、周策纵、童元方等人的文章。必须指出的是，在她的文章里，童元方说明，即使该曲原为元人所作，但胡适在美国抄写《清江引》给汉思充和夫妇时，并不能证明他心中不以曹诚英为爱情对象。见童元方《胡适与曹诚英间的传书与信使》，《传记文学》第79卷，第2期，2011年8月号，第24—34页。

③ 傅汉思、张充和《胡适手迹辩误》，刊载于《传记文学》第79卷，第2期，2001年8月号，第35—39页。

的图章是他的老友韦素园先生所刻，而1956年12月9日当天所有30多幅题字也全是充和帮忙加盖的，所以至今她记忆犹新。

奇妙的是，本来充和收藏的《曲人鸿爪》乃是为了记录曲人们的故事，但无形中，它又变成了一份最可靠的书法墨迹之鉴定本。所谓"文化研究"（cultural studies），没有比这种跨学科的事例更有趣的了。

（本文原载于《世界周刊》，2009年2月1日；后收入《曲人鸿爪：张充和曲友本事》，张充和口述，孙康宜撰写，桂林：广西师范大学出版社，2010年版；并收入《曲人鸿爪本事》，张充和口述，孙康宜撰写，台北：联经出版公司，2010年版）

玩而有志张充和

以书法、昆曲和诗词著称的才女张充和已经年逾九旬，但她仍精力充沛，每天都过着富有情趣的生活。在最近出版的《古色今香：张充和题字选集》（广西师范大学出版社，2010年版）一书中，我如此写道：

> 充和女士以她97岁（中国的算法，该是98岁）高龄，仍热情地帮我找出一些她自己早已遗忘了的题字作品，其锲而不舍的精神令我既佩服又感激。重要的是，我从她身上体验到了诗书画融合为一的宝贵精神，以及一种超然物外的心灵境界，这一切均非一个"谢"字所能表达。①

真的，每回我去拜访充和，总是从她身上学到许多东西，有一种满载而归的感觉。

---

① 张充和书，孙康宜编注《古色今香：张充和题字选集》，桂林：广西师范大学出版社，2010年版，第308页。

最令我难忘的是 2008 年某个秋日的一次见面。

那天我正好没课，一早就抽空去拜访充和（从耶鲁校园开车到她住在北港的家只需 20 分钟）。一进门，只见她笑眯眯地说道："我刚才终于找到了我多年前从北京买到的那几张乾隆儿子的画，那是皇六子的'临古画'，想和你好好地欣赏哩！"

于是，我就坐在沙发上，开始看充和慢条斯理地展开一张一张的画。

"你看，这里只有七张画，可惜少了一张。原来，皇六子的画应当是有八张的。但我在北京买到时，就只有这七张，缺了一张。但这一套画实在很宝贵，所以当时就出高价买下来了。"充和说着，语气充满了回忆的温馨。

我指着其中一张画问道："奇怪，这个皇子怎么有这么多不同的别号？看，这些都是不同的印章……"

"是啊，这个印章刻有'质亲王'的名字，另外一个印章刻有'九思主人'的字样，还有'九思堂''静怡道人'等，这些都是皇六子的不同别号。"

接着，充和就谈起了有关乾隆时期文人画的风格。她告诉我，这种文人画的风格就是含蓄而恬淡，即使是拟古画，也不例外。重要的是，这种文人画家不媚俗，不为谋利而作。

我说："我真的很欣赏文人画的朴实风格，它充分表现了恬静的画境。现在这种画已经很少见了。"

接着，我又顺便问道："对了，乾隆时代的墨，你还有吗？能让我看一下吗？"

这个问题可问对了。原来，那天充和本来正准备让我看她的一些古墨的。所以，她就很兴奋地说："啊，我好像一直忘记让你看我那块乾隆朝的墨了。"

于是，她立即起身，很快就从柜子里取出一个墨盒，只见里头装有一块特别雅致的菱形六角墨。我慢慢拿出那墨，翻来倒去，细细观察，爱不释手。同时，我还不停地观赏那个古色古香的墨盒，默默领会其别致的工艺品位。

"但你绝对没想到吧！"她突然打断我的思路，"这个菱形六角盒其实是从前我把汉思（指她的丈夫傅汉思，已于 2003 年去世）买来的一个裱盒改装而成的。"她边说边把那个墨盒倒放过来，果然里头暗藏美国某一裱店的名字！

我真不敢相信自己的眼睛。我说："世界上哪有这么巧的事，怎么那块菱形六角墨正好和这个裱盒的形状一模一样，而大小也完全一致？亏你有仿古变通的本领，你真能干啊，我差点被你骗过了！"

"我哪儿能干？我只不过玩物丧志而已。其实，从前余英时还开玩笑说我即使不玩物，也没有什么'志'啊！"说着，说着，我们两人都开怀大笑不止。

在那以后，我每次忆起那天的谈话，都觉得很感动。充和以一种安于淡泊的心，来充实地度过她的每一天。我尤其忘不了她所说有关"玩物丧志"的那句话。最近，我经常想起 20 世纪 90 年代初期，我曾请充和为我和苏源熙（Haun Saussy）合编的《中国历代女作家选集》（*Women Writers of Tranditional China*，斯坦福大学出版社，1999 年版）撰写书法，那次充和除了为该书扉页题字外，她还工笔书写了集中所有两百多位古今女诗人的姓名。可以说，如果不是充和那种"玩物"的精神，绝不会那么耐心地凝神尽力，热情地为这样一本大书（共891页）奋笔工书的。后来，才听说充和早在1970年间就为饶宗颐工笔手抄整本《晞周集》出版，其中收有饶公词作70多首。

所以，我想充和的"玩物"其实是玩而有"志"的，戏曰"丧志"，愈现其忘怀得失的恬淡风貌。充和一向爱"玩"，她玩的方式就是教人写书法和唱昆曲。在昆曲方面，她已经教出了许多得意门生，其中包括她自己的女儿傅以谟（Emma Frankel）。以谟从小就学会吹笛，也唱《游园》中的曲子。同时，1961年以后，充和就在耶鲁艺术史系教授书法，直至1985年退休。退休后，她仍继续在家中开书法班，一直到去年才停止。在美国，她确实是桃李成群，数十年如一日地诲人不倦，几不知老之已至。她却觉得这并非什么"志"，只是随缘，顺其自然地"玩物"而已。

我想，就因为充和喜欢过那种不奢言有"志"的艺术生活，所以她才能随时进入自由挥墨和昆曲的艺术境界。在一幅七十自寿的对联里，充和曾如是自勉：

十分冷淡存知己，
一曲微茫度此生。

（康按：此副对联已于2009年12月正式归香港的董桥先生存藏）

相形之下，由于今日社会环境的改变，许多人都已经无法再过充和女士那种优雅淡泊的生活了。

（本文摘录曾刊载于《人民日报》，2010 年 7 月 15 日）

与时间赛跑

——悼念充和

6 天前（美国东岸时间 2015 年 6 月 17 日），充和女士在安睡中平静地走了。她享年 102 岁，一切功成圆满。对她个人来说，可谓福中之福。

我一直佩服她对死生之事看得很淡薄，同时也很勇敢。记得，2008 年 10 月间，医生通知她患有癌症的当天，我正好去她家拜访她。她一方面告诉我那个坏消息，一方面安慰我："一个人要离开这个世界，总是有个原因的。不是患这个病，就是那个病……所以，不要担心，我会顺其自然，听医生嘱咐就是。"后来，她经过几个月的奋斗，天天按时吃药，终于摆脱了癌症的侵袭。

在那以后，她的身体情况一直不错，并无大病。同时，她很幸运，一直有可靠的年轻人在身旁照顾她。首先，小吴（吴礼刘先生）10 多年来一直全天照顾充和，从不间断，实在令人敬佩。直到两三年前才由护士 Lily Wong 开始看护她老人家。之后，每周由 Lily Wong 和于萍女士轮流值班，一切都配合得很好。生活上的安定使得充和女士在迟暮之年还能享受她生平最拿手的两件艺术——书法和昆曲。当然，近几年来，随着年岁的增长，她也逐渐变得衰老，无法再继续写书法，终于在 2011 年（98 岁）那年正式收笔——她后来很少给人写字，但我记得她曾破例给章小东（靳以先生的女儿）的《撕碎的记忆》一书题字。至于昆曲，则一直持续到她离开世界的前几天。（可惜，春季以来，由于工作太过忙碌，我一直无法去她家登门造访，所以有关充和近来的昆曲活动消息大都得自我的耶鲁同事王郁林，因为她可能是最后一位向充和学拍曲的学生。）

我最后一次去探望充和是去年秋季的某个早上。那时，充和已开始整天躺在床上，忽醒忽睡，不再多说话。但只要听见小吴吹笛，她就会睁开眼睛开始唱昆曲。那天，正好小吴准时于上午10 时 30 分抵达，一进门就开始吹笛，只见充和立刻随着笛声轻轻地哼了一段《惊梦》，声音很是优雅。能见证如此美妙的画面，令我感到非常兴奋，于是我立即拍下小吴吹笛的一景，当下就将那相片贴在脸书（facebook）上，赢得了许多脸书友人的赞叹。

可以说，一直到最后的一刻，充和的生命印证了傅汉思（Hans H. Frankel）先生在他的书中对他的爱妻之称赞："（她是）中国文化中那最美好精致的部分。"我以为傅汉思之所以把他的书题为《梅花与宫闱佳丽》，乃因为他一直是用梅花来形容他的夫人充和的。①

（按：傅汉思先生已于 2003 年去世）

---

① 见 Hans H. Frankel, *The Flowering Plum and the Palace Lady*（Yale University Press, 1976）；中译本：（美）傅汉斯著《梅花与宫闱佳丽》，北京：生活·读书·新知三联书店, 2010 年版。

我个人感到特别幸运的是,居然能在充和女士接近百岁、记忆还算清新的时候,成为她艺术生涯的见证者之一。能在百忙中的"夹缝"里偷出时间来,并为充和及时地赶写出《古色今香:张充和题字选集》和《"曲人鸿爪"本事》两本书,乃是我生命中之大幸。

然而遗憾的是,我未能把充和女士在半个多世纪以前所写的陆机《文赋》书法如期地印出,终于没能赶得及亲自交给她!那是一幅极其珍贵的书法。原来,1952年充和为加州伯克利大学的陈世骧教授撰写该幅书法时(当时,充和在该校的东亚图书馆工作),陈教授正在努力从事陆机《文赋》的英译工作。后来,陈世骧的英译成为美国汉学很重要的一篇作品。可惜,我几年前在编注充和的"题字选集"时,尚未看到这幅宝贵的书法。一直到最近,我才从南京大学的卞东波教授那儿得到了这幅书法的电子版。我原先打算将它放大印出并亲自交给充和,顺便祝贺她102岁生日快乐。

没想到她先走了。

我一直在与时间赛跑(racing against time),却没能赶上最后一班车。

写于 2015 年 6 月 22 日

(载于《明报月刊》,2015 年 8 月号)

辑三　访谈录

《南方周末》朱又可采访

我写的这些专著，顶多 50 个人看。

——孙康宜

专访耶鲁大学东亚系教授孙康宜

地点：耶鲁大学研究所大楼，孙康宜办公室

时间：2017 年 4 月 15 日

《南方周末》记者朱又可发自康州纽黑文

"我现在的目标是普通读者，因为我写的这些专著，顶多 50 个人看，那还不如通俗读者的好。" 73 岁的孙康宜教授在耶鲁大学东亚系她的办公室告诉《南方周末》记者说。

她给人的感觉既慈祥，又诙谐，简直算得上调皮。比如，中午在耶鲁莫里斯（Mory's）俱乐部她自己的固定餐位吃饭的时

孙康宜与《南方周末》记者朱又可合影

候，忘了她不知说到什么事，她说的那句"去他的"把所有人都逗笑了。

孙康宜是西方汉学界中国古典文学和女性文学研究最重要的国际学者之一，她和她的学生——芝加哥大学苏源熙教授很早就开始主编《中国历代女作家选集》(*Women Writers of Tranditional China*，斯坦福大学出版社，1999 年版)，她发现"女性文学在中国古代比在欧洲更平等"这个现象引起国际学界的重视，女性研究随后也在北美汉学界里蔚成大观。

孙康宜在学界地位的另一项标记是剑桥大学出版社邀请她和哈佛大学的宇文所安主编了近千页的两卷本《剑桥中国文学史》，而其他国家的文学史都是单卷本，如俄国文学史、意大利文学史、德国文学史等。"中国文学史必须两卷，否则没法编。"她告诉剑桥出版社，"英国文学开始的时候我们都已经到了元明了。他们基本上开始于乔叟，乔叟跟明代的高启一个时代。"

所以，孙康宜不能赞同她耶鲁的同事兼好友哈罗德·布鲁姆（Harold Bloom）教授的《一百个天才》收入了《源氏物语》而没有《红楼梦》。"我跟他抗议说，我们的《红楼梦》不晓得比那个《源氏物语》伟大多少。他说你要原谅我知识的限制，我早年就读了阿瑟·威力翻译的《源氏物语》，而《红楼梦》(《石头记》) 一直到最近的另一个英国人戴维·霍克思（David Hawkes）才翻译得那么好。"

孙康宜 1968 年从台湾到了美国。后来进普林斯顿大学师从高友工教授研究中国古典文学，高友工和陈世骧并称为北美汉学界论述中国文学"抒情传统"观念的两大旗手。孙康宜在美国将近

50 年来，治学重点从英语文学到中国古典文学、抒情诗、比较文学、女性研究甚至电影等，兴趣广泛，每有所得。最近她又在研究中国文学史上的作者问题。

尽管她的学术地位崇高，但似乎为学界以外所知，是她的一本笔墨节制、面向普通读者的自传式散文集《走出白色恐怖》。两岁的时候，她随父母跟爷爷告别，离开出生地北京去了台湾，谁知爷爷不久失踪。父亲在白色恐怖年代坐了 10 年冤狱，她小小年纪遭受了本地孩子的语言和政治歧视。离开台湾到美国求学，融入异乡世界的语言、民族多元的人群中，她终于逃脱了语言的压力。

从 1991 年到 1997 年，孙康宜担任了 6 年耶鲁大学东亚系主任，这是耶鲁 300 年历史上首个华裔女性系主任。两年后，她又做东亚研究所所长。"那时耶鲁整个学校有 700 多个男性正教授，只有 16 个女性正教授，而我来之前，已经做过普林斯顿大学葛思德东方图书馆的馆长，我对于行政也比较熟悉。"孙康宜解释做系主任并不多难。"现在系主任实在太忙，因为学校规定，连芝麻小事都要讨论，我觉得太浪费时间。而我们那时候很少开会，有时间写好多书。"

"我们每一个人的知识都有限，只是在一个小小的领域里自己想要抓些什么。我觉得最愉快的就是教书。"孙康宜在耶鲁教中国古典文学和女性诗歌，开始并不是教班婕妤、班昭，而是教张充和和叶嘉莹。张充和活着的时候，孙康宜不遗余力地写书推荐，"张充和就是一个继承了古代女性的传统，并传下来的近代诗人、画家、书法家以及昆曲家的最佳见证"。

孙康宜对学界的批评是，只注意到西方文化理论能给中国文学研究带来新视角，却很少想到中国文学研究成果也能为西方的批评界带来新展望。她痛感东西方文化的影响是单向而非双向的，中国文化常常是被忽视的他者。

几个月前87岁的高友工去世了，普林斯顿大学降半旗致哀。在采访时，孙康宜急切地想跟《南方周末》记者分享她对导师的怀念之情。

《南方周末》： 孙老师，我想先请你谈谈你的师承问题。你1968年从台湾到美国读的是英美文学，怎么后来从事中国古典文学的研究与教学了？是谁影响了你？是你的老师高友工吗？

孙康宜： 感谢你想到我的导师高友工教授，他的确是我这一生中最重要的老师，他几个月前以87岁高龄去世，我曾写了一篇题为《怀念恩师高友工》的文章纪念他。但当初我决定从英美文学研究转到中国古典文学，主要还是因为来自内心的"寻根"动力，后来才发现那是我的心路历程很重要的一个里程碑。在这一方面，我受了朋友林顺夫（密歇根大学教授）很大的启发。这是因为当年林顺夫还在普林斯顿高友工教授的门下读书时，他就经常告诉我有关高先生如何开导学生的情况，令我羡慕万分。后来我有幸进普大读书，正式成为高先生的门徒，果然大开眼界，对他的学问和为人深深拜服。记得1973那年秋季我刚到普大东亚系的第一天，他曾对我说："最美的人生有如绝句。"据他解释，那是因为，绝句虽短，却有"意在言外"（尤其是尾联）的作用。人的生命也是如此，再长的生命终究是"短暂"的。一个人必须懂得珍惜那个短暂，人生才能显得美丽而富有诗意。直到今天，我已经进入了古稀之年，但高先生这句话还是让我受益不尽。还记得后来有一次，我被许多事情弄得烦恼不堪，他就向我教训道："你应当把你的工作比成跳舞。比方说，你自己在家练习跳舞绕圈时，必须绕个120圈。但你真正上台表演时，最好只绕12圈，这样你就会有举重若轻的自信。"他的话使我恍然大悟，立刻意识到自己个性上那种太过执着的缺陷。因为人生总有许多不如意的情况，而且前面的路程茫茫不测，我们就很容易经常被外物所累，所以应当培养"举重若轻"的艺术境界，才能自由自在地翱翔于世。当时我立刻联想到高先生在课堂上经常引用的《庄子·逍遥游》："北冥有鱼，其名为鲲。鲲之大，不知其几千里也。化而为鸟，其名为鹏……"心想，我应当努力修养自己，希望能做鱼中鲲，这样才能化为大鹏而逍遥遨游。

自从我1978年从普林斯顿大学毕业后，数十年来仍不断与高先生保持密切的联系，一直到他半年多以前去世，可以说从未中断过。

《南方周末》：高友工先生在很多领域都有很高的造诣，除了文学，还有美学、舞蹈、昆曲、表演艺术，另外，他还是美食家，你能讲讲据你了解的他的这些方面的才华吗？毕竟中国的专业界以外对他的介绍有限，比如在百度就查不到高友工的百科词条。那你能讲讲他在海外学界的地位吗？

孙康宜：真的。有关百度漏掉高友工的百科词条一事，令我感到遗憾。我真希望百度能尽快更正这个严重的遗漏。在此我愿意提供普林斯顿大学的 link: https://www.princeton.edu/eas/news/

Memorial-Professor-Yu-kung-Kao.pdf。

　　总之，高教授是北美20世纪70至90年代（一直到他1999年退休）在中国古典文学研究方面产生过极其重大影响的导师之一。他的学生们执教于哈佛、耶鲁、普林斯顿、密歇根、伊利诺伊等大学，当然也与他在北美学界的重要地位有关。另一方面，你说得很对，高先生除了文学，还有美学、舞蹈、昆曲、表演艺术等方面的造诣，同时，他还是美食家，他真是一个了不起的全才。作为他的学生，我们都为他感到骄傲。

　　《南方周末》：大家都知道高友工教授关于中国文学文化的抒情传统的理论，那么，他的学术思想对你影响最大的是什么？在这方面，陈世骧和高友工是两个奠基人。陈世骧在1971年发表《论中国抒情传统》演说之后不久就去世了。高友工有无谈到他跟陈世骧的学术思想的关系？

　　孙康宜：高先生对我影响最大的就是"艺术即人生，人生即艺术"的生活态度。换言之，只要是我真正热爱的题目，我都可以从事研究，不必局限于过去所熟悉的领域。当然，高先生一向以研究中国文学文化的抒情传统闻名于世，但那只是因为他所发表的作品，例如《美典》一书，①大都以抒情传统为主题。有关抒情传统方面的贡献，高先生确实与陈世骧先生的地位相当。然而，这方面的作品也只反映了高先生在教学和研究方面的一小部分。高先生是个奇人，他学贯中西，他的知识有如百科全书般丰富，同

---

① 高友工著《美典——中国文学研究论集》，北京：生活·读书·新知三联书店，2008年版。

时他懂得如何因材施教，尤其他上课时的潇洒风采非常精彩，所以台湾的柯庆明教授曾称他为"藐姑射山的神人般的高先生"，美国学生则称他为"legend"（传奇）。同时，高先生不轻易写作，这点使我想到孔子曾经对他的学生们说过的话："天何言哉？"有时我也把高先生比成庄子。庄子只写了《逍遥游》《齐物论》《养生主》《人间世》《德充符》《大宗师》《应帝王》等短篇，但他的影响力却永垂不朽。

《南方周末》：有研究者指出你对高友工先生的传承以 20 世纪 70 年代的晚唐及北宋词体演进和六朝诗学研究为代表，为什么你说高友工先生是你的终身导师？

孙康宜：我想你指的"研究者"是沈一帆博士。她在 2011 年发表了一篇题为《普林斯顿的追随者》的文章，专门介绍高友工教授以"美典"为主的文学研究方式，以及他当初如何把新批评、结构主义等语言批评方法引入北美汉学界的巨大贡献。在那篇文章里，沈博士还讨论到我和林顺夫两人如何传承高先生的抒情传统。你的记忆没错，沈一帆确实指出，我对高友工先生的传承主要是以早年我出版过的两本书为代表——那就是有关晚唐及北宋词体演进的研究（1980 年）①以及六朝诗学研究（1986 年）。但事实上，高先生对我的影响绝不限于 20 世纪 70 至 80 年代。他对我的帮助不但涉及学问，同时也涉及人格的道德教育，我们一向无所不谈。

---

① 孙康宜《晚唐迄北宋词体演进与词人风格》，原著为：*The Evolution of Chinese Tz'u Poetry: From Late T'ang to Northern Sung, Princeton*，普林斯顿：普林斯顿大学出版社，1980 年版。

所以我说，他对我的影响是终身的，也就是说，高先生是我的"终身导师"。

《南方周末》：你且说高友工是师父，而余英时也称他是高士，那么那究竟是什么样的中国知识分子的人格和风范？他的身世和学养的来历是怎样的？换句话说，他自己的传承又是哪里来的呢？他的论文由杨联陞指导，他们师生之间有些什么佳话？

孙康宜：对了，在那篇《怀念恩师高友工》纪念文章里，我曾经说过高先生是个理想的"师父"。作为师父，高先生一直都是因材施教的。在这一方面，高先生传承了孔子的教学方法，他希望学生能"举一反三"，不要千篇一律地模仿老师。另外，就如你所说，余英时教授曾经称高先生为"高士"，那是因为他把高先生比成传统的隐士，是一种逍遥世外的庄子型人物。记得1998年底，余先生写给高先生的赠诗中就有一句"依然高士爱泉清"，那就是表彰高先生的超然物外的道家精神。

有关高先生的身世和学养，请参见康奈尔大学梅祖麟教授为高先生的《美典》所写的序言。还有，张凤女士的《哈佛问学录》也有一篇有关高先生的特写。[①] 可惜我不太熟悉有关高先生与他当年在哈佛大学的论文导师杨教授的关系，也请参考张凤的书。

《南方周末》：那么，你自己的学术又是怎样往下传的呢？
孙康宜：真不敢当，我从来没想过自己的学术研究如何"传

① 张凤著《哈佛问学录》，重庆：重庆出版社，2015年版。

下去"的问题。我一向把学生当朋友看待,所谓教学相长,对我来说真是名副其实的。有高先生作为榜样,我很自然地学会"因材施教"。所以我的学生们大多是研究不同领域的人——例如苏源熙(Haun Saussy,目前执教于芝加哥大学)当年他的博士论文写的是有关《诗经》的题目;高岩(Edwin Van Bibber-Orr)研究李清照和朱淑真;雷安东(Andy Knight)研究唐代的赋;王敖[卫斯理(Weslyan)大学]研究中唐诗人元稹;钱南秀[莱斯(Rice)大学]研究《世说新语》;邝龑子(Charles Kwang,香港岭南大学)研究六朝诗人陶潜;严志雄(香港中文大学)研究明清文人钱谦益和王士祯;柯夏智(Lucas Klein,美国亚利桑那州立大学)研究有关唐诗和现代诗的翻译理论;王瑷玲(台湾中山大学)研究明清戏剧;黄红宇[目前执教于哈尔滨工业大学(深圳)人文与社会科学学院]研究明清诗人吴伟业;张强强(目前在上海教书)研究六朝诗人谢灵运;还有现在正在耶鲁写博士论文的凌超则研究六朝诗人庾信;纪晓兰[Mary Ellen Friends 目前执教于 迪尔菲尔德(Deerfield)私立中学]也将完成她那篇有关牛郎织女研究的博士论文。

《南方周末》:你后来还经历了几次学术的转向吧?从英语文学到中国古典文学、抒情诗、比较文学、女性研究甚至电影等,为什么会有这么多次的转向?

孙康宜:从英语文学到中国古典文学,其实不是什么"大转向",只能说是扩大了研究的领域。至于后来研究抒情诗、比较文学、女性研究以及电影等,可以说是顺水推舟,也不能算是什么

"转向"。因为我的研究爱好从头就顺着比较文学和跨学科的方向去走，这就是为什么我不但学了西方文学，也要专攻中国古典文学的原因。只有掌握多种文学传统才能真正做比较文学和跨学科的研究。

《南方周末》：在中国文学史上，似乎从《诗经》开始，直到《红楼梦》，都有作者问题的纠缠。那么，在中国文学作者问题的研究中，你发现了什么有趣的东西？

孙康宜：你说得很对，在中国文学史上，从《诗经》开始，直到《红楼梦》，都有作者问题的纠缠。有关这一方面的问题，请参考我的一篇文章《中国文学作者原论》（由香港中文大学张健教授译成中文），该文将发表在今年的《中国文学学报》（该报是香港中文大学和北京大学合作的刊物）7月号。我这篇文章主要在综述中国文学中的"作者"问题，举出其有关写作、性别、文学的声音等特殊性，并希望借着这篇短文促使其他学者们对这一方面的关注。我的文章概括性地讨论儒家经典的作者问题、史传与诗歌的作者问题、女性诗人的作者观、《红楼梦》的作者问题，以及西方汉学家对于中国作者问题的检讨等。

《南方周末》：对于《水浒传》的作者究竟是一个还是两个的问题，你的看法是什么？

孙康宜：这个问题不容易回答，更何况我不是一个研究小说的专家。但我想，《水浒传》的作者究竟是一个还是两个，甚至是三个，全要看我们考虑的是哪个版本。将近一个世纪以前，胡适早就在他发表的《〈水浒传〉考证》及《百二十回本〈忠义水浒传〉序》中讨论了《水浒传》的各种版本及其作者的问题。例如，一百一十五回本《忠义水浒传》标明是由罗贯中编辑，一百回本及一百二十回本的《忠义水浒传》都题为"施耐庵集撰，罗贯中纂修"，七十回本却出现了金圣叹伪作的《施耐庵序》。

《南方周末》：关于《楚辞》的作者是不是屈原的问题，你个人的倾向是什么？

孙康宜：《楚辞》主要是个诗歌选集，其中除了屈原的《离骚》以及其他几个单篇以外，还收了许多后来汉朝人的模仿作品，所以作为一个大杂烩的选集，整本《楚辞》的作者不会是屈原。（有关这一点，可以请读者看看龚鹏程最近在微信上发布的一篇文章《关于屈原的糊涂账》，2017-05-26，龚鹏程大学堂）但自从司马迁为屈原作传以来，几乎所有中国读者都认为《离骚》是屈原本人的作品。不过也有一些现代学者认为，司马迁提到的一些屈原的作品——如《招魂》《哀郢》《怀沙》等——并非屈原所作。事实上，目前有一些学者，尤其是西方汉学家，还在质疑屈原作为《离骚》作者的真实性。然而在这同时，也有不少学者愈来愈能接受作者概念的变动性。对他们来说，"作者"不一定仅指一个人，同样可以指所谓的"假定的身份"（即英文所谓的 posited identity）。例如唐代作者寒山（约700—900）之名其实是若干匿名作者的合称，也就是这个意思。

《南方周末》：关于《红楼梦》的作者问题，你倾向于认为前八十回和后四十回都是曹雪芹所作？为什么？

孙康宜：有关《红楼梦》的作者问题确实非常复杂，很难让人下定论。但你说得很对，我个人倾向于认为前八十回和后四十回都是曹雪芹所作。请读者参考我的两篇文章:《梦与神游——重读〈红楼梦〉后四十回》[①]和《白先勇如何揭开曹雪芹的面具》[②]。一般说来，我很同意白先勇在他《细说红楼梦》一书中所说:"在其他铁证还没有出现以前，我们姑且相信程伟元、高鹗说的话是真话吧。"原来程、高两人在 1792 年程乙本的引言中早已说过，有关《红楼梦》后四十回，他们只是"略为修辑"，让故事的前后没有矛盾而已，至于原文，则"未敢臆改"。可惜长期以来以胡适为首的红学家们大都认定后四十回乃为高鹗的续作，而非曹雪芹的原稿。一直到 20 世纪的 80 年代，才开始有学者质疑"高鹗续书"的论点。例如，学者周策纵极力主张程、高并未说谎，因为高鹗只是编者，"他实在没有著作权"。

《南方周末》：作为中国女性文学研究最重要的国际学者之一，你发现女性作者方面有哪些有意思的现象？

孙康宜：中国女性作家（尤其是女诗人）自古以来就占有很重要的文学地位。首先，传统中国所产生的女性诗人（即我们所谓的才女）数量之多，是世界上任何其他文明都很难比得上的。单单在明清两代，女作家别集与总集（包括古代及当代女性作家作品的选集）之多很令人震惊，竟达 3000 种以上。另一个有趣的现

---

① 孙康宜著《细读的乐趣》，南京：译林出版社，2019 年版。
② 原载于《东亚人文》2017 年卷，Robin Visser、乐钢主编，韩晗执行主编。

象是：男性文人普遍支持女性诗人。尤其在明清时期，随着男性作者逐渐不满于政治制度，便逐渐从政治世界抽身出来。这些"边缘化"的男性往往以毕生精力来支持女性创作。比方说，许多女性作家的著作集由男性文人编辑或出资印行。当然，女性出版热潮也是明清女性自身造成。她们渴望保存自己的文学作品，热情空前。通过刊刻、传抄、社会网络，她们参与建立了女性文学。不过，男性文人们热衷于阅读、编辑、搜集、品评女性作品，确实有助于创造"女性研究"之第一幕。男性文士经典化女性作品的策略之一就是把女性著作集与《诗经》相比；他们也同样拿屈原《离骚》来作为女性作品的典范。当然明代妇女作品出版之所以特别兴盛还有其他因素——印刷的传播，女性及商人阶层文学圈的出现，商业出版的需求等。

《南方周末》：宋代女诗人李清照和朱淑真的作品也都存在真正的作者问题？

孙康宜：是的。首先，李清照作品集到了明初已经全都遗失了，能找到的真正出自李清照的作品大约只有 23 首。但出版商一直陆续增补李清照的"作品"。就如斯坦福大学的艾朗诺（Ronald Egan）所指出，如果作品集中有李清照的新作，自然会引人注目，也会吸引潜在的买者。因此，到了清朝末年，李清照的作品已经增加到 75 首，膨胀了两倍以上。直到今日，李清照一些作品的真实性仍然受到质疑。

至于朱淑真的作品，那是另一种问题。近年来，西方汉学家艾朗诺与伊维德（Wilt Idema）做了许多有关朱淑真的"考古"工作，他们尤其质疑朱淑真其人的历史真实性，认为朱淑真名下的诗作，若非全部，至少大部分都可能为男性所写。

但有些学者认为，即使是作者问题充满悬疑，但有个"作者"依然是重要的。例如，古代有人冒用班婕妤之名，写了一首《怨歌行》。但历代诗集目录中，总是在班婕妤的名下列有此诗。所以哈佛大学的宇文所安（Stephen Owen）就说道："这是因为，读者虽然确信此诗非班氏所作，但依然期待在诗集目录中找到班婕妤名下的此诗。"这就说明了作者问题的微妙性。把《怨歌行》放在班婕妤的名下，既是保存诗的重要方法，也是文学经典化之途径。

《南方周末》：清代农家女诗人贺双卿的身世为何如此扑朔迷离？这么多人研究，而结论为什么南辕北辙？

孙康宜：你说得很对。有关清代农家女诗人贺双卿，居然有这么多人研究，而他们的结论真是南辕北辙！首先，美国汉学家罗溥洛（Paul Ropp）并非质疑双卿身份的第一人，早在20世纪20年代，胡适就说双卿其人或许是《西青散记》的作者史震林（1693—1779）伪造的。但在现代的中国文学史中，双卿依然是一文化偶像，被称为中国唯一的伟大农民女诗人，也是18世纪最伟大的女诗人。与此同时，双卿也经常出现在各种女诗人选集当中，就连美国诗人王红公（Kenneth Rexroth）与钟玲（同译者）所编的现代英语诗集也收录了双卿的诗作。

罗溥洛教授一向喜欢运用历史主义的方法来做研究。他从很早就对史震林的《西青散记》感兴趣。史震林的书主要是在追忆18世纪农家才女诗人双卿，所以罗溥洛就开始探寻双卿故事的演变。在研究过程中，他逐渐对双卿其人的真实产生了怀疑，因为史震林在《西青散记》中有关才女诗人的回忆，还有其人与史氏之间的互动，以及与史氏友人之间的关系，不太令人信服。甚至史震林所引双卿之诗究竟是否真出本人，亦有疑问。所以1997那年，他决定同两个中国学者杜芳琴、张宏生一起到双卿的家乡——江苏金坛、丹阳乡村——展开了前后3个月的探寻之旅。他们的主要目的就是要探求双卿究竟是一个真实的历史人物，还是史震林虚构的人物。后来罗溥洛出版了一本书，题为《女谪仙：寻找双卿，中国的农民女诗人》（2002年出版），那书大都根据探访之旅的所见所得撰写而成。最终，对于是否实有双卿其人，罗溥洛更加怀疑。在罗溥洛看来，根据他探寻之旅的经验，没有一个地方，没有一个传说，能够证明双卿其人乃是一个真实存在的历史人物。

有趣的是，中国学者杜芳琴却得出了完全不同的结论。杜方琴是中国有名的双卿研究专家，编有《贺双卿诗集》（1993年出版）。与罗溥洛不同，杜芳琴在探访之旅后，愈发强烈地感到双卿乃是真实的历史人物。按照她的说法，即便农民女诗人的名字不是双卿，其作为才女诗人的形象一定基于某一真实的人物，因为教育发达的金坛地区产生了众多的当代女诗人。换言之，杜芳琴并不怀疑那些归入双卿名下的诗作的真实性。她根据史震林回忆的写作风格判定，史氏绝对没有能力写出双卿那些高水平的作品。此外，杜芳琴颇受那次金坛、丹阳之旅的启发，最后写出了《痛菊奈何霜：双卿传》的巨作。此书颇受欢迎，1999年在中国互联网上连载，2001年出版。

《南方周末》：为什么文学作品的作者问题会成为一个学术的关注点？在世界文学的范围内，其他研究者都涉及了哪些作者问题？比如像莎士比亚的问题。

孙康宜：这是一个非常有趣的题目，但说来话长。因为时间的关系，我就简单地说明一下吧。首先，1967那年，法国符号学批评家罗兰·巴特（Roland Barthes）写了一篇文章，题为《作者之死》（英文为 "The Death of the Author"，法文为 "*La mort de l'auteur*"）。这篇文章一发表，立刻轰动了全球的文学批评界。罗兰·巴特的主要论点是，作者已经"死亡"，读者多面的深入解读才能算数，在知识意义多元的现代，读者已经成为最重要的文化主体。换言之，作者的意图已经不重要了。

后来在 1969 年，法国哲学家、史学家兼批评家福柯（Michel Foucault）在巴黎大学的一次演讲中，提出了对罗兰·巴特的反驳（虽然福柯并没对罗兰·巴特指名指姓地批评，但多数人相信福柯的批评对象是罗兰·巴特无疑）。福柯的演讲题目是："什么是作者？"（英文为 "What Is an Author?"，法文为 "*Qu'est-ce qu'un auteur*"）根据福柯的解释，作者还是极其重要的，因为的"作者"具有"分类的功能"（classificatory function），它允许人们能将一定数量的文本集合起来并界定它们，把那些文本与其他文献区别开来，并加以对照。我想福柯这个观念恰好可以完美地诠释中国传统的"作者"观。对中国读者来说，关键的是与"作者"相关的声音、人格、角色及能量。即使作者问题充满悬疑，但有个作者依然是重要的，因为作者的名字乃是促使某种"组织"之动力。

我相信，或许是受福柯等人的影响，作者问题目前已成为西方批评学界的一个关注点。剑桥大学出版社将要出版一部题为《剑桥文学作者参考资料》(*The Cambridge Handbook of Literary Authorship*)的大部头的书,已邀请 26 位学者分别撰写有关不同国家的文学传统的作者问题。我正好负责写《中国文学作者》那一章,目前正在努力中。

我猜想,负责写《英国文学作者》那一章的学者(目前我并不知写那章的人是谁)也一定会讨论到有关莎士比亚的作者问题的。

与曹雪芹相同,莎翁的作者身份一直充满了"谜"一般的问号。难怪在英国文学专家约翰·米歇尔(John Michell)的莎学名著《谁写莎士比亚》(*Who Wrote Shakespeare*,1969 年版)一书中,作者特别请出版社的编辑在书的封面设计了一个大问号。

(孙康宜补注:《南方周末》于 2017 年 6 月 22 日发表时限于篇幅,略有删节,此文乃为受访人审定的稿本)

附

录

《孙康宜作品系列》校读后记

李保阳

一、缘起

世间事，往往奇妙得不可以言喻！我为孙老师校读《孙康宜作品系列》（以下简称作品系列）书稿，就是一个奇妙的见证！

2020年3月，当新冠病毒席卷新大陆的前夜，我正在休假，那段时间每天开车跨过特拉华河，到普林斯顿大学葛思德东方图书馆看书。有一天傍晚，我借了几本书准备回家，走出书库的一瞬间，瞥见书架一角有一册《耶鲁潜学集》，因为"耶鲁"两个字，心想作者不会就是孙康宜教授吧。于是就多看了一眼书脊，发现作者赫然就是"孙康宜"。20多年前，我在陕南读大学的时候，曾经读过孙老师的《情与忠：陈子龙、柳如是诗词因缘》。但是对孙老师印象最深的，是传说中她那100平方米大的书房潜学斋，以及斋中那足足5张的书桌，这对直到现在尚无一个像样书房和完整书桌的我来讲，是怎样的一种诱惑呢？于是想都没想，顺手就从书架上抽出那本《耶鲁潜学集》一起借出。我要看看孙老师的书房究竟长得是什么样子。

读了书中《在美国听明朝时代曲——记纽约明轩〈金瓶梅〉唱曲大会》那篇文章之后，灯下无言，感慨久久。溯自 2016 年秋，我到纽约访书 10 多天，有一天走出哥伦比亚大学东亚图书馆，信步闲走，竟然走到了中央公园旁的大都会博物馆，就进去匆匆忙忙地"到此一游"。说来也是奇妙，在那迷宫样的博物馆里，我竟然上了二楼，歪打正着地闯进了一座精雕细琢、美轮美奂的江南园林。在大洋彼岸的曼哈顿闹市区大都会博物馆二楼，竟然藏着这么一个完全传统中国风的江南园林！我在江南生活过 10 多年，走过的江南明清时代遗留下来的山水园林，不下什百，但还是被眼前的这座原汁原味的艺术品给惊呆了！那时候我还不知道这座园子叫"明轩"，也不知道在 35 年前，这里曾发生过一批当时蜚声海外汉学界的汉学家的丝竹雅集。是次雅集，以耶鲁大学傅汉思先生的夫人张充和女士演唱《金瓶梅》小曲为中心，参加的人计有：张充和、傅汉思、夏志清、王洞、浦安迪、高友工、江青、孙康宜、芮戴维、陈安娜、唐海涛、袁乃瑛、高胜勇等数十人，多是当年北美汉学研究界一时之选，极中国传统流风余韵之雅。

20 世纪七八十年代，普林斯顿大学的明代研究很是兴盛（我猜那个"明轩"的名字，很可能和当时普林斯顿大学的明代研究之繁荣有某种关联），高友工、牟复礼两位先生勤耕教坛，培植出一众研究明代的高足，如明代叙事文学研究之浦安迪、明代财政研究之何义壮（Martin Heijdra）等，都是杰出代表。关于普大的明代研究，有两个有趣的故事值得一提。

第一个故事是，1975 年前后，当时任教于耶鲁大学的张光直教授，要写一本有关中国人饮食文化的书，他找到牟复礼教授，请牟先生写有关明代一章。牟先生思来想去，关于明代饮食最直观的材料就是《金瓶梅》中大量关于宴会细节的描写，于是他发挥了西方学者一贯的实证学风，专门请了浦安迪、孙康宜、高天香等当时普大一众师生到他府上聚餐，让擅长中国厨艺的牟夫人陈效兰女士掌勺，按照《金瓶梅》全书中描写的 22 道不同菜品谱式，烧制了一席"金瓶梅大宴"。当天还请孙康宜用毛笔把那 22 道菜谱抄录了下来，一直流传到今天（见《在美国听明朝时代曲——记纽约明轩〈金瓶梅〉唱曲大会》所附图）。

第二个有趣的故事发生在"金瓶梅大宴"后 6 年，即 1981 年 4 月。一次偶然的机会，时任普林斯顿大学葛思德东方图书馆馆长的孙康宜和东亚系浦安迪教授两人建议张充和女士组织一次《金瓶梅》唱曲雅集。充和女士是有名的"合肥四姐妹"中的幺妹，被誉为中国"最后一位闺秀"。她最为人称道的故事之一是当年以数学零分、国文第一的成绩被胡适校长破格录取，进入北大中文系读书。张家世代书香，子弟们自幼浸淫于传统文艺环境中。充和女士少女时代就在苏州接受传统的昆曲训练。1949 年，她与夫婿傅汉思教授移居新大陆，一直没有放弃她的书法和昆曲爱好。数十年来，她以这种根植于传统中国的艺术，涵养其高雅的生命气质，并且以耶鲁大学为基地，培植弟子，让英语世界了解这种精致典雅的中国艺术精髓。在孙、浦两人提议之后不久，当时尚未完工的纽约大都会博物馆明轩，就为他们的雅集提供了活动场地。于是就有了 1981 年 4 月 13 日纽约明轩的"《金瓶梅》唱曲雅集"。

上述的两个故事可以作为《1949 年以来的海外昆曲——从著

名曲家张充和说起》《在美国听明朝时代曲——记纽约明轩〈金瓶梅〉唱曲大会》两篇文章的背景来读，也可以当作《金瓶梅》海外传播的史料来看。这两个故事，也反映了 20 世纪七八十年代，中国古典研究在美国的一个繁荣时代的侧影。后来的中国文学研究重心，逐渐向现代研究转型了。对于古代文学专业的我来说，读了孙老师的那篇文章后，遂对那段美国汉学研究，产生了一种"胜朝"的"东京梦华"式的想象和感慨。尤其是孙老师在《在美国听明朝时代曲——记纽约明轩〈金瓶梅〉唱曲大会》一文中，详细记载了明轩的建造过程：明轩是参照苏州网师园的殿春簃异地建造，肇造于 1977 年，由当时普林斯顿大学教授艺术史的方闻先生，奔走于纽约和苏州之间协调，最后由苏州园林管理处派工 27 人建造。"那 50 根楠木巨干是由四川、云南等僻远之处直接运来，那些一寸一寸的铺地砖则全为苏州'陆慕御窑'的特制精品，此外像那参差错落的太湖石也辗转自虎丘附近一废园搬运来的。"原来我当日所见的那精致的园子，是一砖一瓦地由中国万里跨海而来，于是不由得让人对那一砖一瓦顿生一种"我亦飘零久"的跨时空共情。

读完那篇文章后，我在耶鲁东亚文学系的网页上找到孙老师的 E-mail 地址，给她写了一封长长的读后感。当时也没有奢望孙老师会回信给我，她那么忙，我仅是她千万读者中默默无名的一个而已（孙老师后来告诉我，当时 76 岁高龄的她，仍担任东亚语文系研究所的负责人，每天要处理近百封来自世界各地的邮件），我的目的只是把自己当年读她的书，和 20 多年后在海外再读她书的巧合告诉她而已。没想到过了 3 个星期，我都快要忘记这事了，突然收到孙老师一封长长的回信（不是一般作者敷衍读者的三言两语式的那种客套）。她除了向我道歉迟复邮件的原因外，在信中还附赠了 2018 年在台湾出版的《孙康宜文集》五卷电子本全帙。这完全出乎我的意料。于是我有了机会，更加集中地系统阅读孙老师的著作，并有机会就阅读过程中的一些感想，直接和她 E-mail 分享，她也会及时回应我。大约一周后，当我刚刚拜读完《走出白色恐怖》时，收到孙老师的一封邮件，在那封邮件中，她告诉我，她正在广西师范大学出版社出版中文简体增订版《孙康宜作品系列》，因为她的文章非常专业，她本人一直在海外从事教学和研究工作，希望能够找一位"特约编辑"，为书稿的编辑工作提供必要的学术和技术支持。孙老师告诉我，她经过认真考虑之后，打算请我帮她承担这个工作。我是古典文学专业毕业，又做过编辑，能得孙老师信任，自感不胜荣幸。同时我还有一点小私心：即我一直在中国上学，没有机会接受欧美现代学术训练，对海外的中国学研究甚感隔膜，通过这次系统"细读"孙老师半个世纪以来的学术结晶，可以帮助我了解欧美汉学研究的方法、历史和现状，弥补我这方面的缺憾。经过大约一周的相互磨合、调整，以及工作试样，但最后却因为一点点的技术障碍，没有了那个"特约编辑"的名分，但仍由我为孙老师担任校对（proof-reading）工作[1]。

通过校读作品系列全稿，我当初的那个"私心"之愿实现了。我以孙老师的文章为起点，对海外汉学研究——尤其是新大陆汉学研究——有了一个鸟瞰式的了解。现在就我的校读感想，对孙老师

---

[1] 关于我和孙老师一起合作的详细经过，可以参见《从北山楼到潜学斋》卷末附录拙作《校读后记》（台北：秀威资讯科技股份有限公司，2020 年版），以及我与孙老师合撰之《避疫书信选：从抱月楼到潜学斋》（台北：秀威资讯科技股份有限公司，2021 年版）。

的这部大型作品系列，做一粗略的解读。我的解读是在校读过程中随机而发的，故没有宏观的系统性，对孙老师的研究也没有存全面式解读的宏愿，只是作为一个"细读"者的随感，纯粹是我自己的感想，也许对读者有他山之石的作用。

二、孙康宜教授的古典文学研究

孙老师的研究领域非常之广。1966 年，她毕业于台湾东海大学外文系，本科论文是 "The Importance of Herman Melville to Chinese Students with a Comparison between the Ideas of Melville and Prominent Chinese Thinkers"（《赫尔曼·麦尔维尔对中国学生的重要性——兼论麦尔维尔与中国著名思想家的思想比较》）。毕业后，旋考入台大外文研究所，但硕士学位还未念完，就到美国来了。1969 年 1 月，入读美国新泽西州立罗格斯大学（Rutgers, the State University of New Jersey），1971 年，获得图书馆学硕士学位。当时她已进入南达科他州立大学英语系攻读英国文学。1973年，进入普林斯顿大学东亚系，师从高友工教授攻读中国古典文学，1978 年，以《晚唐迄北宋词体演进与词人风格》一文获得文学博士学位，从此奠定了她此后半个世纪的学术研究大方向。

孙老师是一位高产学者，其文学世界①很难用传统的分类法来描述。我在通读其全部作品系列和其他一些作品之后，将她所涉

---

① 孙老师既是学者，又是作家，同时还扮演着复杂层面的文化角色，所以笔者很难用"研究范围"或者"创作主题"这样相对狭窄的概念来概括其文学，故这里用"文学世界"这个更加宽泛的概念来囊括上述主题。

及的文学世界粗线条地概括如下：（1）中国古典文学研究，包括六朝诗歌研究、唐宋词研究、明清文学研究、中国古典诗歌译介、中国古典文学史编纂；（2）西方文学批评，包括现代欧美作家介绍、书评、电影评论；（3）文学创作，包括传记散文的创作、中西文诗歌创作、学术报告文学创作①、书信创作；（4）横跨古今中外的女性文学研究；（5）多面向的理论尝试与创新，比如"影响的焦虑"、文学的经典化、"面具"理论等。因为学术背景的限制，我无法对孙老师的全部文学世界进行全景式的探索，本文着重就校读其作品系列过程中，对其中国文学研究成就，略谈一谈自己的感想。

1. 有关鲍照和谢朓对律诗的贡献

在《六朝诗歌概论》这本书中，作者在论述鲍照诗歌的"社会现实主义"（social realism）特色时云："鲍照的革新，在于把常规的'闺怨'改造成了男性的口吻。现在，是丈夫而不是妻子在抒发强烈的怀人之情。通过男性主人公的详细描述，诗中的女性成为关注的焦点。"（《千年家国何处是》第116页）也只有女性的敏感，才能从这个角度来探讨鲍诗的个性特色。

我对这本书的兴趣点在于，作者以鲍照的参照系，从技术层面论述律诗结构的内在逻辑云："（1）从非平行的、以时间为主导的不完美世界（第一联），到平行的、没有时间的完美状态（第二

---

① 学术报告文学是笔者创造出来的一个不得已的名词，它既不同于传统的学术报告，也与传统的报告文学有异。它包括孙老师对身边的学人的走访记录，与传统的"剧本式"访谈录不一样，既是当代学术史文献的客观真实记录，又有散文创作的随兴和文艺笔调。学术报告文学还包括作者对一些学术会议的记录，这种记录不同于一般的学术秘书做记录的那种公文文体，它既有学术研究的客观严谨，又有游记散文的轻松与洒脱。

联和第三联）；（2）从平行而丰满的世界，回到非平行和不完美的世界（第四联）。通过这样一种圆周运动的形式化结构，唐代诗人们或许会感到他们的诗歌从形式和内容两方面，都抓住了一个自我满足之宇宙的基本特质。"（《千年家国何处是》第150—151页）这正是律诗创作过程中，创作者完整的心理和技术过程的细微描述。律诗的首末两联，经常承担的是一种"附属结构"的功能，一般是首联引起将要进入的诗境缘起，尾联则需有对全诗收束的仪式感。这两联都有赖于中间两联的丰满，方能将全诗"黏"起来，形成一个完整的美学宇宙。中间两联要有一种承继或者平行的关系，又不能反复，还要讲求意蕴的字面的对仗，所以是律诗中特别花费心力的部分。因而作者将第二、第三两联定义为"完美状态"，洵为至论也。而首尾两联的不平行和不完美，常常是对读者的诱惑所在，从诗人角度来讲，又是支撑中间两联"完美"的动力所在。

而谢朓何以能在诗歌形式上突破传统的局限，孙老师从谢氏取景与陶渊明笔下景物之异趣得到灵感："谢朓与陶渊明还是有区别的。谢朓的山水风光附着于窗户，为窗户所框定。在谢朓那里，有某种内向与退缩，这使他炮制出等值于自然的人造物。""他用八句诗形式写作的山水诗，可能就是这种欲望——使山水风光附着于结构之框架——的产物。""他的诗似乎达到不同类别的另一种存在——一个相当于窗户所框定之风景的自我封闭世界。其中有一种新的节制，一种节约的意识，一种退向形式主义的美学。"（《千年家国何处是》第164—165页）这种细腻入理的文本细读和联想体味，在学理上能自圆其说。有关诗体演变的事实，这是一个角度非常新颖的解释。

2.《词与文类研究》的"细读"贡献

撰写《词与文类研究》的起因，孙老师如是说："20 世纪 70 年代初期乃风格与文体批评盛行之际，我正巧在普林斯顿大学做研究，有幸向许多专家求教，高友工教授所赐者尤多。他以研究中国古典文学闻名学界，精深广博，循循善诱，启发我对文学批评与诗词的兴趣匪浅。我对传统词家的风格特有所好，始于此时，进而有撰写专书以阐明词体演进之念头，希望借此把主观之欣赏化为客观之鉴赏。拙作《晚唐迄北宋词体演进与词人风格》，就是在这种机缘与心态下撰成。"（《北美 20 年来词学研究——兼记缅因州国际词学会议》）

对唐词肇兴的原因分析，孙老师指出唐玄宗的"梨园"设置功不可没，而其作用却并非是皇室本身以词为娱乐形式的正面催化刺激，乃在于安史之乱后，梨园子弟星散民间，使得"伎馆"在原有基础上，补充了大量高素质的专业乐工与歌伎。"中唐以后，教坊颓圮，训练有素的乐伎四出奔亡，直接影响到往后曲词的发展。"（《长亭与短亭》第 25 页）

此外，这本书以公元 850 年（唐宣宗大中四年）为研究的上限时间点，是因为这一年是《花间集》收录的作品可考知的最早年限。除此以外，从文体演进本身的发展进程着眼，"850 年以前的词，大受绝句掣肘，其后的词体才慢慢有了独特的结构原则，不再受绝句的影响"。（《长亭与短亭》第 41 页）"850 年以后的新词，结构与长度都不为绝句所限，反而含括两'片'等长的单元，虽则其加起来的总字数不超过58字。"(《长亭与短亭》第45页)"850年前后，确为词史重要分水岭。原因无他：'双调'小令适于此时出现，而其美学体式也于此时确立。850年以前，'词'还不是独立文体，其后则进入一个崭新的时代，逐渐发展出特有的传统。我们常说温庭筠和韦庄是词史开疆拓土的功臣，原因概如上述。"(《长亭与短亭》第46页)

孙老师在文本细读方面的一个显著的特征是，尤其注重词体的本体特征，比如"换头"和"领字"以及"衬字"这些词体特有的文体结构特征："词体演变史上最重要的新现象乃'换头'的形成……'换头'一旦出现，词的读法也有新的转变，较之曩昔体式，可谓角度全非。"(《长亭与短亭》第45页)"慢词最大的特征，或许是'领字'这种手法。其功能在于为词句引路，抒情性甚重。柳永提升此一技巧的地位，使之成为词史的重要分界点……'领字'是慢词的独特技巧，有助于词句连成一体。"(《长亭与短亭》第122页)"这些诗人词客（保阳按：指柳永之前少数创作慢词的唐五代作家）都没有施展'领字'的手法，而'领字'正是宋人的慢词之所以为慢词的一种语言技巧。""柳永首开'领字'风气，在慢词里大量使用，往后的词人又加以沿用，使之蔚为慢词的传统技巧。"(俱见《长亭与短亭》第134页)"'领字'可使句构富于弹性，这是慢词的另一基本特征，也是柳永的革新何以在词史上深具意义之故。"(《长亭与短亭》第137页)此外，孙老师用"衬字"来解释柳永词集中同调作品没有一首相同体式的原因，从而对前代词学家语焉不详的这一现象，予以让人信服的解释："词学的另一重要关目是词律的体式。柳词让词话家深感困惑者，乃为同词牌的慢词居然没有一首是按同样的词律填的……同词牌而有不同律式，并非因许多词学家所谓的'体调'变异有以致之，而是由于'衬字'使然。"（《长亭与短亭》第158—159页）而衬字的熟练使用，乃在于柳永高人一等的音乐素养。基于此，作者对历代墨守成规的词家大不以为然："他视自己的每首词为独立的个体，即使同词牌者亦然。这表示他极思解放传统，不愿再受制化结构的捆绑。遗憾的是，后世词家仍沿袭一脉相传的'传统'，以致自缚手脚，发展出'填词'与'正体'的观念，以别于所谓'变体'者。他们步步为营，对正统词家立下的字数与律式的注意，远超过对词乐的正视。这种发展也为词乐分家种下难以拔除的根苗。"（《长亭与短亭》第159页）学术界目前公认慢词成熟并大兴于柳永之手，但多从词学接受史视角进行归纳式论证。作为受过新批评理论影响的孙老师，她通过细读文本，从柳词作品本身出发，以词体有别于其他文体的个性特征来论证柳永对词史的贡献，这个论证策略无疑是相当具有说服力的。另一方面也表现出作者力排众说，不为前人成说所囿的理论勇气。这一点在40年前的海外词学研究领域中，尤其难能可贵。该章第三节《柳永的慢词诗学》前半篇把"领字"和"换头"分析得淋漓尽致，后半篇以刘若愚的"连续镜头"和弗里德曼（Ralph Freedman）的"鉴照"理论为工具分析《夜半乐》和《戚氏》，行文真可谓"峰峦叠嶂，翠墨层绵"，层层递进，如破竹剥笋，让本来纷繁杂沓的意象"纷至沓来，几无止境"，"行文环勾扣结而连场若江河直下"。这些话语虽是作者用来评骘柳词的，但移以表彰该章行文的绵密酣畅，亦恰当合适。

孙老师论述苏轼在词史上的贡献，集中在"最卓越的成就则在拓展词的诗意""苏轼却是为词特撰长序的第一人""苏轼另一词技是使用史典"这三个方面。孙老师对苏词这三个方面的总结，直到今天的一些苏词论著中，仍被采纳。孙老师对苏轼词中小序的论述尤其别具手眼。她称苏轼《江城子·梦中了了醉中醒》一词的小序是"自我体现的抒情动作的写实性对应体"，这句读起来有点拗口的中文翻译，可以看作是她对词序这个独立存在的文体下的定义。她对此定义有下面一段解释："如果词本身所体现的抒情经验是一种'冻结的''非时间'的'美感瞬间'——因为词的形式本身即象征这种经验，那么'词序'所指必然是外在的人生现实，而此一现实又恒在时间的律动里前进。① 事实上，'词序'亦具'传记'向度——这是词本身所难以泄露者，因为词乃一自发而且自成一格的结构体，仅可反映出抒情心灵超越时空的部分。词家尤可借词序与词的结合，绾绞事实与想象为一和谐有序的整体，使得诗、文合璧，再不分离。"（《长亭与短亭》第 173 页）这段文字流转如弹丸，似盐入水，可以看作是以西方文论解释传统诗词的范本，为华语世界本土学者提供了一个思考问题的向度。

另外，孙老师将宋诗倾向于理学哲思的整体风格的形成，与苏轼开拓词的功能联系起来，这个观点亦颇具新意。盖苏轼在词坛的开拓革新，使得早年属于"艳科""小道"的"末技"，一跃而成为与传统诗歌并驾齐驱的文学体裁，成为"抒情的最佳工具"，于是宋诗只好别寻蹊径，开坛张帜："近体诗在唐代抬头，变成抒情咏颂的工具，'词'在宋代也成为纯抒情最佳的媒介。所谓

---

① 孙康宜《词与文学研究》，北京：北京大学出版社，2004 年版，第 125 页。

的'诗'呢？'诗'开始跑野马，慢慢从纯抒情的范畴转到其他领域去。宋诗和唐诗有所不同，对哲思慧见兴趣较大。宋人又竞以理性相标榜，养成唯理是尚的作风。因此，随着时间的流逝，'词'反倒成为'抒情的最佳工具'，以别于已经转向的'诗'。这种转变诚然有趣，但若无苏词推波助澜，绝不可能在短时间内成就。"（《长亭与短亭》第 176 页）

3: 回归文本的文学研究

从上文对苏词小序功能的论述，又让我想起另外两篇文章，这些都在在彰显出孙老师对文体的敏感。

如果我们把诗词看作是作者内在情绪的一种抒情文本，那么不管是诗词外的序跋，还是夹杂在诗词字句之间的注释，都是一种外化的说明。孙老师将这种"内在"和"外化"称为 private 和 public，并认为这是龚自珍之所以被称为近代文学开山之祖的文体证明。"龚的自注赋予其诗歌强烈的近代气息。对龚自珍而言，情诗的意义正在于其承担的双重功能——一方面是私人情感交流的媒介，另一方面又将这种私密体验公之于众。事实上，《己亥杂诗》最令人注目的特征之一，就是作者本人的注释散见于行与行之间、诗与诗之间，在阅读龚诗时，读者的注意力经常被导向韵文与散文、内在情感与外在事件之间的交互作用。如果说诗歌本文以情感的浓烈与自我耽溺取胜，诗人的自注则将读者的注意力引向创作这些诗歌的本事，两者合璧，所致意的对象不仅仅是情人本身，也包括广大的读者公众。这些诗歌之所以能深深打动现代读者，奥妙就在于诗人刻意将情爱这一私人（private）体验与表白这一公众（public）行为融为一体。在古典文学中很少会见到这样的作品，因为中国的艳情诗有着悠久的托喻象征传统，而这种特定文化文本的'编码'与'译码'有赖于一种模糊的美感，任何指向具体个人或是具体时空的信息都被刻意避免。郁达夫曾指出，苏曼殊等近代作家作品中的'近代性'（modernity）在很大程度上得益于龚自珍诗歌的启发，或许与此不无相关。"（《写作的焦虑：龚自珍艳情诗中的自注》）

后来当孙老师撰写施蛰存的《浮生杂咏》时，她认为施蛰存的这种自叙传式的诗体创作，有着对龚自珍《己亥杂诗》——尤其是后者文本中的自注这种文体特征——的自觉继承。这种继承在文学史上相互表现为各自的"近代性"与"现代性"的创新。孙老师认为，施蛰存《浮生杂咏》中每首诗采用的注释自有其个性，即龚注本事，让读者穿梭于内在的抒情文本与外在本事之间，彰显出一种文学的"近代性"；而施注则有一点随笔的性质，充满一种趣味或者生活的智慧，这是一种文学的"现代性"："施蛰存在《引言》中已经说明，他在写《浮生杂咏》诗歌时，'兴致蓬勃，厄言日出'。因而使他联想到龚定庵的《己亥杂诗》……我想就是这个'趣'的特质使得施先生的《浮生杂咏》从当初模仿龚自珍，走到超越前人典范的'自我'文学风格，最明显的一点就是施的诗歌'自注'已大大不同于龚那种'散见'于行与行之间、诗与诗之间的注释。施老的'自注'，与其说是注释，还不如说是一种充满情趣的随笔，而且八十首诗每首都有'自注'，与诗歌并排，不像龚诗中那种'偶尔'才出现的本事注解。值得注意的是，施先生的'自注'经常带给读者一种惊奇感，有时诗中所给的意象会让读者先联想到某些'古典'的本事，但'自注'却将读者引向一个特殊的'现代'情境。"（《施蛰存的诗体回忆：〈浮生杂咏八十首〉》①）

从上文所引苏轼词的小序，到龚自珍《己亥杂诗》注释，再到施蛰存《浮生杂咏》的注释，在在表现出孙老师对文体的敏感。20世纪70年代末，她撰作《晚唐迄北宋词体演进与词人风格》时，关注的重心即在"genre"（文体，文类），故此书后来中译本干脆名为《词与文类研究》。迨近年来她以学术之笔叙写施蛰存《浮生杂咏》时，仍以文体的不同功能彰显施蛰存的创作特色。孙老师关注的始终是文本自身的特色及其继承性。通过细读，展现文体特征在文学史发展进程中的意义。尤其是龚自珍和施蛰存，他们韵文体诗词和散文体注释的相互出入所形成的美感和张力，是奠定他们文学创作之近代性和现代性的一个不可忽视的因素②。从文体互动的角度解释文学史的发展，这种研究向度，给近年愈来愈"历史化"的文学研究，提供了一个成功的范例。这样的研究告诉我们：文学研究，还得回归文学本身。

4.《乐府补题》研究的创新试探

《〈乐府补题〉中的象征与托喻》全文有一个强烈的符号：作者在尽全力尝试对《乐府补题》的解读。这种努力的一个明显的表现是：作者不断在分析咏物词的意象时，搀入对解构框架下理论名词的解释。这是中西文学比较研究无法回避的一个技术问

---

① 《施蛰存的诗体回忆：〈浮生杂咏八十首〉》发表于《温故》2013年9月号。
② 当然，龚自珍的"近代性"还和他所处的19世纪中国政治及社会变迁有关，施蛰存的现代性与他所处的20世纪中国社会、文化背景，以及他的现代主派小说创作有很大关系。这是值得另外深入研究的主题。

题。因为《乐府补题》自从清初被发现以来，传统的批评家一直在对其进行政治解读，万斯同编纂《南宋六陵遗事》、朱彝尊重刊《乐府补题》都是这一努力的佐证。但是如何避免附会式阅读（allegoresis），就得寻求一种大而化之的理论高度来进行解说，这样可以避免只见一城一池的零碎与不合理。当作者肯定遗民词人"理想的间接表意形式"是咏物词时，她自己也找到了解剖咏物词的理论手段——象征（symbol）和托喻（allegory）。但是这两种方法在西方批评语境中是完全不同的两个事物，"西方批评家在阅读作品时，一般不把这两种手法结合起来"。而作者认为"象征和托喻在中国诗歌中不是互相区别而是互为补充的，而且两者可以并存于同一文本"。这是作者在结合中西文本与批评的操作过程中遇到的第一个挑战。她的处理策略是"专注于讨论《乐府补题》中的象征与托喻是如何与西方概念相似而又（更重要地）相区别的"，为了证明这一策略的"吾道不孤"，作者引用叶嘉莹在其"Wang I-sun and His Yung-Wu Tzú"（《论王沂孙及咏物词》）中对"托喻"符合中国传统的解释为自己佐证。这是中西比较文学实践中的权宜办法，也是作者折中中西文学研究的高明之处："西方批评仅在开始比较概念时起作用，但在使用它的时候，我们不能为它的独特'西方'含义所限制。"这还不是西方理论和中国古典诗词结合时的第一次扞格。

另一个表现是，在分析的过程中创造性地综括出一些术语，以方便论述，比如"枢纽意象""意向型托喻""托喻词集"等。这些可以视作作者在弥合东西方文学批评时的技术性贡献。

5.《情与忠：陈子龙、柳如是诗词因缘》

孙老师对明末清初文学的描述，从她这本书的章、节题目中即可窥其一斑，如她所谓"情与忠"，这里的情特指的是"艳情"，尤其是男女之间那种无关乎政治托喻的艳情，甚至是和歌伎之间的艳情。作者以西方术语"譬喻"（figura）"作为来宏观视角来综观陈子龙前后两期创作中的"情"与"忠"，实在是一个非常独特的视角。盖"'譬喻'主要用于《圣经》的诠释，让《旧约》人、事预示《新约》出现的人、事"。"'情'与'忠'都是陈子龙切身的经验，故可视为喻词的两极，彼此互相关涉也互相'实现'。此外，就像譬喻诠释中的两个条件一样，'情'与'忠'由于皆具'时间性'，对陈子龙而言就更加重要：一个代表过去的时间，一个代表目前的生活。'情'与'忠'一旦形成譬喻上的结合，词人目前的生活就会摧拉人心似的展现过去的意义——这个'意义'过去的陈子龙并不知道——而在此同时，目前的生活也会回首从前，从而又扩大目前的意义。从更宽的角度来看，'情'与'忠'根本就包容在某'超越时间'（supratemporal）的整体里：不为时间所羁的真情世界。""陈子龙另有贡献：他把文化现象转化为新的词学，故而在美学传统里树立起一种重写式的诠释方法。"

孙老师以休厄尔的"悲剧灵视"（tragic vision）来审视陈子龙的诗作，并解释道："此书所称的'悲剧灵视'有别于亚里士多德所谓的'悲剧性'。"此书所指乃贤者遇逢的悲剧性苦难，至于亚氏所指，则需有基本的'悲剧缺憾'才能成立——至少典型的亚氏'悲剧'必须如此。休厄尔以约伯的苦难为例来定义'悲剧缺憾'。他说：'（约伯）受苦受难并非他犯有死罪。他一再遭受打击……也不是因为过去（作恶多端所致）。'"而陈子龙正是具此"悲剧灵视"的人。"我们在卧子诗中所看到的，是苦难与高贵情操的如影随形。在他的诗中，诗人的悲剧英雄形象被重新定位：悲剧英雄主义已经转化成为美学原则。本章拟举若干陈诗为例，借以检讨诗人的悲剧形象。"（《千年家国何处是》第 371 页）

6. 明清文学研究

明代文学。关于明代文学研究，2008 年孙老师在接受宁一中、段江丽伉俪采访时坦言："到了 80 年代末，我回忆自己在普林斯顿所受的明代历史的教育，联想到明代以及清代文学，发现当时在北美，除了《红楼梦》等少数几部小说之外，明清文学几乎被忽略了，尤其是诗歌，1368 年以后的诗几乎无人论及。于是我准备关注这一领域，在我的知识储备中只有一些历史知识，于是自己想方设法弥补文学方面的知识。"作者在 21 世纪初期，先后发表了 5 篇和明代文学相关的长篇论文[①]，这些论文之间有内在的学理联系，可以视为作者对明代文学研究的一个著作系列。

孙老师对于撰述明代前中期文学史，虽言"填补空白"，但其视角之宏大和实际操作之成功，比之《词与文类研究》，虽在系统性上稍逊，但其撰述视角的宏阔和理论勇气，都超过了《词与文类研究》。若能展开章节，增加篇幅，与《陈子龙柳如是诗词情缘》合璧，可称为一部视角新颖立论别出的明代文学史。

---

① 它们分别是《重写明初文学：从高压到盛世》(2006)、《台阁体、复古派和苏州文学的关系与比较》(2005)、《中晚明之交文学新探》(2007)、《文章憎命达：再议瞿佑及其〈剪灯新话〉的遭遇》(2007)、《走向边缘的"通变"：杨慎的文学思想初探》(2010)。这 5 篇文章都已收入《西学东渐与东学西渐》第二辑《由传统到现代》。

《重写明初文学：从高压到盛世》写明初文学。本文最特殊之处乃在于为明初、中文学发展史做出三段划分。《台阁体、复古派和苏州文学的关系与比较》，是最精彩的明代文学研究篇章。《中晚明之交文学新探》探讨贬谪文学、妇女形象（文学）重建，尤其是对妇女文学复兴原因的分析，认为是边缘化社会趋势，导致他们对一直处于社会边缘的妇女地位的认同，这个论点很有见地。本文中论及的小说改编——文言之"剪灯"系列，三大白话小说的改编，其中对《三国演义》在嘉靖年间的改编特色总结得非常有新意。

明清易代之际文学研究。这一时期的研究实际上可以看作是上承明代文学研究而来的自然结果。我之所以将这段时期的文学研究单独列出，乃是鉴于近年来，学术界在文学历史分段方面有一种趋势，即将"明清易代之际"作为一个特殊的文学时间段单列出来①，这段时期既不属于明代文学史，也难含括进清代文学史。这一时期独特的社会历史背景，造就了独特的文学面貌，并形成了一种有别于此前文学传统的精神，影响波及后世。这种独特的文学风貌与大时代变局的激荡、新的社会思潮以及社会生活形态的新变息息相关。孙老师的《情与忠：陈子龙、柳如是诗词因缘》一书中，有精彩的论述。我之所以说孙老师的这一段文学史的研究是承其明代文学研究之续余而来，仍见于上引她回答宁一中、段江丽的采访："正是在这一'补课'（笔者按：指填补明代文学研究

---

① 10多年前，笔者在杭州，曾不止一次地听沈松勤教授谈论这段时期文学的特殊性及其研究构想。2018年，沈松勤教授出版《明清之际词坛中兴史论》，是其对这段时期文学特殊性（以词这种特殊问题为代表）研究心得的总结。

之缺失）的过程中，我接触到了陈寅恪先生的《柳如是别传》，这本书对我影响很大。我觉得柳如是很有意思，对她产生了浓厚兴趣，这就是我第三本书《情与忠：陈子龙、柳如是诗词因缘》的写作背景和因缘。"除此以外，属于这段时间范围内的文学研究还有几篇代表性的单篇论文，如《隐情与"面具"——吴梅村诗试说》（1994）、《钱谦益及其历史定位》（2006）等。

清代文学。孙老师的清代文学研究代表性篇章有《典范诗人王士祯》（2001）、《写作的焦虑：龚自珍艳情诗中的自注》（2005）、《金天翮与苏州的诗史传统》（2006）。在清代文学研究中，我印象比较深的是孙老师对"苏州"这个超脱的文学意象的描述。盖"苏州"一词，在中国文学世界里，早已超越了地理和历史概念，成为一个蕴涵十分复杂的意象。如果实在要借用一个不很贴切的意象来进行类比，我想"1949"可以勉强当之。但前者远比后者的文学积累和历史厚重感强得多。孙老师在《金天翮与苏州的诗史传统》开篇，除了给一个文学定义的苏州，即"苏州在世人心目中还代表了一种以诗证史的强烈抒情声音，即以诗歌见证人间苦难和当代重大历史事件"。实际上在我看来，苏州的这个定义不仅仅是苏州的，更可以视作近600年来文学史中的一种"江南精神"。元末顾阿英的自我放逐、明初苏州人高启被朱元璋残杀、明朝中后期的"后七子"，清初金圣叹的哭庙，这些彪炳于文学史上的个体苏州事件周围，还有席卷明末江南地区的东林党人活动，"十郡大社"在苏州附近的嘉兴的雅集，清初江南三大案，甚至越过所谓的"康乾盛世"。200年之后，以苏州为中心而影响了全国乃至海外的南社，都在苏州的文学书写之外，平添了一股纠结于士大夫立身处世和道德操守面向的崇高和凝重。孙老师将之总结为"'苏州精神'：将个人自由看得重于一切"（《台阁体、复古派和苏州文学的关系与比较》）。在我有限的阅读视界中，尚未见如此精准的总结。如果读者参考《长亭与短亭》中收录的另一篇文章《一位美国汉学家的中西建筑史观》，会对孙老师笔下的文学苏州有更加立体的了解。

三、学术报告文学的创作

文学创作是孙老师的文学世界不可忽视的一个部分，其作品大多收入作品系列《西学东渐与东学西渐》和《屐痕处处》。其中传记散文的创作、中西文诗歌创作、书信创作等等，这些作品要么已经有前人进行过研究和评论，比如《走出白色恐怖》，要么因为笔者的学术背景所限无法客观论述，比如西文诗歌创作等等。但在孙老师的所有创作当中，有一类特别的作品，引起了我特别的关注，我姑且将之命名为学术报告文学。这是我创造出来的一个不得已的名词，它既不同于传统的学术报告，也与传统的报告文学有异。它包括作者对一些学术会议的即时记录，这种记录不同于一般的学术秘书做的那种公文文体的会场记录，它既有学术研究的客观严谨，又有游记散文的轻松与洒脱。另外还包括孙老师对她身边的学人的走访记录，与传统的"剧本式"访谈录不一样，它既是当代学术史文献的客观真实记录，又有散文创作的随兴和文艺笔调。

孙老师创作的学术报告文学《20年后说巴特》报道的是 2001

年初，耶鲁大学惠特尼人文中心为纪念巴特而特别召开了一个盛大的国际会议；《"无何有之乡"：六朝美学会之旅》记录的是2000年秋在伊利诺伊州召开为期两天的六朝美学大会。这些文章都是作者以与会学者的身份，对这些学术会议的讨论主题、每位学者的学术论点进行的详细的记录，并且及时刊发在中文媒体上，一方面向当时的中文学术界及时传达了国际学术发展的动态，以今日眼光视之，则是一个时代学术史的记录。它是当事人的即时记录，其客观真实性自然无疑。加之作者本身又是这一领域的专家，其记录和思考的向度可以为学术史研究提供第一手文献。

除此以外，孙老师对西方文学的研究也倾注了不少精力，如现代西方文学［杜拉斯、贺兰德、库切、希尼等（参看作品系列《西学东渐与东学西渐》《屐痕处处》部分文章）］。其中有好几位研究对象都是其耶鲁的同事，这一类文章有一个非常鲜明的写作结构：以某一小事件为缘起—引入要介绍的学者—对该学者的研究主题进入学理层面的描述和分析—中间甚至会穿插一些学者的成长背景等故事性较强的内容（如《西学东渐和东学西渐》的亚历山大洛夫等），这些灵活跳跃的内容是调节枯燥专业论述的有效手段。比如写研究俄国形式主义文学研究专家维克多·艾里克（Victor Erlich）教授的那篇文章《俄国形式主义专家：艾里克和他的诗学研究》，开篇以轻松明快的笔调，描写了作者沿途所见风光和异样的心理感受，并将这情感投射到艾里克所住房屋——"令人如置身古代隐者的住宅区"，为下文铺设了一个非常自然合宜的叙述环境和心理暗示。这种结构安排的好处是，让读者可以像读龚自珍的《己亥杂诗》那样，不时出入于叙事和学理两个世界，即便面对完全隔行的读者，也不会产生阅读的疲倦和畏惧心理。（龚自珍的诗和注释让读者不时出入于隐晦抒情和诗歌本事之间。这种写作安排如层层剥笋，也有点类似于传统中国话本小说的特殊结构①。这种写作艺术得益于孙老师的中国古典文学学养。）作为学者撰写学术文化散文的一种范式，孙老师的这种学术访谈散文模式的创新，有别于刻下流行的"剧本对话"式访谈录文体，为同类型写作提供了一个多样尝试的可能。除了文体上的创新意义外，笔者认为，孙老师撰写的这类学术访谈散文，在一定范围内保留了20世纪最后几十年美国文学研究界的学术史。比如《俄国形式主义专家：艾里克和他的诗学研究》介绍了20世纪20年代前后流行于俄罗斯学术界的"形式主义"批评理论，《掩盖与揭示——克里斯蒂娃论普鲁斯特的心理问题》介绍了20世纪90年代流行于法国的"演进批评"和流行于美国的"新批评"的关系等等。这类文章尤其呈现了西方文学研究理论策源地的耶鲁大学此一时期文学研究的现状，给中文世界的读者解读20世纪后半段日新月异的文学批评新理论，提供了一个比较宏观的学术背景。

四、孙康宜教授的"偶然"

孙老师最惯常的一个用语就是"coincidence"（偶然，巧合）。

孙老师对"偶然"情有独钟。她"每年教'诗学'的那门课，其中有一个专题叫作'偶然'，专门欣赏和讨论诗与偶然的关系"。

---

① 比如楔子、开场和收束时的说话人套语。让读者不时出入于故事情节与阅读现实的两个世界。

（《我最难忘的耶鲁学生》）这表现出她对陌生世界那种不期而遇的向往和冲动。正是这种对于扩大自己世界的冲动，支撑着她几十年来一路奋斗，取得了意想不到的成绩。

如 1994 年在耶鲁庆祝男女合校 25 周年的会上，建筑设计师兼耶鲁校友林璎正式把她设计的那张"女人桌"献给了母校，并安置在大学图书馆的前面。对那个安置地点，作者就充满了一种怀旧式的偶然情怀，故这篇文章在 17 年后收入其文集时，还专门在文末做了一个注解："1990 年的一天，我那 4 岁的女儿 Edie 突然在耶鲁大学图书馆前面瞥见我，立刻兴奋地跑来和我拥抱，就在那一瞬间，我的先生拍下了一张照片。没想到后来 1993 年林璎所建的'女人桌'就在我和女儿曾经'拥抱'的地方，因此这个巧合顿时成为与'女人桌'有关的一段佳话。后来我们为了纪念这个冥冥中的巧合，就把那相片取名为'母与女'。"（《从零开始的"女人桌"》），1968 年婚后在耶鲁度蜜月与后半生定居耶鲁的重合（《难忘的耶鲁老校园》），张永安第一次访问其办公室与其好友 David 次年逝世日期的重合（《耶鲁上海生死交》），20 年前她的外套穿在现在学生身上的偶然（《我最难忘的耶鲁学生》），"在编造的故事背后，其实蕴藏着中国人对'偶然'的重视"（《我最难忘的耶鲁学生》）。"生命本来充满了偶然的色彩，可以说最宝贵的人生经验莫过于某种偶然经验的启发。"（《极短篇七则·六》）"生命中所谓的'偶然'，似乎充满了一种神秘的'必然'。"（《耶鲁上海生死交》）孙老师在与耶鲁同事戴维斯的一次聊天中，很认同戴维斯的经验："其实人生永远充满了偶然性，唯其富有偶然性，生命才有继续开拓、继续阐释的可能。我告诉他，我就是一直用这样的态度来研究历史——历史是一连串的偶然因素的组合，而我们的责任就是要从这些偶然之中设法找到生命的意义。"她在这段话后面有一段发挥："戴维斯这段有关'偶然'的话很富启发性。我想起唐代诗人杜牧那首《赤壁》诗的末尾两句——'东风不与周郎便，铜雀春深锁二乔。'意思是说，如果当年的东风不给吴国的周瑜方便，东吴就会被魏军所败，二乔也就会被曹操掳去，整个三国的命运自然改观，历史也必须重写了。据杜牧看来，历史中有很大程度的偶然性，而东风也就成了这种偶然性的象征。我想戴维斯所谓的'偶然性'大概就是这个意思。"（《人权的维护者——戴维斯和他的西方奴隶史》）"这世界充满了偶然，却又十分真实。"（《我被挂在耶鲁的墙上》）"我很珍惜自己与施先生之间的忘年之交，觉得如此可贵的神交，看来虽似偶然，实非偶然。"（《施蛰存对付灾难的人生态度》）"就如许多人类的事情一样，'偶然'常会带来好运，但刻意去求常会适得其反。"（《狗的"人文化"》）"这个巧合，不是一般的巧合，它象征着一种人生哲学。"（《重新发掘施蛰存的世纪人生——〈施蛰存先生编年事录〉序言》）在亚马逊上买到10多年前签赠给友人《情与忠》，"我相信这是冥冥中的一个奇妙安排""这种'如往而复'的回应立刻令我联想到《易经》里的'复'卦。我也同时想起美国诗人朗费罗（Henry Wadsworth Longfellow）所写的一首题为《箭与歌》（The Arrow and the Song）的诗。该诗的大意是：诗人向空中射出一支箭，不知那支箭最终落于何处。接着，诗人又向空中高唱一曲，不知那歌曲有谁会听见。但许久之后，有一天诗人偶然发现那支箭原来附在一棵橡树上，仍完好无缺。至于那首歌，从头到尾都一直存在一个友人的心中。总之，我感到自己的经验也呼应了这种反转复归的人生意蕴。"(《永恒的缘分——记耶鲁同事麦克莱兰（Mc Clellan）》)"确实这世界充满了偶然，却又十分真实"(《我被挂在耶鲁的墙上》)。

这种对"偶然"和"巧合"所渗透出来的好奇心，表现在她的生活中，就是对所有身边的人和事，保持一种旺盛的求知欲。比如她尝试去了解不同专业的人的背景，希望从他们各自独特的经历和专业方面，得到新知识。这种新知识，可以是纯粹满足其好奇心，也可以是建立在学科交叉的专业基础上的丰富背景。她写过的人物及背景，真可谓五花八门，如耶鲁历史系同事、儿童节目主持人、她的家庭医生加里·普赖斯等等，但她的采访大致都会围绕一个中心：即人文精神或者文学话题。而她往往能"慧眼识英雄"，所采访的人，不管其职业多么天差地别，却都具有一颗沉潜内心深处的文学之灵。这大概就是文学让人着迷的地方吧。加里·普赖斯医生说过一句话："美国可以说是世界上力求最大限度地容忍和接受多元化的国家了。其实，就是这个文化意义上的多元化使我特别喜欢我的职业。我喜欢努力了解不同的文化，也喜欢通过了解来帮助别人。"孙老师自己从这些"跨学科""跨领域"的拓展中，得到了灵感的激发和灵性的滋养——"这次我真正体会到，希腊神话不仅反映了西方人自古以来对人性本质深切的了解，而其情节之戏剧化也预设了后来西方科学与医学研究多层面的发展……作为一个文学研究的从业者，我对希腊神话的重新领会却得自一个外科手术医师的启示。那种启示是极其偶然的，但也是最宝贵的。"(《一个外科医生的人文精神》)这句话如果挪用过来形容孙老师，如不十分恰当，当亦庶几近之。甚至和人文精神相去甚远的太空科学，她也能津津有味地了解其过程，体味其中的人文意义："在逐渐复杂的今日世界里，真正的成功乃是团体力量的成功，而非少数个人的荣耀。"(《在休斯敦"游"太空》)我们就能理解为什么她会在中国古典文学、西方文艺理论、电影批评甚至人物传记写作等跨领域甚至完全不搭界的领域有诸如作品系列中所呈现出来的多元化成就。

孙老师的这种"巧合"与俄国小说家纳博科夫宿命论下"对富有预言性的日期的巧合（fatidic dates）"有某种近似之处。纳博科夫的这种"日期的巧合"，可以看作是通往他所认知的"彼岸世界"的一种渠道。当人类还无法解释一些宿命论中的现象，这便是一个人拓展未知世界的动力。有"纳博科夫专家"之称的弗拉基米尔·亚历山大洛夫解释说："在纳博科夫的世界里，这一类的巧合确实具有非比寻常的重要性。这就是为什么我要在书中屡次强调彼岸世界的原因。我认为纳博科夫一向对形而上和精神界的事情特别感兴趣，每当他处于时空交错的情况下，他总会把现世和彼岸世界连在一起。"孙老师则说她对"纳博科夫的宿命观，我格外感兴趣"。

之所以如此，是因为"巧合对纳博科夫来说，都是命运的启示。至于命运，那个来自彼岸世界的神秘动力，也正是他所谓的'缪斯'（Muse）"。至此，我们就不难明白，孙老师对于"巧合"这种带有宿命论的信仰般痴迷，盖来自其生命深处对于文学那种至上而赤诚的热爱。如果再往深一点引申，就是孙老师是欣赏纳博科夫那种建立在宿命论基础上的彼岸世界的，而这样的世界，在当代的美国学术界是不为大多数人所接受的，比如美国著名哲学家理查德·罗蒂（Richard Rorty）曾在一篇评论里劝导读者"还是不要去深究神秘主义方面的事情，因为这种考虑是不重要的"。①也许正是欧美思维的严谨和实证主义传统，让西方世界对于接近于东方文化的这类模糊世界和模糊文化不能接受，孙老师对纳博科夫的好奇心，可证明她虽然身在美国逾半个世纪，接受西方学术训练，但她身上仍然葆有一种东方文化的底色，这也是她在西方汉学研究界能够出入游刃的个性与特色。

五、结尾

我无意——也没有那样的学术能力——对孙老师的研究做全景式描述，以上仅是通读其作品系列的一些个人体会。有些体会比较深，就多说几句，有些体会不明显但却很重要，比如孙老师文学研究中关于经典化的问题、女性文学研究、电影批评等等，牵涉的中外理论和作品非常复杂，为了避免说外行话，姑且存而不论。另外孙老师先后主持的中国女性诗人作品的翻译工程以及《剑桥中国文学史》，虽然在其学术生涯中占有非常重要的地位，但作品系列中既然鲜有涉及，加之我本人对翻译文学没有任何研究经验，亦避而不谈②。类此情形尚多，不能枚举。即便是上面谈到的面向，也仅是个人一得之见，有些地方说了外行话，是在所难免的，希望孙老师和这些领域的方家不要见笑是感。

---

① 以上引文见《纳博科夫专家——亚历山大洛夫和他的新发现》。
② 李怀宇采访孙老师的《重写中国文学史》（2009）和孙老师的《剑桥中国文学史简介》对《剑桥中国文学史》的内容、特色、撰写过程皆有详尽的描述。

犹记八九年前，我在杭州和朋友编辑同人刊物《掌故》，那几年，几乎每年要校读两三本书稿，6年前的冬天，我在杭州城西的山寺校完最后一辑，我们那本刊物就歇止了。此次校读孙老师的书稿，让我再一次回到那几年的校稿情境当中，实在是一种美好的回忆！

2020 年 5 月 28 日

初稿于思故客河上之抱月楼